核心素养导向的义务教育
跨学科作业设计

初中

郑云清　主　编

黄丽丽　林顺华　张　锋　副主编

海峡出版发行集团 | 福建教育出版社

图书在版编目（CIP）数据

核心素养导向的义务教育跨学科作业设计. 初中/郑云清主编；黄丽丽，林顺华，张锋副主编. —福州：福建教育出版社，2025.4. —ISBN 978-7-5758-0306-9

Ⅰ. G632.46

中国国家版本馆 CIP 数据核字第 2024N48D11 号

Hexin Suyang Daoxiang De Yiwu Jiaoyu Kua Xueke Zuoye Sheji（Chuzhong）

核心素养导向的义务教育跨学科作业设计（初中）

郑云清　主　编

黄丽丽　林顺华　张　锋　副主编

出版发行	福建教育出版社
	（福州市梦山路 27 号　邮编：350025　网址：www.fep.com.cn
	编辑部电话：0591-83763162
	发行部电话：0591-83721876　87115073　010-62024258）
出 版 人	江金辉
印　　刷	福建新华联合印务集团有限公司
	（福州市晋安区福兴大道 42 号　邮编：350014）
开　　本	787 毫米×1092 毫米　1/16
印　　张	25.5
字　　数	505 千字
插　　页	1
版　　次	2025 年 4 月第 1 版　2025 年 4 月第 1 次印刷
书　　号	ISBN 978-7-5758-0306-9
定　　价	62.00 元

如发现本书印装质量问题，请向本社出版科（电话：0591-83726019）调换。

目 录

第一部分 理 论

第一章 跨学科学习 ………………………………………………………………… 3
  第一节 跨学科学习的内涵及其相关概念 ……………………………………… 3
  第二节 基于跨学科学习的课程设计分析 ……………………………………… 10
第二章 跨学科作业的设计与管理 …………………………………………………… 19
  第一节 跨学科作业设计与管理的教育价值 …………………………………… 19
  第二节 跨学科作业设计的目标取向与原则 …………………………………… 21
  第三节 跨学科作业的特征及呈现形式 ………………………………………… 25
  第四节 跨学科作业设计要求 …………………………………………………… 34
  第五节 跨学科作业设计误区 …………………………………………………… 36
  第六节 跨学科作业的管理 ……………………………………………………… 39

第二部分 案 例

语文

品鉴汴京风雅，梦回千年繁华
  ——"我是《清明上河图》特展志愿者"作业设计 ………………………… 45
品山水知人文地理　鉴风物促素养提升
  ——指向语文核心素养的游记单元跨学科作业设计 ………………………… 56
缤纷研学路　诗词铸精神
  ——语文九年级上册第三单元跨学科作业设计 ……………………………… 67

数学

乐器制作
  ——基于项目式学习的数学跨学科作业设计 ………………………………… 73
我们眼中的"格调"校园
  ——数学跨学科作业设计 ………………………………………………………… 79

"锐角三角函数"实践作业：考察身边的轮椅坡道 ········· 85

英语
　　Cook for my family! 我为家人做餐饭
　　　　——基于劳动教育的英语跨学科综合实践性作业 ········· 92
　　Follow the Spirit of Zheng He 跟着郑和下西洋
　　　　——探寻历史足迹　传承丝路精神 ········· 106
　　Hello! Seasons of China "诗情话艺"展四季
　　　　——跨学科主题学习英语作业设计 ········· 120

道德与法治
　　走进八闽大地，赓续文化血脉
　　　　——初中道德与法治文化专题跨学科作业设计 ········· 136
　　追寻红色印记，绘就思政底色
　　　　——初中道德与法治革命传统教育主题跨学科作业设计 ········· 146
　　体验福船之旅，延续文化血脉
　　　　——初中道德与法治文化专题跨学科综合性作业 ········· 153

历史
　　行走烟台山，寻找老建筑里的近代记忆 ········· 161
　　纪念抗战英烈，赓续抗战精神 ········· 171
　　聚焦古代"人口迁徙"与"区域开发"的跨学科作业设计 ········· 179

地理
　　自然环境与地方文化景观
　　　　——以闽南古厝为例 ········· 191
　　青稞
　　　　——地理跨学科主题作业 ········· 197
　　湿地观鸟
　　　　——地理跨学科主题作业 ········· 205

物理
　　从物理视角看人体 ········· 216
　　食"物"之"理"：自热食品中的物理 ········· 223

化学

- 海洋资源的综合利用与海水制盐 ············ 230
- 初探生菜水培营养液 ············ 238
- 鸭蛋变形记 ············ 245

生物学

- 人体健康的守护者——肾脏 ············ 262
- 急救利器 AED 进校园 ············ 274
- 制作拉萨旅游手册 ············ 285

信息科技

- 广泛应用的物联网 ············ 294
- 云端国博功勋馆 ············ 297

综合实践活动

- 福州软木画的传承与创新发展
  ——基于项目学习的综合实践活动跨学科主题作业设计 ············ 302
- 非遗文化莆仙戏的传承
  ——初中综合实践活动课程跨学科作业设计 ············ 305

音乐

- 音乐中的家国情怀
  ——音乐与历史跨学科作业设计 ············ 312
- 音中戏，剧中音
  基于艺术实践的音乐跨学科作业设计 ············ 317

美术

- 纹样与生活
  ——共话"传家宝"，探究以致用 ············ 323

体育与健康

- 羽毛球正手击高远球作业（活动）设计 ············ 331
- 立定跳远作业（活动）设计
  ——探寻体育跨学科融合 ············ 340

武术
　　——健身长拳跨学科作业设计 ……………………………………………… 349

劳动
　　花卉种植 …………………………………………………………………… 356
　　非遗里的"莆田红团制作技艺" ………………………………………… 358
　　不负"食"光　尽"膳"尽美 …………………………………………… 361

附录：各学科义务教育课程标准"跨学科"内容的比较分析（初中） ……… 365

第一部分

理 论

第一章 跨学科学习

在高速发展的现代社会中，单一学科的知识已不足以满足人类解决复杂问题的需求。跨学科学习应运而生，它立足知识的整合与创新，培养学生的批判性思维、解决问题的能力以及终身学习的态度，强调不同学科知识之间的联系和整合，旨在打破传统学科界限，通过多个学科的视角来探究问题，以培养学生的综合能力。跨学科学习具有真实性、实践性、多样性、探究性、跨学科性和综合性等特点，指向对生活经验、正式学习、不同观点和学科知识等的整合，呼应"整体育人"的教育理念，实现五育融合。[①]

第一节 跨学科学习的内涵及其相关概念

要深入地了解跨学科学习，就要先认识何为跨学科。从学科性的视角来看，跨学科是不同学科之间的不同层次的交叉互动、不同深度的交叉融合，甚至跨越原有学科性，从量变到质变，形成新的学科、新的理论体系。学界将跨学科这一学科之间的互动行为划分为多种类型。经济合作与发展组织提出了四种类型：Multidisciplinary（无关联的学科构成的学科群）、Pluridisciplinary（密切关联的学科构成的学科群）、Interdisciplinary（两个或多个学科融合后的交集领域）以及 Transdisciplinary（横跨多个学科的横断学科）。德国学者黑克豪森按照学科交叉融合的形态，将其分为 Indiscriminate Interdisciplinary（任意跨学科）、Pseudo-interdisciplinary（伪跨学科）、Auxiliary Interdisciplinary（辅助型跨学科）、Interdisciplinary（增补型跨学科）、Composite Interdisciplinary（综合性跨学科）、Supplementary Unifying Interdisciplinary（合一型跨学科）。我国学者王涛提出多学科、跨学科和超学科的分类。多学科指学科之间既没有交互也没有集成，只是简单的排列，即"学科并置"。跨学科指打破了学科之间的壁垒，开启了跨学科的协同合作。浅层次的跨学科带有明显工具性、外源性、任务性，多个学科协同解决问题或者开展项目研究；高层次的跨学科往往是基于前沿知识的分化，具有内生驱动力，跨越了学科性的界限形成交叉学

---

① 参见董艳，夏亮亮，王良辉. 新课标背景下的跨学科学习：内涵、设置逻辑、实践原则与基础[J]. 现代教育技术，2023（2）：24-32；王飞，吴晓楠. 跨学科主题教学的意蕴辨读与行动路向——基于"五育融合"的视角[J]. 湖南师范大学教育科学学报，2023（5）：22-27.

科。超学科是指超越学科性的界限，重新构建理论范式与体系。

从目前的教育方针与指向来看，基础教育教学中的跨学科大多指基于学科立场开展学科间的协同合作，其定位是基于本学科知识基础和学科素养，在分析和解决真实复杂的综合问题时，通过迁移、运用和整合等实践过程，发现学科之间的内在联系，生成超越学科本体的系统思考。①

一、跨学科学习的内涵

基于上述分析，我们将基础教育领域的跨学科学习界定为依托多个学科的知识、技能和方法解决本学科问题的一种教育模式，它强调不同学科之间的联系和整合，以促进学生的全面发展。具体而言，跨学科学习是一种基于学科学习和跨学科意识，运用和迁移两个或两个以上学科的观念、方法与思维方式以解决真实问题、产生跨学科理解的学习过程。跨学科学习是一种运用多个学科解决具体问题的学习方式，既是一种问题解决方式，也是一种知识生产方式，有助于培养学生的核心素养或创造能力。

（一）跨学科学习的特点

跨学科学习具有以下特点：一是整合性。跨学科学习强调将不同学科的知识、技能和方法进行整合，解决复杂的学科问题，建构完整的知识体系。这种整合性有助于学生更好地理解各个学科之间的联系，提高学习的深度和广度。二是实践性。跨学科学习注重将理论知识应用于实际问题解决，培养学生的实践能力和创新精神。通过实际操作和实践探究，学生可以更好地理解和掌握跨学科知识，提高解决问题的能力。三是合作性。跨学科学习鼓励学生在团队中进行合作学习，共同探讨问题、分享知识和经验。这种合作性有助于培养学生的团队协作能力、沟通能力和领导能力，为未来的职业生涯打下坚实基础。四是个性化。跨学科学习尊重学生的个性差异，鼓励学生根据自己的兴趣和特长选择学习内容和方式。这种个性化学习方式有助于激发学生的学习兴趣和动力，提升学习效果。五是评价多元性。跨学科学习采用多元化的评价方式，包括过程性评价、综合性评价和自我评价等，多元化评价有助于全面了解学生的学习情况，为教学改进提供依据。

（二）跨学科学习的价值取向

跨学科学习强调整合多个学科的方法与思维方式，在整合的过程中，主要有三种典型的价值取向，对应三种不同的整合方向。

一是学科知识整合取向。知识整合取向模式一般采用基于问题的学习模式，强调把学习设计在复杂、有意义的问题情境中，通过让学生合作解决嵌入于真实情境中的问题或与真实世界相关的问题，促进学生对所学知识的理解与建构，从而习得隐含于问题背后的科学知识，形成解决问题的技能和自主学习的能力。具体做法：分析各学科最基本的学科知

---

① 程龙. 重申跨学科学习的学科立场［J］. 全球教育展望，2023（3）：25—34.

识结构，找到不同学科知识点之间的连接点与整合点，将分散的课程知识按跨学科的问题逻辑结构化。将各学科内容改造成以问题为核心的课程组织，通过序列化的问题有机串接起各学科知识，使课程要素形成有机联系和有机结构。

二是生活经验整合取向。生活经验与社会取向课程整合模式一般采用基于项目的学习模式，以实践性的项目完成为核心，将跨学科的内容、高级思维能力发展与真实生活环境联系起来。在教师的指导下，学生按自己的设计思路，采用科学的方法完成作品设计。基本做法是从学生适应社会的角度选择典型项目进行结构化设计，让学生在体验和完成项目的过程中，习得蕴含于项目之中的多学科知识与技能，或从改造和完善现有社会的角度，选择挑战性项目。这种课程整合方式强调社会实践能力以及社会问题解决能力的培养，强调将多学科知识融合到真实的社会性项目中，在项目活动中寻找各学科知识的整合点。

三是学生中心整合取向。这种模式不强调由教师预设问题或项目，而是由学生个体或小组调查、发现问题。它不仅强调解决问题能力的培养，还强调培育发现问题的创新能力，是一种依据学生需求，以学生生活经验为基础寻找各学科整合点的模式。学生中心取向整合模式采用学生主导项目的方式，学生以个人或小组为单位提出任务，任务完成需要学习并运用跨学科知识。在项目问题解决过程中，教师发挥协调、指导、检查、监督、计时和评价作用。其优点在于能力较强的学生可以摆脱传统的结构化课堂教学对个人学习与设计活动的约束，能更好地发挥个人能力；缺点在于能力较弱的学生会对学习过程中的自由度不适应，需要教师更多的指导。同时由于项目任务非结构化，所以很难实现对学生技能的全面评估。

在教学实践中，教师应积极探索跨学科学习的教学策略，包括依据课程标准的要求和学生的认知规律设计跨学科课程和跨学科主题活动课程，创设真实或虚拟的问题情境引导学生运用跨学科知识解决问题等，为学生提供丰富多样的学习体验，培养他们的实践能力和创新精神。

二、跨学科学习的相关概念分析

跨学科学习及其延伸出的跨学科课程、跨学科主题学习活动、跨学科主题学习活动课程等已步入大众视野，有关跨学科教学实践、作业设计的探索如火如荼。对于以上这些概念的界定和分析，教育界不同学者有着不同的见解，教师容易出现对概念片面理解、混淆使用等情况，导致在教学实践中出现困难。以下对与跨学科学习相关的四个概念的相关学术文献进行摘录，并初步归纳提炼，以供研究参考和学习指导。

（一）跨学科课程

学科的载体是课程，若干学科之间不同的交叉互动层次、不同的交叉融合深度，形成了不同综合程度的跨学科课程。跨学科课程是学生运用两种或两种以上学科的观念、知识与方法探究一个现实问题或学科问题，进而发展跨学科理解及核心素养的课程。[①] 从我国基础教育现状而言，跨学科课程主要有以下几种类型。一是跨越物理、化学、生物学、地理的科学综合课程，跨越社会生活、历史、地理以及法律等的社会综合课程。二是综合实践活动课程。三是部分主题式地方课程和校本课程。四是借鉴国外STS（科学、技术与社会）教育课程、STEM（科学、技术、工程与数学）教育课程的相关课程。

当前，具有跨学科性质的STEM教育正逐渐成为教育的重要组成部分，体现了全球教育创新与变革背景下的学科融合教育，强调的是跨学科一体化的教育方式，目的是培养具有综合能力的人才。2023年11月，联合国教科文组织第42届大会通过了在中国上海设立教科文组织国际STEM教育研究所的决议。在义务教育阶段全面实施项目化学习，聚焦生命科学、物质科学、环境科学、空间科学等领域，分类建设了40余个跨学科的STEM＋项目。鼓励学校结合校情和不同学生发展特点，校本化实施多种形态的STEM＋课程，大力培养学生的科学素养、工程实践能力和问题解决能力。目前以项目化学习为载体的STEM教育已经在上海全市16个区、600多所实验校全面开展，并且取得了扎实的成效。

综合课程、跨学科课程及跨学科主题学习活动课程均具有综合性、实践性，是课程综合程度的连续体。综合课程的综合范围最大，跨学科课程突出以学科为核心，跨学科主题学习活动课程重在发展学科的核心素养。跨学科课程及跨学科主题学习活动课程都强调基于真实情境，引导学生解决真实问题，从而发展实践、创新能力。

（二）跨学科主题学习活动课程

《义务教育课程方案（2022年版）》中所规定的跨学科主题学习活动，就其课程性质而言属于跨学科课程，但其学科之间的交叉互动层次、交叉融合深度总体要求是偏低的，主要以某一学科为载体，从真实问题出发，围绕主题思考与其他学科的交叉之处，整合关联各学科知识，统筹设计形成跨学科主题学习内容，由学生开展以主题任务为核心、合作实践为主要形式的学习活动课程。

开展跨学科主题学习活动课程时，要以主题为支点引领整个学习框架、带动跨学科学习活动，以帮助学生凝练学科知识、技能、原理、概念和方法，对学科内容产生概念性理解，促进知识迁移与应用。学习过程中，学生在跨学科情境的驱动下，沉浸到真实情境中，在团队合作中学会有序组织不同学科概念，运用跨学科知识与技能发现问题、理解问题并以"做"的方式解决问题，激发跨学科思维，构建系统化的知识网络和认知框架，在学科间、活动间、单元间、主题间、学习小组间等单元网络中获得整体意识，从而在主题任务完成过程中获得跨学科学习体验。

---

① 张紫屏. 跨学科课程的内涵、设计与实施［J］. 课程·教材·教法，2023（1）：66—73.

（三）核心素养

当今世界最著名的核心素养研究框架，均指向 21 世纪信息时代公民生活、职业世界和个人自我实现的新特点和新需求。"核心素养"是在应对信息时代对人的自我实现、工作世界和社会生活的新挑战的过程中诞生的概念。

经济合作与发展组织核心素养框架认为，素养不只是知识与技能，而是在特定情境中，通过调动和利用心理社会资源（包括技能和态度）以满足复杂需要的能力。核心素养是一类高级心智能力，其核心是反思性思考与行动，它既是跨学科、跨领域的，又是多功能的。欧盟认为，素养是适用于特定情境的知识、技能和态度的综合，而核心素养是所有个体达成自我实现和发展、成为主动的公民、融入社会和成功就业所需要的那些素养。美国核心素养框架包括"核心学科与 21 世纪主题"和"21 世纪技能"两部分，其中的学科知识更注重学科观念和思维方式；21 世纪主题不仅要求建立学科知识和真实生活情境的联系，还要建立不同学科知识彼此间的内在联系，它着眼于培养学生的跨学科意识和运用多学科知识解决复杂问题的能力；21 世纪技能是高阶的、情境化的，意指如何将知识和技能应用于现代生活情境。

经济合作与发展组织、欧盟、美国的核心素养框架

组织或国家	核心素养框架
经济合作与发展组织	（1）交互使用工具的能力，具体包括：交互使用语言、符号和文本的能力；交互使用知识和信息的能力；交互使用技术的能力。 （2）在异质群体中有效互动的能力，具体包括：与他人建立良好关系的能力；合作能力；管理并化解冲突的能力。 （3）自主行动能力，具体包括：适应宏大情境的行动能力；形成并执行人生规划和个人项目的能力。
欧盟	（1）母语交际；（2）外语交际；（3）数学素养和基础科技素养；（4）数字素养；（5）学会学习；（6）社会与公民素养；（7）首创精神和创业意识；（8）文化意识和表达。
美国	核心学科包括英语、阅读或语言艺术、世界语言、艺术、数学、经济学、科学、地理、历史、政府与公民。21 世纪主题包括全球意识，金融、经济、商业和创业素养，公民素养，健康素养，环境素养。 21 世纪技能包括：（1）学习与创新技能，包含"创造性与创新""批判性思维与问题解决""交往与协作"三种技能；（2）信息、媒介和技术技能，包含"信息素养""媒介素养"和"信息通信技术素养"三种技能；（3）生活与生涯技能，包含"灵活性与适应性""首创精神与自我导向""社会与跨文化技能""生产性与责任制""领导力与责任心"五种技能。

基于不同国家、地区、国际组织和专业机构厘定的核心素养内涵框架，核心素养的基本内涵可归纳为以下八个方面，即协作，交往，信息通信技术素养，社会和（或）文化技

能、公民素养,创造性,批判性思维,问题解决,开发高质量产品的能力或生产性。这八大素养可称为"世界共同核心素养",体现了知识社会的新要求。对其进一步提炼,可化约为四大素养,即协作、交往、创造性、批判性思维,由此构成享誉世界的"21世纪4C's"。世界共同核心素养即世界对信息时代人的发展目标的共同追求,体现了世界教育的发展趋势。我国要构建自己的核心素养体系和信息时代教育,必须顺应此趋势。①

学生发展核心素养,主要是指学生应具备的,能够适应终身发展和社会发展需要的品格和关键能力。中国学生发展核心素养,以"全面发展的人"为核心,分为文化基础、自主发展、社会参与三个方面,综合表现为人文底蕴、科学精神、学会学习、健康生活、责任担当、实践创新六大素养。② 核心素养包含三个层次:最底层的"双基指向",以基础教育课程之基础知识和基本技能为核心;中间层的"问题解决指向",以解决问题过程中所获得的基本方法为核心;最上层的"学科思维指向",指在系统的各学科学习中通过体验、认识及内化等过程逐步形成的相对稳定的思考问题、解决问题的思维方法和价值观,实质上是初步得到学科特定的认识世界和改造世界的世界观和方法论。(如下图)③ 新课程改革从"双基"到三维目标再到核心素养,其变迁基本上体现了从学科本位到以人为本的转变。④ 核心素养从全面发展的人的角度,提出教育目标的具体任务和领域⑤,为教育教学改革提供了重点更突出、焦点更集中的教育目标,为转变学生学习方式、教师教学方式、政府和学校的管理方式指明了方向。⑥ 因此,基于核心素养的课程改革,能够有助于实现课程从"以学科为中心"向"以人为中心"的转变。

核心素养的三层架构图

(四) 作业设计

如果说教学是学生在教师的帮助下进行学习的过程,那么作业从本质上说是学生(自

---

① 张华. 论核心素养的内涵 [J]. 全球教育展望, 2016 (4):10—24.
② 核心素养研究课题组. 中国学生发展核心素养 [J]. 中国教育学刊, 2016 (10):1—3.
③ 李艺,钟柏昌. 谈"核心素养"[J]. 教育研究, 2015 (9):17—23+63.
④ 余文森. 从三维目标走向核心素养 [J]. 华东师范大学学报 (教育科学版), 2016 (1):11—13.
⑤ 辛涛,姜宇,林崇德,等. 论学生发展核心素养的内涵特征及框架定位 [J]. 中国教育学刊, 2016 (6):3—7+28.
⑥ 褚宏启. 核心素养的概念与本质 [J]. 华东师范大学学报 (教育科学版), 2016 (1):1—3.

主）学习内化的过程。作业的设计是教师依据一定的目标，选择重组、改编完善或自主创编学生在非教学时间完成的学习任务的专业活动，包括确定作业的内容、类型、形式、完成要求和批改方式等。[1]"双减"政策的指导思想中明确指出减轻作业负担、促进学生全面发展。在提高作业设计质量方面，要求教师发挥作业在诊断、巩固、学情分析等方面的功能价值，结合作业设计和教学研究体系，要求作业设计"符合年龄特点和学习规律、体现素质教育导向"，鼓励分层、弹性化、个性化作业设计。创设规范有效、科学创新的作业设计与实施管理机制，是实现作业减量提质的关键，以此为支撑，支持作业设计与实施的"思维化、整合化、个性化、联动化"。作业设计及实施应关注作业类型特点，根据不同学科、知识、学生特点、学习条件等选择适宜的作业类型。[2]

作业是教学的一个环节，同样也是达到课程目标的有效途径。有关作业设计的内容众说纷纭，但在以下四个方面已形成较为统一的观点：首先，作业内容应与所学内容相关，巩固仍是作业的最基本功能。作业应当促进学生对所学知识的消化、理解和应用。其次，作业内容应按照难度分开梯度，分层作业是对因材施教理念的落实。再次，作业内容要贴近学生生活，只有来源于学生真实生活情境的作业才能激发其学习的热情和动机，作业内容只有紧密联系学生需求才能发挥出更大的效果。最后，作业应成为多学科融合的载体，经过合理设计的作业应当能引导学生灵活、综合应用各学科知识解决问题。[3]

在此共识的基础上，有效作业设计应立足于课程标准、教材、学生学情等理据，由相互作用、相互影响的目标、内容、结构与评价四大核心要素组成一个有机体。其中，以目标为引领，它指向学生核心素养的形成；内容是有效作业设计的载体与依托；结构是有效作业设计的框架，它指向的是有效作业的题型结构、内容结构、素养结构与难度结构；以评价反馈为保障，它指向学生完成有效作业过程中的表现，帮助学生解决问题，纠正错误认知。以此建构出层级递推的目标体系、贴合学生的内容体系、整体协同的结构体系和及时反馈的评价体系，才能设计出具有个性化的、分层的、弹性的作业，最终全面、整体地发挥有效作业的育人效能。[4]

王月芬认为，提升教师的作业设计能力是解决整个作业问题的关键前提。教师的作业设计能力提升，不仅需要转变教师的作业观念，需要综合考虑作业各个关键要素，还需要提升学校的作业管理水平，开展有助于提升教师作业设计能力的专业发展活动等。其中，

---

[1] 王月芬. 课程视域下的作业设计研究[D]. 上海：华东师范大学，2015.
[2] 干学男，赵汀山. "双减"背景下作业设计的多维视野和优化策略[J]. 天津师范大学学报（社会科学版），2022（2）：38—44.
[3] 杨伊，夏惠贤，王晶莹. 我国学生作业设计研究70年：回顾与展望[J]. 教育科学研究，2020（1）：25—30+54.
[4] 罗建河，谌舒山. "双减"背景下作业设计：理据与路径[J]. 当代教育科学，2022（4）：52—60.

加强教师在作业实践中的自我反思、学校备课组或教研组的研讨，对提高教师作业设计能力效果最为显著。[1] 所以，核心素养背景下的作业设计要求教师从"增量思维"走向"增值思维"，明确作业设计以核心素养为基本导向，把握作业的结构和功能，提升作业设计的能力，丰富作业的内容和形式，以实现作业设计观念的本质性转变，提高作业设计的质量。

第二节 基于跨学科学习的课程设计分析

跨学科学习作为一种学习方法的变革，强调在教学过程中实现学科内部知识的整合，以及学科间知识与方法的联结，因此，建构足够支撑该学习方法的课程体系就显得尤为重要。目前，在基础教育阶段探索建设的跨学科课程体系主要包含：综合课程—跨学科课程—跨学科主题学习活动课程等课程层级，其主要的学习方式就是跨学科学习。

一、跨学科课程的设计

跨学科课程体系是指将不同学科领域的知识有机融合，形成一门或多门跨越传统学科边界的课程。它是跨学科学习的重要载体，旨在顺应学科融合培养趋势，打破学科之间的壁垒，提高学生的综合素养和创新能力，培养他们多角度思考问题、解决问题的能力，使其更好地适应社会发展，应对全球化竞争的压力。跨学科课程体系注重理论与实践相结合，强调问题导向和项目式学习。跨学科课程体系主要由相应的课程目标、课程内容、课程机构、课程评价、课程实施所组成。课程体系框架是对课程体系的总体设计和整体描述，跨学科课程体系的框架设计旨在规划、设计跨学科课程实施的蓝图。跨学科课程尤为强调"课程内容的精心设计"，如以跨学科主题学习活动课程的设置为例，《义务教育课程方案（2022年版）》指出要围绕发展学生核心素养，精选和设计课程内容，设置跨学科主题学习活动，强化学科间的相互关联，增强课程的综合性和实践性。另外实施跨学科课程要特别关注评价主体的多元性以及多种评价方式的综合运用，用好评价指挥棒，从而培养学生的核心素养。

（一）课程框架设计

如今的跨学科融合是建立在学科高度分化、各学科领域研究相当充分的基础上，遵循全面育人要求的二次融合。课程设计要瞄准基础教育课程改革的总体目标，确定跨学科课程目标和基本框架，融合学科内容，更要突出学科自身属性，防止学科本质的丢失。在学科实践中，学生能够基于学科属性，通过富有学科意蕴的典型实践，运用学科素养解决真实问题。

---

[1] 王月芬. 作业设计能力——未被重视的质量提升途径 [J]. 人民教育，2018（Z2）：58-62.

义务教育阶段各学科的课程标准基本上以概念体系的方式呈现课程内容，其中大概念统摄的概念框架也是跨学科课程设计的基本构件。大概念或大观念源自布鲁纳的结构主义，二者都是深入学科本体，寻找能够反映出学科本质的核心内容，在学科本体内或学科之间形成意义连贯的整体。大概念和大观念的核心理念一致，但在不同学科视域下有着各自的适切性。《义务教育历史课程标准（2022年版）》明确指出："大概念是指那些能够将分散的知识、技能、观念等联结成为整体，并且赋予它们意义的概念、观念。"在科学教育中，要帮助学生建构整合各个信息片段的、具有逻辑内聚力的知识体系，并将各个片段汇集到上述的全信息结构之中，而这个结构体系的核心就是大概念。[①] 大概念发散出去的知识、技能不是通过简单迁移实现的，而同样应该是具有生成性、发散性的概念。因此，大概念的链接不是单向的、直抵终点的，而应该是网状的、循环互通的，由这个概念出发可以推导、触发其他新概念，新概念的生长又可以激活并丰富陈旧的概念。

（二）课程内容设计

课程整合是跨学科课程内容设计的根本要求，在课程设计上将不同学科的概念有机整合，构建跨学科的概念网络。课程内容是学校教育的基本要素，基于学生素养发展的跨学科课程设计必须深入到最基本要素当中，形成与素养培育相适应的课程内容，才能从根本上变革学校教育。课程内容的选择可以从交叉学科领域出发，以交叉学科的核心理念作为预设的大观念，从中找到具有育人价值并值得探索的基本问题。从交叉学科出发的优势在于已有的理论研究相对丰富，交叉学科的内容体系已高度逻辑化，学科理念已整合化。但交叉学科数量有限，课程开发也受限于此。

基于课程设计者对学科本质的深入理解，可以进一步打破学科界限。课程设计者需要在对跨学科进行充分自我认定的基础上建构"复合知识观"，运用跨学科思维在不同学科的渗透交融中寻找契合点，理解学科内以及学科间的观点是如何被关联起来的，对学科知识内容进行重新激活，从真实情境出发在不同学科视域下对知识进行反复充分地论证，以此探寻学科知识联结的结构形式，关注知识在学科融合中的质变，为跨学科内容提供充足的解释力，并从中抽象出知识框架，组织课程内容。

（三）课程评价设计

评价设计也是跨学科课程体系的重要组成。跨学科课程的评价设计不能局限于以教师为评价主体自上而下的单一评价模式，学生作为教学主体，应通过自主学习或小组合作的形式，更加积极地参与到整个教学过程中，从而形成自主学习和深度学习的积极性。面对较为复杂的学习情境，对学生评价的赋权显得越来越重要，教师的学科本位与学生面对的社会问题的综合性之间存在一定矛盾，需要跨学科的设计才能更加精准地开展评价工作。

---

① 胡玉华. 科学教育中的核心概念及其教学价值［J］. 课程·教材·教法，2015（3）：79-84.

此外，传统的教学评价习惯于使用单一的量化标准，例如以成绩来评价学生的学习成就和表现，这种评价往往是模糊的非客观评价，存在较大的时效性、准确性和公平性偏差，因此，在针对跨学科课程体系进行评价设计时要遵循定性和定量相结合的评价方式，并根据课程性质、教学内容等科学地安排评价要素和评价权重，以促进每个学生的学业质量发展。

二、跨学科主题学习活动课程的设计

跨学科主题学习活动课程是一种实现课程综合化的新形式，它既立足学科知识之间的关联性，又将这种关联拓展到社会生活当中，将社会历史事件、学生生活体验等内容凝练成主题，进行一体化设计。跨学科主题学习活动课程还是一种基于学科的跨学科实践活动。作为综合课程的一种，跨学科主题学习活动课程也必然指向教学，指向学生的学习方式。过往的综合课程学习活动方式主要体现为综合实践活动。综合实践活动强调以学生的直接经验为活动对象，利用主题探究、研究性学习等方式引导学生开展社会实践、服务性劳动、职业体验等实践活动。义务教育课程方案中的跨学科主题学习活动课程与综合实践活动有所不同，它强调在学科内实施，以学科中具体的知识内容为起点设计主题，"探索大单元教学，积极开展主题化、项目式学习等综合性教学活动，促进学生举一反三、融会贯通"。在跨学科主题学习的活动体系中，学科大概念牵动跨学科主题，整合大单元形成大项目，师生有更明确的研学方向，提高了课程实施的可行性。

跨学科主题学习活动课程属于跨学科课程，其课程的框架、内容和评价设计等都遵循前文中跨学科课程的设计要求。本部分特别就跨学科主题学习活动课程要素、设计路线等进行论述，以引导教师在进行跨学科作业设计过程中重点关注相关的课程教学内容。

（一）课程要素分析

1. 学科基础和学科素养。

跨学科主题学习活动课程基于学科课程，故而学科基础和学科素养是跨学科主题学习活动课程的基础型课程内容。改革开放以来，我们的基础教育课程改革历经了从双基到三维目标再到核心素养的变迁。"双基"强调的是学生对基本知识、基本技能的掌握，三维目标是关注"育人"的起点，核心素养则真正使教育回到人的身上。故而这里的学科基础主要指的就是"双基"，学科素养指的是学科课程中那些"育人"的因子。[①]

2. 学科综合和跨域理解。

跨学科主题学习活动课程要求学生能够以本学科为载体，从真实问题出发，整合关联各学科知识，与教师合作，统筹设计形成跨学科主题学习活动课程的课程内容。学生需要对主体学科产生纵深理解，即了解主体学科如何通过其特有视野、概念、理论和方法观察

---

① 余文森. 新时代中国课堂教学改革与创新[M]. 北京：教育科学出版社，2024：17.

现实世界，掌握主体学科的基本要素和重要见解。同时学生能够围绕主题思考主体学科与其他学科的共通之处，综合运用各学科的知识、技能、方法以解决现实问题。① 基于学科的多元综合，学生能够跨越学科、地域、文化、物种对需要解决的问题形成新的理解，创造性地解决问题。笔者将现有的国家课程分为人文学科、科学学科、数字学科等广域课程，在当前的课程发展背景下要尤为强调不同广域课程间的多元综合，以形成跨域理解，如关注科学、数字技术发展过程中的责任意识和人文关怀，人文积淀、数字技能和科学思维的多元观照，对主题进行跨文化理解和分析，最终创造性地解决问题。

3. 学习能力和批判精神。

学习能力主要指学生在跨学科主题学习活动课程中拥有较强的迁移运用能力、积极主动的学习态度和合作探究的意识和能力，且在学习过程中善于自我监控，及时调整与完善学习的方法、路径和策略。跨学科学习致力于真实复杂问题的解决，需要学生在一定跨度时间内进行合作探究，故而合作探究的意识和能力是跨学科主题学习活动中一项非常重要的学习能力。合作探究，是为了解决问题或者完成任务，学生也在相互的合作与碰撞中反思自我，进行自我监控。值得注意的是语文跨学科学习的实质在于学习其他学科的语言运用。② 语言运用，尤其"读写"是所有学科的重要学习方式，故而"读写"会是跨学科学习研究中的重要焦点之一。而科学科目的跨学科学习则关注运用其他学科如数学、计算机、工程学等的知识、方法、技能等建构跨学科共同概念，进而解决真实复杂的问题。

批判精神指学生在跨学科主题学习活动课程中能就研究的问题、团队成员的观点进行辩证思考和基于实证进行批判，同时能够基于已有的科学、数字和人文素养自主辨识、遏制错误信息的传播。③ 在学科综合和跨域理解的基础上，学生能就研究的问题产生新的理解，也能对团队成员的观点进行辩证思考以促进问题的创造性解决。同时跨学科主题学习活动课程必须培养学生坚持科学真理的决心，提高其辨别能力和对复杂微妙的真相进行诚实调查的能力。④

4. 解决问题或完成任务。

跨学科学习指向解决问题或完成任务，甚至促进问题的创造性解决。学生在解决问题或完成任务的过程中能有意识地提高多层次的跨学科素养，例如进一步夯实学科基础和提升学科素养，提高学科综合和跨域理解能力，以及提升学习能力和培养批判精神，这即为

---

① 渠慧慧，孟献华，申苗苗. 跨学科学习中"跨学科素养"的结构层次与表现特征［J］. 基础教育课程，2023（7）：19—27+34.
② 刘华，沈滨. 语文跨学科学习"语文性"的多维探讨［J］. 语文建设，2022（10）：10—14.
③ 联合国教科文组织. 一起重新构想我们的未来：为教育打造新的社会契约［M］. 北京：教育科学出版社，2022：80.
④ 联合国教科文组织. 一起重新构想我们的未来：为教育打造新的社会契约［M］. 北京：教育科学出版社，2022：74.

下一次解决问题（完成任务）注入新的活力。由此看来，解决问题（完成任务）是终点也是新的起点，实施跨学科主题学习活动课程能有效提高学生的核心素养。

（二）课程设计路线

1. 选择学习主题。在跨学科主题学习活动课程设计时选择一个能够涵盖多个学科的主题，例如气候变化、可持续发展、全球化、健康与疾病等。不同学科视角的交汇，有助于提高课程研究的深度与广度，也为形成真实的学习任务、作业提供条件。

2. 确定教学评目标。依据课程标准的相关内容确定跨学科主题学习活动课程的教学目标与评价目标，合理地安排不同学科、不同年级的知识内容的融合，包括知识理解、技能掌握、能力应用和态度形成等方面。创建评价学生学习成果的标准和方法，这些标准应当反映跨学科学习的多维度特性。

3. 规划课程结构。基于学科本位，设计一个整合不同学科内容的课程框架，确保其他学科都能对主题有所贡献，兼顾学科学习与跨学科学习。

4. 优化教学方法。跨学科主题学习活动课程的教学方法有别于传统课堂教学，宜采用项目式学习、案例研究、讨论、合作学习等多种教学方法，鼓励学生主动学习和参与，建构"学生中心课堂"。

5. 资源整合。搜集和整合来自不同学科的线上、线下资源，如阅读材料、视频、数据、实验工具等。合理地利用现代信息技术平台与手段，拓宽资源获取的渠道，甄别、选取有效资源融入教学过程。

6. 关注师生协作。鼓励不同学科的教师协作，共同设计和实施课程，为学生提供更丰富的学习体验。鼓励学生扮演研究者、决策者、创新者等角色，让他们在真实世界的背景下应用所学知识。

7. 反思与调整。定期进行课程反思，根据学生的反馈和学习成果及时地调整教学方法和课程内容。

8. 展示成果。创设机会让学生展示他们的学习成果，举办展示会、展览会、报告会或开展社区服务项目等，以提升学生的沟通和表达能力。

跨学科主题学习活动课程可以激发学生的学习兴趣，帮助他们看到学校学习与现实世界之间的联系，并培养他们成为终身学习者和有能力解决复杂问题的人。因此，在进行跨学科作业设计的过程中，要关注作业聚焦的主题学习活动，在设计课程的同时做好作业的设计。

三、"生态文明""跨文化"融入跨学科主题学习活动课程的路径

2021年11月10日，联合国教科文组织发布《一起重新构想我们的未来：为教育打造新的社会契约》报告（以下简称《报告》）。《报告》提出：课程应强调生态、跨文化和跨

学科学习，支持学生获取和生产知识，同时培养他们批判和应用知识的能力。[①] 同时根据近年来有关学者对综合课程分类的研究，可从"社会本位综合课程"的分类角度将综合课程分为跨学科、跨文化及生态文明主题相关的课程，以助学生学习、使用知识，同时培养其能力。

（一）各课程培养的"生态文明""跨文化"相关的核心素养是"融入"的基础

2016年《中国学生发展核心素养》报告提出，以"全面发展的人"为核心，培养学生在真实情境中综合运用知识的能力，其理念与综合课程颇为一致。义务教育课程标准则基于义务教育培养目标，将党的教育方针具体细化为本课程应着力培养的课程素养。课程（学科）着力培养的与生态文明、跨文化相关的核心素养是生态文明、跨文化融入跨学科课程的基础。综合来看，人文课程（包括语文、道德与法治、历史、艺术、英语）的核心素养主要与"跨文化"相关，注重培养学生的爱国情怀，强调尊重和理解文化的多样性，初步具有人类命运共同体意识。如义务教育语文课程确立了以"文化自信"为引领的核心素养，在"认同中华文化，对中华文化的生命力有坚定信心"的基础上提出"初步了解和借鉴人类文明优秀成果，具有比较开阔的文化视野和一定的文化底蕴"。同为语言学科，义务教育英语课程确立了"文化意识"的核心素养，其体现了核心素养的价值取向，强调对中外文化的理解和对优秀文化的鉴赏，是学生在新时代表现出的跨文化认知、态度和行为选择。文化意识的培养有助于学生增强家国情怀和人类命运共同体意识。科学课程（包括科学、化学、物理、生物学、信息科技）的核心素养主要与生态文明相关，从中可以提取出相通的上位概念——责任，讲求的是"科学伦理与科学技术的匹配""科学责任与科学知识的相当"。地理具有综合性，兼有人文学科和科学学科的特点，其培养的核心素养中的"区域认知"和"人地协调观"分别与跨文化、生态文明息息相关。

义务教育课程培养的与跨文化、生态文明相关的核心素养

课程	跨文化	生态文明
语文	文化自信	
道德与法治		责任意识
历史	家国情怀	
英语	文化意识	
地理	区域认知	人地协调观
科学		态度责任
化学		科学态度与责任

---

① 联合国教科文组织. 一起重新构想我们的未来：为教育打造新的社会契约[M]. 北京：教育科学出版社，2022：66.

续表

课程	跨文化	生态文明
物理		科学态度与责任
生物学		态度责任
信息科技		信息社会责任
艺术	文化理解	

（二）各课程"生态文明""跨文化"相关的主题内容是"融入"的抓手

"主题"是义务教育课程方案和义务教育各学科课程标准中的高频词，它的属性和外延也引发了专家学者的广泛讨论。本部分内容对"主题"一词的理解援引自王荣生教授撰写的《语文课程"学习主题"辨析——语文课程标准文本中的关键词》一文，指用以组织课程内容的"学习主题"[①]。2022年版义务教育各科课程标准中，道德与法治、地理、历史、数学、物理、化学、生物学和科学这8门课程均以"学习主题"组织课程内容。"学习主题"是对与课程性质、课程目标、核心素养内涵相承接的课程内容的概括描述，通常分为一级、二级、三级。遵循这样的承接顺序，通常可以牵引出以某一核心素养为纲的"学习主题"序列。按照上文的论述可知，各课程培养的核心素养有许多与生态文明、跨文化相关，如地理课程培养的"人地协调观"核心素养与生态文明相关，历史课程培养的"家国情怀"核心素养与跨文化相关。在此，分别基于这两门课程的核心素养内涵，牵引出相关的"学习主题"序列。

地理、历史课程的生态文明、跨文化相关主题序列

课程	核心素养	一级学习主题	二级学习主题	三级学习主题	学习内容
地理	人地协调观	认识区域	认识世界	认识国家	运用地图和相关资料，联系某国的自然地理环境特点，结合实例简要分析该国因地制宜发展经济的途径。 运用地图和相关资料，简要分析某国在资源开发、环境保护方面的经验和教训。 结合实例，简要说明一个国家对某地自然环境的改造活动对其他地方自然环境的影响。

[①] 王荣生. 语文课程"学习主题"辨析——语文课程标准文本中的关键词[J]. 课程·教材·教法，2023（3）：71—80.

续表

课程	核心素养	一级学习主题	二级学习主题	三级学习主题	学习内容
历史	家国情怀	世界古代史	古代文明		初步了解原始社会时期的人类活动；通过金字塔、《汉谟拉比法典》，以及种姓制度和佛教的创立，了解亚非古代文明及其传播；知道建立在奴隶制基础上的希腊城邦和罗马共和国，了解希腊、罗马的古典文化成就，以及亚历山大帝国、罗马帝国对文化传播和交流的作用。

需要说明的是各课程的内容都呈现出"统筹组织和呈现"的样态，因此各课程生态文明、跨文化相关的主题内容有时会交织、相融在一起，例如上表中地理课程的生态文明相关主题序列同时也与跨文化相关。

（三）各课程的跨学科主题学习是"融入"的主要途径

《义务教育课程方案（2022年版）》建议"原则上，各门课程用不少于10%的课时设计跨学科主题学习"，为此义务教育大部分课程设置了跨学科主题学习的相关课程内容。"生态文明""跨文化"作为全球、全人类的重大议题，同时也是重要的全球教育命题，往往是各课程跨学科主题学习研究的重要主题（见下表）。

各课程的生态文明、跨文化相关的跨学科主题学习

课程	课程内容	具体学习内容或跨学科主题学习活动参考示例
语文	跨学科学习	在环境、安全、人口、资源、公共卫生等方面，选择感兴趣的社会热点问题，查找和阅读相关资料，记录重要内容，列出发言提纲，参加班级讨论。
数学	综合与实践	项目学习：水是生命之源。
历史	跨学科主题学习	小钱币、大历史；历史上水路交通的发展；历史上的中外文化交流；生态环境与社会发展；历史地图上的世界格局。
地理	跨学科主题学习	探访"地球之肾"——湿地。
化学	化学与社会·跨学科实践	化学与可持续发展；化学与资源、能源、材料、环境、健康；应对未来不确定性挑战。
物理	跨学科实践	物理学与社会发展。
生物学	生物学与社会·跨学科实践	模型制作类跨学科实践活动。
信息科技	跨学科主题学习	互联智能设计；向世界介绍我的学校；在线数字气象站。
体育与健康	跨学科主题学习	人与自然和谐之美。

需要说明的是道德与法治、艺术、科学本身就是综合性课程，生态文明、跨文化主题自然融入这三个学科的课程内容。特别是科学课程核心素养中的"态度责任"与生态文明息息相关，《义务教育科学课程标准（2022年版）》还提出"通过对学科核心概念的学习，理解物质与能量、结构与功能、系统与模型、稳定与变化4个跨学科概念"。英语作为一门语言课程，本就是重要的沟通工具，对中国走向世界，世界了解中国，构建人类命运共同体有重要作用。其核心素养中的"文化意识"指对中外文化的理解和对优秀文化的鉴赏，是学生在新时代表现出的跨文化认知。可以说英语课程自然带有"跨文化"的基因，同时由其"人与自然"主题群引领的课程内容直指生态文明主题。

跨学科作业作为跨学科主题学习活动的主要呈现方式之一，对每个开展跨学科学习研究的学科教师而言都是非常重要的研究项目。如何做好跨学科作业的设计与管理，我们将在第二章中作重点介绍。

第二章　跨学科作业的设计与管理

《义务教育课程方案（2022年版）》和义务教育各学科课程标准关于跨学科学习的阐述，主要集中在学习内容安排和学习活动、情境、资源等的设计上，但对跨学科作业设计和实施缺少清晰、具体的描述。跨学科作业是跨学科学习的重要一环，高质量的跨学科作业能促进跨学科知识融合及经验积累，引领学生灵活运用知识解决实际问题，积累生活经验，实现教育效能的最大化，从而为学生的可持续发展奠定基础。[①]

第一节　跨学科作业设计与管理的教育价值

跨学科作业是指将两个或两个以上学科中的观点和思维方式整合起来，突出学科知识与真实问题的关联，以此为基础设计相关学习任务。[②] 相较于传统作业，情境化、综合化、真实性的跨学科作业更注重发挥作业效能，帮助学生在实践中逐渐形成正确的价值观、必备品格和关键能力，综合培育学生的核心素养，充分发挥跨学科学习的整体育人优势。

一、指向核心素养达成的目标与内容

中国学生发展核心素养是党的教育方针中教育培养目标的具体化和细化，明确了学生应通过课程学习形成的正确价值观、必备品格和关键能力，阐明了教师需要落实的教学目标。跨学科作业的设计与管理应以发展学生核心素养为旨归，突出学科实践，关联生活，积极回应现实生活的需要。跨学科作业以课程整合作为其理论基础，强调将分裂、孤立的学科知识有机地统整于某一主题之下，有助于学生超越单一的学科视野，综合运用各种学科的知识、经验、思维，全面分析和解决问题，形成一种全息的视野和能力。[③] 跨学科作业强调在真实的学科实践中主动学习知识、运用知识和建构知识，在做中学、悟中学、用中学和创中学。跨学科作业以核心素养培养作为根本指向，注重基本思维和基本观念的整

[①] 钱军伟. 跨学科主题类作业：内涵意蕴、功能定位与设计要义 [J]. 语文建设，2022（22）：17—20+39.
[②] 王月芬. 未来学校作业改革面临的六大挑战 [J]. 教育家，2021（34）：30—32.
[③] 有宝华. 综合课程论 [M]. 上海：上海教育出版社，2002：45—46.

合，从知识本位转向素养本位、从课时视角转向单元视角，逐渐推动形成基于核心素养的学业质量观，避免应试主义的价值取向，综合培育学生的核心素养。

跨学科作业的设计和评价以学业质量标准和学生的认知维度为依据，实施过程性评价，整体评估学生的学业质量。跨学科作业冲破了传统纸笔测验的桎梏，依托驱动性问题或情境，关注学生在情境中应用知识解决问题的能力，能比较科学、全面地呈现学生学业水平的关键表现，体现某一单元或某个学习过程结束时学生核心素养应达到的水平。跨学科作业促使学生在调动学科知识、能力、品质等创造性地解决新问题、形成多样化成果的过程中，形成对核心知识和学习经验的深刻理解，并能在新的、真实的任务情境中再一次获得能力跃迁与素养的提升。[1]

二、兼顾多元功能的价值体现

作业是学校教育教学工作的重要环节，也是课堂教学活动的必要补充，具有诊断、甄别、引导、激励和发展等功能，有助于反映学生的发展状况和存在的问题，从而改进教师教学和推动学生自我发展。当前作业质量低下的原因可归结为学校、教师、家庭对作业功能的理解和落实不到位，布置大量重复性机械训练的文本作业，大大加重了学习的负担。跨学科作业设计过程中应明确作业的功能价值，在兼顾作业"巩固强化知识""训练基本技能"的习得性功能的同时，重视其诊断学生核心素养水平与教师教学有效性等评价性功能和发展学生的自主学习能力的发展性功能。也就是说，跨学科作业不仅要满足学生发展的基础需求，更要支持学生发展的多维需求。因此，基于培养学生核心素养、发展学生多元智能的需求，跨学科作业设计应以提高学生综合利用各科知识解决实际问题的能力为目标，其作业内容应来源于学生现实生活世界中的具有个人和社会意义的重要问题，以丰富学生的认知体验；作业完成需要实践、探究、调查等多种学习活动方式的参与，以培养学生规划、分析和解决问题的能力，通过作业内容和作业形式的多元化实现跨学科作业的多样化功能。总之，在跨学科作业设计与实施过程中，需考虑作业多种功能的结合，充分体现作业价值。

三、遵循现代学习理论达成作业效能

作业设计时需以现代学习理论作为支持，以凸显作业的价值性、科学性、合理性。现代学习理论中的学习金字塔理论、遗忘曲线原理等都可以作为我们作业设计的理论来源。例如，学习金字塔理论指出，与讲授、阅读等以学生被动学习为主的教学相比，做中学、教别人学等以学生主动学习为主的教学有更好的教学效果。作业是"做中学"的经典形式，做作业是学生运用概念、技能进行问题解决的实践过程，完成作业过程中学生间的讨

---

[1] 钱军伟. 跨学科主题类作业：内涵意蕴、功能定位与设计要义［J］. 语文建设，2022（22）：17—20＋39.

论、讲授、答疑，则是落实"教别人学"的重要途径。再如，在作业设计时关注艾宾浩斯的遗忘曲线，在设计与布置作业时结合遗忘的"先快后慢"规律，让做作业成为克服遗忘的重要方式。从短期看，作业作为一种及时反馈和评价的方式，可以让学生适时调整错误信息和正确信息的关系，强化对信息的理解和记忆。从长期看，如果能够每隔一段时间就针对已学内容设计一定的作业，就能够收到很好的巩固效果，而且随着巩固次数的增加，理论上每次设计的作业内容可以越来越少。在现代学习理论的指导下，跨学科作业应聚焦作业目标、作业内容、作业类型、作业时长等进行统筹性规划和结构化设计，进一步重塑具有"目标导向、系统设计、诊断反馈、动态生成、体现个性"等特征的课程视域作业观。作业设计过程中对学科资源、生活资源以及信息技术资源进行统整，充分利用各种学科资源，找出各学科之间的内在逻辑关联，对各学科知识、理论和方法进行筛选和分析，根据其内在关联将其统整于跨学科主题之下，帮助学生实现知识迁移、综合运用，强化对知识的理解和掌握，最终达成核心素养培养的目标。

第二节　跨学科作业设计的目标取向与原则

跨学科作业的目标可以来自课标、教材中的对应要求，除了学习所跨学科的知识和能力外，跨学科作业独特的作业目标是要指向学生的跨学科理解。[①]

一、跨学科作业设计的目标取向

（一）凸显学生主体，多元作业育人

学生是学习和作业完成的主体，作业设计应充分尊重、考虑学生的认知发展、兴趣喜好。目前，一线课堂的作业常以基础性作业形式出现，面对烦琐、重复、单调的作业现状，作业改革主张以新型的作业形式和作业情境，给予广大学生耳目一新的体验，令其在喜闻乐见的作业中逐步发展核心素养，体悟学科魅力。相较于封闭型作业，结合真实情境设计的开放型作业更能考查学生的知识理解和应用能力，例如项目体验性作业、跨学科作业等作业形式更能突出学生的主体地位，发挥学生的主观能动性，从而促进知识的正向迁移和解决问题综合能力的提升。

---

① 夏雪梅. 跨学科学习：一种基于学科的设计、实施与评价［M］. 北京：教育科学出版社，2024：99.

作业类型及其考查要点

作业类型	考查要点
基础性作业	考查学生对基础知识和基本技能的掌握情况，聚焦学科概念，关注概念间的逻辑联系，帮助学生构建知识网络；将学科概念与生产生活实践相联系，考查学生在新情境中运用知识解释和解决问题的能力，提升学生对本学科思想方法的理解。
综合应用性作业	以解决生产生活中的实际问题为导向，突出作业设计内容和形式的情境性，通过创设真实情境，设置符合学生学习规律、体现核心素养发展的真实问题，考查学生综合运用所学知识分析、解决问题的能力。
探究拓展性作业	着眼于整合、探究、拓展单元主题的学习内容。学生通过探究实践，加强对学科知识的运用和学科方法的掌握，发展提出问题、作出假设、设计实验、分析数据和证据、推导结论等能力，发展学科核心素养。
项目体验性作业	着眼真实情境中的问题解决。以学生为中心，需要学生综合运用科学、技术和工程等的概念与方法，设计项目研究方案，通过小组合作、主动探究和动手实践的方式实施，完成问题的解答或形成相关作品。
跨学科作业	要求学生综合运用不同学科知识、方法或思维方式解决真实、复杂问题。通过跨学科作业，形成学科间横向关联，促进学生对知识的多维度理解，培养和提高学生发现问题、解决问题的能力。相较于传统的学科作业，跨学科作业有利于拓宽学生的认知视野，淡化学科边界，从而为学生的全面、持续发展奠定基础。

（二）强化学科特点，注重学以致用

跨学科作业设计可以采取以下途径：一是作业内容的情境化。在设计跨学科作业时，可以结合学科特点，联系生产生活、科学研究、人文历史等情境获取素材，真实、复杂的情境有助于学生发现知识与生活的联系，体会在现实生活中运用知识解决挑战性问题的过程。二是基于各学科课程标准要求，结合跨学科理念确定跨学科项目式作业。通过设计有趣、有意义、有挑战性的跨学科项目式作业，要求学生针对挑战性的难题去动手探究，给学生运用知识进行实践的机会，给学生在实践过程中反思、评论、修正知识的机会，提升学生的实践能力。另外，作业设计应该建立学科间必要的内在联系，以达成系统化学习、学以致用的目的。对于主从型跨学科作业，主学科的目标定位需要非常明确，而对于并重型跨学科作业，每个学科的目标定位都需要清晰地呈现出来。[①] 从而在实践中破解"知难行易"的作业困境，达到学以致用的目的。

[①] 夏雪梅. 跨学科学习：一种基于学科的设计、实施与评价［M］. 北京：教育科学出版社，2024：62.

(三)立足单元整体,落实大作业理念

立足单元整体设计跨学科作业,有助于学生领悟学科本质,促进核心素养的生成。传统作业多为碎片化的课时作业,通常只关注线性知识的习得和巩固,而忽略了对学科本身网状的知识和逻辑脉络的把握,限制了问题解决思维和能力的发展,因此很难实现系统的学科培养目标。

为了形成学科整体观念,跨学科作业设计需结合课程标准、教材和学生认知特点,从单元整体视角出发确定跨学科作业目标、内容和形式。首先关注跨学科单元作业目标的统整性,单元作业目标的设置可围绕课程标准中的大概念,落实"内容聚焦大概念"的课程理念。大概念是学科本质在知识、能力方面的整体体现,向下传递重要概念、次位概念,向内整合科学事实,向外衔接实践经验。依据大概念分解各课时作业目标,通过各个课时的内容建构使学生逐步生成单元大概念。其次是对作业内容和形式的考量。单元作业的核心在于单元组成章节间的相关性,以及各章节相互呼应又各具特点的内容。跨学科单元作业设计要充分梳理教材的前后、内在联系,从各版本教材、教师参考用书等多方面入手,融合本学科知识与方法,创设主题情境任务,从小任务逐步过渡到大任务的完成。通过有针对性地设计与实施单元作业,合理规划统筹,提醒、督促、帮助学生完成周期较长的单元学习,把握学科知识、逻辑的系统性和连续性,促进陈述性知识向程序性知识的转化,有效落实新时代新教育的大作业理念。

(四)实施动态配置,协调个性分层

动态配置是指对同一个学科内不同类型、不同难度的作业的严谨分析和统筹使用,需要教师提前做好学生群体的差异分析、学习能力分析和思维水平分析等,根据不同层次学生的发展需求,在不同的课型或单元中灵活配置作业。高质量的跨学科作业一定是建立在对教学现状的深入分析基础之上的,跨学科作业设计要体现基于学生差异的动态配置。

要彻底改变布置作业时的"一刀切"现象,应谨慎考虑不同水平学生群体的具体情况,通过分层次、有区分度的跨学科作业,开展增值性评价和发展性评价。通过增值性评价合理预测学生的未来发展趋势,预见可能出现的问题和薄弱环节以便及时干预分层作业内容。通过及时调整作业的侧重点,引导学生选择合适的分层作业,强化薄弱环节,增强能力训练,帮助学生突破重难点,从而有的放矢地提升不同认知层次学生的学习水平。除此之外,学生的个人能力亦是处在动态发展的过程中,教师应当采取发展的眼光看待学生的学习能力、水平,及时跟进学生的学习情况,根据学生现有的学习水平和未来可能的发展水平更新作业类型,实现跨学科作业动态配置,促进不同层次学生的个性化发展。当然,在实施分层作业的同时,教师也要注意不能显性化地处理分层作业,避免部分低水平的学生认为教师对他们失去了高期望。教师可以通过设置"跨学科作业超市"的方式进行隐性分层,让学生自主选择"跨学科作业套餐",或是通过合理设置小组作业来应对分层

作业所可能带来的学生分化问题。

二、跨学科作业设计的原则

跨学科作业设计承载着发展学生综合素养的价值诉求，不仅需要综合考虑作业内容来源、作业设计的理论基础、作业的组织与实施、作业评价等各方面的因素，还需要考虑学生的身心发展特点及发展需求、教师的作业设计能力与水平等要素，这就要求跨学科作业设计需要遵循以下几点原则。

（一）主体性原则

学生是作业完成的主体，在进行作业设计时要将学生视为有思想有情感的个体，而不是作业机器。在部分一线教学课堂，泛滥成灾的课外读物和教辅材料消磨了学生的学科学习兴趣，给广大学生留下了烦琐乏味、题海战术的作业印象。因此，跨学科作业要逐步瓦解学生对于传统作业的错误认识，从主体性原则出发设计作业内容。

教师在进行跨学科作业设计时，可以充分利用学生的个体经验，借助学生喜闻乐见的学习情境激发学生的求知欲，从学习深度和学习广度引导学生挖掘学科知识，使其主动探求学科规律，在体悟学习的过程中，像科学家一样理性思考，并逐步习得知识和方法技能，利用学科知识方法解决生活问题，在面对社会议题时能够独立思考并秉持自身观点，从而逐步发挥学科的育人功能。

（二）多元性原则

作业作为课堂教学的补充，为实现学生多元化发展提供实践路径。跨学科作业设计应遵循多元性原则。在作业形式方面，传统的作业多为书面纸笔作业，形式单一重复，缺乏创新。考虑到探究实践是许多自然学科的本质，立足自然学科的跨学科作业应让学生像科学家一样探究、思考，像工程师一样规划设计、解决问题，通过实验操作、模型构建、调研学习等形式发展多元能力。跨学科作业的内容不应仅局限于对知识内容的考查，仅依赖记诵知识点就能完成的作业无法促进学生核心素养的发展。在设计跨学科作业内容时，教师可以充分挖掘其他学科的学习资源，融合多学科知识构建作业情境。学生在个人经验和跨学科知识之间建立联系，从中发展整合性理解。例如，生物学教师可以立足生物学学科设计跨学科作业，要求学生综合运用科学、数学甚至是工程学的知识内容、原理方法完成生物学任务，在综合运用多学科逻辑原理解决生物学问题的过程中学习多学科内容。

（三）系统性原则

从本质上看，作业可以被理解为一种运用知识解决问题，将知识应用于生产实践或问题情境的系统的学习过程。跨学科作业设计遵循系统性原则，需要教师以教学大单元为基础，依据大概念、重要概念对作业内容进行解构、重组，有层次地设计单元作业群，形成整体性、框架性的作业系统，在保证学生掌握基础知识、基本技能的同时，关注学生高阶思维的培养。由此来看，跨学科作业设计应弱化对静态知识（陈述性知识）低水平的过度重复，强化能力、思维等动态知识（程序性知识）的迁移应用，要凸显学科知识的系统性和连续性，促进低阶思维向高阶思维的层层递进和转化，让思维发展呈螺旋上升的样态，在作业中渗透学科本质，让学生在跨学科作业完成中实现学科素养的落地。

（四）层次性原则

不同学习个体受认知发展快慢、学习兴趣高低等诸多因素影响，在学习能力和学习态度方面存在差异，进而表现出阶梯式的学习水平。统一的作业模式无法满足学生的个性化学习需求，而基于层次性原则的分层作业能够在"最近发展区"内，最大限度地发挥跨学科作业效能。

遵循层次性原则，可以从作业目标、作业完成时间两方面根据不同学情设计作业。作业难度、作业类型的设计均立足于作业目标，作业目标要反映学生的能力差异。对于学习能力强的学生，可以适当提高作业难度，安排情境丰富、富有挑战性的作业；而对于学习能力薄弱的学生则主要以学科课程标准中的学业质量要求为依据，降低作业难度，以基础性作业为主，步步增强他们的学习自信心。就作业完成时间而言，教师应根据学情适当增减作业题量。对于学习能力薄弱的学生应秉持"减负增效"的设计理念，避免过量的作业进一步打击学生的学习积极性，或诱使学生抄袭作业以应付检查；对于学习兴趣旺盛且能力较强的学生，可以适当增加作业量，以启发该层次学生对该学科的深度探索。

（五）开放性原则

跨学科作业具有一定的开放性和实践性。跨学科作业强调将学科知识与社会生活联系起来，聚焦真实问题的发生和解决。开放的跨学科作业能让学生真正体验探索的过程并激发更多的创造性。学生不会因为没有得出标准答案而感到沮丧，这能够真正促进学生的深度学习和素养的提升。教师应根据需要调整跨学科作业的开放程度，并为学生提供所需要的引导和规范，减少对学生的限制从而发挥其更多的创造性。①

第三节　跨学科作业的特征及呈现形式

一、跨学科作业的特征

跨学科作业是作业的一种类型，具有作业的基本属性。它服务于跨学科主题学习，既可以帮助学生复习跨学科主题学习所学内容，巩固学习成效；也可以为跨学科主题学习提供有效反馈信息，帮助师生改进教学策略；更是跨学科主题学习设计和实施的一个重要环节，助力实现课程协同育人功能。

---

① 郭华，等. 跨学科主题学习：是什么？怎么做？[M]. 北京：教育科学出版社，2023：153.

与传统的分科作业相比，跨学科作业具有其独有的特征。在作业目标上，跨学科作业指向学生核心素养的发展，特别是跨学科素养的发展，具有素养导向性。在作业设计上，跨学科作业贴近学生生活实际，聚焦真实情境中的问题解决，具有问题驱动性。在作业内容上，跨学科作业强调围绕某一研究主题，以某一学科为主体，整合多学科知识与方法，具有学科整合性。在作业功能上，跨学科作业既是对学生运用多学科知识解决实际问题能力的评价，也是培养学生跨学科能力的重要学习活动，具有功能延展性。在作业系统上，跨学科作业通过多样化的作业形式，为学生提供开放的问题情境，呈现多样化的问题解决路径，促进学生的个性化发展，具有系统开放性。在作业评价上，跨学科作业呈现出评价形式多样化、评价主体多元化、评价标准差异化等特征，具有评价多维性。

（一）作业目标的素养导向性

跨学科作业要以提高学生的问题解决能力、发展学生的核心素养为目标。通过呈现真实的情境，以问题驱动学生综合运用多学科知识和方法解决实际问题，让学生在切身体验、动手实践和合作探究的过程中理解、应用多学科知识，帮助学生形成结构化的知识系统，提高学生的实践能力和问题解决能力，培养学生的沟通能力和团队合作能力，孕育学生的批判性思维和创新思想，发展学生的跨学科核心素养，促进学生的全面发展。

我国课程改革在课程目标上经历了从"双基"到"三维目标"再到"核心素养"的发展过程。《义务教育课程方案（2022年版）》指出要"聚焦中国学生发展核心素养，培养学生适应未来发展的正确价值观、必备品格和关键能力，引导学生明确人生发展方向，成长为德智体美劳全面发展的社会主义建设者和接班人"，这体现了课程目标从学科本位走向学生本位，从知识本位走向素养本位。[①] 这要求教师在确定教学目标、整合教学内容、设计教学过程、实施教学与评价等教学的全环节中始终坚持以核心素养为导向。跨学科作业的设计也应如此，要瞄准跨学科素养的生成点，基于学科主动跨界，以跨学科素养连接不同学科领域；在关注学生学科知识掌握的同时，充分挖掘学科知识对学生核心素养发展的价值。

跨学科作业目标要体现核心素养的综合性。核心素养是知识、能力、情感态度与价值观的综合表现，因此跨学科作业的目标应该涵盖以下内容：多学科知识的理解、迁移和应用；解决实际问题的探究能力、实践能力等多学科综合能力；严谨求实、团结合作、勇于质疑等科学态度与责任担当。跨学科作业目标要体现核心素养的发展性。学生的核心素养是在学习的过程中逐步发展的，跨学科作业的目标制定应符合学生核心素养的发展过程：不同单元的作业目标要统筹设计、循序渐进，作业的具体目标要根据整体设计，体现核心

[①] 余文森. 新课标呼唤新教学——新时代教学改革的方向与路径［J］. 教师教育学报，2023（2）：43—49.

素养不同水平的具体要求。跨学科作业目标要体现核心素养的实践性。强化实践性要求是发展学生核心素养的重要策略，跨学科作业目标的制定要注重实践育人，通过强化实践环节，驱动学生在实践中运用多学科知识解决实际问题，在解决问题的过程中学习多学科知识，引导学生"做中学""用中学""创中学"，体现知行合一。

（二）作业设计的问题驱动性

跨学科作业设计要以跨学科核心问题和问题链为载体，引导学生在完成作业的过程中逐步形成解决问题的思维方法，在解决问题的过程中将知识内化为能力与素养。这需要作业设计从学科逻辑走向生活逻辑，① 从真实生活中提炼问题或任务，为学生核心素养的发展创设知识运用的真实情境，让学生在自身认知与真实情境发生相互作用的过程中，将抽象化的多学科知识与自身的认知结构进行统整，达到知识学习和知识结构化的目的。

围绕跨学科核心问题的问题链，能有效引发学生的深度思考和实践探索，让学生在讨论、交流与合作中逐步完成挑战性任务，提高问题解决能力，促进跨学科核心素养的发展。情境则是学生发现、提出和解决问题的重要载体。跨学科作业的情境越真实，越贴近学生的生活实际，就越有利于触发学生对真实问题的感受，激发学生的学习兴趣。问题驱动的跨学科作业设计，以现实生活中的真实情境为起点，以解决具有实际意义的问题为归宿，能更好地发挥学生的主体性、主动性和积极性，使学生的地位从"被支配"转向"自我激活"，帮助学生主动跨越单学科知识的边界，增强不同学科之间知识、方法的横向联结；能有效引导学生从抽象的知识世界走向丰盈的现实世界，使学生的学习从"离身认知"转向"具身认知"，为学生认识真实世界奠定基础。②

跨学科作业的设计首先要创设真实的跨学科情境，要贴近学生的生活实际，从学生身边真实、具体的事物和场景入手，让学生真切感受到问题的存在和解决问题的重要性。③其次要设计以解决生活中的真实问题为导向的跨学科核心驱动性问题。问题的设计要基于学生的"最近发展区"，与学生已有的知识和能力相匹配，又有一定的挑战性。问题的内容要紧扣学科内容并联系现实生活，强化学生对身边事物的关注。最后要以解决核心问题为中心构建逻辑结构清晰、层层递进的跨学科问题链。通过问题链构建清晰的跨学科作业框架，将跨学科任务逐步分解细化，使跨学科作业便于学生的学习，引导学生在一个一个问题的解决中层层深入探究跨学科核心问题，在持续的探究过程中自主构建思维支架，不断获得新知、提高问题解决能力、增进跨学科理解，使其跨学科能力得到真正的发展。

（三）作业内容的学科整合性

---

① 王月芬. 重构作业——课程视域下的单元作业 [M]. 北京：教育科学出版社，2021：151.
② 袁丹. 指向核心素养的跨学科主题学习：意蕴辨读与行动路向 [J]. 课程·教材·教法，2022（10）：70—77.
③ 孟璨. 跨学科主题学习的何为与可为 [J]. 基础教育课程，2022（11）：4—9.

跨学科作业内容的学科整合性首先体现在学科内部知识与方法的有机整合。这要求作业内容能够让学生在解决问题的过程中形成将学科知识与具体情境相联系的经验，运用学科知识解决具体问题，尝试将新的知识经验纳入已有认知结构，从而建构更加系统、完善的学科知识结构。跨学科作业同时也需要坚持跨学科立场，围绕多学科的核心概念和问题任务，让学生在运用知识解决问题的过程中促进跨学科知识融合，形成跨学科思维，提升跨学科核心素养。[1] 因此，跨学科作业内容的学科整合性还包括学科间的知识与方法的有机整合。这要求作业内容能够让学生打破学科与学科、知识与生活之间的界限，综合运用多学科知识与方法分析和解决真实问题，从而建构多学科知识整合、知识与生活间整合的认知结构。

学生生活的真实世界纷繁复杂，蕴含其中的知识是整体的、综合的。要引导学生解决真实问题，就必须对学科内部知识进行整合，并将不同学科知识进一步整合，形成完整、统一的跨学科知识体系。因此，教师在作业设计时应厘清完成作业过程中所需的每一个跨学科知识和能力，并围绕核心问题、核心概念和学习成果对这些知识和能力进行有机整合，进而设计相应的跨学科问题链或任务串，引导学生在解决问题的过程中认识真实世界，解决真实问题。同时，由于各学科的课程目标和学科特点的不同，学科教师在整合跨学科作业内容时还应坚持学科主体原则。要基于课程标准要求，围绕核心素养培养的根本目标，以本学科知识为主线，以解决本学科核心问题为内核，整合多学科知识内容和问题，设计跨学科作业内容。

跨学科作业内容不是对多学科知识的简单拼凑，而应首先深入到学科知识的内部结构，围绕某一核心问题提炼学科相关内容，并进行学科内部知识整合；然后在此基础上以解决现实问题为目的，寻找与其他学科内容的结合点；最后将相关学科知识、方法进行有机融合，形成系统化的跨学科作业内容。跨学科作业内容的整合可以围绕"知识"展开，也可以围绕"观念"展开，还可以围绕"问题"展开。[2] 以"知识"为核心的整合方式，通过围绕两门或多门学科的共同基础或本质概念设计作业内容，帮助学生形成对所学知识的多视角、多维度认识。以"观念"为核心的整合方式，通过围绕不同学科共同的观念如思想方法、能力素养等设计作业内容，帮助学生认识不同学科的知识表征，形成应用知识探索世界的能力。以"问题"为核心的整合方式，通过围绕富有挑战性的真实问题解决设计作业内容，帮助学生形成运用多学科知识和方法解决复杂、真实问题的能力。三类整合方式的整合程度不同，教师可以根据跨学科作业的目标和学生的实际情况灵活选用。

---

[1] 伍红林，田莉莉. 跨学科主题学习：溯源、内涵与实施建议［J］. 全球教育展望，2023（3）：35—47.

[2] 何珊云，钱王乾一. 法国跨学科作业的设计与实施——以法国高中数学与科学整合性作业为例［J］. 上海教育，2022（35）：32—36.

（四）作业功能的延展性

从作业即"教学巩固"的角度来看，作业天然具有教学巩固的功能。跨学科作业作为跨学科主题学习的延伸，具有巩固知识与技能的作业基本功能。从作业即"评价任务"的角度来看，作业也具有检验教学目标或课程目标是否达成的功能。跨学科作业具有诊断学生跨学科主题学习情况、改进跨学科主题教学、反思和评价跨学科主题教学目标达成度的功能。从作业即"学习活动"的角度来看，作业还可以作为课程的一个主要环节，与教学共同作用来实现整体课程目标。作为跨学科主题学习系统中的一个环节，跨学科作业具有与课堂教学的互补功能，二者都是实现跨学科教学目标的重要途径。

基于作业即"评价任务"的视角，跨学科作业既是对跨学科主题学习的评价（assessment of learning），也是为了跨学科主题学习的评价（assessment for learning），更是作为跨学科主题学习的评价（assessment as learning）。作为"对学习的评价"，跨学科作业依据课程目标和作业目标，通过精心设置问题任务、制定评价标准，收集学生完成作业的表现，帮助教师判断学生所处的水平，评价学生跨学科主题学习的结果。作为"为了学习的评价"，跨学科作业围绕跨学科主题学习的目标是什么、如何判断学生的现有水平、如何引导学生实现学习目标三个核心问题展开，能以学生完成作业的表现为反馈信息，为动态调节跨学科主题教学过程提供依据，具有促进教学改进和学生发展的功能。作为"作为学习的评价"，跨学科作业是跨学科主题学习不可或缺的环节，具有培养学生自主学习和终身学习能力的功能，[1] 作业内容中的问题任务即学生的学习任务，作业的完成过程也是学生在教师指导下的自我学习过程，学生对作业结果的自我评价也是学生对学习自我监控、自我调节的过程。

基于作业即"学习活动"的视角，跨学科作业既可以让学生在真实复杂的情境中综合运用多学科知识解决实际问题，培养学生运用知识观察、思考和解决问题的能力及品格与价值观；也可以让学生在真实复杂的情境中学习新知识，培养批判性思维、创新素养、沟通与合作、社会参与和责任感等跨学科素养。[2] 从第一个功能来看，跨学科作业能够加强学生对知识内在关联的理解，帮助学生建构以学科知识为锚点的多学科知识网络结构，有利于学生融会贯通地运用多学科知识思考和解决复杂问题。[3] 从第二个功能来看，跨学科作业可以让学生超越学科间表面化的联系，形成更具迁移性的知识结构，生成与生活实践关联的综合性认知；还可以让学生在学习中更具主体性和策略性，基于自发经验和实践探究形成具有个体自主性的知识，体会与知识平等交互对话的感觉，实现知行合一。

---

[1] 刘芳昕，胡定荣. 评价如何促进学习 [J]. 北京教育（普教版），2023（2）：15—21.
[2] 张玉华. 跨学科主题学习的水平分析与深化策略 [J]. 全球教育展望，2023（3）：48—61.
[3] 郭华，袁媛. 跨学科主题学习的基本类型及实施要点 [J]. 中小学管理，2023（5）：10—13.

（五）作业系统的开放性

跨学科作业整合多学科知识，以促进每一位学生的全面而有个性的发展为目标，这使得跨学科作业在作业形式、作业内容、学习路径、学习结果等方面都具有开放性。

跨学科作业具有开放的作业形式，通过不同的作业形式为学生提供多样化的学习路径，引发学生不同的学习活动，发展学生不同的素养。跨学科作业具有开放的作业内容，通过联系现实生活广泛取材，给学生广阔的自由思考空间，以真实情境为学生发展问题解决能力、提升核心素养提供丰富的载体。

跨学科作业能为学生提供不同的学习路径，允许学生出现不同的学习结果。跨学科作业通常涉及较多、较复杂的学科知识，要求学生具备较强、较综合的多学科能力，而不同学生的知识、能力基础差异较大，思维方式也各不相同，面对同一个情境和问题往往有不同的解决路径，常得到不同的结果。跨学科作业的问题设置要为不同水平层次的学生提供不同的解决问题路径，让所有学生都能在作业中获得成就感。跨学科作业允许不同层次的学生面对同一个情境问题得到不同的结果，在同一作业中得到不同的成长。

跨学科作业系统的开放是有逻辑的开放。开放不等于随意，跨学科作业的形式要根据作业目标、结合作业内容合理选用。例如，解决生活中复杂真实问题的跨学科作业就不宜以书面作业、短时作业的形式呈现。开放也不等于杂乱，跨学科作业内容不是几个问题或任务的简单堆砌，而应是以学科核心知识、能力为依托，以解决某个真实问题为核心，串联起作业内容的问题链或任务串。开放更不等于没有标准，跨学科作业提供的不同学习路径必须以课程目标为依据，以学生能力为基础，以促进学生全面、个性化发展为目标。

（六）作业评价的多维性

作业评价是作业实施的重要环节，对提高作业质量、促进学生发展有重要的作用。跨学科作业具有形式多样、内容复杂、目标综合的特点，因此，其评价具有多维性，呈现出评价形式多样化、评价主体多元化、评价标准差异化等特征。

跨学科作业通常以解决真实问题为核心，需要学生开展观察、体验、探究等多种学习活动，作业的完成过程具有动态性和实践性。因此，跨学科作业通常采取定性与定量相结合的评价方式，围绕学生核心素养发展进行过程性评价、增值评价和综合评价。通过制定合理的评价量表，收集学生完成作业的过程性表现，对学生的知识与技能、学科思维、沟通合作能力、创新能力、学习素养等进行综合评价；通过建立学生成长档案，追踪学生一段时间内的表现变化，关注学生学习进程中的进步程度，实现增值评价。

跨学科作业涉及多学科知识，学生在完成作业的过程中需要与多主体进行沟通、合作。为全面了解学生作业完成过程中的表现，促进学生全面发展与个性化发展，跨学科作业的评价是多主体共同参与的评价。[①] 首先，教师是作业评价的核心主体。教师的评价能为学生带来获得感，指明学习的方向。同时，教师评价学生的过程也是了解学生学习情况的过程。跨学科作业设计可以考虑组建多学科教师团队对学生进行多角度评价。其次，学生是作业评价的关键主体。学生评价分为自评和互评。自评可以帮助学生明晰评价标准，提升学生自我效能感，促进学生自我反思与自我调节。互评可以弥补教师观察视角的不足，增强评价的真实性和全面性；还可以提高学生的参与度，更好地发挥同伴的榜样作用。最后，家长是作业评价的补充主体。家长作为最关心学生学习和发展的人，其评价有利于教师了解学生校外的学习情况，形成家校教育合力，促进学生的健康成长。

跨学科作业评价标准的差异性有三层含义。其一，跨学科作业具有功能多样性，因此其评价标准是多维度的，既有对作业结果的评价标准，也有对作业过程的评价标准；既有对知识技能的评价标准，也有对能力素养的评价标准。其二，跨学科作业的完成和评价是多主体参与的，因此其评价标准也是多视角的，针对学生完成作业的同一过程表现或同一学习结果，不同的评价主体应该有不同的评价标准。其三，基于学生身心发展的个体差异性，跨学科作业的评价标准应该有所差异，要以学生以往表现为参照，制定适合不同学生的相对评价标准，以更好实现增值评价。

二、跨学科作业的呈现形式

从不同的角度出发，可以将作业划分为许多不同的类型。例如，根据作业与课堂教学的时空关系，作业可分为前置性作业、课堂作业和课后作业；根据完成作业的时长，作业可分为短时作业和长时作业；根据作业的完成主体，作业可分为个体作业和团队作业；根据作业与学生水平的适应关系，作业可分为分层作业、弹性作业和作业超市等；根据作业的呈现形式，作业可分为书面作业、实践性作业、探究性作业和项目式作业等。[②] 跨学科作业因其蕴含知识的动态性、建构性和解决问题的情境性、实践性，通常没有固定的呈现形式。它可能以书面作业的形式呈现，也可能以实践性、探究性或项目式作业的形式呈现，还可能综合多种形式共同呈现。

（一）跨学科书面作业

跨学科作业的特征要求教师对传统书面作业进行创新。首先，跨学科作业的完成基于学生对多学科知识的理解。因此，跨学科书面作业仍然要重视学科知识的呈现。与传统书面作业注重知识的机械记忆不同，跨学科书面作业要注重通过问题解决将学科知识有机串联起来。其次，跨学科书面作业赋予学生自主选择的权利。教师可基于学生能力的发展情

---

① 张辉蓉，王静. "双减"背景下小学跨学科作业的重要价值与设计程序［J］. 教育与教学研究，2023（12）：40—50.
② 代文利. 课程整合视角下的跨学科作业设计研究［D］. 武汉：华中师范大学，2021.

况,将跨学科书面作业划分为基础性作业和提高性作业;也可让学生自主选择所跨学科完成本学科核心任务。最后,跨学科书面作业应该以促进学生核心素养发展为目标。要以开放性作业内容为主,激发学生发散思维;要为学生完成任务提供多样化路径,促进全体学生的发展;要以差异性的评价标准评价学生,促进学生的个性化发展。

例如,在数学"数量关系"主题的教学中,可设计如下的跨学科书面作业:结合自己的生活经验,运用所学的数学知识,编一个含有数量关系"总价＝单价×数量"或"路程＝速度×时间"的小故事或小连环画。(受篇幅所限,此处只简要展示作业的情境与任务,完整的作业设计还应包括清晰的作业目标、细化的作业内容、翔实的评价标准等,下同)本作业以学生生活经验为情境,要求学生在解决简单实际问题的过程中运用数学知识"常见的数量关系",并自主选择结合语文学科或艺术学科方法呈现作业结果,体现了跨学科书面作业的问题驱动性、解决问题路径和学习结果的多样化。

（二）跨学科实践性作业

跨学科实践性作业包括观察型作业、表演类作业、体验性作业等。它强调学生围绕跨学科作业主题身体力行地参加实践活动,在实践过程中感悟、运用已学知识,主动学习新知识,在实践过程中增强实践意识、积累实践经验、提高实践能力。跨学科实践性作业具有实践性、开放性的特点,有助于激发学生的学习兴趣,提升学生解决实际问题的能力。

例如,在语文"跨学科学习"主题的教学中,可设计如下的观察型跨学科作业:在家里种植豆芽菜,观察豆芽菜的生长情况,综合运用语文、数学等多学科知识做好记录。本作业要求学生运用语文知识做好植物生长的观察记录,并在此过程中运用生物学知识养护豆芽菜,应用数学知识做好豆芽菜生长的量化观察和记录,帮助学生在观察、记录中提高语言文字运用能力。

又如,在生物学"生物与环境"主题的教学中,可设计如下的表演类跨学科作业:分组合作探究身边环境中存在的问题,综合运用生物学、化学、道德与法治等学科知识,提出解决环境问题的思路与方案,据此完成小品的创作并在课堂进行展示与交流。本作业要求学生运用系统与整体的思维方式思考生物与环境的相互关系,结合多学科知识提出解决环境问题的方案,运用艺术素养创作小品并进行展示交流,帮助学生在此过程中形成热爱自然、敬畏自然的情感,树立人与自然和谐共生的生态观,确立生态文明观念。

再如,在体育"吹响劳动的号角"主题的课堂教学前,可设计如下的体验性跨学科作业:到田间体验水稻插秧,学习相关的劳动技能;或查阅种植农作物的相关资料,进行科学培育的实验。本作业要求学生在体育课堂教学前通过实践体验劳动的辛苦,感悟劳动的伟大,为课堂学习奠定劳动技能基础和情感态度基础。考虑到实践条件的局限性,作业提供了两种完成形式。

（三）跨学科探究性作业

跨学科探究性作业本质上是一种特殊的探究性学习活动，是学生在教师给定的探究主题和学习框架下，通过自主实践，综合运用多学科知识、思维与方法进行问题解决的学习活动。跨学科探究性作业的主题一般来源于学生的现实生活，作业内容围绕核心问题展开，探究过程和探究结果通常是开放的。常见的跨学科探究性作业可分为文献探究类、调查探究类和实验探究类三种。

例如，在历史"历史上水陆交通的发展"主题的课堂教学前，可设计如下的文献探究类跨学科作业：全班按历史时期分为中国秦汉、隋唐、元明清、社会主义建设和改革开放，以及罗马帝国、近代工业革命和现代等小组，通过查阅相关资料，分别梳理对应时期与水陆交通发展相关的科学技术。本作业要求学生基于历史时空观念，围绕"与水陆交通发展相关的科学技术"这一主题进行文献搜索和梳理，从科学技术发展的视角审视不同历史时期的水陆交通发展，在此过程中发展学生信息收集、合作交流、沟通表达等共同性素养，同时为课堂教学提供史料基础。

又如，在道德与法治"道德教育"主题的教学中，可设计如下的调查探究类跨学科作业：全班分成若干小组，分别完成以下任务。1. 通过实地调查，了解金属废弃物造成的环境污染及其危害；2. 走访废品回收站、再生资源公司，调查日常生活中金属废弃物的种类及回收价值。本作业要求学生围绕金属废弃物造成的污染和金属的回收再利用开展实地调查，基于多学科知识形成调查报告，从科学与环境保护等角度讨论金属废弃物造成的污染及其回收再利用情况，引导学生积极参与相关的综合实践活动，在此过程中发展学生的语言文字运用能力、辩证性思维和环保意识等。

再如，在化学"常见的酸、碱、盐"主题的教学中，可设计如下的实验探究类跨学科作业：结合生物学知识，通过实验探究溶液酸碱性对不同植物生长的影响。本作业要求学生以生物学知识为基础，运用"检验溶液酸碱性的基本方法"等化学知识，通过实验探究溶液酸碱性对植物生长的影响，在此过程中培养学生运用多学科知识解决实际问题的能力和综合实践能力。

（四）跨学科项目式作业

跨学科项目式作业是学生为了解决一个真实而复杂的问题，创造性地整合不同学科的核心知识和能力，形成整合性项目成果的学习过程。[①] 作为跨学科作业的重要呈现形式之一，项目式作业要求作业情境真实、作业问题真实，学生的项目成果具有现实意义；项目式作业强调学科知识的整合以及学科知识与生活经验的整合；项目式作业的项目实施过程应该是一个不断完善的动态过程，项目成果的评价应该是开放的、个性的、多样的。

---

① 夏雪梅. 跨学科项目化学习：内涵、设计逻辑与实践原型［J］. 课程·教材·教法，2022（10）：78—84.

例如，在物理"眼睛与眼镜"主题的教学中，可设计如下的跨学科项目式作业：根据眼球的结构和成像原理，合作制作可调节的眼球成像模型，演示正常眼的成像，展现近视眼、远视眼的成因以及矫正方法。本作业要求学生整合"凸透镜的成像规律""眼球结构模型"等物理学和生物学知识，选用合适材料和工艺制作眼球模型，利用眼球模型探究相关现象，服务物理学"眼睛与眼镜"的教学，帮助学生在此过程中理解跨学科概念，发展多学科能力，提升综合探究实践能力。

第四节 跨学科作业设计要求

一、坚持正确政治方向和价值导向，落实立德树人根本任务

跨学科作业设计应以习近平新时代中国特色社会主义思想为指导，全面贯彻党的教育方针，遵循教育教学规律，落实立德树人根本任务，发展素质教育，聚焦中国学生发展核心素养，培养学生适应未来发展的正确价值观、必备品格和关键能力，引导学生明确人生发展方向，成长为德智体美劳全面发展的社会主义建设者和接班人，必须明确"培养什么人、怎样培养人、为谁培养人"这一教育根本问题。

跨学科作业设计应有机融入中华优秀传统文化、革命文化和社会主义先进文化，以及法治、国家安全、民族团结、生态文明、生命安全与健康等教育内容，反映科技进步新成果、经济社会发展新成就，特别是马克思主义中国化时代化最新成果，引导学生树立正确的世界观、人生观、价值观。

二、遵循各学科课程标准，坚持学科本位的跨学科作业设计

跨学科作业不应脱离跨学科主题学习活动而单独存在，应基于"教—学—评"一致性的前提开展作业设计，完善作业的功能。

跨学科作业设计应以服务本学科的学习为出发点，避免出现"喧宾夺主"的情况。例如，某语文教师设计的跨学科作业是要求学生用英语写日记，这体现教师未能正确理解跨学科作业的真实定位。

跨学科作业设计应立足于跨学科的必然需要，避免对学科知识的机械罗列和拼凑。跨学科作业关注的是"质的变化"，而非"量的累加"。因此，跨学科作业应从作业的内容、形式、结构等方面综合设计，围绕作业的主题对知识进行解构重组，形成系统的跨学科知识结构。例如，在设计"重返联合国"的作业时，教师如此安排：英语作业为翻译相关文件，地理作业为找到联合国所在地并分析其气候特征，历史作业为分析中国重返联合国的意义。在这个作业中，各学科作业都是分开设置的，学科之间彼此没有对话，这是各学科作业的"拼盘"而非一道新的"菜式"。跨学科作业应该能够体现所跨学科的学科思维，

体现面对某一问题时运用跨学科知识和思维的必要性。

跨学科作业设计应符合所涉及学科的课程标准要求。以下是一道历史本位的跨学科作业题：

红色经典歌曲是历史的回响、时代的号角。阅读材料，完成下列要求。

八年级（1）班以"抗战歌曲中的历史"为主题开展跨学科学习活动，选取了《弹起我心爱的土琵琶》的歌词作为研习素材。（注：《弹起我心爱的土琵琶》是电影《铁道游击队》的插曲，该电影叙述了1937年全面抗战爆发后，中国共产党领导的敌后抗日游击战争的历史）周老师请同学们为《弹起我心爱的土琵琶》歌词谱曲，小历同学采用低沉、舒缓的旋律，小史同学采用铿锵有力的旋律。

你认为应采用怎样的旋律才符合抗日战争时期的历史情景？根据材料并结合所学抗日战争的知识说明理由。

该作业涉及爱国主义教育、红色文化等，在内容和难度上符合《义务教育历史课程标准（2022年版）》的要求。与此同时，该作业涉及语文学科，《义务教育语文课程标准（2022年版）》中明确指出："欣赏文学作品，有自己的情感体验，初步领悟作品的内涵，从中获得对自然、社会、人生的有益启示。能对作品中感人的情境和形象说出自己的体验，品味作品中富于表现力的语言。"此外，该作业还涉及音乐学科，《义务教育艺术课程标准（2022年版）》明确指出，要求学生"能联系自然、生活、社会、科技、文化、历史等分析音乐和音乐现象，对影响作品思想感情、创作意图、风格特征等方面的因素，以及音乐与社会的关系等能作出具有较高关联度和可信度的分析、判断"，"能较好地把握音乐的思想感情和内涵意蕴，理解作品中蕴含的爱国主义、集体主义"，"主动参与音乐表现活动，能进行富有个性和创意的二度创作及表现形式的创新"。所涉及学科均支持该作业的情境创设和问题设置。

三、立足情境创设，作业呈现方式多样化，作业评价多元化

《义务教育课程方案（2022年版）》明确指出，要"加强课程内容与学生经验、社会生活的联系"，"注重培养学生在真实情境中综合运用知识解决问题的能力。开展跨学科主题教学，强化课程协同育人功能"。历史、地理等学科的课程标准也明确指出跨学科学习要注重真实情境的创设、真实问题的解决。因此，跨学科作业设计应满足作业情境的问题驱动性，以推动作业功能的实现，推进学生核心素养的生成。

《义务教育地理课程标准（2022年版）》明确指出"学习场所不局限在校内，要调动相关社会资源，引导学生走进自然和社会大课堂，提高他们在真实环境下学习多学科知识并运用其解决问题的能力"。作业形式服务于作业内容，跨学科作业呈现方式可以多样化，可根据不同的学习主题，秉持开放性和多样性的原则，选择能够激发学生学习兴趣的作业形式。

除绘图、书写等常规形式外，还可以采用手工制作、研学旅行、田野调查等多种形式。

跨学科作业的复杂性、创新性对作业评价提出了更高的要求。跨学科作业评价要注意体现正确的学业质量观，明确核心素养发展水平与具体表现，注重对价值体认与践行、知识综合运用、问题解决等表现的考查，建立有序进阶、可测可评的学业质量标准，积极探索科学的评价体系和建构多元的评价方式。

在评价的方式上，可以探索结果评价、过程性评价、表现性评价等多种方式。评价的主体，除了本学科教师之外，还应让其他所涉学科教师参与到评价中来，让教师评价更加全面、准确。此外，还可探索学生评价（包括自评和互评）、家长评价、社会评价等多种形式，家庭、学校、社会形成教育合力，共促学生的发展。

四、呈现明晰思维路径，作业内容贯彻核心素养培养

跨学科作业应在情境和答案中为学生呈现明晰的思维路径，作业内容的设计应清晰地指向核心素养的培育。例如，历史学科以"鸠杖"为素材创设跨学科作业情境：鸠者，不噎之鸟也，欲老人不噎。（《后汉书·礼仪志》）以问题"在古代和现代，人们对被噎到的重视程度为什么发生了巨大变化？"为抓手，借助作业向学生呈现清晰的思维路径：古代对老人不噎有较高需求—为什么有这种需求—现在有这种需求吗（时空观念）—反映出粮食、医疗等问题—本质上折射出生产力和生产关系等问题（唯物史观）。该作业内容清晰地指向时空观念、唯物史观这两大历史学科核心素养。

五、立足减负提质增效，适时调整难易程度，分层实现作业目标

跨学科作业也应立足于"双减"基础，其出发点应该是减负提质增效，而不是给学生增加额外负担。一方面，要尽量少选择超出义务教育阶段各学科要求难度的知识点，优先使用各学科课内知识以及符合义务教育阶段知识水平要求的跨学科素材。另一方面，要根据学生的认知和成长水平，及时调整跨学科作业的难度，让跨学科作业成为学生拾级而上的"阶梯"而非遥不可及的"天梯"。针对不同认知发展水平的学生因材施教，增强跨学科作业的开放性和作业评价的多维性和增值性，以实现全体学生的共同发展。

第五节 跨学科作业设计误区

一、目标定位存在的误区

（一）目标定位不清

作业作为最主要和常用的教学补充形式，是达成教学目标的重要媒介和手段，因此作业设计的目标应指向学生核心素养的培育。在义务教育阶段的跨学科作业设计中，一些教师缺乏目标意识或对跨学科作业设计的目标存在误解，导致跨学科作业设计出现了设计目

标不准确、逻辑不清晰、实践探索价值不明确等问题。比如，对作业目标的素养导向性认识不足，跨学科作业设计的目标尚未实现从知识巩固向素养培养的转变，忽视了跨学科作业应该让学生在作业完成的过程中掌握核心知识、提升关键能力、理解综合学科的思想方法、形成学科观念、实现迁移应用；在践行"教—学—评"一致性的过程中，出现跨学科作业设计目标与教学目标、学习目标割裂开的"两张皮"现象；忽视了跨学科作业需要满足学生个性化的学习需求、服务于教学开展、为教学评价提供反馈，忽视了跨学科作业应当具备的对课程的实施与价值进行检验的功能。

（二）目标缺乏结构化设计

义务教育各学科课程标准强调实现知识内容结构化，意味着跨学科作业设计目标也应当呈现结构性、梯度性，课程标准中对学科重要概念的阐述为作业的结构化设计提供了理论指导。但一些教师在进行跨学科作业设计的过程中忽视了全面性原则，没有进行跨学科整合，弱化了对目标的结构化设计。如没有从整体上把握不同内容的结构性和关联性，而是从细碎的知识点角度选择作业内容，没有形成整体性的作业框架体系；又如，忽视了层次性原则，未对学生的个体能力差异进行分析，没能根据不同年级和能力水平合理设置作业的难度；或是忽视了发展性原则，未关注学生的实际发展水平，目标缺乏层次感、梯度性。上述对跨学科作业目标结构的弱化，容易使得作业设计缺乏科学性、严谨性和区分度，难以发挥对教学评价的服务作用。

二、设计过程存在的误区

（一）缺乏主题设计

跨学科作业设计需着眼于培养学生运用多学科视角和思维解决实际问题的能力，应当以主题为中心对各学科功能进行整合。但有些教师在进行作业设计时，只是将两门或两门以上学科具有关联性的元素、内容进行组合；没有在对不同学科进行个性化研究的基础上归纳出多学科共性特征，从而无法提炼出统一的主题。缺乏主题的作业设计容易弱化对学生多学科综合能力的培养，使得跨学科作业难以同传统作业区别开来。

（二）作业形式单一

"双减"背景下，义务教育阶段的教师逐渐对作业进行改革，但设计的作业形式依然相对单一。比如，作业主要集中在对不同学科基础知识进行重复训练上，缺乏针对性、进阶性、层次性；文字性的作业相对较多，实验性、操作性、实践性、活动性的作业相对较少；教师使用数字化教学资源进行教学设计的意识较为薄弱，较少利用网络教学平台、电子教材和在线学习平台等，未引导学生通过多种途径完成跨学科作业。长期完成单一形式的作业，在完成作业的过程中只是机械重复，会导致学生对学科学习产生审美疲劳，对学科的兴趣逐渐降低，不利于学习能力的培养。

（三）学科融合方式机械

跨学科作业设计强调对学科间的关联部分依逻辑进行整合，实现对学科间内在联系的重构，并依托合适的作业内容，推动学生迁移、系统、综合、创新思维的发展。但一些教师在进行跨学科作业设计的过程中，依旧存在学科融合表面化问题。比如，只是将知识进行机械叠加或者将经验进行简单连接，忽视了将多学科知识、观点和探究方法结合在一起，对多学科关联知识进行巩固与练习。机械的学科融合方式，不利于学生基于现实生活把握不同学科的相关性，也影响学生在实际应用中感受跨学科的价值从而更深入地理解学科本质。

（四）脱离实际生活情境

跨学科作业能够考查学生在解决真实问题过程中表现出来的综合能力。但是一些教师在进行跨学科作业设计过程中，忽视了学科内容的情境化表达。比如，未能将教科书中的知识转化为日常的表达，无法将抽象的知识运用情境具体化；忽视学科知识与实践活动的融合，学生难以感受到跨学科内容与生活、活动的关联，无法达成对多学科知识的内化与外化。脱离实际生活情境的作业设计弱化了跨学科作业在构建真实情境方面得天独厚的优势，也与课程标准的要求背道而驰。

（五）学科本位缺失

跨学科强调将多学科的知识、观点和思维方法相结合，以帮助学生形成对核心学科更深入的理解。跨学科作业设计应当是以主体学科知识的核心要点为主线、以跨学科的方式进行的作业设计。一些教师在进行跨学科作业设计时忽视了以主体学科为根本，弱化了主体学科的本位视角，淡化了主体学科的知识主线、学科价值与核心素养。不同学科的考查难度配置不科学，主体学科难度较低或所跨学科难度太高，导致在分析错因时无法区分学生是否是因为主体学科知识欠缺而出现问题。在具体的作业设计中没有标明所涉及的相关学科知识来源，导致后续评价出现困难。学科本位的缺失容易导致学生难以从题目中直观判断该道题目所属的主体学科，影响作答，同时也无法满足主体学科教学的需求。

三、作业评价存在的误区

（一）评价标准不明

跨学科作业不同于传统作业，作业中涉及的情境真实且复杂，这也为评价标准的设置带来了一定挑战。在实际操作中，依旧存在着跨学科作业评价标准不够细致的问题。比如，教师没能尽可能多地考虑评价要素，或只纳入了知识要素，忽视了将学科能力、素养等高阶评价要素纳入评价标准中；又如，教师未能综合考虑学生在不同学科领域的表现，没有具体列出评价标准的细节，难以实现评价的客观性和准确性；再如，没有遵循动态性评价原则，缺少进阶性、发展性的评价标准。评价标准的不明确、不细致，容易导致考查的内容不科学、不完善，影响反馈效用。

（二）评价方式单一

跨学科作业要求采用丰富多样的评价方式，但在实际操作过程中，一些教师的评价方式仍较为单一。比如，仅以打钩、评优良中差等方式评价作业；作业评语缺乏过程性与互动性，缺乏横向与纵向对比，无法让学生清晰地认知自身水平；评价主体较为单一，缺少学生、家长等多元主体参与评价。在单一的评价方式下，学生没有得到动态、整体、有效的作业反馈，难以调动自身的学习积极性、主动性，也不能充分发挥评价的激励功能，促进学生的可持续发展。

（三）反馈机制缺乏

对于学生的作业表现，教师应给予及时和具体的反馈，积极肯定学生的优点，也要指出需要改进的不足之处，并提供具体建议和改进措施。但目前，跨学科作业的反馈存在诸多现实困难。比如，与单一学科作业相比，跨学科作业突出对学生综合能力的考查，需要多学科教师的共同参与，教师在进行跨学科作业反馈时，更多的是依据本学科的评价标准和教师自身主观感受，难以保证反馈的科学性。

虽然目前义务教育阶段的跨学科作业设计仍存在一定不足，但上述误区的发现及破解亦可成为跨学科作业设计改革与发展的着力点和契机。

第六节　跨学科作业的管理

进入新时代以来，基础教育发展逐步进入"后减负时代"，也进入全面建设高质量教育体系的时代。2021年4月，教育部办公厅印发《关于加强义务教育学校作业管理的通知》，明确指出作业存在数量过多、质量不高、功能异化等问题。2021年7月，中共中央办公厅、国务院办公厅印发《关于进一步减轻义务教育阶段学生作业负担和校外培训负担的意见》，再次强调"全面压减作业总量和时长，减轻学生过重作业负担"。

在"双减"背景下，系统而有效地开展跨学科作业的管理显得至关重要。中小学教师、学校领导者等不仅要关注跨学科作业的设计、布置、完成、批改反馈等显性过程，还应聚焦教师的跨学科作业设计理念、学生的学习能力拓展、教与学的互动评价、教与学的反思与提升等隐性因素，实现作业育人功能。在跨学科作业管理中要坚持作业减量与教育提质并重的管理理念，树立正确的作业管理理念，不断探索减轻中小学生作业负担的实践策略，为中小学生的健康全面发展而不懈努力。[①]

[①] 李德树，刘敏．"双减"政策下义务教育阶段学校作业管理的理念与实践策略［J］．成都师范学院学报，2022（10）：65—70．

一、结构化统筹管理

跨学科作业的管理是一项涉及诸多因素与环节的复杂系统性工作。分析相关因素的相互作用并进行协调组织，构建多维度多层次结构化统筹体系，是有效开展跨学科作业管理的核心。

其一，构建跨学科作业体系。学生课业负担重的主要原因在于学科内作业的"割裂"，作业体系缺乏明确分类和统筹管理。随着课程改革逐渐深化，以大概念、大任务、大问题为纽带组织大单元的理念受到广泛关注。跨学科作业管理要注重作业单元结构的形成，以"单元教学目标—课时教学目标—课时作业目标"为线索管理课时作业，在单元整体教学设计框架下适时调整教学过程，提升教学目标的达成度，有效落实新时代新教育的大作业理念。《福建省初中生物学科作业设计与管理指南（试行）》指出教师应在作业的设计和布置上兼顾常规教学进程和要求，体现课堂作业和课外作业（含前置性作业、课后作业）的统筹布置与管理。综合来看，跨学科作业管理应以单元整体结构为视域框架，在其中嵌合考虑作业时空结构与认知结构，形成有机的学科作业体系。

其二，构建年段作业体系。根据"双减"政策对作业总量的要求，学校要确保初中书面作业平均完成时间不超过90分钟。90分钟看似很长，但义务教育课程方案规定的初中学段的课程就有7门及以上，若均分，每门课的书面作业时间还不到15分钟。加之各学科内容、性质、难度的不同，采取均分的方式划分时间，并不利于学生作业质量的提升。在强烈的"减负"需求下，构建年段作业体系，对学生的作业总量和作业时长进行协调统筹具有必要性。学校应根据各个学科的特点与单元教学进度，在整个年级层面进行作业的统筹安排。各学科教师还应共同研究设计跨学科作业，从而在各学科作业中有效部署跨学科学习任务，实现学科间的协同育人，同时还能有效避免跨学科作业的重复性，落实培养核心素养的整体要求。

其三，构建跨学科作业研修体系。有效作业管理的实现必须以教师对其的充分理解和研究为基础。然而，部分教师受升学率导向的影响，将作业管理与应试相联结，作业管理理念异化。教学任务繁忙的教师，还面临缺乏作业管理的研究时间和交流分享机会的困境。当前对于作业管理的理论研究还较为薄弱，作业管理缺少理论层面的系统支持。

因此，跨学科作业管理应从变革教师作业观、提升教师跨学科作业设计与管理研究能力、提供充分的作业研究时间与机会等方面发力，系统构建跨学科作业研修体系。学校可以尝试借助智慧平台构建高质量跨学科作业设计资源库，组建高质量跨学科作业设计共同体，将跨学科作业设计优质案例上传至云端，加强学科作业资源库建设，通过汇集、筛选、评比与完善，将优质跨学科作业设计案例归档，形成类型丰富、层次多元的高质量跨学科作业设计资源库。学校还应对教学实践中出现的优秀作业设计与实施案例加以推广，通过优秀作业设计评比、作业设计课题研究、作业设计与实施的学术研讨等，积极引导教师科学设计跨学科作业，以作业带动学科教学改革。[①]

学校要系统制订教师跨学科作业设计与管理研究能力的培养计划，引领教师认同并展开"有效作业"研究，从学生实际出发，充分衡量作业数量和质量，高效率达成预期的教学目标。学校还应为教师提供跨学科作业研究的时间与平台，真正将跨学科作业管理纳入现有的教研体系，发挥教师作为作业研究者的积极作用；组织开展跨学科作业设计与管理优质成果评选，为深化教师跨学科作业管理认知，推动作业改革打下坚实基础。

二、动态性配置管理

2021年，经济合作与发展组织发布首份成长型思维报告，强调成长型思维有助于学生成为独立的、终身的和全方位的学习者。跨学科作业作为学生自主的学习实践过程，契合成长型思维特质，能够促进动态成长。学生的思维凭借作业拾级而上，借此延伸学生的思维脉络，延展学生的思维空间，推动学生对知识的创造性输出。因此，动态性配置跨学科作业管理方能高效率达成预期的学习目标，实现减量增效、减负提质。

动态性配置管理要重视跨学科作业的评价反馈，确保教—学—评的动态更新。《福建省初中生物学科作业设计与管理指南（试行）》提出强化作业指导和课后服务的总体要求，学校应建立作业布置的监督制度，制定作业批改与反馈规范化流程，指导教师做实做好作业"全批全改"。跨学科作业设计与管理还要横向考虑学生的个体差异。教师应做好学生群体的差异分析、学习能力分析和思维水平分析等，通过分层分类管理增强跨学科作业的选择性和多元性，在学生各自的"最近发展区"实现作业的灵活配置。

三、家校协同管理

当前，"内卷"浪潮让部分家长对作业产生了错误认知，构建家庭、学校与社会"一体化"的跨学科作业管理网络，能够有效纠正功利化的教育偏差，提升"双减"实效。

学校要加强顶层制度设计，为推进跨学科作业管理主体协同治理提供保障。一方面，通过家长会与其他进校园活动，向家长传达"双减"要求，改变家长的传统作业观念，引导家长充分认识跨学科作业的真正价值和意义，并积极配合学校共同减轻学生过重的作业负担。另一方面，提供跨学科作业管理监管途径，鼓励校外群体（家长群体、社会群体等）对学校作业管理进行监督，从而科学评估与改进学校跨学科作业管理实践。

四、技术赋能管理

信息时代的演进不仅对21世纪人才培育提出了新的更高要求，也变革了育人的手段和方式。2022年2月教育部基础教育司提出，要把落实"双减"作为学校工作的重中之

[①] 余昆仑. 中小学作业设计与管理如何有效落实[J]. 人民教育，2021（Z1）：34—36.

重，实施基础教育数字化战略行动，整合建设基础教育综合管理服务平台，大力推进优质教育资源共建共享，强化信息技术在教育教学中的深度融合应用。

现代信息技术可以为跨学科作业管理提供支持。许多地区已初步尝试运用信息技术手段提升作业管理效能，如江西省建设"智慧作业"系统，将光学扫描识别、云题库、人工智能、大数据分析等先进技术应用到学生日常纸质作业中，未来还将主攻学生作业的自动批改领域，为教师提供更多作业设计与管理的弹性时间。通过线上平台，教师不仅可以随时下载优质跨学科作业设计案例，还可借助开放的对话平台与跨学科作业设计者"一键联系"，及时对话，分享经验，相互借鉴，实现优势互补、共同教研。学校还可以与相关技术部门合作，开发相应的跨学科作业管理智能评价系统，通过系统测评进行学生的分层，通过收集错题、作业分类与选择等功能形成学生个人的"跨学科作业超市"，还可以通过大数据采集与计算分析，对学生完成的跨学科作业的类型、数量与质量进行可视化分析，从多个维度评价跨学科作业的实施样态，快速反馈评价结果，做好过程性作业与阶段性学业质量测评之间的相关性分析，开展学生学业完成情况跟踪调研甚至提出有针对性、结构化的改进建议，发挥评价的反馈与引导改进作用。[①]

---

① 郭华，等. 跨学科主题学习：是什么？怎么做？[M]. 北京：教育科学出版社，2023：153.

第二部分

案 例

语文

品鉴汴京风雅，梦回千年繁华
——"我是《清明上河图》特展志愿者"作业设计

王思思/厦门市第五中学

一、作业设计思路

该作业依托暑假期间厦门国际会展中心进行的《清明上河图》3D艺术品展览活动，结合八年级上册第五单元的文艺小品《梦回繁华》而建立起学习任务群。聚焦"我是《清明上河图》特展志愿者，想要为活动出一份力"的统整情境，笔者设计了三个递进式活动：一、制作宣传册，绘创意图标；二、布置场馆，识传世宋韵；三、解密创作，悟华夏文化。学生在阅读、梳理、探究、交流等语言运用实践活动中，融合美术等多学科知识，提升语文素养的同时，拓展语文学习和运用的领域，并体悟中华优秀传统文化，思考如何成为古老文明的传承者。

我们注重目标、情境、材料和题目的一致性。通过引入一些跨越学科界限的思维与方法，提升学生高阶整合的思维能力，提高学生在生活情境中解决实际问题的能力。

具体设计目标：

1. 精读课文，会筛选、辨别和概括信息，并能迁移运用；

2. 学习说明文语言的运用，明确怎样采用合理的说明顺序来安排文章结构，培养思维条理性；

3. 比较阅读，进一步探究宋人真实的生活面貌，发掘作者潜藏的情感暗流；

4. 梳理课标推荐的宋代诗文，丰富写作形式，提升学生创造性表达的能力；

5. 感受宋代文明之美，唤起对中华优秀传统文化的体认。

二、作业设计

★活动一：制作宣传册，绘创意图标

> 2023年7月8日—8月31日，"会动的"《清明上河图》展览登陆厦门国际会展中心D2馆。此次展览围绕《清明上河图》及北宋文化，运用高科技手段还原约一千年前宋代城市的昼夜风景。你和同学小语也想为活动出一份力，请完成以下任务吧。

主办方希望设计三折宣传页以获得更多公众关注，请帮助修改完善下面的内容。

1. 三折页的版面分为封面、封底和内页。封面上需要标题、推介语和标志图标。主办方将宣传册拟题为"汴京风华",用不同字体书写了题目。请你登录清明上河园官方微博,进入专题投票一栏,投上你宝贵的一票。(　　)

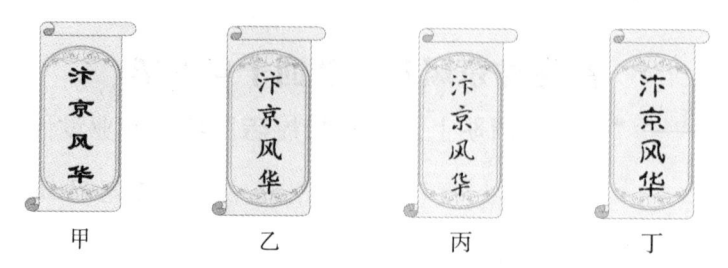

甲　　　　乙　　　　丙　　　　丁

A. 甲幅是隶书,一波三折,厚重古朴,能够体现古都汴京的典雅。

B. 乙幅是楷书,笔画圆转,潇洒飘逸,能够体现古都汴京的端庄。

C. 丙幅是行书,结构简省,恣肆飞扬,能够体现古都汴京的气势。

D. 丁幅是篆书,笔力遒劲,方劲古拙,能够体现古都汴京的沧桑。

2. 目睹眼前长 128 米、高 6.5 米的多媒体艺术品,又忆起《梦回繁华》一文,小语有感而发,在宣传册封面写下中英文推介语,可有几处字句拿捏不定,请按照要求帮助他修改。

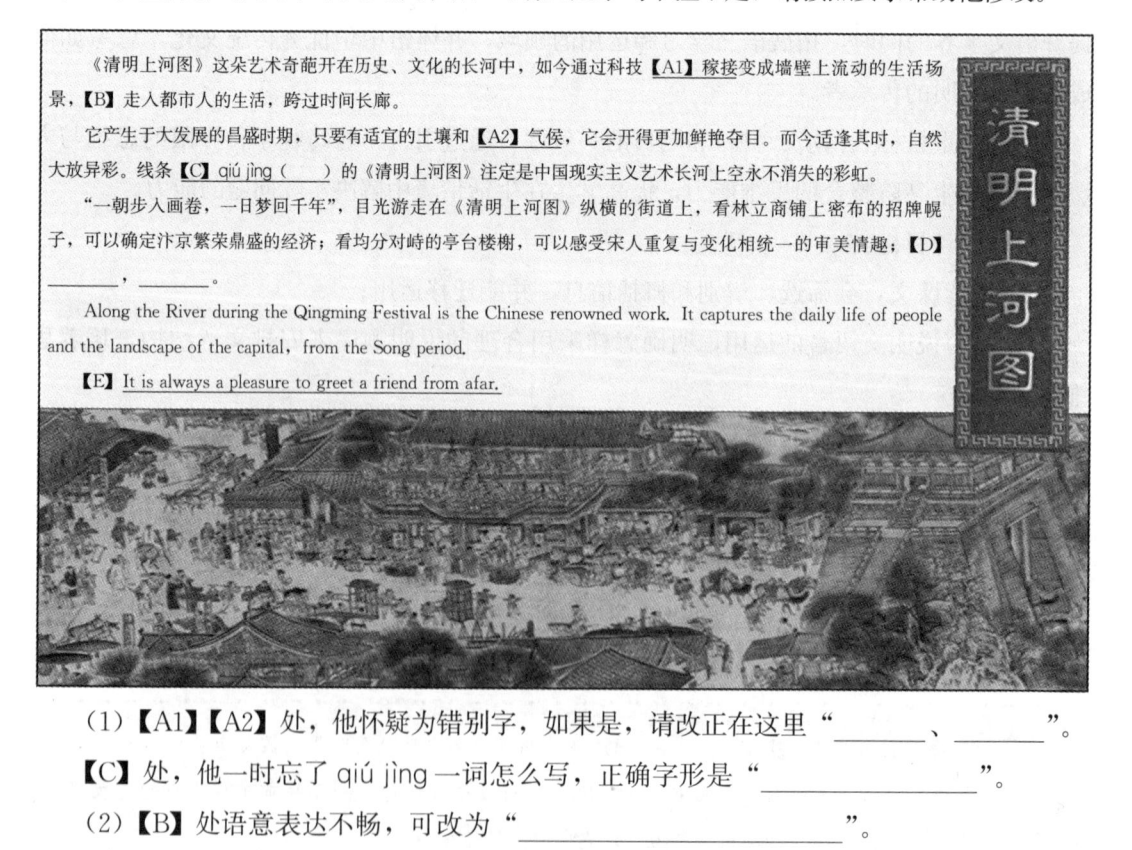

《清明上河图》这朵艺术奇葩开在历史、文化的长河中,如今通过科技【A1】稼接变成墙壁上流动的生活场景,【B】走入都市人的生活,跨过时间长廊。

它产生于大发展的昌盛时期,只要有适宜的土壤和【A2】气侯,它会开得更加鲜艳夺目。而今适逢其时,自然大放异彩。线条【C】qiú jìng(　　)的《清明上河图》注定是中国现实主义艺术长河上空永不消失的彩虹。

"一朝步入画卷,一日梦回千年",目光游走在《清明上河图》纵横的街道上,看林立商铺上密布的招牌幌子,可以确定汴京繁荣鼎盛的经济;看均分对峙的亭台楼榭,可以感受宋人重复与变化统一的审美情趣;【D】_____,_____。

Along the River during the Qingming Festival is the Chinese renowned work. It captures the daily life of people and the landscape of the capital, from the Song period.

【E】It is always a pleasure to greet a friend from afar.

(1)【A1】【A2】处,他怀疑为错别字,如果是,请改正在这里"_____、_____"。

【C】处,他一时忘了 qiú jìng 一词怎么写,正确字形是"_____"。

(2)【B】处语意表达不畅,可改为"_____"。

(3)【D】请欣赏《清明上河图》(见上图),根据文段的语境,帮助小语完善推介语的尾声部分。

(4)【E】厦庇五洲客,门纳万顷涛。推介语的最后一句欢迎辞,小语认为应加上能体

46

现中国文化的汉语翻译。你答说用《论语》"_____，_____"一句可典雅地表达中华民族热情好客的传统。

3. 请你结合毛宁《梦回繁华》的说明，为展会绘制富有意境的图标，并阐述设计构想及理由。

（提示：图标绘制可从构图、画面、色彩等角度入手）

示例：

> 左图为中国探月工程的标志。它以中国书法的笔触，抽象地勾勒出"月"字，双足踏在其上，象征着月球探测的终极梦想；圆弧的起笔处自然形成龙头，象征中国航天如巨龙腾空而起。

4. 小语按照《梦回繁华》第四段所写，在宣传册内页设计了导览图，请你指出他的错误之处。

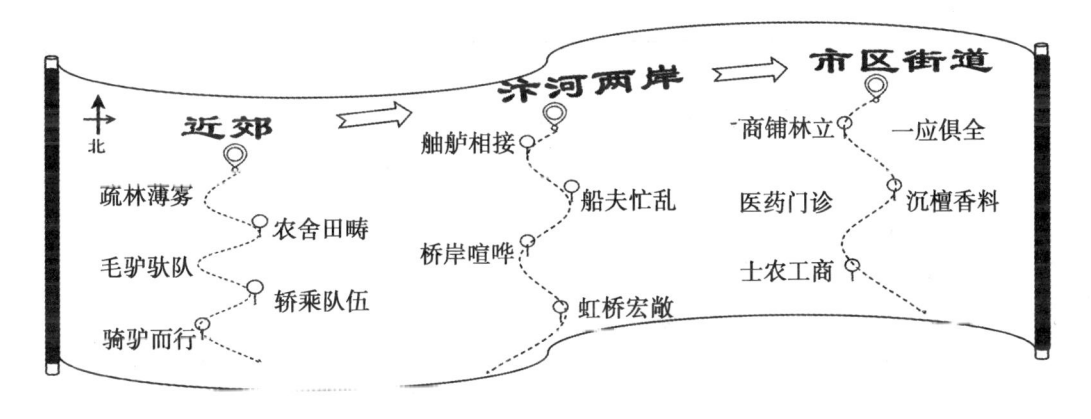

★活动二：布置场馆，识传世宋韵

5. 主办方请你和小语完成展厅宣传栏有关《清明上河图》的新闻张贴布置工作。

（1）请你给下面的新闻拟写醒目的标题以增加展示的效果。

> 2022年12月3日电 54岁的湖北利川人张兴发，是一名在上海建筑工地上工作的普通电焊工。在上班之余，他用了7年的时间，一针一线绣出了一幅十字绣作品——《清明上河图》。这幅十字绣作品全长21米，宽0.65米，约扎600万针，每针只约占2.275×10^{-6}平方米；不论是树林稻田、石桥船只还是亭台楼阁，都被一针针绣了出来。

(2) 你认为小语用科学记数法来表示数据 2.275×10^{-6} 不便于大众理解，应改写为_____，这样可让读者更直观感受到针脚的细密。

6. 互动场馆设置了趣味小问答栏目。

【甲】《清明上河图》采用了中国传统绘画特有的手卷形式，以移动的视点摄取对象。全图内容庞大，却繁而不乱，长而不冗，段落清晰，结构严谨。画中人物有五百多个，形态各异。采用兼工带写的手法，线条遒劲，笔法灵动，有别于一般的界画。

——毛宁《梦回繁华》

【乙】中国画与古代建筑之间，存在着千丝万缕的联系。绘画和建筑的关系在"界画"这里形成了一个微妙的交汇点。界画发祥之时带有建筑草图的影子，它以描绘建筑物或者各种精致器物为艺术表现形式，绘制过程中通常需要用尺来辅助画笔，以石墨勾勒建筑物或者器物的轮廓线。由于科学地载录了以建筑及桥梁等为对象的古代生活原貌，一些早已消失于历史云烟中的中国木质古建，得以如纸上纪念碑一样，被后世铭记。

——《中国画与古代建筑数千年来如何互鉴》（《文汇报》）

(1) 根据【甲】【乙】两段材料，下列书签中的画作不属于界画的一项是（　　）

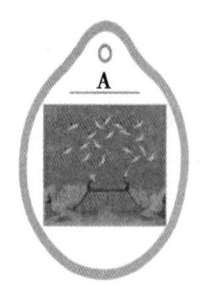

(2) 小语在观赏中提出疑惑：我曾亲见敦煌壁画色彩的退却和肌理的斑驳，满心伤悲，可《清明上河图》保存至今却能颜色不变，这是为什么？可否运用你丰富的化学知识，用说明的表达方式解答他的疑惑？

7. 民俗展区的这组图片引用了《东京梦华录》中:"瓦舍者,谓其来时瓦合,去时瓦解之义。街南桑家瓦子,近北则中瓦、次里瓦,其中大小勾栏五十余座。内中瓦子莲花棚、牡丹棚,里瓦子夜叉棚、象棚最大,可容数千人。"观众反馈难以理解,建议增添文字解说。请你运用所学文言知识,将此句译成现代汉语,为 A 图 B 图注明哪个是瓦子,哪个是勾栏,并分别批注其用途,以免观众混淆。

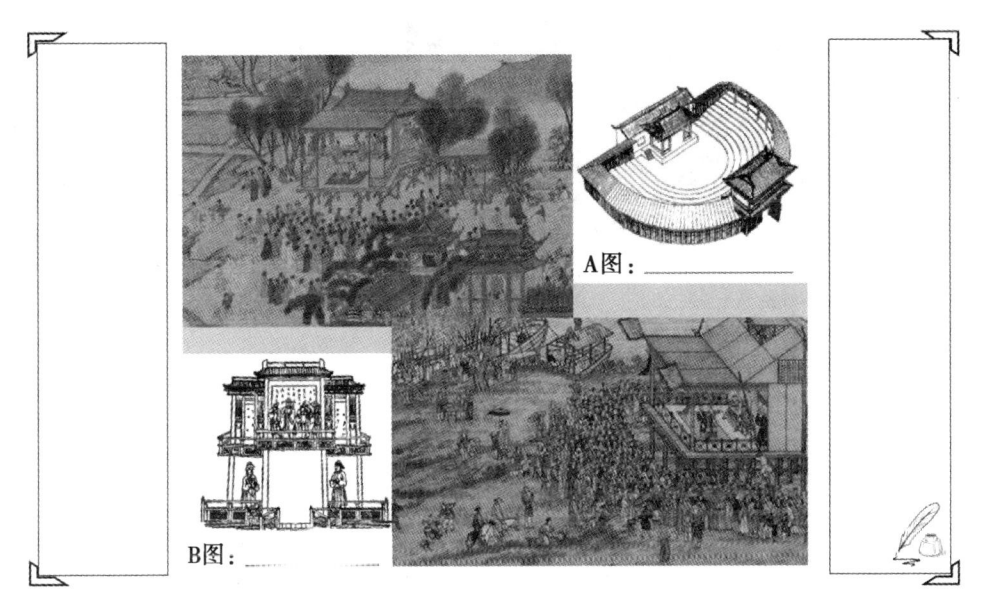

A 图:＿＿＿＿＿＿

B 图:＿＿＿＿＿＿

★活动三:解密创作,悟华夏文化

8. "汴水虹桥"是整幅画的焦点,"此桥规模宏敞,其桥无柱,以巨木虚架而成,结构精美,宛如飞虹"(毛宁)。可两位同学在此图段前争论不休。请你运用物理知识做出判断,并有条理地平息他们的纷争。

"飞虹"美则美矣,可"其桥无柱"兼"以巨木虚架而成",随时都有垮塌危险,暗示国家正处于巨大危机中,饱含张择端的"忧患"。难怪被称作"盛世危图"!

虹桥坚固得很!全桥都是巨大方木通过交织关系"编织"在一起,使用了中国古代榫卯(sǔn mǎo)工艺。古人云:"榫卯万年牢",今天中国多地还能看到这种桥。这建筑工艺已是非物质文化遗产了!

9. 国学大师陈寅恪在一百年前断言:"华夏民族之文化,历数千载之演进,造极于赵宋之世。"一起去清明上河园官方微博留言评论抢门票吧!

清明上河园官方微博
7小时前 来自 微博视频号

  品酒、点茶、焚香……都是宋人雅事，《清明上河图》中酒肆、茶馆、香铺林立。而《水浒传》也被认为是了解宋末风土人情的时空门，二者可参照品读。您可以在本条推文下方发布您对宋代风物的新发现。我们将从精选留言中抽取 25 位粉丝，每位送出 2 张"画游清明上河"门票。

酒家　*消防站用于存水的木桶此时变成酒缸存酒*　*茶坊*

发表评论

发表神评妙论

发表

评论列表（45 条）

旁驰轩
被誉为古代社会百科全书的《水浒传》，对北宋的诸般风土人情都有出神入化的描绘，堪称是一幅语言文字的《清明上河图》。　　回复　👍 2

我喝杯白开水
《清明上河图》有数处画了占卜为生的人。而《水浒传》中吴用就乔装成算命先生，前去北京城"赚"卢俊义。　　回复　👍 1

无悔人生
刻画的都是北宋徽宗在位时东京的状况！　　回复　👍 赞

蒙古骑兵
《清明上河图》中有无数的细节都在表达张择端的忧虑。汴京城里所有的建筑都是木质的，军巡铺（类似消防站）木桶是用于储水灭火的，此时却沦为酒缸，可见官兵的懈怠。在汴京表面的繁华之下，酒患成灾、军备松懈、消防缺失……张择端想对宋徽宗婉转表达的谏言都在其中，所以《清明上河图》被人称作"盛世危言"。而《水浒传》所反映的官逼民反、奸臣当道不也是朝代"危言"吗？　　回复　👍 赞

  10.《清明上河图》在 3D 技术加持下"会动"，画卷上动态人物多达 1068 个，呈现出白天、黑夜两个时段的宋都，一段历史记忆徐徐展开。主办方准备继续以科技赋能传统文

化，入驻抖音宣传。请你撰写一篇以"遇见宋朝之美"为主题的短视频脚本。

温馨提示：

（1）选材自由，文人风骨、宋词竹林、焚香点茶、挂画插花、捶丸弈棋、瓦舍酒肆、服饰冠冕、市井人家……皆可入文。

（2）字数不少于600字，评价标准见下页量表。

下面是创作团队的部分交流记录，仅供创作参考。

	回想近年，从2018年的《知否知否应是绿肥红瘦》开始，到《清平乐》，再到去年春晚出圈的舞蹈诗剧《只此青绿》，电视剧《梦华录》火爆荧屏，今年新春电影《满江红》票房更是高达42亿，慢慢形成了一种"宋朝热"。
	宋朝，形成中国传统文化和审美的高峰，宋人的诗文美学，总于不经意间怦然拨动今人的心弦。我整理了咱们语文书里的宋代诗文。 ｜ 文 ｜ 范仲淹《岳阳楼记》　　周敦颐《爱莲说》 　　　　欧阳修《醉翁亭记》　　苏轼《记承天寺夜游》 ｜ 诗词 ｜ 苏轼《卜算子·黄州定慧院寓居作》等4首 　　　　陆游《卜算子·咏梅》等3首 　　　　辛弃疾《破阵子·为陈同甫赋壮词以寄之》等4首 　　　　文天祥《过零丁洋》等2首 　　　　李清照《渔家傲》等2首 　　　　朱敦儒《相见欢（金陵城上西楼）》 　　　　陈与义《临江仙·夜登小阁》 　　　　晏殊《浣溪沙》 　　　　秦观《行香子》
	我在网上查阅到拍短视频的重要资料： （1）"脚本"知识卡。 脚本是指表演戏剧、拍摄电影等所依据的书稿底本。可以说是故事的发展大纲，用以确定故事的发展方向。 （2）影视常用镜头景别。 远景：镜头离拍摄对象比较远，画面开阔，景深幽远。 全景：出现人物全身形象或场景全貌的镜头。 中景：俗称"七分像"，显示人物膝盖以上部分形象的镜头。 近景：表现人物腰部或胸部以上形象的镜头。 特写：表现人物面部以上部位或有关物体、景致的细微特征的镜头。

短视频脚本评价量表				
维度	评价内容	评价等级	评价说明	
立意	主题	★★★★★	(1) 主题集中明确，得1星。 (2) 主题围绕传统文化，积极向上，得2~3星。	
脚本	内容	★★★★★	(1) 内容完整，得1星。 (2) 内容具体，情节设定有真实感，得2~3星。 (3) 内容原创、独特，人物鲜明立体，描写细腻可感，得4~5星。	
	结构	★★★★★	(1) 结构完整，得1星。 (2) 情节流畅，有波澜，得2~3星。 (3) 结构设计巧妙，有冲突高潮，得4~5星。	
	画面	★★★★★	(1) 无明显画面，得0~1星。 (2) 画面描述具体可感，得2~3星。 (3) 特写与蒙太奇设计合理，画面描述语言精练传神，能够表现主题内涵，得4~5星。	
录制	拍摄方法	★★★	(1) 没有明显的景别和镜头运用，得1星。 (2) 景别、镜头运用及时长设计合理，得2~3星。	
音乐	配乐	★★	(1) 有配乐，得1星。 (2) 配乐符合主题内容，得2星。	
备注：1星等同于2分，评价后，换算成分数值呈现。				

【参考答案】

1. A

2. （1）嫁　候；遒劲

（2）跨过时间长廊，走入都市人的生活。

（3）看市面中的酒旗招展，可以想象北宋东京酒楼业的发达；看毛驴骡子比马匹多得多，可以断定这是宋朝缺乏马匹的真实写照。

（4）有朋自远方来，不亦乐乎？

3. 图标整体是一幅打开的画卷，寓意"开卷"，画卷中左侧是隶书"汴京风华"，上端是祥云，右侧是汴京城楼及州桥。画卷的下端是"清明上河图"英语说法。整幅画卷寓意《清明上河图》包蕴万千，一起开卷饱览大宋汴京城的绝代风华吧"。

4. 地图的方位是上北下南，图左方向标应把北字标在箭头上方。《清明上河图》采用中国传统绘画特有的手卷形式，以移动视点摄取对象；古代手卷的阅览方式是自东往西铺展，卷首应该在右边，应为"近郊—汴河两岸—市区街道"。

5.（1）54岁电焊工历时7年绣出21米《清明上河图》　　（2）0.000002275

6.（1）D；D是写意山水画，只描绘出建筑物大概轮廓，并不以描绘建筑物为艺术表现形式。

（2）界画选用的颜料是石墨，而石墨的化学成分为碳，单质碳具有稳定的化学性质，能耐酸、耐碱和耐有机溶剂的腐蚀，因而不易损坏。

7. 翻译：（北宋开封城的）瓦子，是说人群汇聚时就像瓦片合在一起，人离开时像瓦片分开的意思。（北宋开封城的）街南有桑家瓦舍（古代商业娱乐场所名称），靠近城北处则有中瓦（指中型的瓦舍），其次是里瓦（指瓦舍的名目），在瓦舍内搭建的大小剧场有五十多座。这里面瓦子莲花棚和牡丹棚，里瓦子夜叉棚和象棚最大，均可容纳几千人。

判断：A. 瓦子；B. 勾栏

批注：瓦子是宋朝都市娱乐和买卖杂货的集中场所；瓦子中为了便于表演和分隔观众，常用栏杆或布幔隔挡，类似今天的剧院，这称为勾栏。瓦子、勾栏可理解为宋时市民娱乐活动的中心。

8. 两位同学，你们好！榫卯工艺是基于物理学的"摩擦力"和"压力"原理。①当两块木头的榫头和卯口相互嵌合时，它们间会产生摩擦力，这种摩擦力可防止两块木头相对滑动，从而保证连接的牢固。②同时，榫头和卯口间的嵌合还会产生一定的压力，这种压力可以使两块木头间的缝隙变小，从而进一步增强连接稳定性。随着使用年代延长，榫卯越压越紧，桥也越来越坚固。从科学角度来说，男同学判断正确。

9. 示例一：《水浒传》里有许多故事发生在酒楼，如鲁提辖拳打镇关西的起因就是鲁提辖与史进、李忠在潘家酒楼吃酒，听到了卖唱的金翠莲父女的冤情；又如宋江遍寻戴宗等三人不见，无意间行至浔阳楼自饮自食，醉后题诗于酒楼墙壁，被黄文炳发现通报知府后打入死囚牢，之后上了梁山。《清明上河图》中的酒楼建筑高大，装饰豪华，宾客盈门。可见，当时社会繁荣，百姓富裕，酒楼成为人们社交的主要场所。

示例二：《水浒传》中描写的茶坊有十多处，对阳谷县"王婆茶坊"的描写最典型。潘金莲不经意打了西门庆的脑袋，西门庆被潘金莲迷住了，到潘金莲隔壁的王婆茶坊搜寻信息，一天多时间里，五次进出王婆茶坊，王婆趁机给西门庆推荐了四种"大路茶"。《清明上河图》中展现的明显也是大路茶。另一方面，《水浒传》中如九天玄女娘娘两次赐宋江的仙茶，罗真人款待宋江等人的仙茶，智真长老请赵员外喝的茶，李师师亲手递与宋江、柴进、戴宗、燕青的香茗，都属于当时的极品茶。可见宋末茶叶品类极多，而且喝茶是有等级匹配的，这也表明茶道的雅俗共赏。

10. 写作题干解读：宋代诗画作品表现了宋人高雅的生活情趣和高尚的人格精神，唤起了现代人对中国传统文化高雅生活的向往，对高尚人格的追求和家国情怀的体认。大宋之美，插上"科技"羽翼之后，将飞入更多寻常百姓心中。

题号	材料来源是否原创	设计意图	学业水平要求	学科核心素养	所跨学科及素养目标		难度系数
设计说明							
活动一　制作宣传册							
1	原创　图片为笔者制作	引导学生在潜移默化中感受书美与文美的相辅相成，提高学生对书法的审美感受能力，增强文化自信。	了解	文化自信	书法	审美品位	0.9
2	原创　图片为笔者制作；文段是学生习作片段	考查学生的语言积累与运用能力，架起理解英文与古文名句的桥梁，感受汉语的魅力。	积累运用	语言运用	英语	语言能力	0.82
3	原创　图标解说示例来自组卷网	引导学生利用课文有效信息来绘制图标，按一定顺序探讨造型背后的意义。	运用	语言运用审美创造	美术	创意实践	0.78
4	原创　导览图为笔者绘制	考查学生对地图指向标的辨别能力，掌握事物说明文说明顺序的知识，增强对中国传统器物美学的体认。	理解	思维能力	地理	技术素养	0.8
活动二　布置场馆							
5（1）	改编　改编自菁优网非连文段	考查新闻概念及信息的概括能力。	运用	思维能力	/	/	0.7
5（2）	原创	考查科学记数法。	理解	思维能力	数学	语言能力	0.88
6（1）	改编　改编自组卷网阅读题	考查学生筛选并辨析信息的能力。	理解	思维能力	美术	美术表现	0.78
6（2）	原创　图片来自网页	考查运用信息的能力，体会说明的表达方式的运用及石墨的特性。	运用	思维能力语言运用	化学	宏观识别微观研究	0.7
7	原创　材料取自网页	考查文言文翻译能力及筛选整合信息的能力。	理解运用	思维能力语言运用	历史	史料实证	0.65

续表

		活动三　解密创作					
8	原创 图片来自网页	以虹桥为联结点，探讨北宋历史与榫卯中摩擦力、压力问题，激发学生对中华优秀传统文化的热爱。	归纳运用	思维能力 文化自信	物理 历史 道法	科学态度和责任 家国情怀 政治认同	0.63
9	原创 图片为笔者制作	综合考查名著阅读和学生对图文内容的观察、理解、推断能力及语言表达，以真实情境提高自主探究能力。	比较归纳	语言运用 思维能力	历史	时空观念 史料实证	0.62
10	原创 材料自编	考查信息理解能力、话题作文和视频脚本的写作能力，有助于学生学会运用多维视角进行写作，增强创新意识。	运用	语言运用 思维能力 审美创造 文化自信	影视学科	创造性思维	0.58
备注：作业满分100分。 　　　活动一和活动二为基础性作业，预计各需18分钟；活动三为拓展性作业，需查阅资料，建议周末完成，时长不限，视学生兴趣和需求而定。							

三、作业点评

《义务教育语文课程标准（2022年版）》第四部分"课程内容"明确说明"义务教育语文课程内容主要以学习任务群组织与呈现"，分三个层面设置学习任务群，"跨学科学习"为第三层面的"拓展型学习任务群"。课标指出："本学习任务群旨在引导学生在语文实践活动中，联结课堂内外、学校内外，拓宽语文学习和运用领域；围绕学科学习、社会生活中有意义的话题，开展阅读、梳理、探究、交流等活动，在综合运用多学科知识发现问题、分析问题、解决问题的过程中，提高语言文字运用能力。"于思思老师设计的《品鉴汴京风雅，梦回千年繁华——"我是〈清明上河图〉特展志愿者"作业设计》很好地落实了课标的要求，是一份非常优秀的语文跨学科作业设计。

该作业把八年级上册第五单元的文艺小品《梦回繁华》与厦门国际会展中心开展的《清明上河图》3D艺术品展览活动有机结合起来，情境设置自然妥帖，有效激发学生的学习兴趣。该作业跨数学、英语、历史、地理、美术、物理、化学等学科，有效提升学生高阶整合的思维能力，提高学生在生活情境中解决实际问题的能力。可贵的是，该作业设计注意到能力层级的区分，让不同水平的学生都能在阅读、梳理、探究、交流等语言运用实践活动中获得语文素养的提升，同时感受到中华优秀传统文化的强大魅力。

（点评人：福建省普通教育教学研究室　卓巧文）

品山水知人文地理　鉴风物促素养提升
——指向语文核心素养的游记单元跨学科作业设计

吴剑琴　涂晓萍/福州第七中学

一、作业设计思路

设计理念依据课程标准，设计环节结合教材确定的单元学习要求，注重培养学生的语文能力。

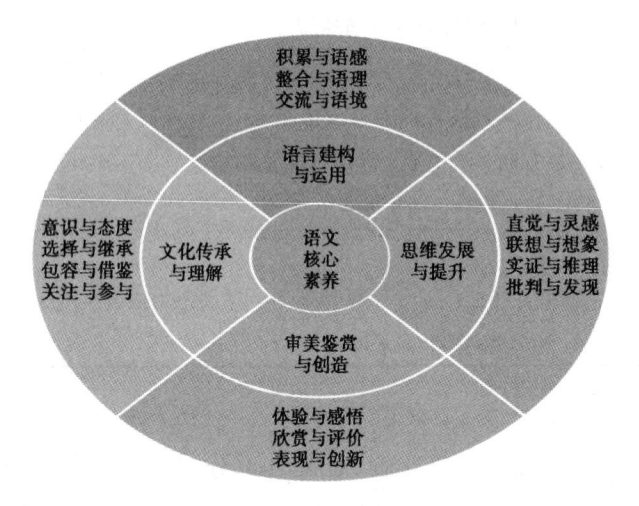

结合新课程标准理念对本单元进行思维导图式整合：

语文课程标准		对应的单元目标基本要求
阅读	区分文学样式	了解游记的特点，把握游记的基本要素，熟悉游记写法多样、风格各异的特点。
	品味语言	体会文章中的景物描写，揣摩品味其语言特点。
	获得启迪	体会作者寄寓在景物中的情感，理解作者对景、人、事的感悟与思考。
写作	多角度观察，抓住特征	学习移步换景、情景交融的写作方法；学会抓住景物特点，根据自己的生活经历进行游记写作。
	真情实感，表达思考	跨学科融入，通过多种形式感受大自然之美，挖掘闽都文化内涵，培养对家乡的热爱与自豪之情。
实践	表达看法，发表意见，学会讲述	跨学科解决与游记相关问题；开展以研学为主题的班级文化实践活动。

统编版八年级下册第五单元的四篇游记风格迥异，在本单元进行大单元跨学科学习，有助于展示游记自由多样的特点，打破语文教学中对游记的刻板印象。因此，设计作业时，应重视品味不同作品的不同语言风格，培养学生听说读写的能力。游记有着悠久的文

学传统，具有深厚的文化内涵，优秀的游记，往往不仅是文学文本，也是文化文本，应引导学生了解这些游记所蕴藏的文化底蕴，进而迁移到闽都本土文化的探究与弘扬上来。此外，有意识地将比较阅读贯穿整个单元，了解游记在内容和写法上的多种多样。最后，还要指导学生广泛阅读古今游记名篇，让学生博学多识，陶冶情操，开阔游记写作的思路。最后，将游记单元的学科教学与"弘学少年"研学地图设计相融合，将班级假期研学实践活动渗透到单元学习中，通过文化育人、活动育人、协同育人、融合育人，全方面提升学生的语文核心素养。

二、作业设计

基础闯关·预习感知
初探：寻踪追迹，感受祖国河山的壮美景色

世界那么大，你想去看看吗？以下几位名家，为我们推荐了四个绝佳去处，带我们领略不同的天地之美！

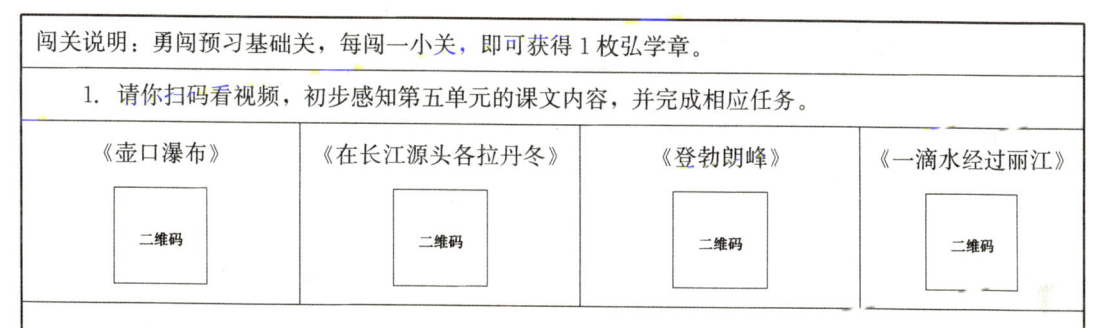

闯关说明：勇闯预习基础关，每闯一小关，即可获得1枚弘学章。

1. 请你扫码看视频，初步感知第五单元的课文内容，并完成相应任务。

《壶口瀑布》	《在长江源头各拉丹冬》	《登勃朗峰》	《一滴水经过丽江》
二维码	二维码	二维码	二维码

2. 了解游记知识，读一读知识小窗的内容。

知识小窗

（1）概念

游记是对旅行进行记录的一种文体，现在也多指记录游览经历的文章。以记录行程为主的是记叙型游记，以抒发感情为主的是抒情型游记，以描绘景物、景观为主的是写景型游记，通过游记来说明一个道理的是说理型游记。

（2）内容

游记在体裁上属于散文。游记的取材范围极广，可以描绘名山大川的秀丽瑰奇，可以记录风土人情的有趣丰盛，可反映一人一家的日常生活面貌，也可记下一国的重大事件，并表达作者的思想感情。游记往往文笔轻松，描写生动，记述翔实，给人以丰富的社会知识，字里行间流淌美的感觉。

（3）写法

①写游记要清楚反映游览过程和观赏顺序，注意掌握移步换景的写法。
②要抓住所绘之景的特点特色，着重描写最能吸引人的景物景观。
③借鉴课文写法，拓宽写作思路。写景时，要融入自己的感情，力求情景自然交融。

3. 通过小程序"朗读宝",挑选第五单元中你喜欢的课文或语段进行朗读,完成系统评分后分享到班级钉钉群。快来看看你的"武力值"在弘学班的江湖排位吧!	
4. 梳理本单元字词,找出文中读音易错、字形易混、词意难懂的字词,充实你的词语宝典。	

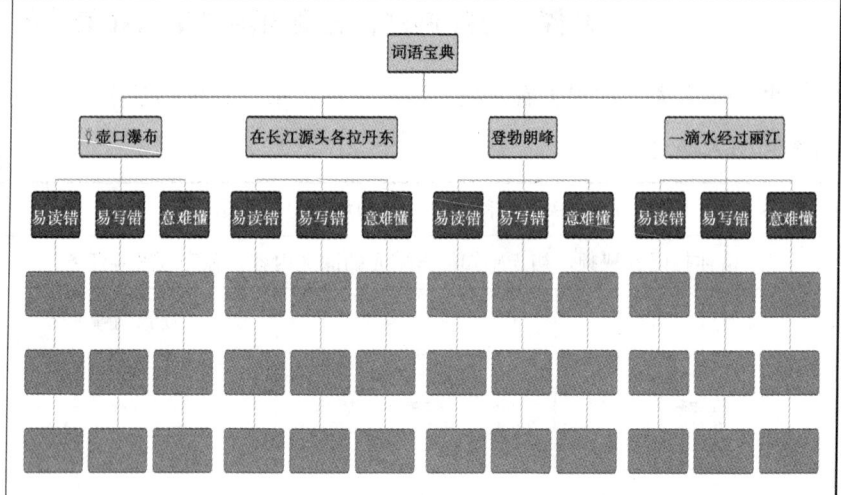

设计意图:

基础闯关·预习感知板块的主要任务是引导学生解决本单元的基础知识点,在多种手段融合激趣的同时,充分训练学生听说读写的能力。

1. 听。扫码观看视频,初步感知第五单元的课文内容,利用视频加深学生对本单元所讲述的四个地点的印象。同时,视频还配以课文同步名家朗读,让学生在家预习时,也能一边赏景,一边听读,直观感知课文内容。

2. 读。在初步感知第五单元文章内容的基础上,让学生通过读一读"知识小窗"的内容,进一步感知"游记"的文体特点,带着问题去读课文,跟着课本去旅行。

3. 说。应用语文"朗读宝"小程序,让学生自己选择喜欢的文章片段进行朗读。利用小程序的评分功能,进一步激发学生主动探索的兴趣。

4. 写。查漏补缺,帮助学生掌握并积累基础字词,让学习个性化,更具针对性和实用性。

升级闯关·导学探究
再寻：鉴赏美言佳句，品味经典游记的唯美意境

四篇美文，带我们从雄浑壮美的壶口瀑布，到奇绝险远的各拉丹冬冰塔林，从威严瑰奇的勃朗峰，到纯净自然的丽江古城。名家们逸兴遄飞的文字，带领我们体验天地大美。请你赏读课文，完成以下任务：

闯关说明：再闯课中升级关，每闯一小关，即可获得2枚弘学章。

1. 画一画：思考作者的所至所见所感，试着画出四篇课文的游踪路线图。完成篇目越多，获得的武力值越高。示例如下：

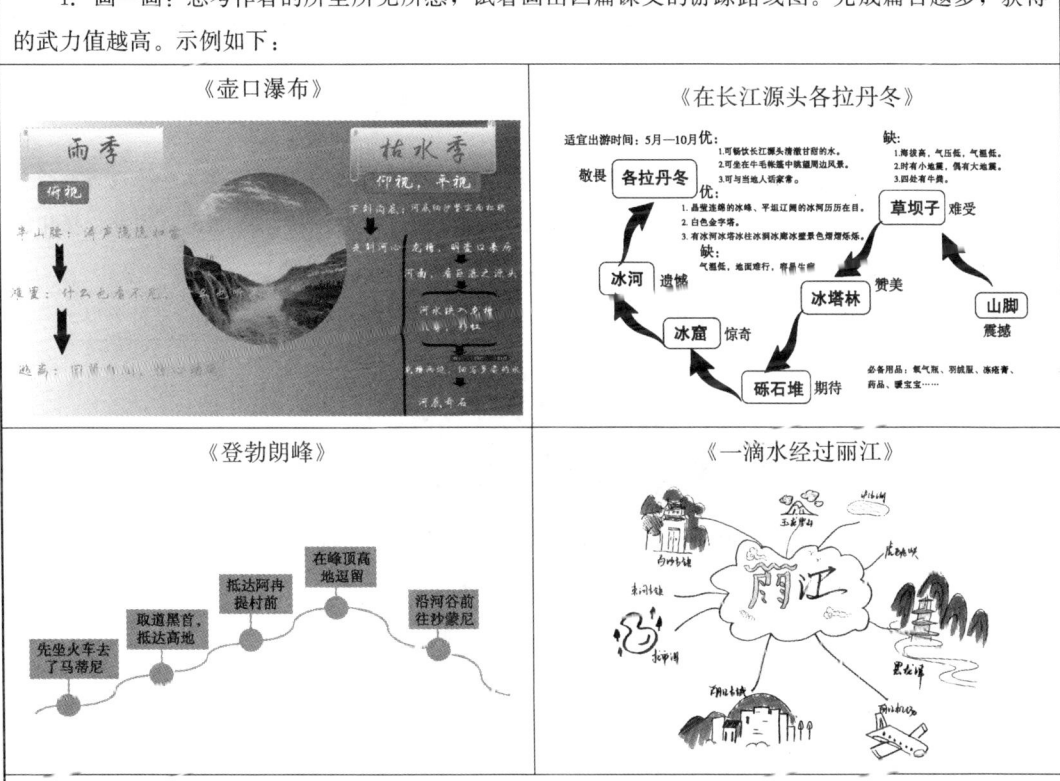

《壶口瀑布》	《在长江源头各拉丹冬》
《登勃朗峰》	《一滴水经过丽江》

2. 写一写：结合课文内容，根据游踪路线图，完成以下表格。

课文	所至 具体地点	所见 景物特点	所感 情感表达	所得 技巧方法
《壶口瀑布》	壶口瀑布	雨季和枯水季壶口瀑布的宏伟壮观、气势磅礴。	概括黄河性格，歌颂民族精神。	独特的观景角度，独到的景物描写。
《在长江源头各拉丹冬》	各拉丹冬草坝子、冰山、冰塔林、冰窟	各拉丹冬高峻雄壮，草坝子辽阔奇美，冰山、冰塔林、冰窟晶莹，形态多样。	感叹雪山的雄伟，被自然的神奇震撼。	将主观感受、想象与客观描写相结合。

续表

课文	所至 具体地点	所见 景物特点	所感 情感表达	所得 技巧方法
《登勃朗峰》	勃朗峰	登山看沿途美景，勃朗峰云霞变幻，乘坐敞篷马车。	景奇、人奇，热爱大自然。	散文笔法与小说笔法的综合运用，"马克·吐温"式的幽默风格。
《一滴水经过丽江》	玉龙雪山、丽江坝、草甸、落水洞、黑龙潭、大水车、玉河中河、金沙江	丽江的纯净自然，人文风土人情的淳美和谐。	久久的渴望，由衷地赞美。	"一滴水"的独特视角，构思别出心裁。

设计意图：
借助美术学科中的绘画元素，助力学生梳理并绘制游踪路线图，培养学生从文本中筛选重要信息的能力。通过多种手段，了解游记的文本特征，理清游记的行文思路。同时，掌握写景思路，抓住景物特征，学习游记写法，实现语文课堂的一课一得，夯实学写游记的基本功。

3. 品一品：圈画批注四篇游记中的好词佳句，完成美句打卡本，利用课前3分钟进行分享。

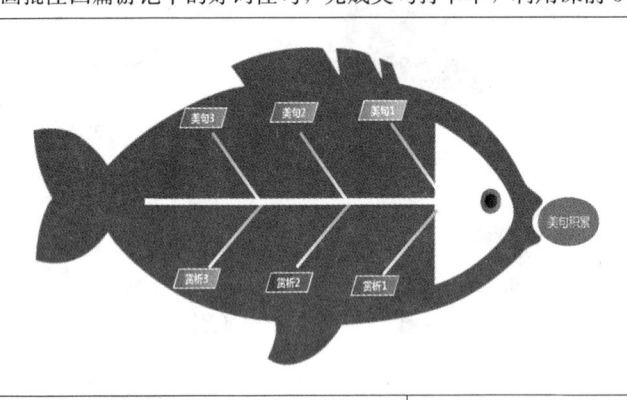

课文	好词佳句	批注
《壶口瀑布》	好句摘抄（示例） ①车还在半山腰就听见涛声隐隐如雷，河谷里雾气弥漫，我们大着胆子下到滩里，那河就像一锅正沸着的水。 ②河水从五百米宽的河道上排排涌来，其势如千军万马，互相挤着、撞着，推推搡搡，前呼后拥，撞向石壁，排排黄浪霎时碎成堆堆白雪。 ③山是青冷的灰，天是寂寂的蓝，宇宙间仿佛只有这水的存在。	第一句：运用了比喻的修辞手法，从听觉、视觉角度将涛声比作雷声，把河水比作一锅正沸着的水，生动形象地写出了黄河水在雨季时水势浩大、上下翻滚的汹涌景象。 第二句：运用比喻、拟人和夸张的修辞手法，从瀑布态势、力量、颜色等方面表现河水排山倒海、湍急汹涌的特点，给人一种身临其境之感。 第三句：运用拟人、夸张的修辞手

续表

课文	好词佳句	批注
	④当河水正这般畅畅快快地驰骋着时，突然脚下出现一条四十多米宽的深沟，它们还来不及想一下，便一齐跌了进去，更闹，更挤，更急。 ⑤它们在龙槽两边的滩壁上散开来，或钻石觅缝，汩汩如泉；或淌过石板，潺潺成溪；或被夹在石间，哀哀打旋。	法，以"青冷"修饰"灰"，以"寂寂"形容"蓝"，表现了山、天之静寂，与奔腾的黄河之水形成鲜明对比；"宇宙间仿佛只有这水的存在"写出了奔腾的黄河之水的宏大气势。 第四句：运用拟人的修辞手法，描绘奔腾的黄河水畅快驰骋的情态，生动形象地刻画了河水遇到深沟急速下跌的状态。 第五句：运用拟人、排比的修辞手法，生动形象地写出了河水的优美姿态，动词运用贴切，表现了水流的灵动多姿。

设计意图：
　　选取文中重点写景句进行赏析，感知文章独特的景物描写，揣摩品味语言，既是语文学科赏析美句能力的巩固，又是课堂任务的落实和延伸，提升学生的语言运用能力，同时进一步获得审美体验。本题答案不设限制，学生只要能从四篇课文中找寻美句并进行赏析，即算达成要求。

4. 议一议：回答下面的问题，小组合作完成跨学科融合作业。

| 文本一：《在长江源头各拉丹冬》一文中，作者多次写到自己在高原上的疼痛、恶心，只能以极慢的动作走太空步，甚至觉得"要死了"。
结合物理、地理、生物等学科知识了解作者身体不适的原因，并分析其与文中的写景有什么关系，产生了怎样的表达效果？ | 二维码

原因：因为人体突然进入高海拔地区，气压急速下降，会造成氧分压减少，使肺泡氧分压减少，出现低血氧的情况，促使人体的呼吸频率呈现增加趋势，就会把更多空气吸入肺，使心搏率和心血输出量都出现了增加的现象，造成人体出现异常的反应，就是我们所熟知的"高原反应"。 | 关系及表达效果：
　　作者反复叙写自己在各拉丹冬糟糕的身体状况，从侧面写出了各拉丹冬自然环境的艰险，突出了本文"所至"和"所见"的独特性。从某种意义上来看，作者的身体状况构成了文章的一条潜在线索，随着身体状况越来越糟糕，作者对各拉丹冬的感受与理解却越来越细致，想象也越来越富有诗意。
　　这样的写法，使读者体会到作者的乐观与坚强，也使文章显得更亲切、真实、可信。作者在身体的痛苦中坚持行走、体验甚至考察，这使得本文染上了苦难美和悲壮美的色彩，给读者的阅读感受也超越了"观赏自然"的范畴。 |

续表

		原因：
文本二：阳光使这位<u>身披白色披风的巨人变化多端</u>：融雪处裸露出大山黧黑的骨骼，有如刀削一般，棱角与层次毕现，富有雕塑感。 　　结合地理学科知识了解其原因，并分析画线句子的表达效果。	二维码	山脉对太阳辐射的屏障作用，使山地阴坡和阳坡的温度湿度状态都产生很大差异，自然景观也随之明显不同。 表达效果： 　　把各拉丹东比作身披白色披风的巨人，将其人格化，寥寥数语勾勒出阳光下被白雪覆盖的各拉丹东的山色、山势及审美形象。

设计意图：
　　新课标下语文作业设计需要学科融合视域，要有学科融合的"大广角"和"全领域"，提升语文作业与其他学科的关联度。本道题挖掘文本中与其他学科关联的知识点，进行跨学科作业设计。学生可通过扫描两个二维码，直观了解高原反应与地理阳坡、阴坡的学科原理，进而加深对文章语句的理解。比如文本一内容，不仅勾连了物理学科八下第九章压强知识点，还勾连了地理海拔和生物高反的现象，既从科学角度分析原因，又从文学角度分析关系与作用，实现了学科之间的联动，培养学生的发散思维。再如文本二内容，勾连地理学科七上第三章地球面貌地表形态知识点和第四章世界气候地形与气候知识点，既从科学角度分析原因，又从文学角度进行赏析，实现了学科之间的联动，培养学生的大学科融合思维，提升学生跨学科综合解决实际问题的能力，实现作业全面育人、融合育人的目标。

合作闯关·巩固提升
细品：读文悟理，挖掘闽都文化的深刻底蕴

　　当我们读累了万卷书，也不妨去走走万里路。现在就让古人谢肇淛，带你到榕北一日游。请你一路跟随他，畅游我们的晋安名山吧。

闯关说明：合闯课后提升关，小组合作，完成三个小任务。每闯一小关，即可获得3枚弘学章。

游寿山、九峰、芙蓉诸山记
明·谢肇淛

　　郡北莲花峰后，万山林立，而寿山、芙蓉、九峰，鼎足虎踞，盖亦称三山云。五代时，高僧灵训辈各辟道场，聚众千数，丛林福地，为一时之冠，至今父老尚能道说也。
　　万历壬子初夏，余约二三同志，共命杖屦，以九日发。届期而方广僧真潮至，盛言险巇不可行状。于是陈伯儒、吴元化、赵子含俱无应者，独与陈汝翔、徐兴公策杖出井楼门，就笋舆。陟桃枝岭

里许，岚霭雾气，乍阴乍晴。道周得宋道山李公墓碑，读之未竟，而雨骤至，衣屦尽淋漓。又行十里许，危峰夹立，寒涛澎湃，峰头数道飞瀑，夭矫奔腾，下冲巨石，散作雪花满空，亦一奇绝处也。

岭路尽，而林洋寺僧如定来迎，询所居，曰："尚十数里。"日停午矣，至山趾，前洋邱氏饭焉。邱字茂龄，村居爱客，礼质而意甚殷。其妇翁梁君，七十余，老矣，闻婿有贵客，亟治具邀车骑，余谢以他往而未宿。又三里，始达林洋。乱山迢递，宿莽荒榛，孤寺孑然。宝殿经台，皆为禾黍石砾之场，独小寮数楹，如定所新创者。春畦积水，几不能达。四壁萧然，墍茨未竟，不知布金聚沙，当在何时也。归至石牌寺，暝矣。

古今链接：

福建山高岭峻，又有"闽道更比蜀道难"之说，为了给跋山涉水的学子、官差提供休息的地方，政府在道路要冲设驿站、递铺，用于传递文书、接待官员和运送物资等。驿道既是交通线，也承载着厚重的历史文化积淀。8月13日，记者从"福聚晋安遇见古厝"文史沙龙第三期"福州古驿道"活动中获悉，福州正加强驿道文化研究，保护修复和活化利用古驿道。曾肩负出省、通京使命的古驿道，将蝶变为文旅新名片。

"悠悠古道，'价'比连城！"福州市晋安区地方文化研究会会长十九先生介绍，作为承载福州古驿道文化代表之一的晋安区，仍保存着新店昇山、小北岭、大北岭、登云、鳝溪、鼓山等众多古道遗迹。1995年和1998年，小北岭古驿道与大北岭古驿道分别被公布为区级文保单位，寿山乡政府也多次出资修缮古道。古道至民国初年废除邮驿制度后逐渐沉寂，但驿道上仍留下境庙、碑刻、古桥等珍贵遗迹，在大家的齐心守护下，北岭古道再次逢春。

闯关任务	答案示例
1. 小组合作译读"超难"文言文，筛选文言选段中的关键语句，向大家介绍谢肇淛在山间"流连忘返"的三点理由。	(1) 这里历史悠久，曾经高僧云集，讲经论道，底蕴深厚。 (2) 山间景色优美，岚霭雾气，峰头飞瀑，颇多古迹。 (3) 这里民风淳朴，百姓热情好客，讲究礼仪。
2. 历代文人墨客对山水的"痴爱"，可谓不胜枚举。请试举一例，说说我国古代"游学达人"留名千古的故事，并与同学们分享他们的游学成果。	明代地理学家、旅行家和文学家徐霞客22岁时，想要开始一场严肃的游学，不是打卡网红景区，而是要进行正经学术考察。他去过人迹罕至的深山老林，见过猛虎脚印，攀过绝壁，涉过洪流，睡过破庙，吃过野果，但不管如何艰难，他每晚都坚持把自己考察的收获记录下来。他几乎游遍了祖国大江南北，甚至还出了国，最终完成了代表作《徐霞客游记》。 其他旅游"达人"还有孔子、李白、杜甫、诸葛亮、司马迁，其中孔子还成立了最早的游学团。

续表

3. 闽都物华天宝，自然文化遗产丰厚。除了古驿道，你们觉得还可以挖掘哪些闽都文化？假如你是福州文旅局局长，请从"淄博烧烤"火出圈这一现象，和小伙伴们一起探讨，有哪些成功经验可以让福州借鉴？记得小组合作，交流成果哦！	提示： <u>比如，挖掘福州的古厝祠堂文化（梁厝、三落厝）、福州北峰的寿山石文化、福州的茉莉花文化、福州油纸伞文化、闽菜美食文化……</u> <u>可融合政治、历史等学科知识，从挖掘地域特色、整合流量资源、树立城市信誉等角度，来谈如何助推城市旅游经济的发展，言之有理即可。</u>

设计意图：

　　本设计既融合了政治历史、人文地理的相关知识点，又充分利用本土教材创设生活情境。通过文言文和现代文文本的古今链接，引导学生深入挖掘闽都文化的内核，发挥作业融合育人的功能，培养学生的价值判断和城市认同，扩大学生对家乡人文地理的了解，培养他们对家乡风物、本土文化的热爱之情，进而提升学生解决现实社会问题的能力。

终极PK·拓展新知
乐秀：研学地图，玩转福山福水福泽之地

　　最好的学习，就是去游历；最棒的课堂，永远在路上。让我们按照"弘学少年"研学地图的指引，开启我们的"寻福"之旅吧！

　　闯关说明：猛闯终极PK关，选择研学地图中的打卡地点，丰富你的研学旅程。每打卡一个地方，并完成任务单中的任意一项小任务，即可获得4枚弘学章。边学边玩，趣味集章；打卡越多，武力值越高。

续表

打卡足迹

打卡规则：
1. 自由补充：空白格子可填写备选项目之外的打卡点。
2. 集赞有礼：打卡后凭照片或视频加盖弘学章确认积分与奖励。

农耕体验：割蜜、挖笋、赶海、春耕、秋收

古厝民俗：梁厝、鼓岭、上下杭、青年会、三坊七巷、永泰官寨、永泰嵩口庄、闽清娥眉、流江三爆晋、永阳古城、闽侯闽越古镇、鹤店吉城遗址公园、M17文化广场

红色教育：马尾船政旧址群、福州中山纪念馆、福建省革命历史纪念馆

户外拓展：
- 登山观景：鼓山、于山、福清石竹山、贵安水世界、贵安欢乐水世界、欢乐海洋世界、永泰青云山、永泰天门山、旗山国家森林公园、哈尔滨冰雪世界、厦门方特、欢乐长廊、五卷名山
- 团辅团建

书店打卡：安泰新华书店、大梦书屋、福建省图书馆、西西弗书店、葫芦弟弟儿童书店、麒麟书局、福的天空之城、无用空间、上下杭鹿森书店

志愿服务：雨花斋、福建省革命历史纪念馆科技馆

运动健身：福建省体育中心、福州市森林公园

场馆参观：福建博物院、古田会议纪念馆、泉州海外交通博物馆、中国闽台缘博物馆、中央苏区（闽西）历史博物馆、3820战略工程纪念馆、福建省科技馆、福州市科技馆、福州市规划馆、标本艺术博物馆、福州自然馆

技能养成：
- 琴艺修身：古筝、吉他、舞蹈
- 观影看展：游泳、武术

非遗体验：软木画制作、塑泥人制作、油纸伞制作、寿山石篆刻、礼仪体验、闽剧体验、楼画制作、线面制作

高校巡游：福州大学、福建师范大学、福建农林大学、福建医科大学、福建中医药大学、福建理工大学、闽江学院

班级：_____　姓名：_____

①学写多彩游记	②设计城市宣传（图标）	③制作旅游攻略	④录制推广视频
亲爱的同学们，初中生涯已过半，你的研学地图已经打卡了哪些景点呢？请以你走过的研学地点为蓝本，以"印象福州"为主题，为想来福州旅游的外国友人写一篇推介游记。创作游记时，注意体现游览过程和观赏顺序，掌握移步换景的写法。	大美榕城，诗意厚重。请和你的小伙伴一起，调查了解榕城的"前世今生"，结合其独有的山水风光，为我们的有福之州，设计一个旅游宣传图标。 要求：包含榕城的山水元素，最好能结合榕城地标，体现独特的景物特点，并说明你的设计意图。	"七溜八溜，不离虎纠！"三坊七巷的爱心树，上下杭里的老时光；鼓岭云海的洋别墅，花海公园的旖旎香…… 请你化身福州旅游文化大使，通过图文并茂的形式，为榕城的游客们做一份贴心的旅游攻略吧！	请参照抖音、快手或者小红书上旅游博主的视频文案，选择研学地图中的任一打卡点，与一则游览文案，配上适合的图片和音乐，录制一个文旅推广视频，让你所选的景点火爆出圈，成为网红打卡地吧！
结合你的兴趣特长，任选一个研学任务，和你的小伙伴们一起组队完成，并在语文课上分享你们的成果。			我选择的任务_____

续表

设计意图：
第五单元是游记单元，这一单元的写作训练必然离不开游记。游记的线索是"所至"，主体是"所见"，灵魂是"所感"。本单元的课后巩固提升，以完成班级的研学汇报为任务驱动，让同学们把本单元所学的游记知识与班级研学实践作业相融合，在学以致用的同时，对游记三要素有进一步的理解与体会，熟悉游记这种新的写作形式，同时也培养学生独立思考与审美鉴赏的能力。 "双减"背景下，如何解开学生被绊住的对"诗和远方"的追寻脚步，让学生课上与课下相融合，家校社网相融合，是当下教育者亟须思考的问题。该作业设计，体现思维的层级性，将读写训练等语文传统素养与音乐美术等美学素养相融合，使学生在充满知识与趣味的实践拓展学习中完成素养与能力的提升，借助研学地图的指引，开阔学生的视野，增长他们的见识。
闯关秘籍：通过本单元的学习，相信大家对游记之形、游记之美已经了然于心。老师继续推荐一些古今游记名篇，希望这些文章可以带你领略山河的无限美好。

欧阳修《丰乐亭记》	袁宏道《满井游记》	王安石《游褒禅山记》	柳宗元《永州八记》

设计意图：
学生通过古今名篇的迁移阅读，开阔视野，弘学养志。通过串联、感受游记之美，理解、内化相关知识，增强对城市文化的理解和认同，思考文化背后所蕴藏的更深层次的精神追求，进而坚定文化自信和民族责任感。真正实现学生语文基本能力的提升以及核心素养的提高，实现语文工具性和人文性的统一。

结　语

诗人汪国真曾说："人生是跋涉，也是旅行；是等待，也是重逢；是探险，也是寻宝；是眼泪，更是歌声。"这个游记单元，我们随作者的脚步，进行了一次次心灵的跋涉和旅行，感受到了祖国山河的壮美与神奇，感受到了中华风物的震撼与迷人。让我们一起追随这些名家的脚步，向前方更多未知的风景进发！

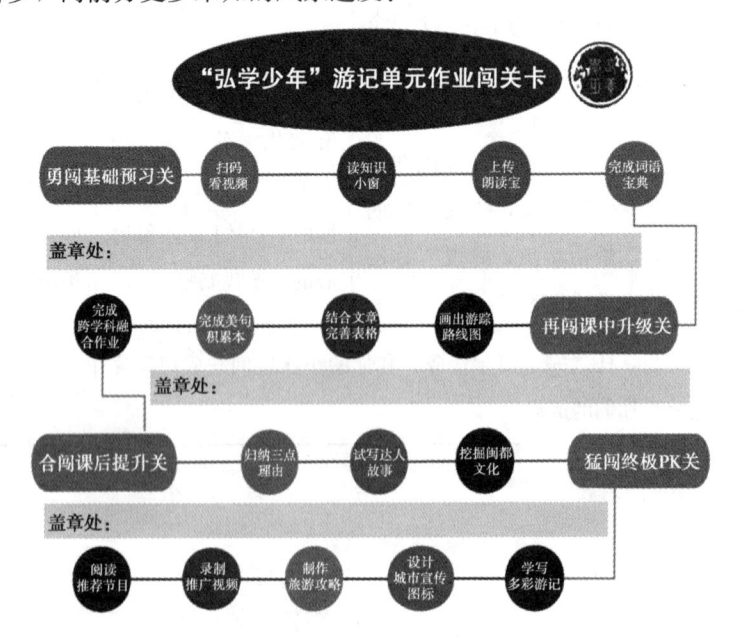

"弘学少年"游记单元作业闯关卡

勇闯基础预习关 — 扫码看视频 — 读知识小窗 — 上传朗读宝 — 完成词语宝典

盖章处：

完成跨学科融合作业 — 完成美句积累本 — 结合文章完善表格 — 画出游踪路线图 — 再闯课中升级关

盖章处：

合闯课后提升关 — 归纳三点理由 — 试写达人故事 — 挖掘闽都文化 — 猛闯终极PK关

盖章处：

阅读推荐节目 — 录制推广视频 — 制作旅游攻略 — 设计城市宣传图标 — 学写多彩游记

三、作业点评

《义务教育语文课程标准（2022年版）》第四部分"课程内容"中明确说明"义务教育语文课程内容主要以学习任务群组织与呈现"，该作业以大单元学习任务设计组成"学习任务群"，并在大单元学习任务群基础上实施跨学科学习，很好地实践了新课标的理念。大单元教学能够克服语文单篇教学条分缕析、使学生"只见树木不见森林"的弊端，但如何进行大单元语文教学还处于探索中，该作业设计立足大单元、结合研学活动，为语文大单元教学提供了很好的借鉴经验。

该作业从"阅读、写作、实践"三方面对本单元进行的"思维导图式的整合"，体现出设计教师对课标、教材的认真揣摩与正确把握。该作业设计分成"基础闯关·预习感知""升级闯关·导学探究""合作闯关·巩固提升""终极PK·拓展新知"四个部分，能力层级清晰，有益于学生由浅入深、由表及里地进行探索，能帮助学生有针对性地、清晰明了地经历发现与建构知识，并引导学生把所学知识运用于生活实践中。该作业设计的单元综合和学科内部现代文阅读与文言文阅读的综合比较设计合理，但跨学科学习仅仅停留在语文与历史、游记与地理的综合，稍显薄弱。最后，该作业设计评价量表的亮点在于研学活动中的"盖章"形式，突出了评价学生参与语文实践活动的积极性与过程性。

（点评人：福建省普通教育教学研究室 卓巧文）

缤纷研学路　诗词铸精神
——语文九年级上册第三单元跨学科作业设计

陈汝吉/永安市第二中学
苏婉珺/永安市第六中学
李娜/永安市教师进修学校
郑江河/三明教育学院

一、作业设计思路

> 本次作业设计所选的是统编版语文九年级下册第三单元的课文。其所在单元目标强调在理解课文内容的基础上，熟读成诵；注意体会古人寄托山水名胜中的思想感情，感受他们的忧乐情怀；鼓励拓展跨学科领域，具有引导学生感受、感悟诗词内的中华优秀传统文化与民族精神、家国情怀的优势。在此基础上开展跨学科学习的总体设计与实施。

续表

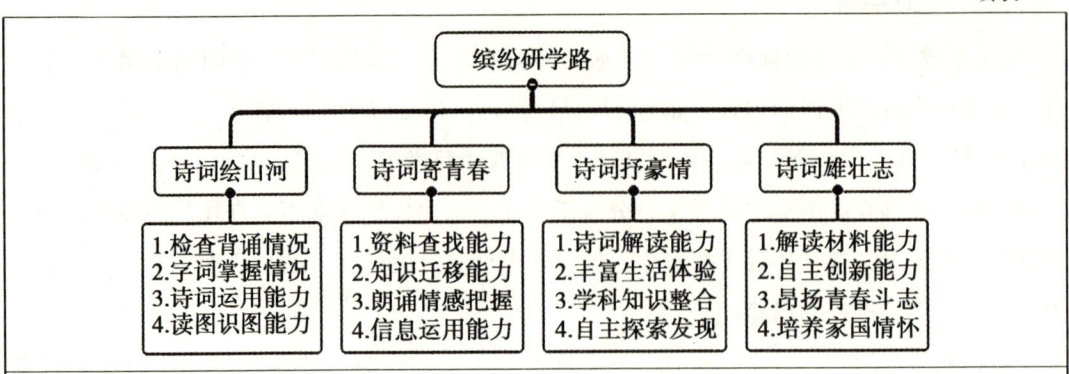

```
                    缤纷研学路
        ┌───────────┼───────────┬───────────┐
    诗词绘山河    诗词寄青春    诗词抒豪情    诗词雄壮志
    ┌─────┐      ┌─────┐      ┌─────┐      ┌─────┐
    1.检查背诵情况 1.资料查找能力 1.诗词解读能力 1.解读材料能力
    2.字词掌握情况 2.知识迁移能力 2.丰富生活体验 2.自主创新能力
    3.诗词运用能力 3.朗诵情感把握 3.学科知识整合 3.昂扬青春斗志
    4.读图识图能力 4.信息运用能力 4.自主探索发现 4.培养家国情怀
```

  本次作业设计主要融合地理学科，辅以音乐、信息科技等多学科综合设计。根据《义务教育语文课程标准（2022年版）》对跨学科学习的阐释，本作业设计"旨在引导学生在语文实践活动中，联结课堂内外、学校内外，拓宽语文学习和运用领域；围绕学科学习、社会生活中有意义的话题，开展阅读、梳理、探究、交流等活动，在综合运用多学科知识发现问题、分析问题、解决问题的过程中，提高语言文字运用能力"。

  九上第三单元为古典文学作品单元，应注重落实文言实词、虚词的积累与古诗文朗诵，并在理解课文内容基础上，感受古人寄托于山水名胜的思想感情，感受忧乐情怀。通过"秩秩薪火、诗文铸魂"云研学的真实情境设置四个任务群，分别为"绘山河""寄青春""抒豪情""雄壮志"。在内容上"立足学科本位"、在过程中"融合贯穿始终"、在目标上"围绕核心素养"。在情境设计时尽可能完善情境的合理性，以加强学生对语言的体验，更好地激发学生的表达欲望，力求有话可写，有感可发，进一步培养学生的思维能力，增强审美情趣。

二、作业设计

缤纷研学路 诗词铸精神
统编版语文九上第三单元跨学科作业设计点一览

作业题目	融合学科	难度	核心素养	检测点	题目出处
诗词绘山河	地理 历史	★（易）	文化自信 语言运用 思维能力	语言文字积累和梳理 跨学科学习	原创
诗词寄青春	音乐 地理 信息科技	★★（中等）	文化自信 语言运用 思维能力 审美创造	实用性阅读与交流 文学阅读与创意表达 跨学科学习	原创
诗词抒豪情	地理	★★★（难）	文化自信 语言运用 思维能力 审美创造	文学阅读与创意表达 思辨性阅读与表达 跨学科学习	原创

续表

作业题目	融合学科	难度	核心素养	检测点	题目出处
诗词雄壮志	地理信息科技	★★★（难）	文化自信语言运用思维能力审美创新	文学阅读与创意表达跨学科学习	原创

	作业设计题目	设计意图
基础型任务	国庆来临之际，为游览山川美景，传承中华优秀传统文化，九年级准备于假期开展"秩秩薪火，诗文铸魂"的云研学活动，邀请你参与。 任务一：诗词绘山河 学习古诗文我们不仅能够感知古代诗文意蕴，更能从作者描绘的亭台阁楼、锦绣山川里体会到祖国河山的壮美。2022年国际旅游节，湖南岳阳楼、滁州醉翁亭和杭州湖心亭被评为"中国三大亭台楼阁"，年段师生准备趁着假期去岳阳和滁州研学，请同学们将以下旅游攻略补充完整。 1. 岳阳楼坐落于湖南省岳阳市，属于①_____气候，范仲淹《岳阳楼记》写到"先天下之忧而忧，②_____"使之成为家喻户晓的游览胜地。在这里你不仅可以看到"衔远山，③_____，④_____。"的⑤_____湖美景；还可以感受"⑥_____，⑦_____"的古仁人之心。但在夏季"若夫淫雨霏霏，⑧_____"的时候，由于⑨_____季风带来的太平洋暖湿气流与冷空气旗鼓相当，会长时间出现绵绵细雨的天气。人们称之为⑩_____。如果夏天去游玩一定要记得带伞哟。 2. 醉翁亭景区位于安徽滁州琅琊山麓，地形多为①_____，正如欧阳修《醉翁亭记》写到的"②_____"。琅琊山景色丰富多变，朝往暮归你能体会到"若夫日出而林霏开，③_____"的明暗变化。日出、日落是由④_____产生的昼夜更替。进入琅琊山山门，不远处就是野芳园，有"⑤_____，佳木秀而繁阴"之意。再往前就是醉翁亭，边上是泻出于两峰之间的让泉，该地河流发育于⑥_____。立于醉翁亭上，能感受到欧阳修那"⑦_____，在乎山水之间也"的人与自然和谐之美，更能体会古人"⑧_____，醒能述以文者"的与民同乐的政治理想。	设置真实情境。以旅游攻略为载体，融合地理知识，设计古诗词积累作业。旨在引导学生落实基础知识，掌握诗词重点词句，理解重点词句的句意。 【参考答案】 1. ①亚热带季风②后天下之乐而乐③吞长江④浩浩汤汤⑤洞庭⑥不以物喜⑦不以己悲⑧连月不开⑨东南⑩梅雨 2. ①山地/山地丘陵②环滁皆山也③云归而岩穴暝④地球自转⑤野芳发而幽香⑥山谷⑦醉翁之意不在酒⑧醉能同其乐

作业设计题目	设计意图
任务二：诗词寄青春 　　旅行过程中，年段准备以班级为单位组织同学们开展"经典咏流传"的"声影留念"比赛。 　　扫码听读本单元课文咏唱录音，感受作者的情感，并用以下句式写出听读感受。 	二维码	二维码	二维码
---	---	---
《岳阳楼记》	《醉翁亭记》	《湖心亭看雪》
二维码	二维码	二维码
《行路难》	《酬乐天扬州初逢席上见赠》	《水调歌头》 | 　　1. 在听读《_____》时，我感触最深的一处是_____。因为朗读者读出了_____，我眼前仿佛出现了_____的画面。 　　2. 精选一首诗或词在你最喜欢的景点诵读，并录制成小视频留念，将你的作品上传到班群小组互评，并邀请家长代表进行云端评比。 **诵读视频量化评价表** | 项目	标准	自评	互评	家长评价
---	---	---	---	---
视频	视频清晰（10）　角度合理（10）			
	景文搭配（10）　着装体态（10）			
朗诵	发音准确（15）　声音洪亮（15）			
	节奏把握（15）　情感表达（15）					通过多种媒介融合引导学生利用优质资源品读课文，体会作者的家国情怀；以小组为单位开展生生互评，再通过家长群云评价的方式实现家校共育。 【参考答案】 　　1. 例：在听读《酬乐天扬州初逢席上见赠》时，我感触最深的一处是"沉舟侧畔千帆过，病树前头万木春"。因为朗读者读出了作者固然屡遭贬谪，怀才不遇，却相当达观，一洗伤感低沉，尽显乐观进取、积极昂扬的人生态度，我眼前仿佛出现了新旧更替、千帆竞发、万物复苏的充满勃勃生机的画面。

左侧栏：发展型任务

续表

	作业设计题目	设计意图
发展型任务	**任务三：诗词抒豪情** "经典咏流传"活动在校内掀起了一股读文、赏景、品情的风潮。为了探索湖景与山景的不同魅力，班级决定组织赏游永安名胜"一线天"。 1. 古人登亭台楼阁，观湖光山色，纵情山水，笔可绘山河，意能述豪情。请你跟着作者的描写，聚焦山水之美，领悟作者寄托于山水的忧乐情怀，完成表格。 	篇目	《岳阳楼记》	《醉翁亭记》	《湖心亭看雪》
---	---	---	---
美景			
美笔			
美情			| 2. 你在研学旅途结识的岳阳好友听你谈起"桃源洞"美景，想进一步了解"一线天"，请满足他的愿望，制作一张景点小名片（请附一张图片，并概述"一线天"的成因及特点，不超过30字） _____ _____ | 景点小名片评价表			
---	---	---	---
评价内容	水平（水平一3★，水平二2★，水平三1★）		评价★
知识掌握（成因及特点）	水平一：能准确叙述地质成因及特点		
	水平二：成因及特点只能描述一个点		
	水平三：不能准确描述成因及特点		
素养提升（拍照写生）	水平一：照片写生美观且突出特点		
	水平二：照片写生不够美观且特点不突出		
	水平三：照片写生无特点				通过表格梳理对诗词内容的理解，学习古人寓情于景的表现手法，感受古人的家国情怀，落实本单元的教学目标并激发学生的爱家、爱国情怀，达到语文课程立德树人的根本要求。同时培养学生通过审美鉴赏进行自我创造的突破。 【参考答案】 美景：截取文章描写景物的词句即可。 美笔：指出所选景物的描写手法。 美情：准确表述作者寄托在山水中的情感。

续表

作业设计题目	设计意图
<div>拓展型任务</div><div>经过一系列的研学活动，同学们体会到在山水美景背后充满家国大义的忧乐观，及俱怀逸兴的凌云壮志，现年段准备开展"缤纷研学路、醉美是吾乡"的主题征文活动</div><div>**任务四：诗词雄壮志**</div><div>材料一：《这里是中国》是国内第一部全视野中国地理科普著作，以唯美的照片、专业的地图、深情的文字，描绘祖国山河之美——在名胜古迹、澎湃江河，也在我们身边的平凡原野、寻常巷陌。</div><div>材料二：永安寓永久安定之意。永安市有"桃源洞""鳞隐石林"等著名景区，也有红军标语博物馆、北上抗日先遣队指挥部旧部等抗战文化遗址，这里的民俗活动更是多彩多样……</div><div>结合材料，学习古人寄情山水的手法，请以"谁不说我家乡美"为题，把你对家乡景点的了解和对家乡的热爱，写成一篇文章。</div><div>要求：自定文意；不要套作、抄袭，不要泄露个人信息；不少于600字。</div>	借鉴古诗文的写作手法，表达自己对自然的观察和思考，抒发自己的情感。引导学生在语文实践活动中拓宽语文学习和运用领域，提高语言文字运用能力。 【参考答案】参照中考作文评价标准。

三、作业点评

《义务教育语文课程标准（2022年版）》第四部分"课程内容"明确语文课程的内容主题是"中华优秀传统文化""革命文化""社会主义先进文化"，"义务教育语文课程内容主要以学习任务群组织与呈现"，该作业设计较好地落实了新课标的新要求：在主题方面，让学生在学习语文知识的过程中熏陶感染爱国爱乡之情和革命精神；在组织形式方面，以单元整合加综合性学习、跨学科学习的"任务群"形式设计，这样的作业设计探索是成功的，是值得学习借鉴的。

该作业设计的情境设置既紧密关联课文，又符合学生生活实际，有效拓展了学生语文学习的范围，能很好地激发学生学习语文的兴趣。四个任务（作业题目）既检查语文的"读"与"写"最核心的能力，又涉及音乐、美术、历史、地理、信息科技等跨学科学习，落实了新课标"引导学生在语文实践活动中，联结课堂内外、学校内外，拓宽语文学习和运用领域；围绕学科学习、社会生活中有意义的话题，开展阅读、梳理、探究、交流等活动，在综合运用多学科知识发现问题、分析问题、解决问题的过程中，提高语言文字运用能力"的要求。该作业设计服务于统编版语文九年级上册第三单元，但对教材内容的梳理显得不足，本单元是文言文单元，文言文知识的积累是学生的"薄弱点"，不宜弱化。

（点评人：福建省普通教育教学研究室 卓巧文）

数学

乐 器 制 作
——基于项目式学习的数学跨学科作业设计

李惠金　张琳　袁栩　李雅云　潘灿丽/厦门市音乐学校

一、作业设计思路

《义务教育数学课程标准（2022年版）》课程目标的总目标中提出，学生要能体会数学知识之间、数学与其他学科之间、数学与生活之间的联系，在探索真实情境所蕴含的关系中，发现问题和提出问题，运用数学和其他学科的知识与方法分析问题和解决问题。基于项目式学习的数学跨学科作业就是有效完成这一目标的载体，它并不独立于常规教学，而是与其相辅相成的。基于项目式学习的数学跨学科作业可以将数学知识应用于真实的生活场景，能让学生对教材知识的感知更加生动立体。

本作业的整体设计意图是通过数学跨学科作业的学习，学生经历项目式学习的全过程，能综合运用数学和其他学科的知识与方法，在实际情境中发现问题，并将其转化为合理的数学问题；能独立思考，与他人合作，提出解决问题的思路，设计解决问题的方案；能根据问题的背景，分析问题条件和预期结论，构建数学模型；能合理使用数据，进行合理计算，借助模型得到结论；能根据问题背景分析结论的意义，反思模型的合理性，最终得到符合问题背景的模型解答。本作业设计流程遵循建模视角下的数学跨学科作业设计流程，如下图。

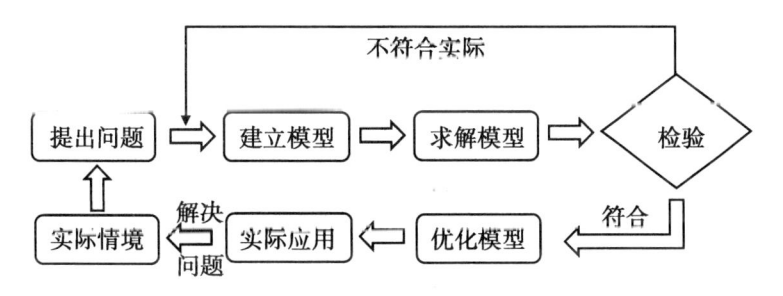

数学建模视角下的数学跨学科作业设计流程图

我校是音乐特色校，专业班的学生精通一门乐器，同时我校开设专门的基础乐理课，学生的乐理知识扎实、乐感好，有举办班级音乐会的经验，因此我校专业班学生具备完成该跨学科作业的能力。"乐器制作设计"的数学跨学科作业可以激发学生学习的兴趣，让学生在完成作业的过程中进一步感受数学和音乐的联系，感受音乐中处处闪现着的理性的数学。完成数学跨学科作业的过程可以发展学生的数学素养，培养学生用数学的眼光去观察，用数学的思维去思考，用数学的语言去表达，从而进入理性研究的层面。学生在完成作业的过程中，理解数学，应用数学，形成和发展应用意识、模型观念等；提升获取信息和资料的能力、自主学习或合作探究的能力；提升撰写研究报告的能力和语言表达能力；整合数学与其他学科的知识，完成跨学科实践活动，感悟数学与生活、数学与其他学科的关联，发展学习能力、实践能力和创新意识。

本设计的主题是：数学与音乐。以乐器的自制和演奏作为作业主线，通过完成数学跨学科作业，学生经历项目式学习的全过程。为了发展学生的抽象能力、数学建模、创新意识和应用意识等核心素养，本案精心设计了主题为"音乐中的数学""寻找中音 la""制作乐器"和"音乐演奏会"的跨学科作业。下图为基于项目式学习的数学跨学科作业结构图。

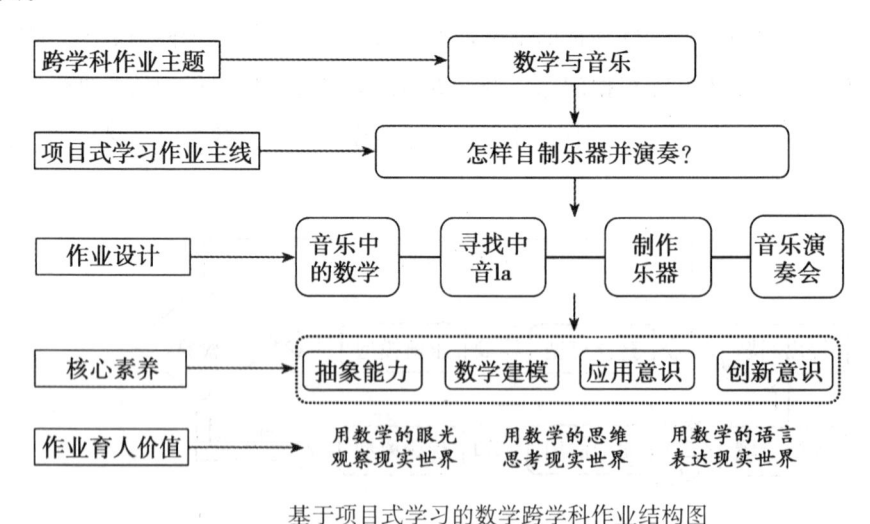

基于项目式学习的数学跨学科作业结构图

二、作业设计

（一）音乐中的数学

相同专业的同学们组成学习小组，通过网络搜索信息或查阅书籍，搜集所学习的乐器中与数学有关的知识，并制作成手抄报，在全班分享。

【完成时间】

周末 2 天。

【评价标准】

水平 3：能找到乐器与数学较多有关的知识，并制作成优秀的手抄报。

水平 2：能找到乐器与数学有关的知识，并制作成简易的手抄报。

水平 1：几乎没有什么准备，对乐器和其他学科相关知识的理解较模糊。

【设计说明】

音乐与数学其实有着密不可分的关系，让学生通过网络、书籍等方式了解他们所熟悉的乐器中与数学有关的知识，理解音乐与其他学科的关系，感受音乐中处处闪现着理性的数学，用数学的眼光观察现实世界，激发学生学习数学的兴趣。本任务属于实践合作类，检测音乐和数学的相关知识，考查学生获取信息能力、撰写研究报告的能力、语言表达能力、发现问题的能力和应用意识。

（二）寻找中音 la

声音是由物体振动产生的声波，比如弦乐通过拉、弹、拨、击等方法使得弦振动而发音；管乐器以管内或腔内空气振动来发音，当我们在向吸管中吹气时，它能发出一个音调的声音（音调可以用振动频率来表示）。我们可以利用这个现象，用剪刀改变吸管的长度，向吸管中吹气，发出不同的音调。因此，吸管长度和音调是两个变量，吸管长度是音调的函数。

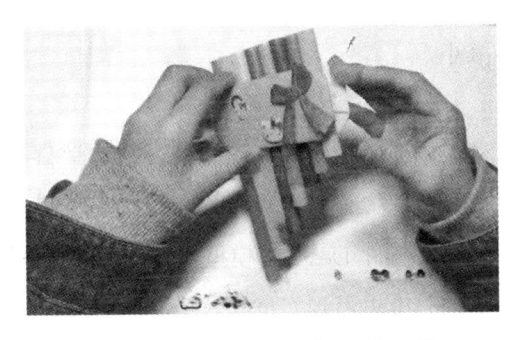

在利用吸管制作乐器时，我们可以用专业的声学软件（App）Phyphox 测量音调振动频率（当物品发出稳定的波形时，软件就会显示出对应的振动频率，这样就可以得到相应的数据），收集实验数据，如下表：

吸管长度（mm）	振动频率（Hz）
65	1323.07
76	1131.58
84	1023.81
89	966.29
126	682.54
134	641.79
152	565.79

问题1：请同学们根据收集的数据，求出吸管长度和音调频率之间的函数关系（可以利用手机软件 Desmos 图形计算器拟合函数）。

问题2：请同学们根据拟合的函数的结果，求出吸管吹出中音 la（频率：440Hz）时的长度。

问题3：你能更加感受到音乐和数学之间的关系了吗？

【完成时间】

周末2天。

【评价标准】

水平4：能用计算机软件较准确找到模拟函数，剪出对应吸管进行演奏。

水平3：能找到模拟函数，并能算出吸管长度。

水平2：能在直角坐标系中描点，直观表示这组数据的变化规律，观察函数图象，更接近于一个反比例函数。

水平1：了解长度与振动频率两个变量之间是某种函数，振动频率随长度的增大而减小。

【设计说明】

本任务以物理实验为背景，跨学科融合音乐、物理的相关知识，以吸管演奏为实验，通过数据拟合建立吸管长度与所吹音调的函数模型，让学生用数学的角度认识，也可以借助手机软件 Desmos 模拟函数，为后面学生自制乐器提供数学研究方向指导。让学生用数学的思维思考现实世界，培养学生发现问题、解决问题的能力。本题检测数据整理、函数的图象和性质等知识，考查学生数据分析观念、运算能力、推理能力、模型观念和应用意识。

（三）制作乐器

观看视频《水杯琴》，用筷子敲击玻璃杯，水是振动发声的物质，水柱越高，振动时频率就越小，音调越低。在七个相同的玻璃杯中，盛不同高度的水，用筷子敲打杯子，会发出不同的音调。因此，水柱高度和音频之间满足函数关系。

请以小组为单位，分工合作，完成以下任务：

任务一：请同学们改变水杯高度，连续稳定地敲击水杯，利用声学软件（App）Phyphox 收集相应的音频，然后整理数据，求出水柱高度和音频之间的函数关系。

任务二：利用建立的数学模型求出C大调各个音调相应的高度，并制作水杯琴。以小组为单位将制作水杯琴的过程在班级进行汇报。

附表：以下是 C 大调各个音调的频率。

音调	do	re	mi	fa	sol	la	si
频率	261.6	293.7	329.6	349.2	392.0	440.0	493.9

【完成时间】

1 周。

【评价标准】

水平 4：既有数学的视角又有音乐的视角，有明确的计划意识，合理分工，设计出便捷清晰的数据收集表，并组织队员利用声学软件（App）Phyphox 精准地测量所需要的数据。根据数据能正确判断函数类型，利用软件 Desmos 图形计算器拟合函数，再根据拟合的函数正确制作水杯琴。

水平 3：有一定的数学和音乐视角，会根据分配的任务，和队员一起简单收集数据，能利用声学软件（App）Phyphox 测量所需要的数据，确定拟合的函数，并制作水杯琴。

水平 2：无数学视角，只会利用音乐知识，通过不断调试水杯高度制作水杯琴。

水平 1：无数学和音乐视角，基本不会制作水杯琴。

【设计说明】

设计这样的项目式跨学科作业，可以使学生享受这些美妙的音乐时，更深刻地理解其与数学的联系，从而激发学生学习数学的兴趣。学生通过实际观察，引发合理思考，从而揭示本次实践活动的研究对象。将问题置于真实场景中，让学生自主发现并提出问题，不仅可以激发学生继续探究的欲望，还可以培养其发现问题、提出问题的能力。通过跨学科实践活动，感悟数学与生活、数学与其他学科的关联。能够理解自己和团队成员的角色，基于团队成员擅长的内容进行合理分工。通过制作乐器的过程培养学生的动手能力、沟通能力、表达能力和创新意识。本题属于实践合作类，检测数据收集整理、函数的图象和性质、音乐知识等知识，考查学生数据观念，模型观念，应用意识，创新意识，动手能力和表达能力。

（四）音乐演奏会

任务一：以小组为单位，利用作业 2 和作业 3 中的数学原理设计和制作乐器（可以是吸管、玻璃杯或者其他物品制作的乐器）。

任务二：各小组利用自己制作的乐器排练自己的演奏曲目，并在班级特色音乐会中演奏自己的曲目，排练时间为 1 周。

任务二：各小组派代表分享在制作和演奏乐器的过程中对音乐和数学关系的感悟。

【完成时间】

2 周。

【评价标准】

水平4：综合视角，既有数学的视角又有音乐的视角，有明确的计划意识，合理分工，设计出便捷清晰的数据收集表，并组织队员利用声学软件（App）Phyphox精准地测量所需要的数据。根据数据能正确判断函数类型，用软件Desmos图形计算器拟合函数，根据拟合的函数制作乐器，并能够创新乐器的制作。能够理解自己和团队成员的角色，基于团队成员擅长的内容进行合理分工，利用制作的多种乐器排练音乐节目并表演。

水平3：有一定的数学和音乐视角，会根据分配的任务，和队员一起简单收集数据，能利用声学软件（App）Phyphox测量所需要的数据，用软件Desmos图形计算器确定拟合的函数，制作水杯琴和吸管乐器。组内成员能够根据安排，利用制作的多种乐器排练音乐节目并表演。

水平2：无数学视角，只会利用音乐知识，简单制作水杯琴和吸管乐器。组内能用制作的多种乐器排练音乐节目并表演，但是质量不高。

水平1：缺乏数学和音乐知识，没有参与乐器制作过程，没有成果，也没有参与演奏会。

【设计说明】

本任务可以使学生在制作乐器和演奏的过程中享受音乐的美好，更深刻地理解其与数学的联系，从而激发学生学习数学的兴趣，培养学生的团队合作意识。将问题置于真实场景中，让学生自主发现并提出问题，不仅可以激发学生继续探究的欲望，还可以培养其发现问题、提出问题的能力。

通过跨学科实践活动，感悟数学与生活、数学与其他学科的关联，发展学生的学习能力、实践能力和创新意识。能够理解自己和团队成员的角色，基于团队成员擅长的内容进行合理分工。通过制作乐器和音乐演奏的过程培养学生的动手能力和表达能力、沟通和创新意识。本题属于实践合作类，检测数据收集整理、函数的图象和性质、音乐知识，考查学生数据观念、模型观念、应用意识、创新意识、动手能力和表达能力。

三、作业点评

本作业取材自学校的音乐办学特色，匠心独运地将音乐与初中数学知识与方法融合，设计了系列化的任务，整个过程从了解乐器、体验音律之美，到以数学探究音律之理，最后到基于原理制作乐器、演奏乐器。老师在进行策略方法的指导时，可推送相关的参考资料让学生自学声学和图形计算器软件，使学生有充分的自学、自悟的机会，这样的学习是一种主动的、自主的、基于理解的深度学习，不仅仅是查找资料、罗列信息、模仿应用，而是从数学的角度观察与分析、思考与表达、解决与阐释。在整个过程中，学生理解数学、应用数学，感受数学与其他学科领域的融合，也能注意数学的地位与价值。本作业不仅发展了学生数学的眼光、数学的思考、数学的表达，让学生充分感受数学的应用价值与独特魅力，也培养了学生的审美感知、艺术表现、创意实践，将美育巧妙自然地渗透、贯穿于学数学、用数学的全过程。

本作业体现了对项目式学习的合理规划——任务的进阶、课内外活动的安排、阶段成果及其展示的形式等，从一定程度上反映了设计者对项目任务的理解、对学生认知特点与活动水平的理解，保证了作业育人价值的充分发挥。尤其值得借鉴的是，设计者关注了作业的评价，针对每个任务所设定的水平标准符合学生客观存在的水平差异，具有很强的可操作性。

从学生的作品可以看出，这样的作业极大地激发了他们探究的热情，也毫不意外地展现了他们身上所具有的灵活的、富有创造性的思维品质，显然，对于培养孩子们的核心素养有极大的价值。

（点评人：福建省普通教育教学研究室　张弘）

我们眼中的"格调"校园
——数学跨学科作业设计

张秋菊　林绮霞　江菊珠　黄淑芬　林淑金/漳州市第三中学

一、作业设计思路

（一）作业出处

北师大版《数学　八年级　上册》第三章"位置与坐标"P62页问题解决第5题：你能建立适当的直角坐标系来描述你学校各建筑物所在的位置吗？

（二）融合科目

数学、地理、美术、信息科技。

（三）设计思路

八年级是学生数学思维发展的重要阶段，学生已经接触建模思想，教学应注重结合数学自身特点、从学生已有生活经验出发，让学生亲身经历将实际问题抽象成数学模型并进行解释和应用的过程，进而加深学生对数学的理解。平面直角坐标系与现实世界紧密联系，本设计从现实情景入手，探究平面直角坐标系在生活中的应用，让学生体会直角坐标思想的定位方法，进一步发展学生的合情推理能力和丰富的情感、态度，让学生在实践过程中体会到数学对日常生活的重要作用，提高学生学习数学的兴趣和积极性。

本作业以校园为背景，结合地理学中绘制地图三要素（比例尺、指向标、图例）和美术学中布局、比例、色彩搭配、艺术设计等知识，同时借助激光测距仪、网络、百度地图

App 等收集数据，进而在平面直角坐标系中绘制一幅具有个性化的校园平面图，让学生亲身经历将实际问题抽象成数学模型的过程，学会用数学语言描述现实世界，应用数学模型解决实际问题。

学科的有效融合大大提高了学生的学习兴趣，培养学生的创新精神和跨学科素养；同时也培养学生用数学眼光观察世界、用数学和跨学科思维分析问题、运用数学的抽象美和理性美解决问题、用数学的思维思考现实世界和会用数学的语言表达世界的能力。进而发展学生分析问题、解决问题、合作交流、探索实践、自我反思等关键能力；以小组合作的方式，有效弥补学生学习的差异性和个性化需求。在设计作业评价模块时，采用学生小组互评及教师评价的方式，对学生的学习能力进行多维度评价，促进学生全方面发展，实现育人的目标。

作业设计模式如下图。

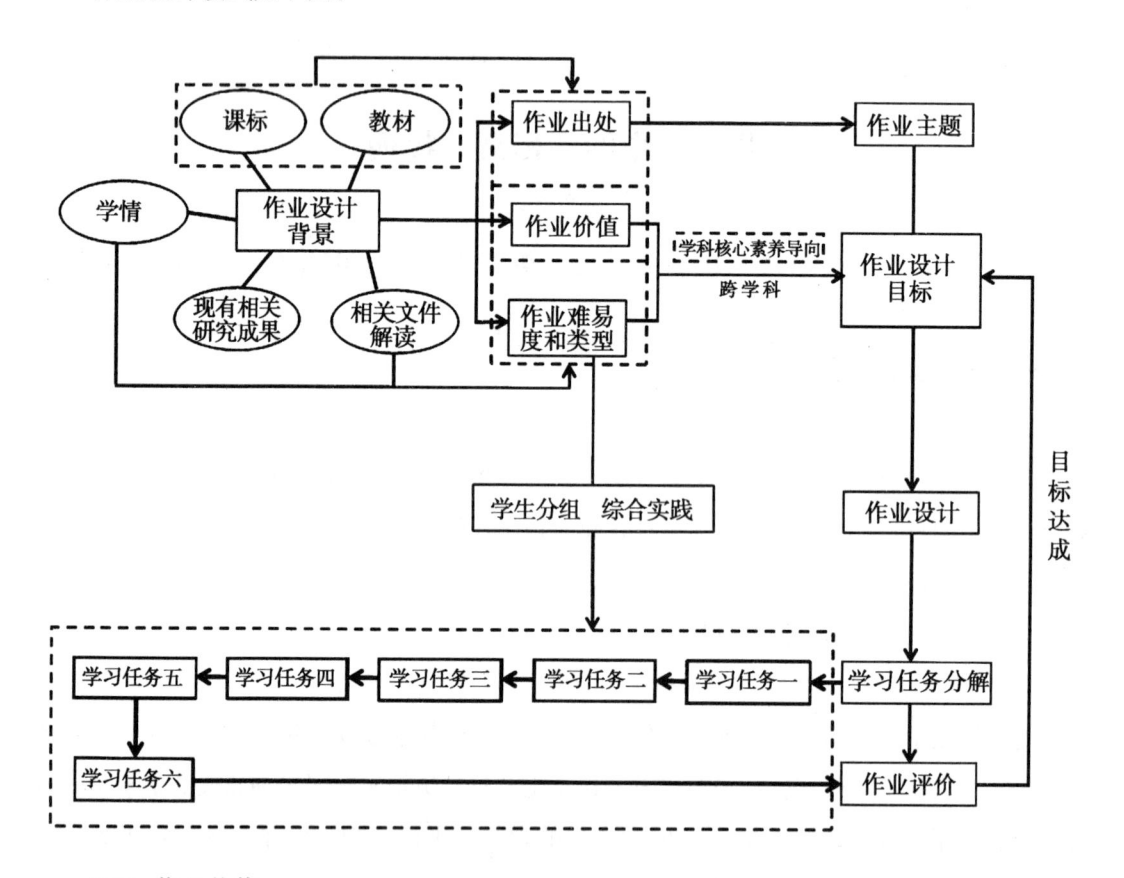

（四）作业价值

1. 进一步理解平面直角坐标系的概念；利用实景绘制，加深对平面图的理解。

2. 在实际问题中领会平面直角坐标系的意义，建立数学模型，注重数形结合的思想方法，培养学生的探究能力，增强学生完成作业的兴趣。

3. 在完成作业的过程中，体会数学学科和美术、地理、信息科技等学科的密切联系。

4. 在学生实地测量的过程中,培养学生的探索精神及团结合作的精神。

5. 落实"双减"政策,减少枯燥机械性作业,创新作业类型,既能发挥学生主观能动性,自主运用多门学科知识解决实际问题,又能促使学生在完成作业的过程中自主建构知识,发展学生的核心素养。

6. 作业从设计理念—合作完成—展示交流—评价完善,实现了教学评的一致性。

(五)难易情况及适用类型

难易情况:中上。适用类型:跨学科课后作业。

二、作业设计

(一)作业内容

作业题目	我们眼中的"格调"校园
第___组	组长: 组员:
作业目标	
(1) 数学学科作业目标。 ①经历收集数据、绘制平面图的过程,培养实践创新能力,发展数据观念、空间观念等核心素养。 ②能在平面图中建立适当的直角坐标系,描述物体的位置,由点的位置写出物体相应的坐标,明确平面直角坐标系在实际问题中的应用。 ③在小组活动中,形成团体分工合作意识和实现自我价值。 (2) 跨学科作业目标。 ①了解校园各建筑背后的文化历史,加深学生对百年母校的了解,更加热爱母校。 ②校园平面图的绘制与地理、美术、信息科技等学科的联系,培养学生运用多学科知识解决实际问题的能力,感悟学科之间的密切联系,提高学生对学习的热情。	
作业要求	
(1) 探究时间:2周。 (2) 参加人员:全班同学,每5~8人分成一组,共分8组。 (3) 人员分工:每组设一名组长负责组织协调,组员分工负责操作、记录、画图等。 (4) 基本要求:①卷尺、直尺、激光测距仪、纸张、文具、手机或电脑等工具;②完成作业报告;③结合所学数学、地理、美术等学科知识说明绘制的正确性;④展示成果;⑤修改完善作品。	

续表

主要任务	学生活动	设计意图
任务一 回顾人教版《地理 七年级上册》第一章第三节的知识，掌握地图三要素：比例尺、方向、图例；向美术老师请教美术相关知识。	方向、比例尺、图例就是我们通常所说的地图三要素。 方向：表示地图上的东、西、南、北四个方位。 比例尺：比例尺 $= \dfrac{\text{图上距离}}{\text{实际距离}}$（单位要一致）一般来讲大比例尺地图内容详细，几何精度高，可用于图上测量。小比例尺地图内容概括性强，不宜于进行图上测量。 图例：地图上各种符号和颜色所代表的内容与指标的说明。	通过回顾掌握绘制地图三要素及美术相关知识，为绘制出合理且有特色的平面图做好充足的准备。
任务二 小组合作获得绘制校园平面图数据。[方式：①实地测量；②学校官网获得校园平面图；③通过百度地图App获得校园鸟瞰图]	（1）以主席台为中心，依次测量出篮球场、教学楼、泳池等建筑物与主席台之间的距离和方位角。 （2）根据比例尺换算成图上距离。 （3）利用照相机记录每一幢建筑物的实景。	各小组通过各种途径获取校园的各种数据，让学生亲身经历将实际问题抽象成数学模型的过程，学会用数学的眼光发现校园内的数学问题。在实地的测绘或利用网络和App搜索的过程中，有所乐，有所得，有所思，真正提升学生的综合学习能力，发展关键能力，培养学生的抽象能力、空间观念、数据观念等数学核心素养。
任务三 建立适当的平面直角坐标系并绘制平面图（①确定比例尺和平面直角坐标系；②绘制网格和地图元素；③绘制校园边界和建筑物；④标注和文字说明；⑤添加指北针和图例）	按要求绘制地图。	小组根据所收集的数据，结合美术和地理等知识绘制平面图，经历将实际问题转化为数学问题并加以解释和应用的过程。融合数学、地理、美术的知识，运用数学的思维分析问题，应用数学与美术等多种语言形式表达观点，感悟数学美，发展抽象能力、几何直观、空间观念、创新意识、应用意识，学会用数学的思维思考现实世界和学会用数学的语言表达世界。

续表

主要任务	学生活动	设计意图
任务四 结合平面图写出校园建筑物的坐标。	按要求写出建筑物坐标。如主席台(0,0)。	通过所绘制的平面图描述物体的位置，由点的位置写出物体相应的坐标来明确平面直角坐标系在实际问题中的应用，发展模型观念、应用意识，学会用数学的语言表达世界。
任务五 成果展示。	（1）小组分享自己的作品，介绍作品设计的想法和收获。 （2）小组根据评价标准，对自己的作品和他组的作品进行评价。	通过分享作品培养学生语言表达能力，能够清晰地表达自己的思路和观点；实现学生自我评价能力和评价他人的能力，促进学生自主发展。
任务六 小组从数学、地理、美术学科融合的角度进行反思总结，修改完善作品。	如：（1）建筑物实际尺寸大，测量时中心点的确定没有严格标准，使得测量数据有偏差。 （2）追求作品美观，色彩搭配有美感，得到美术老师的肯定。 （3）从三维立体图中抽象二维平面图，领悟数学、地理、美术的巧妙融合，感受科学之美。 ……	通过小组讨论，归纳作品的优点和不足，培养学生反思总结的能力。修改完善作品。

（二）作业评价

___组	组长： 组员：		总分：
序号	评价要素	评价得分 （10分，完全做到；8分，稍有不足；5分，有待改进）	备注 （邀请融合学科老师一起评价）
1	小组分工明确，人人有作为，团队合作积极。		数学老师评价。
2	绘制过程中碰到问题能尝试解决或寻求帮助。		数学老师评价。
3	坐标精度、尺寸精度、图形几何特征的准确性高。		小组互评。

"我们眼中的'格调'校园"作业评价表

续表

序号	评价要素	评价得分（10分，完全做到；8分，稍有不足；5分，有待改进）	备注（邀请融合学科老师一起评价）
4	图形元素的完整性、标注和注释的完整性好。		地理老师评价。
5	图形清晰，色彩和字体的选用、图例和说明合理。		美术、地理老师评价。
6	图形的视觉效果好、布局和比例协调、有艺术性和设计感。		美术老师评价。
7	介绍作品时声音洪亮，表达清晰。		小组互评。
8	介绍作品时有分享设计想法和收获。		小组互评。
9	能从数学、美术、地理等学科融合的角度进行总结反思。		数学、美术、地理老师评价。
10	作品修整后有明显进步。		小组互评。

三、作业点评

本作业是在学生学习直角坐标系这节课之后，老师根据课本 P62 页问题解决第 5 题改编成综合实践性作业，将数学与地理、美术、信息科技融合在一起。学生通过小组合作，选取不同的途径——实地测量校园、上网下载校园平面图、百度地图 App 截取校园俯瞰图等收集校园各地标的具体数据，发展数据观念、空间观念，学会用数学的眼光观察现实世界；再根据收集到的数据，整理、绘制一幅具有个性化的校园平面图，发展模型观念、几何直观、创新意识，学会用数学的思维思考现实世界；最后写出各建筑物的具体坐标，发展应用意识，学会用数学的语言表达现实世界。本作业让学生亲身经历将实际问题抽象成数学模型并进行解释和应用的过程，经历识模—建模—解模的过程，感受数学的魅力所在。

本作业注重培养学生综合能力和跨学科素养。数学与地理、美术、信息科技的融合，有效培养学生用数学思维、地理的空间视角分析问题的能力，运用数学抽象美和理性美、地理的地图技能、美术的艺术表现等解决问题的能力以及应用数学、地理与美术等多种语言形式表达观点的能力。

此次实践作业，让学生进一步了解母校的文化底蕴，更加热爱母校，有效提升学生的审美判断、合作交流、探索实践等综合学习能力，对学生的学习能力进行多维度评价，有效促进学生全方面发展，实现五育并举的育人目标。

（点评人：漳州市教育科学研究院　曾丽萍）

"锐角三角函数"实践作业：考察身边的轮椅坡道

丁雷/厦门外国语学校湖里分校

一、作业设计思路

2023年6月28日，十四届全国人大常委会第三次会议表决通过《中华人民共和国无障碍环境建设法》。该法是为了加强无障碍环境建设，保障残疾人、老年人平等、充分、便捷地参与和融入社会生活，促进社会全体人员共享经济社会发展成果，弘扬社会主义核心价值观，根据宪法和有关法律，制定的法律。对弱势群体的关照常被视为社会文明进步的标志之一，虽然现在盲道、轮椅坡道等无障碍设施硬件已经随处可见，但现实生活中当我们真正需要用到无障碍设施时却经常发现颇多不便，如盲道被占用、轮椅坡道过陡等。在学习过锐角三角函数的知识后，便可以借助相关知识考察轮椅坡道，评估这些坡道对残障人士是否真的友好。

本次数学跨学科作业设计的主题是"考察身边的轮椅坡道"，以锐角三角函数中的坡度为主线，以测量轮椅坡道为核心任务。下图为作业结构图。

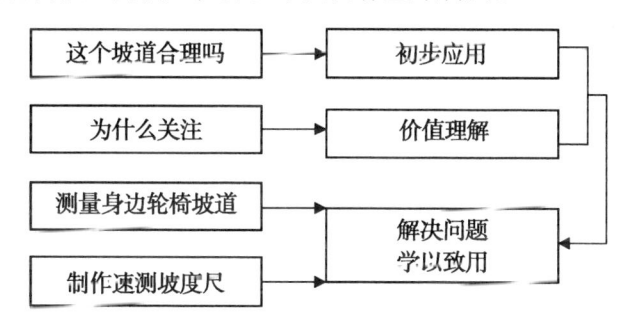

通过本作业，学生进一步掌握锐角三角函数，培养解决问题的能力，提高应用意识和创新意识，学会用数学的眼光观察现实世界、用数学的语言表达现实世界。同时，学生在通过认识和行动关注弱势群体的过程中，提高对公正的理解，培养同理心。

二、作业设计

央视新闻上，主持人白岩松报道了这样一则新闻：2023年2月20日，在江苏徐州，一位老人独自推轮椅回家，这个单元门口的无障碍斜坡太陡，短短一截就跨过了三级楼梯，老人在上坡时突然无力，整个人后仰过去摔了个大跟头，半天起不来。最后只能请别的老人把轮椅推上去，自己再爬上台阶。

2023年9月1日起，《中华人民共和国无障碍环境建设法》正式施行，我们身边的无障碍设施对残障人群是否友好？在学

习了三角函数的知识后，我们可以学以致用，借助所学，考察身边的轮椅坡道是否符合无障碍设计规范。

（一）这个坡道合理吗

我国《无障碍设计规范》（GB 50763-2012）"3.4 轮椅坡道"中有如下规定：

3.4.1 轮椅坡道宜设计成直线形、直角形或折返形。

3.4.2 轮椅坡道的净宽度不应小于 1.00 m，无障碍出入口的轮椅坡道净宽度不应小于 1.20 m。

3.4.3 轮椅坡道的高度超过 300 mm 且坡度大于 1∶20 时，应在两侧设置扶手，坡道与休息平台的扶手应保持连贯，扶手应符合本规范第 3.8 节的相关规定。

3.4.4 轮椅坡道的最大高度和水平长度应符合表 3.4.4 的规定。

表 3.4.4 轮椅坡道的最大高度和水平长度

坡度	1∶20	1∶16	1∶12	1∶10	1∶8
最大高度（m）	1.20	0.90	0.75	0.60	0.30
水平长度	24.00	14.40	9.00	6.00	2.40

注：其他坡度可用插入法进行计算。

……

右侧照片为某校一个坡道，经过测量，坡道高度为 26 cm，水平长度为 204 cm，立柱内侧与扶栏的距离为 77 cm。请判断该坡道是否符合规范，并说明理由。

【完成时间】

当天课后。

【参考答案】

答：不符合设计规范。

理由：①坡道高度为 26 cm，水平长度为 204 cm，坡度为 $\frac{26}{204} \approx \frac{1}{7.8} > \frac{1}{8}$，坡度过大，故不符合规范。②立柱内侧与扶栏的距离为 77 cm，77＜100，轮椅坡道的净宽度不符合规范。

【设计说明】

材料出处	[1] 截图：截自央视新闻视频号。 [2] 照片：2021年摄自厦门外国语学校湖里分校。 [3] GB50763-2012，无障碍设计规范［S］。
设计意图	通过结合无障碍设计规范中简单的标准评估轮椅坡道合规性，学会用三角函数相关知识解决简单的实际问题。通过真实案例，获取对于无障碍环境的初步感受，并初步熟悉依据无障碍设计规范进行评估的要点，为问题2、问题3作准备。
检测知识	锐角三角函数的应用。
素养或能力	数学阅读，数学抽象能力。
难易程度	中等。
适用类型	书面作业。
作业指导说明	本作业适合作为人教版《数学 九年级 下册》"锐角三角函数"单元中28.2"解直角三角形及其应用"的课后作业。

（二）为什么关注

请结合初中道德与法治所学，说说我们应该关注无障碍坡道的理由。

【完成时间】

周末2天。

【参考答案】

（1）心怀善意，留心生活中不完善的地方，积极发现、努力改善。

（2）关爱他人要讲究策略，懂得关心他人的实际需求和内在感受。

（3）关怀生命，不仅是自己的生命，还包括他人的生命。

（4）平等对待他人的合法权利，营造公正的社会氛围和秩序。

评价要点：可以结合七年级上学期的"敬畏生命"，以及社会主义核心价值观中对社会层面的倡导（自由，平等，公正，法治）中的公正，八年级上学期的"关爱他人"要讲究策略，八年级下学期的平等、公平和正义等相关知识点进行阐述。答案不唯一，言之有理即可。

【设计说明】

设计意图	结合道德与法治相关知识阐述关注无障碍坡道的理由，让学生学会敬畏生命，理解人人平等，对关注弱势群体有更多的价值认同。
检测知识	七年级上学期的"敬畏生命"，八年级上学期的"关爱他人"要讲究策略，八年级下学期的平等、公平和正义等相关知识。
素养或能力	道德修养，法治观念，责任意识。
难易程度	中等。
适用类型	书面作业。

(三)测量身边轮椅坡道

选取身边的一个轮椅坡道,参考《无障碍设计规范》(GB 50763-2012)或《建筑与市政工程无障碍通用规范》(GB 55019-2021)中"轮椅坡道"相关规定,考察坡道是否符合无障碍设计规范,写成一份报告。

报告应包括如下内容:(1)引用的规范条目原文;(2)测量及计算的数据;(3)评价结果及建议;(4)坡道照片。

建议:(1)轮椅坡道有不同的形式,依据的标准不同,评价的难度也不同,同学们可根据自己的能力选取坡道;(2)适当绘制图表,提高报告的可读性;(3)户外测量请注意安全。

【完成时间】

周末2天。

【评价标准】

合格:符合作业的基本要求,即包含(1)引用的规范条目原文;(2)测量及计算的数据,其中计算的数据必须包括坡度;(3)只依据单一标准进行评价,评价不全面;(4)坡道照片。

良好:在合格的基础上,能依据多项标准对坡道进行评价,评价较全面。

优秀:在良好的基础上,符合下述标准至少一项——①能增加图、表等进行辅助说明;②借助《无障碍设计规范》中表3.4.4的数据,使用插入法进行更复杂的计算;③在评价的基础上,从残障人群角度给出详细的建议。

【设计说明】

材料出处	[1] GB 50763-2012,无障碍设计规范[S]。 [2] GB 55019-2021,建筑与市政工程无障碍通用规范[S]。
设计意图	该实践作业是项目式作业的核心,调查过程中,学生需要经历如下步骤:选定调查目标,查找资料,确定适用规范条目,测量及计算,评价及提出建议,撰写报告。通过该实践作业,进一步加深对三角函数的理解,提高分析、解决问题的能力,增强应用意识。初步体验实地调查研究的过程,为今后养成良好的学术习惯作准备。同时,通过该作业,将对于残障群体的关心从理性层面认识转化为切实的行动,完成实践作业的过程亦是向更多人进行宣传扩大影响力的过程,增强责任意识和法治观念。
检测知识	锐角三角函数的应用。
素养或能力	分析、解决问题的能力,应用意识,责任意识,法治观念。
难易程度	中等。
适用类型	实践作业。

作业指导说明	由于无障碍坡道及其设计规范的多样性，该实践作业的难度也会不同。对于不同程度的学生，教师可尝试提出不同程度的要求。如对水平较高的学生，可要求其考察较为复杂的坡道（如直角型或折返型坡道），并要求参考更多的标准。同时，可建议学生适当绘制图表，提高报告的可读性。

（四）制作速测坡度尺

在各种坡道的工程施工中，坡度的有效控制是非常重要的。经过上面的任务，我们知道无障碍坡道的坡度对残障人士尤为重要。一般来说，工程施工中的坡度不止一种，如果做多个坡度尺则稍显笨拙。因此，制作一种简易的速测坡度尺就有一定的必要性。同时，若使用轮椅的残障人士能借助简易的工具快速估计坡道的坡度是否合理，或许能减少一些风险。

请针对无障碍坡道，自行选择材料，制作一把速测坡度尺。

【完成时间】

一周。

下面是某文献资料中一种速测坡度尺的设计图及原理图，仅供参考。

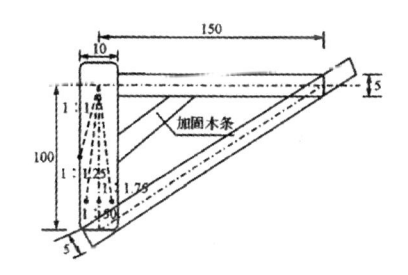

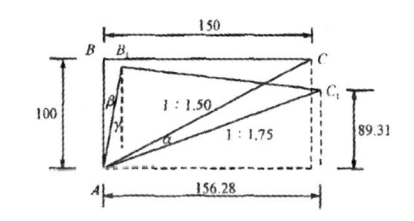

速测坡度尺简图（单位：cm）　　速测坡度尺设计原理图（单位：cm）

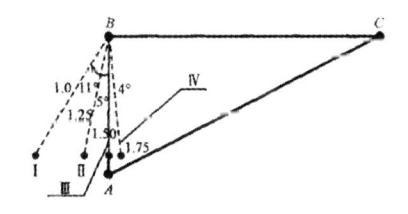

速测坡度尺模型图

【使用材料】

(1) 木板：4根，宽及长见图1；(2) 小铁钉：若干；(3) 细线：1根，60 cm 长；(4) 小垂球：一个。

【使用说明】

(1) 当检测路基边坡设计为1：1.50时，取铅垂方向Ⅲ线为平衡线，若偏离Ⅲ线，偏左则表示陡于设计坡度1∶1.50，偏右则表示缓于设计坡度1∶1.50；

（2）当检测路基边坡设计为1∶1，1∶1.25或1∶1.75时，取铅垂方向Ⅰ、Ⅱ线或Ⅳ线为平衡线。其余方法同上。

【设计原理】

如图2所示，以 A 点旋转，从1∶1.50坡度旋至1∶1.75坡度时，$\alpha=\beta=\gamma=3°56'43''\approx4°$；

如设计有其他坡度，可依据设计原理自行定出新的铅垂线。

【评价标准】

合格：按照参考资料中的设计原理制作坡度尺。至少包含2条平衡线（即可测2种坡度），但仅包含参考资料所示的坡度，不包含无障碍坡道规范中的常见坡度，不适用于无障碍坡道的测量。

良好：按照参考资料中的设计原理制作坡度尺。至少包含2条平衡线（即可测2种坡度），可测坡度中包含无障碍坡道规范中的至少一种常见坡度（如1∶8），可适用于无障碍坡道的测量。

优秀：符合下列标准之一——①在合格良好的基础上，制作精良；②未使用参考资料的设计，而使用了其他设计方案，且具有合理性。

【设计说明】

材料出处	潘龙文．一种简易的速测坡度尺的制作［J］．浙江建筑，2009（5）：62—63。
设计意图	通过设计和制作速测坡度尺，综合应用锐角三角函数和全等三角形、平行线性质等解决现实问题，进一步培养空间观念，增强应用意识、创新意识，提高动手能力。
检测知识	锐角三角函数、全等三角形、平行线的性质。
素养或能力	空间观念，应用意识，创新意识，动手能力。
难易程度	较难。
适用类型	实践作业。

三、作业点评

本作业从一则与轮椅坡道有关的新闻引发思考，从深入理解选题的意义，到考察身边的轮椅坡道是否符合无障碍设计规范，再到制作一个速测坡度尺以辅助坡道施工以及使用轮椅的残障人士减少风险，在系列化的活动任务中，经历了从生活现实中发现问题、提出问题、分析问题和解决问题的全过程，不仅加深了对数学知识与方法的理解，深刻感受到数学的独特价值，更重要的是，将对老弱、残障人士的关爱融合其中，使学生充分体验用自己的所学为社会、为人民群众作出有意义的贡献的成就感，培育学生公民意识与社会责任感。

　　本作业实质上是一个完整的跨学科项目式学习，在学习活动中，既有文献查阅、原理探究，也有实物制作，学生动口、动手、动脑，全方位调动多元智能，独立思考与合作探究相结合，作业的育人价值充分发挥。

　　特别地，本作业设计有两个亮点值得借鉴：（1）作业中的任务表述明晰、具体，如：对坡道是否符合无障碍设计规范的考察报告给出了详细具体的报告撰写要求以及建议，既能给学生很好的引领和示范，也为评价标准的设定提供了可操作的框架，避免了模糊评价；（2）不同的任务所设定的评价标准不同，如：对于"为何关注轮椅坡道设计是否符合规范"的阐述，体现学生的价值观念，给出的是评价要点；而对考察报告和制作速测坡度尺，则给出了三个层级水平的评价标准，各水平评价点具体清晰，具有很强的可操作性。

　　从孩子们的作品可以看出他们认真的态度与较高的实践水平与思维水平，很显然，这样的作业对于激发孩子们实践的兴趣、培育他们探究、做事的能力素养、濡染他们的思想情操有极大的价值。

（点评人：福建省普通教育教学研究室　张弘）

英语

Cook for my family! 我为家人做餐饭
——基于劳动教育的英语跨学科综合实践性作业

林筠/福州市晋安区教师进修学校
陆丽蓉　余楚昕/福建省福州则徐中学
林婷/福建省福州第十中学
游浪静/福州教育研究院

一、作业设计思路

《义务教育课程方案（2022年版）》提出"设立跨学科主题学习活动，加强学科间相互关联，带动课程综合化实施，强化实践性要求""原则上，各门课程用不少于10%的课时设计跨学科主题学习"等。仁爱英语八年级下册 Unit 7 属于"人与自我"主题范畴下"做人与做事"主题群中的"劳动实践，劳动品质与工匠精神"和"勤于动手，乐于实践，敢于创新"子主题，内容围绕美食节展开，涉及如何制作菜品及制定食谱与菜单等。此主题与《义务教育劳动课程标准（2022年版）》7～9年级任务群2"烹饪与营养"内容要求相呼应，其中提到"根据家庭成员身体健康状况、饮食特点等设计一日三餐的食谱，注意三餐营养的合理搭配。独立制作午餐或晚餐中的3～4道菜。了解科学膳食与身体健康的密切关系，增进对中华饮食文化的了解，尊重从事餐饮工作的普通劳动者"。根据教学计划，本单元教学时间正值四月中旬至五月初，恰逢五一国际劳动节，因此，八年级英语集备组与劳动教育学科集备组结合五一国际劳动节这一时间节点，联合学校英语俱乐部开展"Cook for my family! 我为家人做餐饭"跨学科项目式主题学习活动，加强英语学科与劳动教育学科间的相互关联，并通过跨学科综合实践作业，强化实践性要求，巩固和拓展学生的所学。

本作业设计围绕主题意义建构，从"What dishes can I cook?" "What dishes am I learning to cook?" "What dishes will I cook for my family?" 三个层次设计了将语言学习与运用和劳动实践活动相结合的层层递进的课后长周期作业。首先，在新课教学前设计前置性作业，通过设计调查问卷，了解同学们在家烹饪菜肴的情况，引导学生关注自身及同伴参与家务劳动的意识与态度，并对自身的劳动素养进行反思。接着，当学生在课堂上学习了英语教材中用英语介绍炒饭、煮面条、煲鸡汤、制作三明治等烹饪步骤后，设计基础巩固类作业，让学生在课后动手实践，烹制以上食物，在"学中做"，并结合实际操作思考英语教材中的食材及烹制步骤的合理性与安全性，结合个人实践进行优化，同时用英语介绍制作的步骤，学思结合，建立知识间的关联，巩固所学。然后，结合劳动教育教材中素炒圆白菜、农家小炒肉、糖醋萝卜丝、黄瓜炒鸡蛋等菜谱，设计应用实践类作业，让学生在课余时间烹制上述食物，并用所学英语解说烹制步骤，在"做中学"，学用结合，进一步内化所学语言。最后，综合英语和劳动教育所学，为家人设计一餐饭的食谱，在五一假期与家人共同准备一餐饭的过程中，独立烹制其中的2~3道菜，用英语描述烹饪步骤，学创结合，引导学生在迁移创新类作业中联系个人实际，运用所学解决现实生活中的问题，形成正确的态度和价值判断。作业设计注重真实性，凸显教育性，体现开放性，将英语学习与劳动教育有机融合，在英语学习中，培养学生的劳动实践能力和劳动品质，增强实践内容与育人目标的联系，促进学生在完成任务和解决问题的过程中发展核心素养，实现课程育人的目标。

二、作业设计

（一）作业主题

"我为家人做餐饭"主题海报

（二）作业目标

1. 学生能够根据英语学科及劳动教育学科中学到的菜品制作步骤进行实际操作，并用英语描述制作过程，培养学生在实践中运用英语的能力。

2. 学生能够根据个人生活经验和实际操作情况，思考并合理优化菜谱的制作步骤，培养批判性思维和创新思维。

3. 学生能够根据家庭成员的身体健康状况、饮食特点等，用英语设计一餐的食谱，注重营养的合理搭配，培养学生创造性地运用语言的能力，并提高学生用英语解决实际生活问题的能力。

4. 学生能够独立制作午餐或晚餐中的 2～3 道菜，综合运用英语语言知识和跨学科劳动教育知识，在为家人做饭的实践过程中共享亲情，体会劳动创造美好生活的意义。

（三）作业内容

任务一　What dishes can I cook?

（必做）Please work in groups. Design a questionnaire（调查问卷）about your classmates' cooking at home.

Questionnaire

Example：

Check the box most applicable to you：

0. How many dishes can you cook?

☐0.　　☐1～3 dishes.　　☐4～5 dishes.　　☐Other.

1.

2.

3.

4.

5.

The following questions may help you：

How often do you cook for your family at home? What dishes can you cook?

Do you cook alone or with someone else at home? How do you like cooking?

【设计说明】

适用类型	前置性作业	难易度	☆☆	材料出处	原创
设计意图	通过设计英语问卷调查，了解学生在家烹饪菜肴的情况，培养学生的问卷调查设计能力。通过这项任务，学生将学会如何清晰明了地表达调查目的、如何用特殊疑问句和一般疑问句设计简洁明了的问题、如何灵活运用不同类型的问题形式（如封闭式和开放式问题），以及如何合理安排问题的顺序，从而培养他们在实际生活中运用英语进行调查和沟通的能力以及逻辑思维能力，激发学生的学习兴趣，提升他们的英语表达和调查研究能力。同时，引导学生关注自身及同伴在家参与劳动的意识和态度，并对自身的劳动素养——"劳动观念、劳动能力、劳动习惯和品质以及劳动精神"进行反思，进而在本项目式主题学习活动中，在教师有目的、有计划的组织安排下积极参与日常生活劳动，动手实践，用英语描述烹制菜品的步骤，体现英语的工具性。					
检测的知识、能力、方法	1. 与烹饪相关的词汇和表达，不同问题类型的构造方式等。 2. 问卷结果的数据收集和分析能力、沟通技能、批判性思维等。 3. 应用问卷结果自我评估，反思和评价能力。				

任务二　What dishes am I learning to cook?

1. （必做）Choose one or two dishes to cook for your family based on what you have learned in Unit 7 Topic 2. At the same time, create a video explaining the cooking steps in English. Then share the video in class the next day.

　　□fried rice 炒饭　　□noodles 面条　　□sandwich 三明治　　□chicken soup 鸡汤

【自我评价】

1. I can cook the dish(es): □Fried rice.　　□Noodles.　　□Sandwich.　　□Chicken soup.	☆☆☆☆☆
2. I can describe my cooking steps with "First..." "Second..." "Next..." "Then..." "After that..." "Finally..."	☆☆☆☆☆
3. I can use the "verb+adverb" structure correctly in the process of introducing dishes, such as "cook... carefully" "cut... finely".	☆☆☆☆☆
4. I know how to cook safely.	☆☆☆☆☆
I think cooking is _____.	

（选做）Thinking：Do you think the cooking steps or ingredients in the textbook are reasonable? If not, how did you modify your recipe? Why did you make these changes?

【设计说明】

适用类型	基础巩固类作业	难易度	必做：☆☆ 选做：☆☆☆	材料出处	仁爱英语 八下 U7T2
设计意图	1. 学生在烹饪实践的过程中，运用本话题所学语言描述菜品的制作过程，在课堂教学"学中做"基础上，通过作业"做中学""做中用"巩固所学，学用结合，在应用实践中内化所学的语言知识，提升语言能力。同时，通过劳动实践，树立为家人服务的劳动观念，形成家庭责任感。 2. 通过过程性自我评价，自我检测和衡量学习情况，使学生不断体验英语学习的进步和成功，更加全面地认识自我、发现自我，保持并提升英语学习的兴趣和自信心。 3. 引导学生养成反思并交流的习惯，大胆质疑、主动调适、敢于创造，提升学生运用所学语言和跨学科知识创造性解决问题的能力，培养学生创新精神。					
检测的知识、能力、方法	1. 步骤表达法，如"First…""Second…""Then…"等使表述具有逻辑性。 2. 用副词修饰动词来描述行为动作的程度，如"cut… finely"等。 3. 安全烹饪等知识，如"Turn off the fire in time.""Use gloves to pick up hot pans or bowls.""If a pan of oil catches fire, turn off the gas and cover the pan quickly."等。 4. 动手实践的能力，树立劳动观念和家庭责任感。 5. 反思和总结烹制菜肴的过程和成果，进一步增强学生的劳动意识。					

2. （必做）Try more!

According to the recipe of *Cooking & Nutrition*（烹饪与营养）in the *Labor Education*（劳动教育）textbooks for grades 5 and 7, choose one or two dishes, describe the cooking steps in English, and make the recipe.

☐ fried cabbage 素炒圆白菜　　　　　☐ stir-fried pork 农家小炒肉

☐ sweet and sour shredded radish 糖醋萝卜丝　　☐ fried cucumber with eggs 黄瓜炒鸡蛋

Tip 1：The word bank may help you when you make the recipe.

Word Bank

stir fry 旺火翻炒	pan fry 少量油煎	stew 炖	deep fry 油炸
blanch 焯水	braise 焖	steam 蒸	marinate 腌制

Tip 2: If you have difficulty in other new words, look them up in the dictionary.

【自我评价】

1. I can cook the dish(es): ☐Fried cabbage.　　　☐Sweet and sour shredded radish. ☐Stir-fried pork.　　　☐Fried cucumber with eggs.	☆☆☆☆☆
2. I can describe my cooking steps with "First..." "Second..." "Next..." "Then..." "After that..." "Finally..." correctly.	☆☆☆☆☆
3. I can use adverbs correctly to modify verbs in the process of making dishes.	☆☆☆☆☆
4. I can introduce the cooking steps correctly, clearly and fluently.	☆☆☆☆☆
5. I know how to cook safely.	☆☆☆☆☆
I think cooking is _____.	

（选做）Thinking: What is the biggest challenge when you make recipes and describe the cooking steps based on the *Labor Education* textbooks? How do you solve it?

_____

_____

（选做）Sharing: Do you know how to cook any other dish? Write down the recipe of your favorite one in English and share it in class.

_____

_____

【设计说明】

适用类型	应用实践类作业	难易度	必做：☆☆ 选做：☆☆☆	材料出处	劳动教育教材五年级下第二单元、七年级第一章第二节
设计意图	\multicolumn{5}{l}{1. 引导学生重温劳动教育教材中的菜肴制作方法，准确运用本学科所学语言和写作方法描述烹饪步骤，促进语言学习与实践操作的有机结合，提高学生的综合运用能力。同时，通过劳动实践，培养学生的劳动技能、习惯和品质。 2. 通过过程性自我评价，自我检测和衡量学习情况，使学生不断体验英语学习的进步和成功，更加全面地认识自我、发现自我，保持并提升英语学习的兴趣和自信心。}				
检测的知识、能力、方法	\multicolumn{5}{l}{1. 其他表示烹饪方式的动词，如 grill、steam、stir-fried 等。 2. 步骤的表达，如"First..." "Second..." "Then..." 等使表述具有逻辑性。 3. 用副词修饰动词来描述行为动作的程度，如"cut... finely"等。 4. 食材、厨具、餐具等词汇。 5. 在真实情境中运用所学英语语言、劳动技能解决现实问题的能力。}				

3. (选做) Read the text, and finish the tasks.

Are you a fan of using onions in your dishes? Onions are a versatile (多功能的) ingredient that can enhance (增强，提升) the flavor of many recipes. Here is an article that may inspire you with some new cooking ideas after reading it.

Onions are good for our health. There are all kinds of onions, yellow, red or white. The list of its uses in cooking is endless. People have used onions to add flavor (味道) to their foods for thousands of years. Besides onions' great taste, they are very good for you. They have special chemicals (化学物质) that improve your ability to fight off sickness so you have fewer chances of getting a disease.

But no matter how good onions are, it is difficult to cut an onion without your eyes filling with tears! When you cut into an onion, irritating (刺激性的) chemicals inside the onion will get into the air. They touch your whole eyes and cause pain. Your eyes make tears to wash away the chemicals and protect your eyes.

Luckily, cooks and scientists have discovered some ways to keep you from crying when you cut up onions:

• Cut the onion under running water. The water will wash away the chemicals before they can reach your eyes.

• Use a fan to blow the air over the onion as you cut it. The air will blow the chemicals away from your eyes.

• Put the onion in a fridge for an hour before cutting. This helps make the chemicals in the onion move slowly, so they may not reach your eyes. If you try out these good ideas and still cry while cutting onions, don't worry. Scientists think if you cut more onions, your body will become more resilient to the onion's chemicals. So the tears will not last long. If you think about how healthy onions are, you might even call those tears "happy tears".

Task 1. After reading the second paragraph, you know that onions are _____.

Task 2. How many ways of cutting up onions without tears are mentioned in the text? Which one do you like best? _____.

Task 3. Do you have any other effective tips from your family for cutting onions without crying? If so, please share them: _____.

Task 4. What do you think of the underlined words "happy tears" in the last paragraph? _____.

【设计说明】

适用类型	阅读拓展类作业	难易度	☆☆☆	材料出处	改编自2023年福建省英语中考阅读B篇
设计意图	1. 强调与生活实际的联系：通过选取相关文本进行语篇拓展阅读，让学生在实际生活中获取与烹饪相关的知识，提高他们对所学内容的实际运用能力。 2. 提供更具体的指导：为学生提供明确的任务要求，例如要求他们列出洋葱的好处、实践处理洋葱的方法并评价其有效性、分享自己的新方法等，以便帮助他们更好地理解任务并展开相关的学习活动。 3. 引导学生进行深入思考和表达：鼓励学生探讨洋葱处理方法的优缺点，以及分享他们对"happy tears"的理解，帮助他们从多个角度思考问题并提高语言表达能力。				
检测的知识、能力、方法	1. 词汇、语法、语言表达和词义理解等方面的知识。 2. 阅读理解能力、实践能力、创新能力以及语言运用能力。 3. 实际操作中运用所学知识，并进行深入思考和表达的能力。 4. 完成任务的过程运用各种阅读技巧和策略，如略读、寻读、猜测词义、推断等。				

任务三 What dishes will I cook for my family?

1.（必做）Labor Day is coming! It's a great time for you to prepare a homemade meal for your family. Please design a healthy dinner menu based on your family members' eating preferences. Then, present the menu to your family and ask for their feedback（意见反馈）.

2. （必做）During the May Day holiday, prepare food with your family, try cooking 2 or 3 dishes on your own, then write down the cooking steps, and complete a project similar to the example below.

（1）Write down the cooking steps of your dishes.

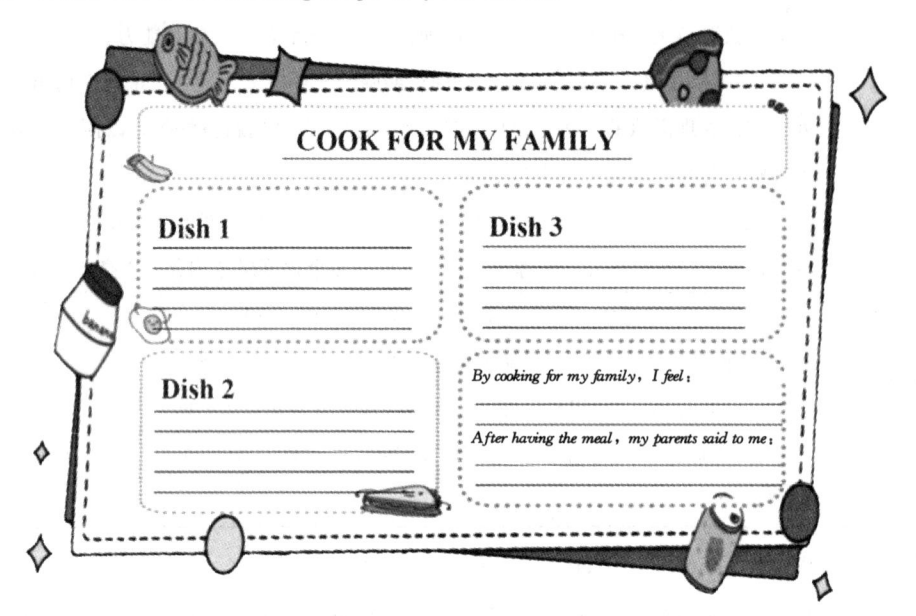

COOK FOR MY FAMILY

Dish 1

Dish 2

Dish 3

By cooking for my family, I feel：

After having the meal, my parents said to me：

（2）Showcase your work in the English club.

It's your time to shine now! The English club is looking forward to seeing your excellent work! Please send it to Grade8EnglishClub@mailbox.com by the end of this week. Show us your talents—we believe in you! We will showcase the submissions（作品）and select top pieces through a public vote. The results will be announced, and the winners will receive a collection which is specially curated（策划）for the outstanding works from "Cook for my family!" project.

注意事项：

一、作品呈现方式：视频作品或图像作品。

二、视频作品要求

1. 作品长度：完整呈现一道菜的制作过程。

2. 视频质量：视频清晰、稳定，声音清晰。

3. 介绍内容：

（1）用英语介绍菜品制作步骤，表达流利，语音语调正确，能正确使用所学语言。

（2）参与英语俱乐部"Cook for my family!"活动的感受及家人的反馈。

三、图像作品要求

1. 图像质量：图片清晰。

2. 整体设计：布局清晰明了，内容分布合理，排版整齐有序，字体和字号统一。

3. 文字表达：

（1）用英语陈述菜品制作步骤，能正确使用所学语言，标点正确。

（2）参与英语俱乐部"Cook for my family!"活动的感受及家人的反馈。

4. 版面大小：一张 A4 纸。

【设计说明】

适用类型	综合应用类作业	难易度	☆☆☆	材料出处	原创
设计意图	1. 通过根据家庭成员的饮食喜好设计健康的晚餐菜单，培养学生应用所学英语进行口头和书面表达的能力；了解家人的饮食喜好，关爱家人健康，合理安排膳食。 2. 在与家人共同准备晚餐的过程中，以英语描述烹饪步骤，锻炼英语听说能力。通过与家人交流和接受反馈，提高英语表达能力、批判性思维能力以及团队合作能力。通过这一实践性的英语作业促进学生的语言技能提升，培养合作意识和劳动价值观，实现语言学习与实际生活的有机结合，树立乐于为家人服务的劳动观念，理解劳动对于个人生活、家庭幸福的意义，懂得劳动创造美好生活的道理。 3. 通过英语俱乐部的视频或图像作品评选，呈现跨学科综合实践性学习成果，展示英语语言技能和创意才华，提高学生的自信心和创造力。同时，通过公开投票选择出最优秀的作品，并给予奖励，鼓励学生更加努力和积极参与，增强学生之间的合作和交流，营造积极向上的学习氛围和热爱劳动生活态度，发展核心素养，实现课程育人的目标。			
检测的知识、能力、方法	1. 根据家庭成员身体健康状况、饮食特点用英语设计菜单，注意营养的合理搭配。 2. 具备基本的烹饪技能和操作方法。 3. 能与家人分工合作、协调配合完成一餐饭的烹饪任务。 4. 用英语表达和记录烹饪食物的步骤和过程，并拍摄视频或图像作品，整理归纳信息和视觉呈现的能力。			

【评价标准】

Item 评价项目	Evaluated by Classmates 同学评	Evaluated by Teachers 老师评
I can design the menu based on the needs of family members.	☆☆☆☆☆	☆☆☆☆☆
I noticed a reasonable combination（组合）of nutrients（营养）when designing the recipe.	☆☆☆☆☆	☆☆☆☆☆
I can cook 2～3 dishes for my family.	☆☆☆☆☆	☆☆☆☆☆

续表

Item 评价项目	Evaluated by Classmates 同学评	Evaluated by Teachers 老师评
I can effectively express the steps and process of cooking in English.	☆☆☆☆☆	☆☆☆☆☆
During the process of making this meal, I learned to work with my family together.	☆☆☆☆☆	☆☆☆☆☆
I enjoy the process of cooking for my family.	☆☆☆☆☆	☆☆☆☆☆
I cook for my family more often than before.	☆☆☆☆☆	☆☆☆☆☆
I like cooking even more than before.	☆☆☆☆☆	☆☆☆☆☆
I developed the habit of cooking safely and cleaning cookers after using.	☆☆☆☆☆	☆☆☆☆☆
I get _____ stars!		

（四）参考答案

任务一　What dishes can I cook?

（必做）Sample questionnaire：

1. How often do you cook for your family at home?

□＞5 times a week.　　　　　　　□4～5 times a week.

□1～3 times a week.　　　　　　　□Never.

2. What dishes can you cook?

□Fried rice.　　□Noodles.　　□Soup.　　□Fried meat.

□Fried egg.　　□Else：_____

3. Do you follow recipes when cooking?

□Always.　　□Sometimes.　　□Seldom.　　□Never.

4. Where do you usually find recipes for cooking?

□Online websites.　　□Cookbooks.　　□Family recipes.

□Social media.　　□Else：_____

5. Do you cook alone or with someone else at home?

□Alone.　　　　　　　　□With family members.

□With friends.　　　　　□Else：_____

6. Which of the following things do you do after cooking?

□Share the food with parents.　　□Clean the kitchen.

□Wash dishes and chopping boards.　　□Else：_____

7. How do you like cooking?

☐A lot.　　　　　　　　　　　　☐A little.

☐Just soso.　　　　　　　　　　☐Don't like it at all.

任务二　What dishes am I learning to cook?

1. （必做）Sample answers：

Fried Rice

First, cut some cooked meat very finely. Next, turn on the stove and put some oil in the pan. Then fry the meat lightly. After that, you need to add the rice slowly. Finally, add some salt and turn off the fire.

Noodles

First, turn on the stove and put a large pot on the cooker carefully. Boil some water in the pot, and add pork bones to make bone soup. Second, cut up ham, cabbage and green onions finely. Next, cook noodles for 3～5 minutes in another pot. Then, put the noodles in a bowl at once. After that, fill the bowl 70%～80% full with bone soup slowly. Bring to a boil, then reduce heat. Finally, add the ham, cabbage, green onions and some salt lightly.

Sandwich

First, take two pieces of bread and put some butter on them. Next, cut a pear into small pieces carefully. Then put them on the bread lightly. After that, put some honey over the pear slowly. Finally, put the pieces of bread together.

Chicken Soup

First, cut up the chicken finely. Next, wash the chicken and put it into a deep pot carefully. Turn on the stove. Then, add some water into the pot slowly. After that, boil the chicken for about 2 hours. Finally, add some salt, green onions and so on. Turn off the fire.

（选做）Sample answers：

No. I think the description in the book is not detailed enough. The cooking steps should include steps like "turn on the stove" and "turn off the fire", because I think using the fire carefully is important.

2. （必做）Sample answers：

Fried Cabbage

First, we need to wash the cabbages, and cut them into small pieces. Next, turn on the stove and add some oil to the pot slowly, then wait for the pot heating. Then, add some garlic and fry it lightly. Fourth, put the cabbages then fry them for a few minutes. Fifth, add some salt and vinegar. In the end, stir evenly and turn off the fire. The dish is finished now, and we can put them on the plate.

Sweet and Sour Shredded Radish

First, cut the radish into small pieces carefully. Then put a large pot on the cooker and boil some water in the pot. Next, put the radish into the pot and cook for 6 minutes. After that, turn off the fire and put the radish in a plate. Then put some sugar, water and white vinegar on another dish and stir them. Finally, add them to the radish.

Stir-fried Pork

Firstly, slice the pork and cut the other ingredients into small pieces. Secondly, marinate the pork with pepper, oyster sauce, and soy sauce for ten minutes. Dip the meat in starch to make it tender and more flavorful. Additionally, stir fry ginger, garlic, carrot, onion and green pepper, then dry fry the sliced pork until it becomes lightly brown. Finally, mix all the ingredients together, and add some seasoning. The stir-fried pork is finished.

Fried Cucumber with Eggs

First, break the eggs and put them in a bowl carefully, add some salt and mix them together. Then, put the eggs mixture and fry them lightly. After that, cut a cucumber into small pieces and put them into the pan. Finally, put them on the plate and enjoy it.

（选做）Sample answers：

I think the biggest challenge for me was choosing the suitable words to describe the cooking steps. To solve this problem, I looked up the dictionary.

（选做）Sample answers：

My favorite dish is "scrambled eggs with tomatoes". Here are the cooking steps. First, cut up some tomatoes and one green onion. Next, break three eggs and put them into a bowl and stir them. Add some salt to the bowl and stir again. Then, heat the pan and pour some oil into the pan. Put the eggs, the tomatoes and the green onion into the pan. Finally, cook for two minutes. Now it's time to enjoy it.

3. （选做）Sample answers：

Task 1.

After reading the second paragraph, I know that onions are used in cooking for flavor and health benefits.

Task 2.

Three ways of cutting up onions without tears are mentioned in the text. I like cutting the onion under running water best.

Task 3.

My family's tip for cutting up onions is to light a candle nearby to help burn off the irritating chemicals.

Task 4.

The underlined words "happy tears" in the last paragraph mean that even though crying while cutting onions can be uncomfortable, it is a small price to pay for the health benefits of onions.

任务三 What dishes will I cook for my family?

1. （必做）开放性作业，没有标准答案。
2. （必做）开放性作业，没有标准答案。

三、作业点评

该份跨学科作业设计是以仁爱版初中英语八年级下 Unit 7 Food Festival Topic 2 & 3 的教学内容为依托，以 "Cook for my family! 我为家人做餐饭" 这一主题为核心和纽带，统领和整合劳动学科五年级、七年级、九年级 "烹饪与营养" 的内容、方法和思维方式，使所跨劳动学科的知识和技能服务于英语学习。作业内容主要围绕 "What dishes can I cook？" "What dishes am I learning to cook？" "What dishes will I cook for my family？" 等三个方面展开，以问题为驱动，由易到难，层层递进。

作业目标明确，既契合了英语学科的语言能力、思维品质、学习能力、文化意识等教学目标，又呼应劳动学科的劳动观念、劳动能力、劳动习惯和品质、劳动精神等教学目标。作业设计形式多样，如制作问卷调查、绘制主题海报、录制烹饪视频等。作业设计评价方式多元，如学生自评、小组互评、教师评价、家庭成员评价等，注重学生的参与过程和合作精神。作业设计过程中，引导学生融合并运用两个学科的知识与技能，学会为家人做饭，落实英语学科的育人目标。作业设计注重真实性、教育性、开放性，体现"学中做""做中学""学用结合、学思结合、学创结合"的新课程理念，促进学生在完成任务和解决问题的过程中发展核心素养。

（点评人：福建省普通教育教学研究室 林玉琴）

Follow the Spirit of Zheng He 跟着郑和下西洋
——探寻历史足迹 传承丝路精神

林奕佳/厦门市大同中学

一、作业设计思路

（一）融合历史核心素养

该作业设计面向初三学生，围绕英语新课标"人与社会"范畴中"历史、社会与文化"主题群，以"对世界、国家、人民和社会进步有突出贡献的人物""家乡和社会的变迁，历史的发展，对未来的畅想"为子主题，结合历史新课标下"中国古代史"中"明朝的对外关系"的课程内容，融合了唯物史观、时空观念、史料实证、历史解释、家国情怀五个方面的核心素养。

（二）主题情境贯穿始终

该作业设计围绕人教版历史课本七下"明朝的对外关系"中"郑和下西洋"的伟大壮举创设主题情境，通过创新习题将英语学科单元知识点与政治热点、历史学科知识相结合，让学生在真实情境中了解古代海上丝绸之路的精神，体会共建"一带一路"、构建人类命运共同体的重大历史和现实意义。

（三）明暗目标相辅相成

该作业设计目标分为一明一暗两条线：以发展学生语言能力、提升学生思维品质、提高学生学习能力为明线，学生通过作业巩固一般现在时的被动语态、一般过去时的被动语态等英语语法知识及相关理解性和表达性技能，运用英语讲好中国历史故事；以培育学生文化意识为暗线，学生通过作业了解到更多教科书中没有提到的关于郑和下西洋的历史故事，加深对明朝历史的理解，感受中国古代发明的伟大，坚定文化自信。两条线相互交织，共同体现英语工具性和人文性的统一。

（四）内容有趣形式多样

该作业设计基于"郑和下西洋"的主题情境，设置了"扬帆远洋""满载而归""保驾护航""和平外交""重走丝路"五道大题，大部分为原创，有基础也有创新，有梯度也有分层，有动手也有思考，有自主学习也有小组合作，实现作业的育人功能。

（五）评价主体多元全面

该作业设计包含自评、互评、师评，多角度对作业进行评价。

作业路线图

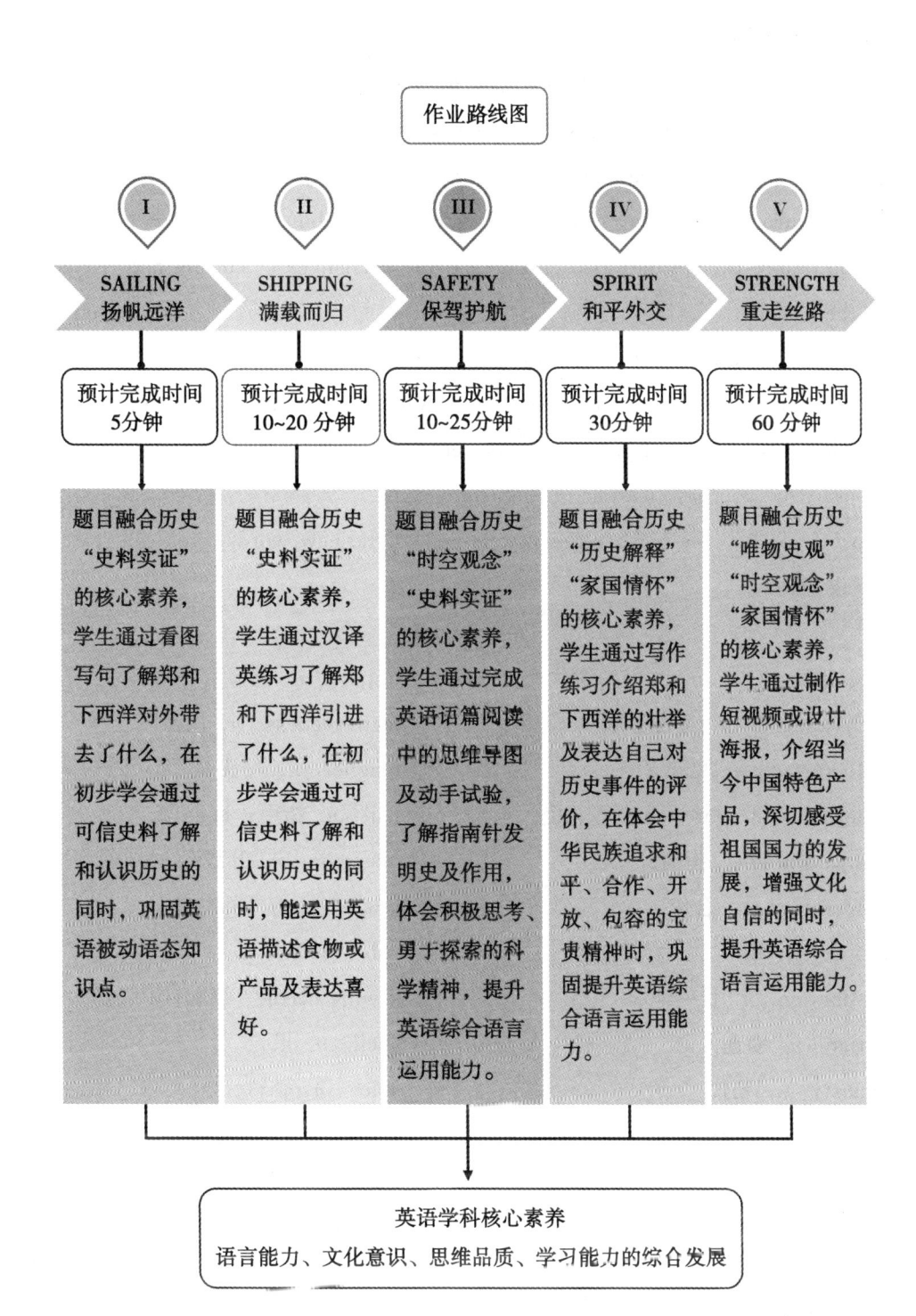

I SAILING 扬帆远洋
预计完成时间 5分钟

题目融合历史"史料实证"的核心素养，学生通过看图写句了解郑和下西洋对外带去了什么，在初步学会通过可信史料了解和认识历史的同时，巩固英语被动语态知识点。

II SHIPPING 满载而归
预计完成时间 10~20分钟

题目融合历史"史料实证"的核心素养，学生通过汉译英练习了解郑和下西洋引进了什么，在初步学会通过可信史料了解和认识历史的同时，能运用英语描述食物或产品及表达喜好。

III SAFETY 保驾护航
预计完成时间 10~25分钟

题目融合历史"时空观念""史料实证"的核心素养，学生通过完成英语语篇阅读中的思维导图及动手试验，了解指南针发明史及作用，体会积极思考、勇于探索的科学精神，提升英语综合语言运用能力。

IV SPIRIT 和平外交
预计完成时间 30分钟

题目融合历史"历史解释""家国情怀"的核心素养，学生通过写作练习介绍郑和下西洋的壮举及表达自己对历史事件的评价，在体会中华民族追求和平、合作、开放、包容的宝贵精神时，巩固提升英语综合语言运用能力。

V STRENGTH 重走丝路
预计完成时间 60分钟

题目融合历史"唯物史观""时空观念""家国情怀"的核心素养，学生通过制作短视频或设计海报，介绍当今中国特色产品，深切感受祖国国力的发展，增强文化自信的同时，提升英语综合语言运用能力。

英语学科核心素养
语言能力、文化意识、思维品质、学习能力的综合发展

二、作业设计

Background Information

Zheng He was one of the most famous navigators（航海家）in China. He voyaged（航行）seven times, reaching India, the east coast of Africa and so on, and traded valuable goods and returned with many things that were seen in China for the first time. Besides developing trade, the voyages also encouraged the exchanges of culture and technologies around the world.

Let's go through the Maritime Silk Road（海上丝绸之路）again and see what happened at that time. During this process, you're supposed to finish five themed tasks in total, which can help you not only have a better understanding of Zheng He's voyages but also review what you have learned in English.

Tip: If you have any difficulties understanding the new words, you can refer to the word bank below.

Word Bank

Age of Exploration 大航海时代	import v. 进口
archaeologist n. 考古学家	inclusiveness n. 包容性
bean sprout n. 豆芽	magnet n. 磁铁
blue-and-white porcelain 青花瓷	nail n. 指甲；钉子
compass needle 指南针	openness n. 开放
cooperation n. 合作	related adj. 相关的
copper n. 铜	rub v. 摩擦
destination n. 目的地	sewing needle 缝衣针
durian n. 榴莲	shell n. 果壳
dynasty n. 朝代	spice n. 香料
evaluation n. 评价	spiky adj. 长刺的
experiment n. 试验	thread n. 线
float v. 使漂浮	The Belt and Road 一带一路
handle n. 手柄	Traditional Chinese Medicine 中药

Ⅰ. SAILING（扬帆远洋）: What Zheng He Brought to Other Countries

Zheng He brought with him many Chinese products and traded in different countries. Let's see what the archaeologists found.

Please introduce them by using the passive voice（被动语态）.

1.

2.

3.

景德镇青花瓷

4.

5.

1. bring, countries _____
2. silk, use _____
3. produce, in _____
4. grow, ships _____
5. coins, copper _____

【设计说明】

材料出处	题目原创；信息材料源自中央电视台纪录片《郑和下西洋》、相关博物馆展品信息及史料，部分图片来源于网络。
设计意图	本题综合历史学科"史料实证"的核心素养，学生通过看图写句练习，依据可信史料补充了解明朝郑和下西洋对外带去了哪些东西，为明朝时期强盛的国力而感到自豪的同时，巩固英语一般过去时的被动语态的知识点。
检测知识	被动语态（一般过去时）。
能力方法	使用所给词汇对图片内容进行正确描述。
难易情况	●●
适用类型	九年级基础类作业、拓展性作业。

【参考答案】

1. Tea was brought to many countries.
2. Silk was used in making this dress.
3. The blue-and-white porcelain was produced in Jingdezhen.
4. Bean sprouts were grown on the ships.
5. The coins were made of copper.

Ⅱ. SHIPPING（满载而归）：What Zheng He Brought Back to China

During Zheng He's voyages, many kinds of foreign spices, animals and fruits were imported to China. And they are still popular among Chinese people.

Now, we're going to evaluate those brought back by Zheng He. Please read and translate the related information into English to introduce them. Then, you're encouraged to work on the optional task.

1. Spice: pepper

Place　（1）胡椒起初在印度种植。

At first, _____

Usage　（2）胡椒不仅被用作香料，还被用作中药。

(be used as) _____

Evaluation　* Only one sentence for evaluation.

（3）I think it _____

2. Fruit: durian

榴莲是郑和从东南亚引进（import）的。他们首次见到榴莲并记载如下："有一种臭果，番名赌尔焉（durian），皮生尖刺（spiky shell）……内有白厚果肉（fruit）十四五块，甚甜美可食。"——编译自马欢《瀛涯胜览》

　　* Only one sentence for each question.

Place　　　（1）_____

Appearance（2）_____

Taste　　　（3）_____

Evaluation　（4）_____

3. Optional task 选做任务

Please search more information online about the things or animals that were brought back by Zheng He, and choose one of them to introduce it.

（Please stick the photo here.）

　　* Only one sentence for each question.

Name　_____

Place　_____

Usage/Appearance/Taste（三选一）_____

Evaluation　_____

【设计说明】

材料出处	题目原创；信息材料来源于中央电视台纪录片《郑和下西洋》、相关博物馆及史料；部分图片来源网络。
设计意图	本题综合历史学科"史料实证"的核心素养，学生通过对相关信息的提取和翻译，依据可信史料进一步了解郑和下西洋都引进了哪些新鲜事物，同时巩固英语被动语态（一般现在时、一般过去时）的知识点。程度较好的学生通过完成选做任务，提高英语探究学习的能力。
检测知识	被动语态（一般现在时、一般过去时）。
能力方法	对关键信息进行提取、处理和翻译；运用正确句式表达个人喜好。
难易情况	●●●
适用类型	九年级基础类作业、拓展性作业。

【参考答案】

1. （1）At first, pepper was planted in India.

（2）Pepper is used not only as a spice but also as Traditional Chinese Medicine.

（3）I think it tastes spicy but it can make soup taste better.（答案因人而异，能够简短写出自己对胡椒的喜好或评价即可）

2. （1）Durian was imported by Zheng He from Southeast Asia.

（2）It has spiky shell and 14 to 15 pieces of white and thick fruit inside.

（3）It tastes really sweet and delicious.

（4）I really like it when it's made into different kinds of dessert.（答案不唯一，合理即可）

3. Optional task 选做任务

Giraffe. A giraffe was given by the king of Malindi in Africa and was loved by people in Ming Dynasty. It was famous for its long neck and legs and was a symbol of luck because it looked like "Qilin". I love giraffes and I think they are really cute.

注：第3题的答案不唯一，评价要点如下：

Authenticity（真实性）	所测评的奇珍异宝是否符合史实。	⛵⛵⛵
Completeness（完整性）	是否对名字以外的三个小题都展开描述，且每小题只写一句话。	⛵⛵⛵
Accuracy（准确性）	所写句子的语法是否准确。	⛵⛵⛵

Ⅲ. SAFETY（保驾护航）：The Invention of the Compass

During the seven voyages, there was one thing playing an important role. It served as a safe guide to faraway countries and the homeland.

Read the passage and work on the following tasks.

The clouds in the sky were so thick that they seemed to hug the sea level. But even with the wind blowing and the waves beating heavily against it, the ship still moved forward safely.

A little boy on the ship asked Zheng He, "Uncle Zheng, how can we know we are going in the right way since it has been cloudy and rainy like this for days, and everything looks so unclear?" Zheng showed the boy the compass needle and said, "This is a compass with a needle only pointing south. Whether or not we have the sun, moon or stars to guide us, we can reach our destination by following the way pointed by the compass needle."

"Wow, that's amazing! Is the compass your invention?"

"No, it's not mine. Let me tell you how it was invented. Long time ago, Chinese working people discovered a kind of stone which would move around by themselves and point in the south-north direction. Then people gathered the stones and made them into the shape of a spoon. Such a stone could move around freely, and when the moving stopped, the end of the spoon's handle would point south, so it's called *sinan*."

However, the stones were only in small numbers and hard to be made into the shape of a spoon. In the early years of the Northern Song Dynasty, a scientist named Shen Kuo found that a common sewing needle could be magnetized by rubbing a magnet on it and guide directions. He came up with four ways of making the needle fixed: floating it in water, balancing it on a finger nail; placing it on the side of a bowl and putting it on the end of a hanging thread. And the last one was the best way. Later, it was improved as the dry compass that we're using now during the voyages. The magnetic needle was fixed with a copper nail on the compass and it could move around freely."

After having told the story, Zheng looked far away to the ocean. Zheng aimed to show foreign lands the national power of the Ming Dynasty. What Zheng didn't realize was that the small compass had completely changed human history and made the world voyages into reality and helped the development of international trade and cultural exchanges.

1. Please complete the mind map.

Special Stones

Who：（1）_____

How：moved around by themselves and（2）_____ direction

　　　　（3）_____

Shape：（4）_____

How：moved around（5）_____,

　　　and（6）_____ would point south when it stopped

Dry Compass

Appearance：the magnetic needle（10）_____ a copper nail on the compass

Magnetic Needles

When：the early years of（7）_____

Who：Shen Kuo

How：①could be magnetized by（8）_____ on it and guide directions

②the best way to fix the needles was：（9）_____

A.　　B.　　C.　　D.

2. Optional task 选做任务

Can you search detailed steps about the four ways of fixing the needle and try to do the experiments at home to find out their advantages and disadvantages? 沈括提到了四种指南针放置法，你能搜索具体步骤并在家里完成试验，看看它们的优缺点是什么吗？

请拍下你的试验照片并粘贴在作业中，同时用英文写下你的发现。优缺点各写一句话。

Float it in water.

（Please stick the experiment photo here.）

Advantage：_____

_____

Disadvantage：_____

Balance it on a finger nail.

（Please stick the experiment photo here.）

Advantage：_____

_____

Disadvantage：_____

113

<table>
<tr><td colspan="2" align="center">Place it on the side of a bowl.</td><td colspan="2" align="center">Put it on the end of a hanging thread.</td></tr>
<tr><td colspan="2" align="center">(Please stick the experiment photo here.)</td><td colspan="2" align="center">(Please stick the experiment photo here.)</td></tr>
<tr><td colspan="2">Advantage：_____

Disadvantage：_____</td><td colspan="2">Advantage：_____

Disadvantage：_____</td></tr>
</table>

【设计说明】

材料出处	改编自《用英语讲中国故事》；题目原创；部分图片来源于网络。
设计意图	本题综合历史学科"时空观念""史料实证"的核心素养，学生通过语篇阅读了解指南针的发明史及其在郑和下西洋过程中所发挥的重要作用；通过完成思维导图，提升英语阅读能力和思维品质；通过对四种指南针放置法的试验及优缺点的思考，体会科学家沈括积极思考、勇于探索、坚持不懈的精神，感受古代人民的智慧，增强文化自信。
检测知识	综合语言运用能力。
能力方法	对细节信息进行提取、处理；动手试验、分析推理的能力。
难易情况	●●●●
适用类型	九年级拓展性作业。

【参考答案】

(1) Chinese working people

(2) pointed in the south-north

(3) *Sinan*

(4) a spoon

(5) freely

(6) the end of the spoon's handle

(7) the Northern Song Dynasty

(8) rubbing a magnet

(9) B

(10) was fixed with

2. Optional task 选做任务

(1) Float it in water.

Advantage: It can be easily put on the water to point south.

Disadvantage: Water is needed, so if there is no water, this way cannot work.

(2) Balance it on a finger nail.

Advantage: It can move around freely.

Disadvantage: It's hard not to move the hand, so the needle can fall down easily.

(3) Place it on the side of a bowl.

Advantage: It can move around freely too.

Disadvantage: It's so hard to balance it on the thin side of the bowl.

(4) Put it on the end of a hanging thread.

Advantage: It can move freely and won't fall down.

Disadvantage: There should be no wind, or it's hard for the needle to point the direction.

注：第2题的答案不唯一，评价要点如下：

Completeness（完整性）	是否涵盖题目要求的部分。	
Accuracy（准确性）	1. 书面语法的准确性。 2. 试验的准确性。（示意图如下，实际操作图片由学生自行拍摄）	
Skills of Photography（摄影技术）	照片拍摄的清晰度、效果、质量。	

Ⅳ. SPIRIT（和平外交）：Further Thinking about the Voyages

What role did Zheng He's voyages play in China's history?

From history class, we know that different from the western voyages during the Age of Exploration, Zheng He's voyages showed the spirit of peace, cooperation, openness and inclusiveness. What do you think of Zheng He's voyages? Please write a passage in English to introduce Zheng He's voyages and share your opinions about the voyages.

内容要求：

1. 介绍郑和下西洋的基本信息。（①时间；②带出去了什么；③引进了什么……）

2. 分享对郑和下西洋的评价及理由，至少 2 点。

3. 字数在 80 词左右。

Useful expressions：

①I think…　　②In my opinion…　　③As far as I'm concerned…

④On one hand… On the other hand…　　⑤First of all… Second… Last but not least…

【设计说明】

材料出处	原创。
设计意图	本题综合历史学科"历史解释""家国情怀"的核心素养，学生通过运用作业中所学的相关词汇和句式描述郑和下西洋事件，发展写作技能；同时通过思考和梳理对这一历史事件的看法，体会这一伟大壮举背后所蕴含的历史意义和中华民族追求和平、合作、开放、包容的宝贵精神。
检测知识	表达观点、原因、建议的句式。
能力方法	综合语言运用能力；比较、判断文化异同及表达价值取向的能力；小组合作学习的能力。
难易情况	◐◐◐◐◐
适用类型	九年级合作探究型作业；综合类作业。

【参考答案】

Zheng He's voyages happened in the Ming Dynasty. Zheng He voyaged seven times to many countries, bringing porcelain, silk and tea to those countries, and returned with many things that were first seen in China, such as durian and pepper.

I think Zheng He's voyages played a very positive and important role in history. On one hand, the voyages helped the trade between China and other countries. Zheng He not only brought back much treasure, but also helped local people get what they wanted. On the other hand, the voyages improved cultural communication. They helped spread Chinese culture and greatly showed Chinese spirit of peace,

续表

cooperation, openness and inclusiveness.

I think we should follow the spirit, and help to build a bridge for peace and East-West communication in the future.

答案不唯一，评价要点如下：

Content （内容）	是否符合题目要求；语法、拼写是否正确。	
Organization （组织结构）	短文的结构和逻辑是否清晰。	
Language Expression （语言表达）	短文中使用的句式和措辞是否合适；是否使用高级词汇和句式。	
Critical Thinking （批判性思维）	是否深入思考、表达了自己独特的见解；是否提供了有说服力的论据。	

Ⅴ．STRENGTH（重走丝路）：Go Through the Maritime Silk Road Again

Our government always pays great attention to the international trade among countries along The Belt and Road. Suppose you're the social media influencer for online sales at the China International Fair for Investment & Trade, if you have a chance to go through the Maritime Silk Road again to introduce special products from China, what will you choose to introduce?

1. 要求：四人小组合作，内容应至少包含以下 4 个部分：

（1）发明物介绍（the introduction on the invention）

（2）发明者（the inventor）

（3）发明时间（the time of invention）

（4）评价（the evaluation）

相关表达：

①It's of small/medium/large size.　②It looks like…　③It's made of/from…

④It was invented by/in…　⑤It's used/known for…　⑥It's special because…

2. 形式（二选一）：

（1）制作一段不少于 5 分钟的英语短视频（Make a V-log in English no less than 5 minutes.）

Assessment Form for V-log			
Name： Group：	Self-assessment	Group-assessment	Teacher-assessment
Completeness（完整性）（3⛵）			
Fluency（流利度）（3⛵）			
Creativity（创新性）（2⛵）			
Editing Effects（剪辑效果）（2⛵）			

（2）用英语设计一份海报（Design a poster in English.）

Assessment Form for Poster			
Name： Group：	Self-assessment	Group-assessment	Teacher-assessment
Completeness（完整性）（3⛵）			
Accuracy（准确性）（3⛵）			
Creativity（创新性）（2⛵）			
Layout Effects（排版效果）（2⛵）			

【设计说明】

材料出处	原创。
设计意图	本题综合历史学科"唯物史观""时空观念""家国情怀"的核心素养，不同程度的学生通过选择不同难度的作业形式，在小组合作的过程了解当今具有中国特色的产品信息，感受中国实力，增强文化自信，并在产品推荐中提升英语学习探究能力和综合语言运用能力。
检测知识	被动语态（一般现在时、一般过去时）。
能力方法	综合语言运用能力。
难易情况	●●●●●
适用类型	九年级合作探究型作业、综合类作业。

【参考答案】

略。答案不唯一，评价要点如下：

1. 短视频评价标准：

（1）Completeness（完整性）：视频中是否涵盖题目要求的全部内容。

（2）Fluency（流利度）：视频中的英语表达是否流利。

（3）Creativity（创新性）：所选产品是否有特色及代表性；视频编辑是否有创新性。

（4）Editing Effects（剪辑效果）：视频画面、音乐及字幕剪辑的效果是否协调。

2. 海报评价标准：

（1）Completeness（完整性）：海报中是否涵盖题目要求的全部内容。

（2）Accuracy（准确性）：海报中的语言表达在拼写、语法方面是否准确。

（3）Creativity（创新性）：所选产品是否有特色及代表性；海报设计是否有创新性。

（4）Layout Effects（排版效果）：海报图片和文字的排版是否协调、美观。

三、作业点评

该份跨学科作业设计与历史学科"中国古代史"中"明朝的对外关系"的课程内容相结合，以"跟着郑和下西洋"为主题情境。结合该主题情境，将英语语言知识的学习和复习与文物、史料相结合，结合历史学科的知识来更好地完成英语练习、阅读英语文章以及按要求写作等。在完成英语作业的过程中，不但复习了本学科的语言知识和语言技能，而且也重温和补充了历史知识，带领学生探寻海上丝绸之路的文化印迹，了解古代海丝精神。作业设计体现了用英语讲好中国历史故事，实现学科课程的育人价值。

作业设计基于主题情境，围绕"扬帆远洋""满载而归""保驾护航""和平外交"和"重走丝路"等五个部分展开，作业内容丰富，形式多样。作业要求学生在阅读语篇中了解郑和下西洋带出去的物品和引进的奇珍异宝，运用思维导图和动手试验的方式探索罗盘的发明使用，以及结合当今直播带货的热潮，探究"中国制造"的魅力，这些环节的设置开阔了学生的视野，也引发了学生完成作业的兴趣，让学生感受到英语学习与历史学习相互融合的乐趣。

五个部分的作业设置科学合理，难度层层递进，充分考虑不同层次学生的实际情况，让学生在完成作业时能够更好地发挥自己的水平。

（点评人：福建省普通教育教学研究室　林玉琴）

Hello! Seasons of China "诗情话艺"展四季
——跨学科主题学习英语作业设计

刘祯　陈榕　陈燕花　任郑和铭　陈倩倩/福建省福州华侨中学

一、作业设计思路

《义务教育课程方案（2022年版）》提出要"加强课程综合，注重关联"，并明确规定"设立跨学科主题学习活动，加强学科间相互关联，带动课程综合化实施，强化实践性要求"。《义务教育英语课程标准（2022年版）》教学提示三级内容第五点指出"开展英语综合实践活动，提升学生运用所学语言和跨学科知识创造性解决问题的能力。引导学生结合个人生活经验和社会生活需要，围绕特定主题，由真实的问题或任务驱动，综合运用其他相关课程的知识自主开展项目学习"。基于此，设计了七下Unit 8 Topic 1的跨学科综合实践作业。

该话题属于"人与自然"范畴，介绍了国内外四季的天气情况和人们的相应活动。由四季拓展到二十四节气，让学生以制作主题明信片为任务驱动，向姐妹校——马来西亚黄乃裳学校的学生介绍非物质文化遗产，既坚定文化自信又发展跨文化沟通与交流能力。该作业设计包含Understand Seasons，Appreciate Seasons 及Enjoy Seasons 三个任务，引导学生在完成作业过程中，综合运用语文诗歌鉴赏和诗歌创作素养、地理、历史和劳动等相关课程知识，由点成线，勾勒出二十四节气的图谱矩阵，开展跨教材、跨学段、跨学科、跨文化主题学习。

在Understand Seasons 中，学生归纳梳理七下Unit 8 Topic 1学过的有关四季的信息，形成结构化知识，再通过阅读文本、阅读网站资料了解二十四节气，图示化相关知识，为诗歌创作积累词汇。

在Appreciate Seasons 中，学生将学习与四季有关的两种英文诗歌——五行诗和自由体诗歌，借助语文学科知识从情感（sense）和音律（sound）两个角度，发现、归纳、总结两种诗歌的特征，为诗歌创作搭好脚手架。本题选取译林版英语教科书八上Unit 7的材料，并借鉴人教版高中英语选择性必修3 Unit 5教材中对诗歌的解析来帮助学生学习、赏析诗歌，为后面的作业诗歌创作提供技巧指导和参考范本，体现了在英语学习过程中跨教材和跨学段的资料整合理念。

在Enjoy Seasons 中，通过写诗、烹饪、讲演等活动来设计作品。学生以小组为单位，围绕任务选出一首最生动的诗、一道最美味的菜肴、一篇最打动人心的解说词，然后制作成最精美的明信片，寄给姐妹校学生。在整个作业设计过程中，学生学思结合，用创为本，感受古人的智慧和价值观，增强对中华优秀传统文化的理解与认同，用英语来传播中华优秀传统文化。学生通过小组合作设计作品完成较有挑战的任务，树立团队合作与研讨意识，培养和发展高级审美情趣和创新意识。

　　本作业通过听、看和读，丰富语篇形式，拓宽语料资源，培养听、看、读方面的理解性技能。巧用班级群，展示学生诗歌创作、劳动实践、作品分享等多模态作业。在整个过程中，通过生生、师生、人本、人机互动以及校际和国际交流，充分发挥师生的创造能力。

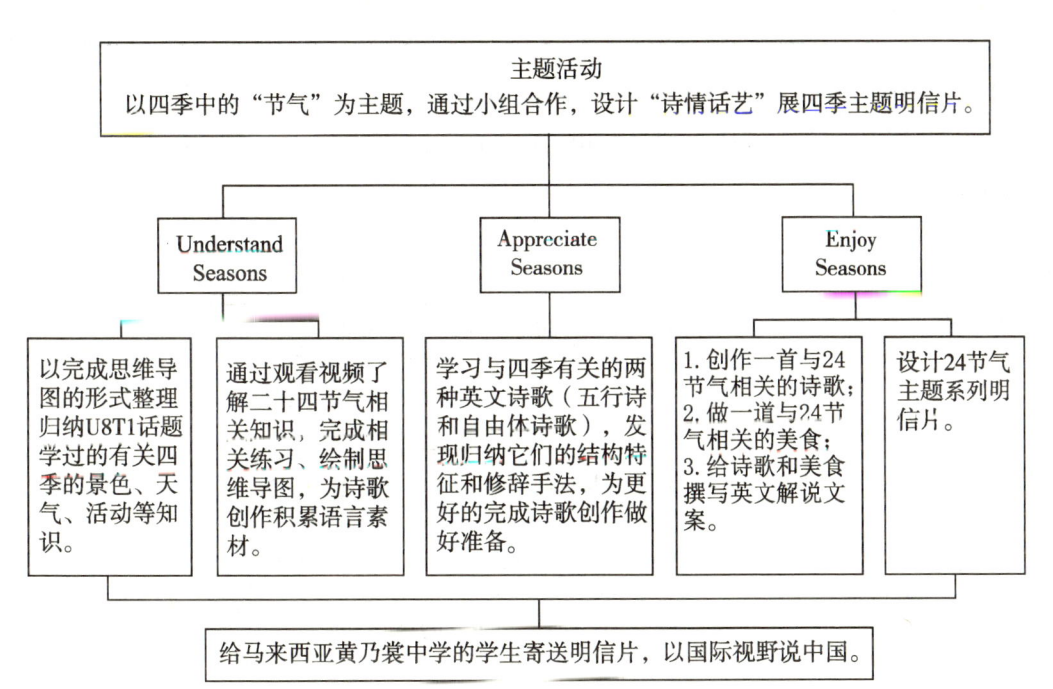

```
                    主题活动
    以四季中的"节气"为主题，通过小组合作，设计"诗情话艺"展四季主题明信片。
```

Understand Seasons	Appreciate Seasons	Enjoy Seasons
以完成思维导图的形式整理归纳U8T1话题学过的有关四季的景色、天气、活动等知识。	通过观看视频了解二十四节气相关知识，完成相关练习、绘制思维导图，为诗歌创作积累语言素材。	学习与四季有关的两种英文诗歌（五行诗和自由休诗歌），发现归纳它们的结构特征和修辞手法，为更好的完成诗歌创作做好准备。	1.创作一首与24节气相关的诗歌；2.做一道与24节气相关的美食；3.给诗歌和美食撰写英文解说文案。	设计24节气主题系列明信片。

```
    给马来西亚黄乃裳中学的学生寄送明信片，以国际视野说中国。
```

　　本作业设计以立德树人为根本任务，以核心素养发展为统领，旨在践行新课标跨学科学习任务群：围绕"四季"这一主题，三大任务层层递进，既注重多样性、实践性和综合性，又联结、融合其他学科，整体规划跨学科作业目标、内容和评价方式；帮助学生树立多元文化意识，增强文化自信；增强学生学习兴趣、学习主动性，提升学生核心素养。在完成作业过程中培养学生的思维能力、行动能力、创作力、沟通能力、团队协作能力、跨文化沟通能力以及信息技术的掌握。

二、作业设计

（一）作业内容

> # 校园时代
> # SCOOP
>
> **2023年，主题明信片漂流活动正式开启！今年的主题是："诗情话艺"展四季。请七年级的同学们通过写诗、烹饪、讲演等才艺来设计你的作品。获赞数最多的作品将会被刊印在明信片上，邮寄给我们的姐妹校，共同向世界传播中国文化！**
>
> Join us!

1. Understand Seasons（了解四季）

（1）Speaking of seasons, what will come to your mind? Please complete the mind map to show your ideas.

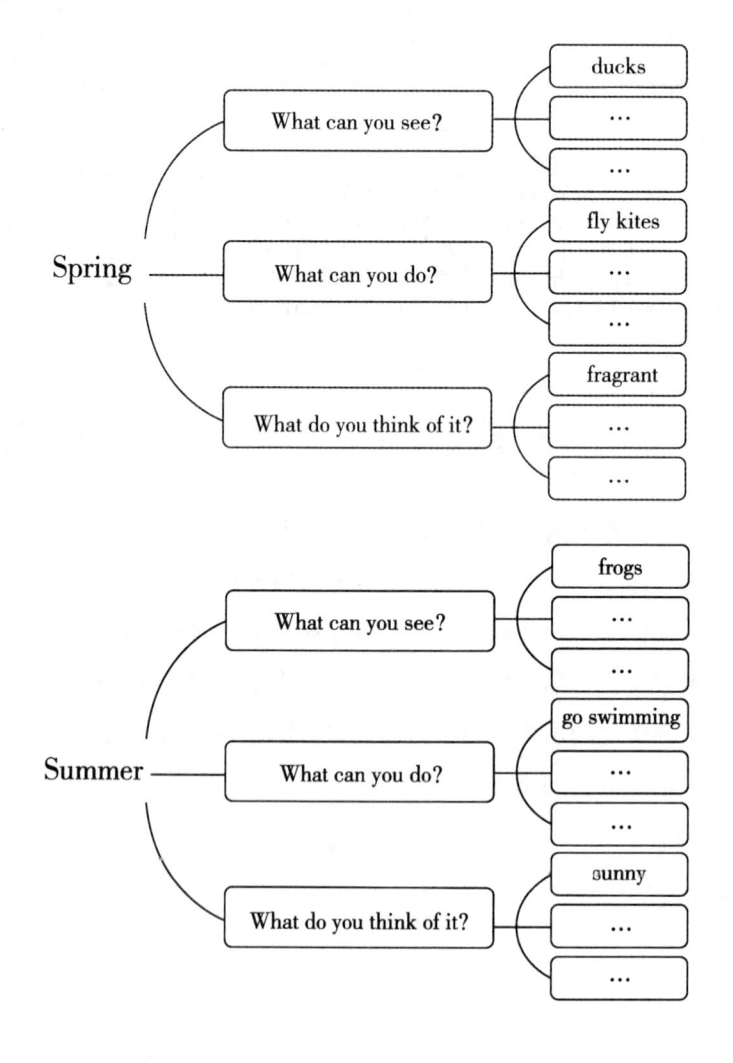

```
                    ┌── What can you see? ──┬── ducks
                    │                        ├── ...
                    │                        └── ...
                    │
                    │                        ┌── fly kites
Spring ─────────────┼── What can you do? ────┼── ...
                    │                        └── ...
                    │
                    │                              ┌── fragrant
                    └── What do you think of it? ──┼── ...
                                                   └── ...

                    ┌── What can you see? ──┬── frogs
                    │                        ├── ...
                    │                        └── ...
                    │
                    │                        ┌── go swimming
Summer ─────────────┼── What can you do? ────┼── ...
                    │                        └── ...
                    │
                    │                              ┌── sunny
                    └── What do you think of it? ──┼── ...
                                                   └── ...
```

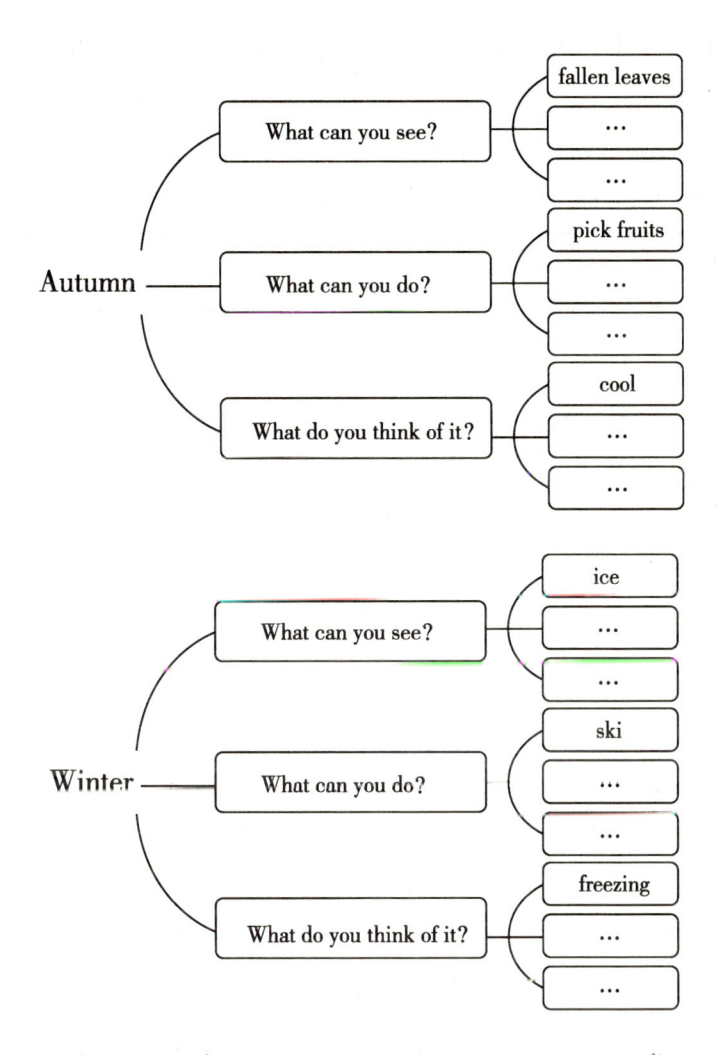

```
Autumn ─┬─ What can you see? ─┬─ fallen leaves
        │                     ├─ ...
        │                     └─ ...
        ├─ What can you do? ──┬─ pick fruits
        │                     ├─ ...
        │                     └─ ...
        └─ What do you think of it? ─┬─ cool
                                     ├─ ...
                                     └─ ...

Winter ─┬─ What can you see? ─┬─ ice
        │                     ├─ ...
        │                     └─ ...
        ├─ What can you do? ──┬─ ski
        │                     ├─ ...
        │                     └─ ...
        └─ What do you think of it? ─┬─ freezing
                                     ├─ ...
                                     └─ ...
```

(2) Speaking: share your favorite season and give reasons according to the mind map below.

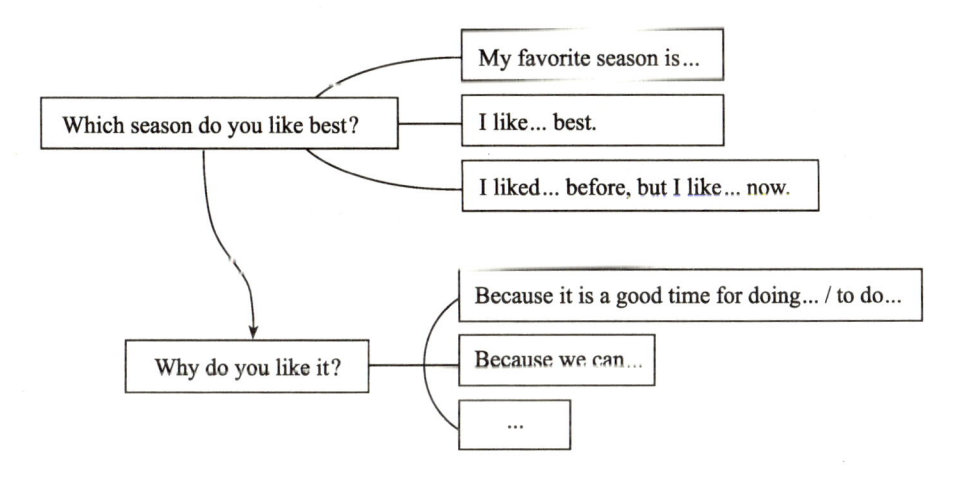

```
Which season do you like best? ─┬─ My favorite season is...
                                ├─ I like... best.
                                └─ I liked... before, but I like... now.

Why do you like it? ─┬─ Because it is a good time for doing... / to do...
                     ├─ Because we can...
                     └─ ...
```

（3）The opening day of the 2022 Winter Olympics coincides with（恰逢）the "Beginning of Spring", which is the first of the 24 solar terms（节气）of the year, showing the Chinese people's understanding of time. Then how much do you know about the solar terms? Please read the following text to know more about them and answer the questions.

The Beginning of Spring, the first solar term of the year, falls on February 4th this year. After the Beginning of Spring, the daytime is becoming longer and the weather is becoming warmer. And people eat spring pancakes and spring rolls（卷）on this day.
Summer Solstice, the 10th solar term, falls on June 21st this year. Summer Solstice is not the hottest time in the year. The hottest days often come 20 to 30 days later. People have a tradition（传统）of eating noodles on this day.
Autumn Equinox, the 16th solar term, falls on September 23rd this year. On this day, day and night are of equal length（等长）. In South China, people eat *qiucai*.
Major Snow, or "Daxue" in Chinese, is the 21st solar term, and it falls on December 7th this year. The arrival of Major Snow marks（标志）the beginning of midwinter. People usually eat lamb（羊肉）and porridge（粥）.

①On which solar term, day is as long as night?（   ）

　　A. Beginning of Spring.　　　　　　B. Major Snow.

　　C. Autumn Equinox.　　　　　　　　D. Summer Solstice.

②When is the Summer Solstice in 2022?（   ）

　　A. February 4th.　　　　　　　　　B. June 21st.

　　C. September 23rd.　　　　　　　　D. December 7th.

③What do people usually eat on Beginning of Spring?（   ）

A. 　　　　　　B. 　　　　　　C. 　　　　　　D.

④What does Major Snow mark?（   ）

　　A. The end of midwinter.　　　　　B. The beginning of midwinter.

　　C. The end of winter.　　　　　　　D. The beginning of winter.

⑤ Which solar term interests you the most? Please watch the video about the opening day of the 2022 Winter Olympics on the Internet and search for more information about your favorite one, then create your mind map based on the following information.

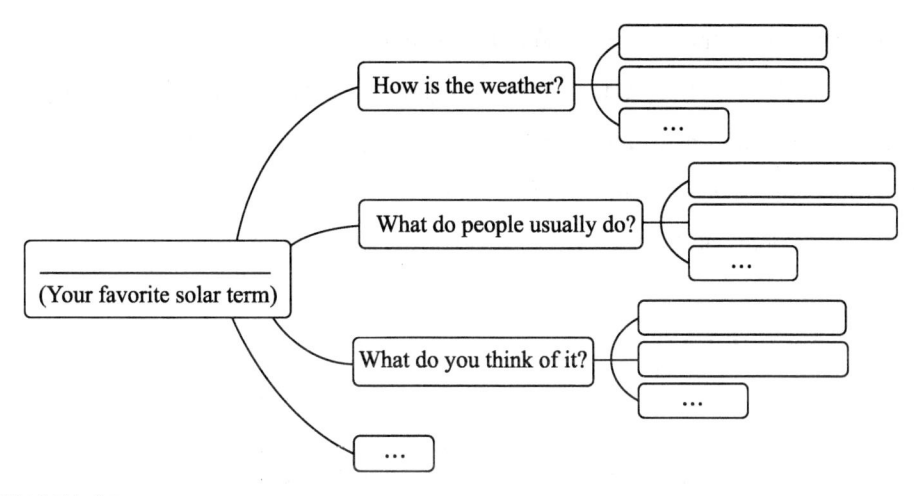

```
                    ┌─────────────────┐
         ┌─────────┤  How is the weather? ├─┬─[        ]
         │         └─────────────────┘     ├─[        ]
         │                                  └─ ...
         │
         │         ┌─────────────────────┐
┌────────┤─────────┤ What do people usually do? ├─┬─[    ]
│(Your favorite    └─────────────────────┘       ├─[    ]
│ solar term)│                                    └─ ...
└────────┤   
         │         ┌─────────────────────┐
         ├─────────┤ What do you think of it? ├─┬─[    ]
         │         └─────────────────────┘     ├─[    ]
         │                                      └─ ...
         └─ ...
```

【设计说明】

• 材料出处：第一小题和第二小题为原创；第三小题改编自 2023 年河南省新乡市延津县中考三模英语试题的第三大题阅读理解。

• 设计意图：先回顾所学与四季有关内容，表达对季节的喜好和原因。再通过阅读有关二十四节气的语篇，了解相关知识，制作思维导图，为诗歌创作积累素材，感悟中国传统文化的内涵。

• 设计依据：《义务教育英语课程标准（2022 年版）》中的学业质量标准要求学生能表达个人看法；能运用一定的阅读策略，借助表格、思维导图等工具梳理书面语篇的主要信息，理解文章大意。

• 检查的知识、能力和方法：

①语言能力——能运用所学语言与他人进行交流；能看懂、读懂文本、视频等多模态语篇，并获取和归纳关键信息。

②文化意识——了解二十四节气的相关知识及其在中国历史上的作用，结合地理学科知识更进一步理解与感悟二十四节气的文化内涵，培养国家认同感和文化自信。

③思维品质——提取、概括有关二十四节气的关键信息，表达个人对二十四节气的看法，通过思考提出的问题及二十四节气与人类生活的关系，辩证地看待二十四节气。

④学习能力——自主归纳整理有关四季及二十四节气的描写；借助多样的数字资源学习英语。

• 跨学科范畴：历史、地理。

• 难易情况：★★★☆☆

• 适用类型：基础巩固、拓展提升。

• 建议完成时间：35 分钟。

2. Appreciate Seasons（欣赏四季）

Do you remember the features（特色）of Chinese ancient poems you've learned in the primary school? Today, let's get some knowledge about two kinds of English poems and try to find out the similarities and differences between Chinese and English poems.

(1) Appreciate the cinquain（五行诗）poems.

①Read the poems and guess which seasons they are about.

②Fill in the blanks.

```
Watermelon
Sweet, juicy
Licking, slurping, sucking
Dripping down my arm
Tasty
```

```
Leaves
Beautiful, _____
F_____, floating, rustling
_____ (become) a thick carpet
Magic
```

```
_____
Lovely, white
Flying, dancing, drifting
Covering everything it touches
_____
```

Word Bank：

lick *v.* 舔

slurp *v.* 吃或喝（某物）时嘴唇发出很响的声音

suck *v.* 吸食某物

drip *v.* 滴下

float *v.* 漂浮，流动

rustle *v.* 发出沙沙声

drift *v.* 漂动，缓缓流动

行数	内容特征
Line 1	用 _____ 个单词来阐明诗歌主题。
Line 2	用 _____ 个形容词来修饰诗歌主题。
Line 3	用3个 _____ 词描述与主题相关的三个动作。
Line 4	用4个单词继续描述与主题相关的 _____，注意第一个单词（动词）为 _____ 形式。
Line 5	用 _____ 个形容词紧扣诗歌主题。

(2) Appreciate the free verse poems.

_____

Winter days are full of snow,
When trees and flowers forget to grow,
And the birds fly far away,
To find a warm and sunny day.

The days of spring are windy and bright.
What a perfect time to fly a kite!
Bees and butterflies play among flowers,
Then hide from the April showers.

Those sweet memories of summer days
Are about quiet streams and trees and shade,
And lazy afternoons by a pool,
Eating ice cream to feel cool.

Then autumn leaves turn brown,
Fall into piles upon the ground.
Farmers work to harvest crops,
As the days are shorter and the temperature drops.
Soon the snowy season will begin,
And it will be a new year once again.

① Read the poem and tell the feeling of it. (　　)

A.　　　　B.　　　　C.　　　　D.

② Read the poem again and write a title for it.

③ Read the poem aloud and try to learn the rhythms (韵律) and the rhymes (韵脚).

Words	Rhyming Words	Rhymes
snow	grow	/əʊ/
away		
bright		

续表

Words	Rhyming Words	Rhymes
flowers		
days		
pool		
brown		
crops		
begin		

④Which of the following rhymes is right for this poem?（　　）

A. aabb　　　B. abab　　　C. aaba　　　D. abaa

⑤Fill in the blanks based on the poem and choose the rhetorical device（修辞手法）in these sentences.（　　）

When trees and flowers _____ to grow.　　To _____ a warm and sunny day.
Bees and butterflies _____ among flowers.　　Then _____ from the April showers.
And _____ afternoons by a pool.

A. simile（明喻）　　　　　　　　B. personification（拟人）
C. irony（反语）　　　　　　　　D. metaphor（暗喻）

【设计说明】

• 材料出处：第 1 小题出自外国英文诗歌 *Watermelon*，*Leaves*，*Snow*；第 2 小题出自译林版英语教科书八年级上册 *Seasons of the Year*。

• 设计意图：通过学习五行诗和自由体诗歌，让学生感受诗歌的节奏韵律之美及诗歌的特征，初步学会赏析，为诗歌创作搭好脚手架。

• 设计依据：《义务教育英语课程标准（2022 年版）》学业质量标准要求学生能归纳素材中的语言、文化，从不同角度分析问题。

• 检查的知识、能力和方法：

①语言能力——能掌握两种诗歌的语言和结构特征；

②文化意识——能欣赏、鉴别诗歌，形成健康的审美情趣；

③思维品质——能运用语文诗歌当中的韵律、修辞手法等知识来对比、分析、归纳五行诗和自由体诗的异同点；

④学习能力——能主动参与课内外各种英语活动；能积极思考、主动探究。

• 跨学科范畴：语文。

- 难易情况：★★★☆☆
- 适用类型：拓展提升。
- 建议完成时间：25 分钟。

3. Enjoy Seasons（乐享四季）

（1）Writing：Please write a cinquain or a free verse about your favorite solar term based on the vocabulary, phrases and poetic knowledge you have learned. Then share your poem in groups and comment on each other's poems.

（2）Cooking：Different foods for different solar terms reflect（反映）the Chinese people's wisdom（智慧）of eating. Please cook a special dish for a solar term and shoot your cooking video. Then share your video with others and comment on each other's videos.

（3）Speaking：Please choose the most beautiful poem and the most wonderful cooking video from groups. Write an introduction（介绍语）for them. Then share with others and comment on each other's introduction in your class. The most popular works will be printed in the postcard and delivered（寄送）to the students in Wong Nai Siong School to spread Chinese traditional culture.

【自我评价】

序号	评价维度	评价内容	☺	😐	☹
1	Collaboration（团队协作）	我在合作过程中能有效沟通、积极协调、"话"异求同。			
2	Computing（信息技术的掌握）	我能应用信息技术工具查找资料、呈现作品。			
3	Critical Thinking-and-doing（批判性思维能力与行动能力）	我的诗歌、菜肴和解说主题鲜明，表述简洁、准确，能够帮助他人理解二十四节气并传播中国传统文化。			
4	Creativity（创造力）	我通过创作诗歌、烹饪菜肴、撰写解说来展现二十四节气之美。			
5	Cross-cultural Understanding（跨文化理解）	我通过作品推进了国内外对中国非物质文化遗产——二十四节气的理解和传播。			

我得到了_____个☺_____个😐和_____个☹，我还需要改善的地方有：_____。

【设计说明】

• 材料出处：第一小题、第二小题和第三小题均为原创。

• 设计意图：写诗、展厨艺、设计明信片，从语言运用、劳动教育、迁移创新三个角度来检测学生学习情况和完成作业情况；最后选出优秀作品印制在明信片上邮递给姐妹校，让黄乃裳学校的学生了解中国文化和智慧。

• 设计依据：《义务教育英语课程标准（2022年版）》中的学业质量标准要求学生能选用正确的词语、句式和时态，通过口语或书面语篇描述、介绍人和事物，表达个人看法，表意清晰，话语基本通顺；积极参与课堂活动，与同伴一起就相关主题进行讨论，合作完成学习任务。《义务教育劳动课程标准（2022年版）》提到学生要通过持续参与日常生活劳动、生产劳动和服务性劳动，理解劳动创造美好生活的道理，增强家庭责任意识；劳动中能不断追求品质、精益求精，牢固树立勤俭、奋斗、创新、奉献的劳动精神。

• 检查的知识、能力和方法：

①语言能力——能应用本主题所学的描述四季的语言来写诗，能理解五行诗和自由体诗的特征并模仿。

②文化意识——保护和传承非物质文化遗产——二十四节气，坚定文化自信，初步具备用所学英语进行跨文化沟通与交流的能力。

③思维品质——能根据所给条件进行创编诗歌，从跨学科视角观察和认识四季和二十四节气，并根据二十四节气的气候特征，合理烹饪不同的膳食，科学养生。

④学习能力——能在写诗、烹饪、录制视频中积极地与他人合作，共同完成学习任务，能在完成任务的过程中积极思考，主动探究，积极进行拓展性运用，并能借助现代信息技术，制作视频、班群等辅助达成英语学习的目的，还能在学习活动中积极与他人分享、点评，共同完成学习任务。

• 跨学科范畴：语文、劳动、信息技术。

• 难易情况：★★★★☆

• 适用类型：综合运用、探究拓展。

• 建议完成时间：写诗：20分钟；烹饪：1小时；写稿讲演：40分钟。

（二）参考答案

1. Understand Seasons（了解四季）

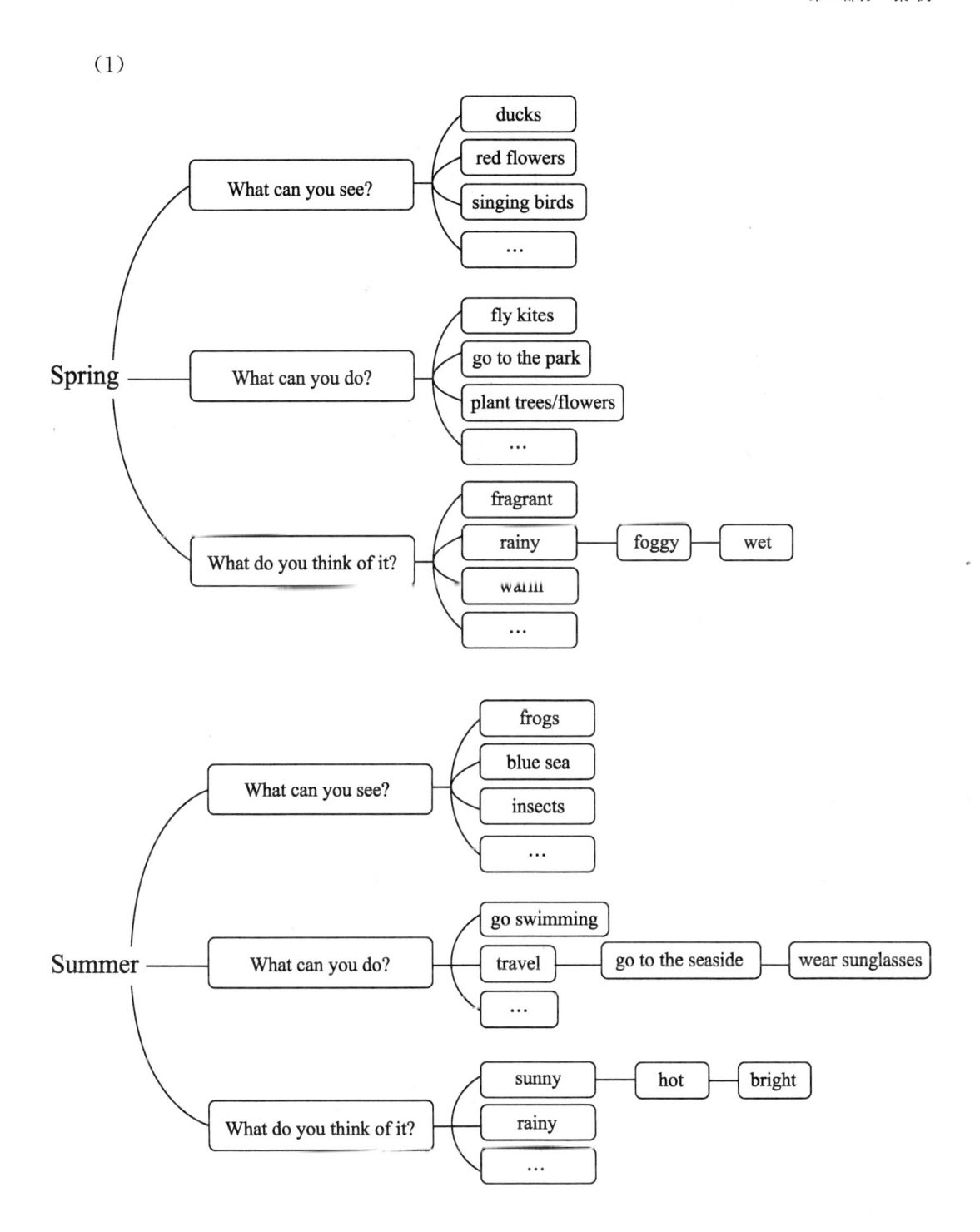

（1）

- Spring
  - What can you see?
    - ducks
    - red flowers
    - singing birds
    - …
  - What can you do?
    - fly kites
    - go to the park
    - plant trees/flowers
    - …
  - What do you think of it?
    - fragrant
    - rainy — foggy — wet
    - warm
    - …

- Summer
  - What can you see?
    - frogs
    - blue sea
    - insects
    - …
  - What can you do?
    - go swimming
    - travel — go to the seaside — wear sunglasses
    - …
  - What do you think of it?
    - sunny — hot — bright
    - rainy
    - …

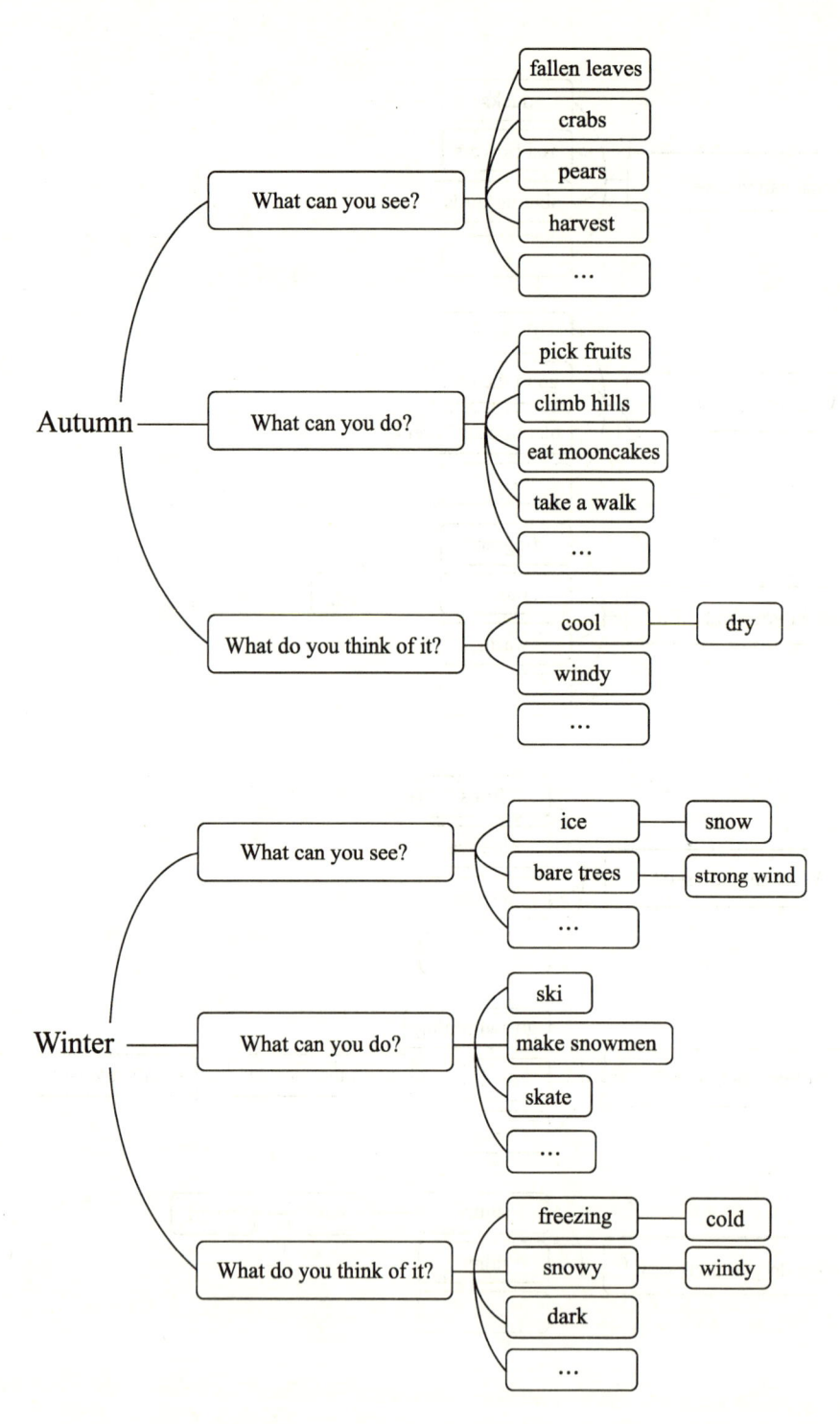

```
                                    ┌─ fallen leaves
                                    ├─ crabs
         ┌─ What can you see? ──────┼─ pears
         │                          ├─ harvest
         │                          └─ ...
         │
         │                          ┌─ pick fruits
         │                          ├─ climb hills
Autumn ──┼─ What can you do? ───────┼─ eat mooncakes
         │                          ├─ take a walk
         │                          └─ ...
         │
         │                          ┌─ cool ── dry
         └─ What do you think of it? ┼─ windy
                                    └─ ...

                                    ┌─ ice ── snow
         ┌─ What can you see? ──────┼─ bare trees ── strong wind
         │                          └─ ...
         │
         │                          ┌─ ski
         │                          ├─ make snowmen
Winter ──┼─ What can you do? ───────┼─ skate
         │                          └─ ...
         │
         │                          ┌─ freezing ── cold
         └─ What do you think of it? ┼─ snowy ── windy
                                    ├─ dark
                                    └─ ...
```

（2）One possible version：

My favorite season is summer because I can eat ice cream. And it's a good time to go swimming.

（3）①C　　　②B　　　③A　　　④B

⑤One possible version：

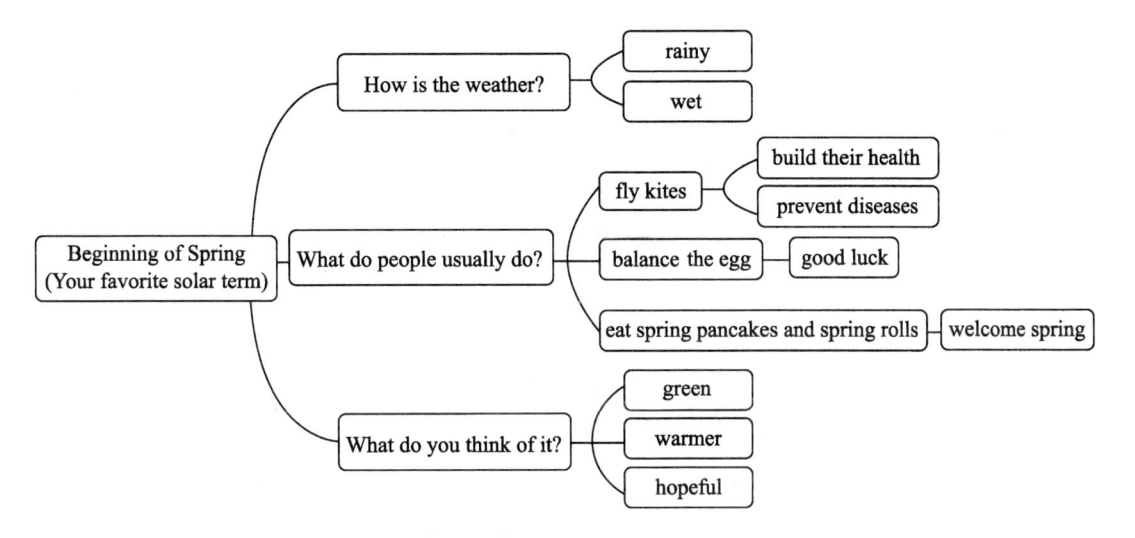

```
Beginning of Spring        How is the weather? ─┬─ rainy
(Your favorite solar term)                      └─ wet
    │
    ├─ What do people usually do? ─┬─ fly kites ─┬─ build their health
    │                              │             └─ prevent diseases
    │                              ├─ balance the egg ── good luck
    │                              └─ eat spring pancakes and spring rolls ── welcome spring
    │
    └─ What do you think of it? ─┬─ green
                                 ├─ warmer
                                 └─ hopeful
```

2. Appreciate Seasons（欣赏四季）

(1) ①夏天；秋天；冬天

②One possible version：golden/yellow；Flying；Becoming；Snow；cold/beautiful

③1；2；动名；动作，V-ing；1

(2) ①B ②Seasons of the Year

③

Rhyming words	Rhymes
grow	/əʊ/
day	/eɪ/
kite	/aɪ/
showers	/aʊ/
shade	/eɪ/
cool	/uː/
ground	/aʊ/
drops	/ɒ/
again	/n/

④A ⑤forget；find；play；hide；lazy；B

3. Enjoy Seasons（乐享四季）

（1）One possible version：

五行诗：

Autumn-Equinox

Cool，chill

Picking，carrying，selling

Harvesting on the farm

Colorful

自由体诗：

Autumn-Equinox

Chill wind blows through the air,

Cool and refreshing，without a care.

Fly a kite high in the sky,

Watch it dance，way up high.

Autumn-Equinox is a good time to play,

Enjoy the solar term，every day.

（2）One possible version：

（3）One possible version：

In the Beginning of Summer，people in Fuzhou usually eat *Guobian*（pot edge paste）to welcome the summer. People will eat *Guobian* so that they can better do farm work.

Guobian is full of different seafood. First，we make rice milk. When the pot is hot，add rice milk onto the side of the pot. After it becomes sticky，scrape it and add water into the pot. Add some seafood like shrimps and clams. At last，after the water is boiled，everything will be done.

三、作业点评

该份跨学科作业设计选题立足英语学习活动观，遵循"无情境，不成题；无任务，不立题"的原则。作业设计紧紧围绕明线 season 和暗线 culture 展开，从逻辑性、批判性和创新性三个思维维度设计 Understand Seasons，Appreciate Seasons 和 Enjoy Seasons 三个部分。作业设计主要以仁爱教材七下 Unit 8 Topic 1 为主要素材，结合译林版英语八上

Unit 7 诗歌文本 *Seasons of the Year*，以及人教版高中英语选择性必修 3 Unit 5 的诗歌范式。整个设计巧妙地整合同一主题下不同教材不同学段的语料和资源，具有较强的创意和较大的挑战性。

作业设计在体现英语学科基础性、探究性的同时，将英语语言学习与语文、地理、历史、劳动、信息技术以及校本等相关课程有机融合，实现从学科知识到核心素养转化的目标。

作业设计除了重点体现跨学科特点外，还突出新课标"看"（viewing）的元素，思维导图为学生提供思维素材，强化学生的逻辑性思维，培养学生的创新性思维。此外，作业设计还体现了"项目式学习"，即通过创作诗歌、烹饪菜肴、撰写解说文案等活动，给予学生自主选择的机会，同时还要求小组合作设计作品，并进行作品分享以及文化推介和传播，实现跨文化沟通和交流。

（点评人：福建省普通教育教学研究室　林玉琴）

道德与法治

走进八闽大地，赓续文化血脉
——初中道德与法治文化专题跨学科作业设计

叶子凡　程幼容/厦门市华侨中学

一、作业设计思路

（一）循"路"——理念依据

《义务教育课程方案（2022年版）》指出："加强课程内容与学生经验、社会生活的联系，强化学科内知识整合，统筹设计综合课程和跨学科主题学习。"传统的作业一般聚焦于单学科的大概念进行设计与练习，学生的学科思维仍是孤立的，因此跨学科学习成为培育学生核心素养的重要抓手。《义务教育道德与法治课程标准（2022年版）》指出："课程具有政治性、思想性和综合性、实践性。"作为一门综合性课程，道德与法治课程不仅要重视跨学科主题学习的开展，而且需要将其渗透到作业设计中，增强学习的综合性。跨学科主题学习作业主要围绕学科某一核心问题，引导学生在复杂的真实情境下，综合运用多学科知识分析、解决问题，促进深度理解，推动核心素养落地。因此，高质量的综合性作业有利于提升学生综合所学知识解决实际问题的能力。

（二）询"因"——学情分析

初中学生通过生活经验及课程学习，对福建文化已经有一定的了解，例如掌握了福建方言，参观过福建的著名景点，了解过福建历史名人的事迹等，能较准确地举出独具福建特色的文化符号。但大多数学生对福建文化的认识仅仅停留在一般的知识了解层面，对其深层次的文化价值和意义认识思考不多，多数学生对福建文化的认识和理解不全面、不深入，对福建文化中的革命文化和社会主义先进文化的理解不系统。因此，重新解读家乡，重塑家乡印象，培育家国情怀，十分必要。人们在实践中发现，探究式和项目式学习活动能够有效激发学生学习兴趣，有利于引导学生感受中华文化的魅力，感悟文化的价值和影响，从而发自内心地热爱家乡文化、中华文化，积极主动地参与文化传承与发展。

（三）寻"鲜"——设计特点

1. 基于课标要求，涵养家国情怀。本作业立足新课标中"增进中华民族价值认同和文化自信"的要求，结合地理、历史、语文、美术等学科的相关知识与学科思维，围绕学生熟悉的家乡展开，引导学生了解、热爱家乡。一方面有利于帮助学生在完成作业过程中提高分析问题、解决问题的能力，凸显了跨学科背景下作业的整体性、综合性、关联性；

另一方面有利于培养学生在真实的跨学科情境活动中,感知家乡文化,传承文化基因,涵养家国情怀。

2. 立足地方特色,培养实践能力。以福建文化为切入点,通过"世界遗产,弥足珍贵""红旗飘扬,永放光芒""品味闽茶,清香四溢""对话古今,传承力量""创新发展,青春有为"五个环节的学习与探究,关注学生所处的人文环境,打破教材局限,整合本土化的学习资源,有利于学生了解家乡文化,坚定文化自信,增强政治认同。

3. 聚焦真实情境,促进深度学习。本作业设计注重真实情境下的真实体验,促进学生在真实的文化体验中提高社会参与能力,培养责任意识。设计的问题在保持开放性的同时又兼顾道德与法治学科的政治性、思想性、实践性,符合学生创造性思维培养的要求,关注学生思维方式和思维路径的培育,以问导学,引导学生走向深度学习。

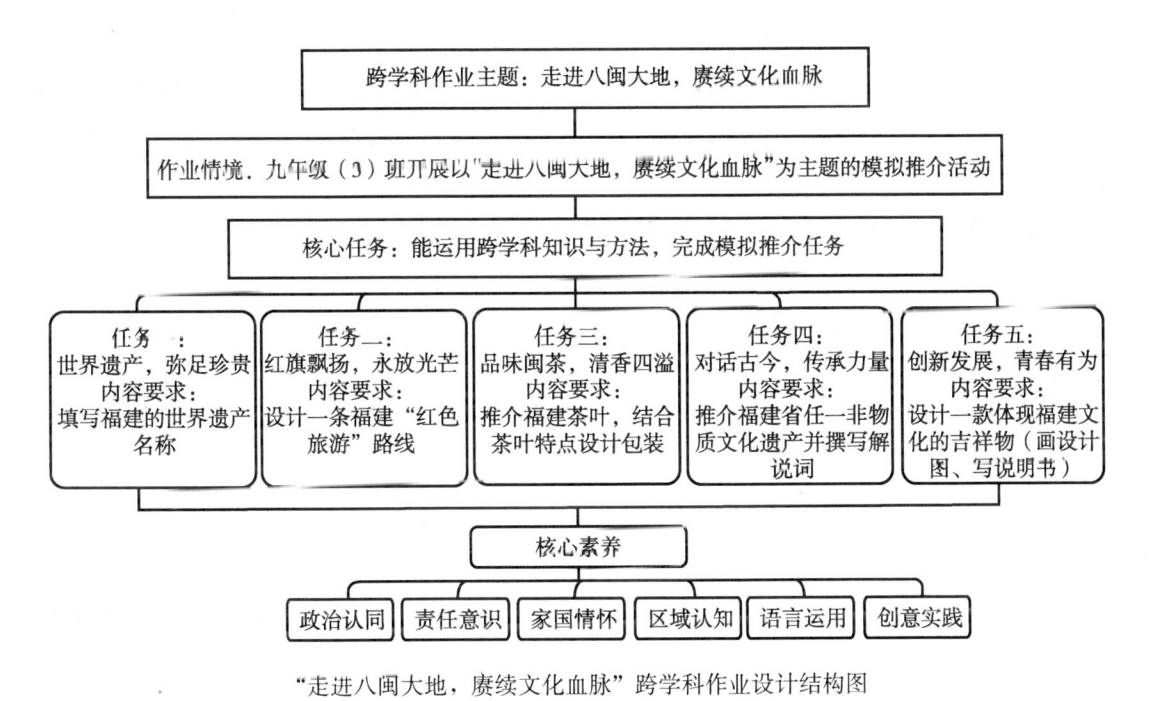

"走进八闽大地,赓续文化血脉"跨学科作业设计结构图

二、作业设计

依山傍海的地理特点造就了福建丰富的旅游资源。为了让各地游客能够充分认识福建,认同福建文化,某中学九年级(3)班的学生计划开展一场以"走进八闽大地,赓续文化血脉"为主题的模拟推介活动。模拟推介活动的学习任务分为个人任务和小组任务。

(一)个人任务——第1~2题为必做题,第3~4题任选其一完成

★世界遗产,弥足珍贵

1. 福建拥有丰富的世界遗产资源,第一小组的同学计划推介福建的世界遗产,请你帮他们完成任务。

（1）_____是大型民居建筑，其设计遵循了"天人合一"的东方哲学理念，营造了适宜的人居环境以及人与自然和谐统一的景观。

（2）_____是世界文化与自然双重遗产，是朱子理学的发源和传播地。

【参考答案】（1）福建土楼　（2）武夷山

【设计说明】

材料出处	原创。
设计意图	作为本学习主题个人作业的起始问题，让学生通过阅读"推介福建的世界遗产"主题情境，认识到福建文化源远流长与博大精深的特点，培育区域认知素养，建立地理空间观念，增进对家乡的了解与认识，增强文化自信。
检测知识	是否了解福建乡土地理知识，认识中华优秀传统文化的特点。
考查能力	要求学生从作业情境中获取大型民居建筑特点的信息，考查学生信息提取和解读能力；要求根据情境描述调动和运用所学知识，作出准确的判断，考查学生知识的调动和运用能力。
难易程度	容易。
适用类型	实践作业类。

★红旗飘扬，永放光芒

2. 辉煌的革命历史，铸就了光耀千秋的福建红色文化。第二小组的同学对福建的红色文化很感兴趣，请你帮助他们设计一条"红色旅游"路线。

要求：

（1）为这条"红色旅游"路线命名。

（2）对路线沿途重要的红色景点进行标注，并写出景点的游览价值，尤其是文化价值和精神内涵。

【参考答案】

（1）命名："星火燎原·红色记忆"之旅。

（2）路线：福建省革命历史纪念馆—中共福建省委旧址（德化坂里）—厦门破狱斗争旧址—毛主席率领红军攻克漳州纪念馆—古田会议旧址。

游览价值（以古田会议旧址为例）：古田会议确立了思想建党、政治建军的原则，是建党建军历史上的重要里程碑。古田会议旧址对弘扬和培育爱国主义精神和顽强的革命精神有着非常重要的意义。

【评价标准】

本题采用等级评价。

评价维度	评价等级描述			评价结果						综合性评价
^^	A等级	B等级	C等级	自评		互评		师评		^^
^^	^^	^^	^^	等级	评语	等级	评语	等级	评语	^^
路线内容	紧密结合福建红色文化资源，体现文化价值和精神内涵。安排适当的讲解内容，通过实物展示、讲解演示、活动体验等方式促进对福建红色文化的了解。	结合福建红色文化资源，体现革命文化，对于路线内容安排不是特别具体，未涉及活动体验等方式的介绍。	结合福建红色文化资源进行路线设计与安排，但只是简单规划路线，未对路线内容进行详细设计。							
行程规划	合理安排行程，体现系列化设计，合理安排交通工具，列出各红色文化景点参观时长、前往的交通方式等。	较合理安排行程，系列化设计体现不明显，列出各红色文化景点参观时长，但对交通方式等未进行详细规划。	按照要求安排行程，未体现系列化设计，对于各红色文化景点参观时长、交通方式等细节未进行详细规划。							
成果展示	路线规划成果能紧扣主题，完整体现要素，符合实际情况。能非常好地展示成果。	路线规划成果能紧扣主题，但缺乏路线名称或文化价值要素。能较好地展示成果。	路线规划成果能紧扣主题，但成果简单，路线名称、文化价值要素等均未呈现。							

【设计说明】

材料出处	原创。
设计意图	通过进一步设计旅游路线的个人作业任务，激发学生的探究兴趣。引导学生跨学科运用历史、地理等学科知识，综合分析和解决问题；进一步感受厚重辉煌的福建革命历史，体验红色文化的精神魅力，继承革命文化，加深对文化价值的理解，培育家国情怀。

续表

检测知识	通过设计红色旅游路线、景点介绍检测学生是否了解福建乡土地理知识，能否把握福建革命文化及其价值等。
考查能力	要求运用历史、地理等学科知识，设计红色旅游路线，考查学生运用跨学科知识解决实际问题的能力、综合分析能力等。
难易程度	中等。
适用类型	实践作业类。

★品味闽茶，清香四溢

3. 福建是中国茶文化的发源地之一，福建茶叶品种齐全，武夷山的大红袍、闽南的铁观音、闽东的白茶和福州的茉莉花茶都享誉海内外。第三小组的同学打算推介福建的茶叶，如果你是其中一员，你会推介哪种茶叶？请结合茶叶特点为该茶叶设计包装。（请用文字描述包装设计或画出来）

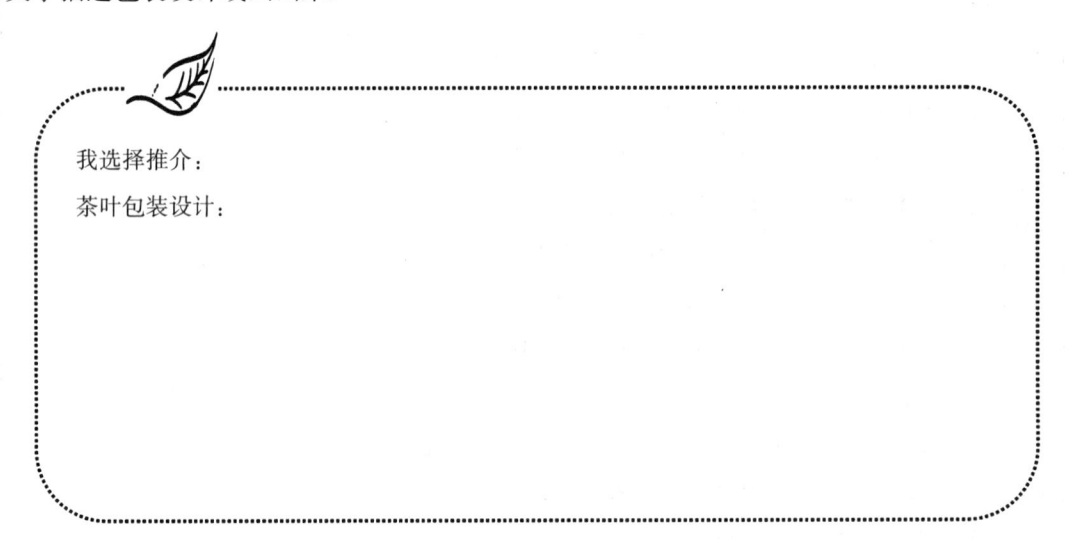

我选择推介：

茶叶包装设计：

【参考答案】

我选择推介武夷山的大红袍。包装以红色为底色，包装上配有茶叶图案以及武夷山的风景图等。

【评价标准】

本题答案不唯一，合理即可。包装应体现产品特色、设计新颖、色彩搭配丰富、体现茶文化等。

【设计说明】

材料出处	原创。
设计意图	首先，从内容上看，通过设计茶叶包装的作业任务，让学生运用美术、语文等学科知识解决核心问题，进而促进高阶思维的培育，引导学生培养创新精神，提高审美情趣，增进对中华茶文化的了解，感受中华茶文化的魅力，坚定文化自信。其次，从形式上看，选择性完成的作业形式，关注学生的兴趣爱好和个体差异，有助于遵循学生成长认知规律，满足不同学生成长心理需求，达成学生间相互展示、相互启发、相互引领的目的，兼顾学生的认知差异，让作业真正成为学生成长的一种需要，在尊重个体差异中，不断延伸课堂教学。
检测知识	通过推介福建不同区域的茶叶，检测学生是否了解福建乡土地理知识；通过对茶文化特点的理解与把握，设计茶叶包装，检测学生对中华优秀传统文化特点的理解，及对美术学科中"设计满足实用功能与审美价值，传递社会责任"设计原则的了解。
考查能力	通过设计茶叶包装的任务，考查学生运用多学科知识综合阐释和解决问题的能力，让学生创造性地表达对茶文化的感受、思考和认识，发展创造性思维能力。
难易程度	中等。
适用类型	实践作业类。

★对话古今，传承力量

4. 福建有着丰富的非物质文化遗产，能工巧匠聚集，福建技艺、福建创造熠熠生辉。如厦门漆线雕技艺，工艺繁复精细；南平建盏造型古朴典雅；德化白瓷惊艳世人；泉州南音、闽南歌仔戏余音袅袅……第四小组的同学计划推介福建的非物质文化遗产，请任选一种并为其写　段解说词，讲解其历史发展。

福建省非物质文化遗产解说词

我选择介绍：_____

解说词内容：

【评价标准】

本题采用等级评价。

评价维度	评价等级描述			评价结果						综合性评价
^^	A等级	B等级	C等级	自评		互评		师评		^^
^^	^^	^^	^^	等级	评语	等级	评语	等级	评语	^^
思想内容	详细介绍所选非遗项目的内容、发展历程、特点、体验攻略、文化内涵及传承现状等，内容丰富，有地方特色。	介绍所选非遗项目的内容、特点、体验攻略等，内容较全面，对于非遗项目的文化发展历程、内涵及传承现状介绍得较简单。	介绍所选非遗项目的内容、特点、体验攻略等，但未涉及非遗项目的文化内涵、发展历程及传承现状。							
逻辑结构	有清晰的逻辑结构，能够预设不同的解说场景并进行相应的灵活调整，过渡巧妙，使解说深入人心。	有清晰的逻辑结构，解说板块清晰，但不能灵活应变。没有利用巧妙的结构安排凸显所选项目承载的文化价值。	没有清晰的逻辑结构，内容安排随意，不关心解说词的使用效果，仅仅是对收集来的资料的简单罗列。							
创新特色	以原创为主，巧妙融入所收集的资料和自身感受，有自主解说思路。	以原创为主，但资料使用较为生硬，不能根据实际情况进行调整。	大量使用查阅到的资料，自主创作少，没有自主解说思路。							
文学融合	运用合理、生动、丰富的写作手法进行润色，亮点突出，引人入胜，认同感强。	能够运用一些简单的写作手法，表达方式较为陈旧或针对性不强。	没有运用写作手法润色解说词以使之达到更好的解说效果。							

【设计说明】

材料出处	改编自《福建日报》2023年4月17日文章《且以诗意赋山海》。
设计意图	通过撰写非遗解说词的开放性作业任务，激发学生思考的积极性，不仅能考查学生对中华优秀传统文化的理解能力、运用能力，还可以引导学生深入挖掘不同学科内容，在跨学科知识的交叉渗透和联系中，学会综合分析和解决问题，拓宽文化视野。同时，任选一种文化遗产进行撰写的开放形式，有利于引导学生培养发散性思维，多角度、多层次地感受中华文化的魅力，热爱中华文化，培育政治认同、责任意识、语言运用等核心素养。
检测知识	中华优秀传统文化的创造性转化和创新性发展、语文写作技巧。
考查能力	运用所学知识解决问题的能力、语言组织与表达能力、创新能力。
难易程度	中等。
适用类型	实践作业类。

（二）小组任务——4人小组合作完成

★创新发展，青春有为

5. 为更好地传承福建文化，讲好福建故事，同学们计划设计一款吉祥物，走入社区宣传福建文化。请小组合作制作一幅吉祥物设计图。

要求：

（1）体现福建文化，可以结合教师提供的素材，也可以自主搜集资料。

（2）吉祥物设计完毕后，需要为其命名并写一份简要的"设计说明书"，展示介绍你们的成果。

（3）选出组长并进行合理分工，根据组员特点明确任务，如联系社区居委会、制作宣传课件、发放宣传单、维持现场秩序等，做到责任到人。

【评价标准】

本题采用等级评价。

评价维度	评价等级描述			评价结果						综合性评价
^	A等级	B等级	C等级	自评		互评		师评		^
^	^	^	^	等级	评语	等级	评语	等级	评语	^
设计内容	吉祥物设计能紧密结合福建文化资源，体现文化价值和精神内涵，弘扬福建文化。	吉祥物设计特色不明显，能结合福建文化资源，但只是简单呈现，文化价值和精神内涵体现不明显。	吉祥物未命名，设计特色不明显，只是对福建文化资源的简单再现，未能体现文化价值和精神内涵。							

续表

评价维度	评价等级描述			评价结果					综合性评价
	A等级	B等级	C等级	自评		互评		师评		
				等级	评语	等级	评语	等级	评语	
创新特色	以原创为主，巧妙融入福建文化的内容、特点和自身感受，有自主设计意图和明确的创意来源。	以原创为主，但与福建文化的结合较为生硬，不能根据实际情况进行调整。	大量使用查阅到的福建文化及文创产品资料，没有自主设计创意。							
艺术呈现	设计美观具有艺术感，设计图纸版面整洁、配色适宜，视觉效果好。	设计美观但艺术感不明显，设计图纸版面整洁、未进行配色，视觉效果一般。	设计图纸版面不够干净整洁、未进行配色，无设计感和艺术感，视觉效果欠佳。							
小组合作	团结合作，部分成员在小组中起到领导作用，善于吸收接纳他人建议并能给出建议，能帮助其他小组成员，贡献大。	部分成员帮助协调、推动小组的工作，鼓励其他成员，对项目的顺利完成有一定贡献。	成员参与了讨论工作，但在小组合作中互动较少，在很多参与过程中都是旁观者。							
成果展示	吉祥物设计展示能紧扣主题，完整呈现设计理念、设计思路、作品特点等，成果展示效果好，符合实际情况。	吉祥物设计展示能紧扣主题，但对于设计理念、设计思路、作品特点等要素的呈现不完整，成果展示效果一般。	吉祥物设计展示能紧扣主题，但成果单一，只有设计图纸，设计理念、设计思路、作品特点等均未呈现。							

【设计说明】

材料出处	原创。
设计意图	本题为小组合作完成的作业。一方面，以"行"启"知"，通过小组合作设计作品的项目式学习，选取学生感兴趣的"吉祥物"话题，跨学科运用中华文化知识、地理知识、历史知识、美术技法等发展创新思维，把文化与生活相结合，培养创新精神以及健全人格中的沟通交流能力，提高审美情趣；另一方面，以"知"引"行"，本次综合性作业强调学生亲历，引领学生走出课堂、走进社会，突破课堂时空的局限，将思政小课堂与社会大课堂有机结合，提升实践能力，培育家国情怀、责任意识、创意实践等核心素养。
检测知识	理解中国特色社会主义文化的内涵、坚定文化自信，美术绘画技巧，语文说明文写作技巧等。
考查能力	创新意识、合作能力、动手能力、理论联系实际的能力。
难易程度	较难。
适用类型	实践合作类。

三、作业点评

本作业以福建文化为切入点，设计了"世界遗产，弥足珍贵""红旗飘扬，永放光芒""品味闽茶，清香四溢""对话古今，传承力量""创新发展，青春有为"五项学习与探究内容，从整体上融合了学生需要建构的必备品格、实践能力和学科思维，凸显了跨学科背景下作业的整体性、综合性、实践性。

首先，聚焦整体性，设计"一线到底"的真实情境，关注学习形式。本作业包含个人作业和小组合作作业，在注重学生的自主学习，体现分层思想、人文关怀的基础上，又融入了小组合作探究，帮助学生在合作中进行梯度思考；本作业中所有的问题都围绕"福建文化"这一核心问题展开，学生通过真实任务情境，切实加深对福建文化的认知与了解，进而热爱家乡、培育家国情怀，以此实现作业育人的"广度"要求。

其次，聚焦综合性，设计"一串多元"的进阶问题，关注学习内容。学生思维能力进阶和运用能力提升需要有梯度的问题支架，本作业通过由易到难的问题设计，运用地理、语文、历史、美术等多学科知识，不断拓展作业内容，充分体现了跨学科综合能力的培养；同时，在作业评价上引入多主体、多形式的评价方式，引导学生抽丝剥茧般地解构问题，在层层递进的学习任务中提升思维水平和学习能力，以此实现作业育人的"深度"要求。

最后，聚焦实践性，实现"一鼓作气"的素养培育，关注学习结果。通过项目化作业设计，让学生亲历、体验整个学习过程，践行"思中学""学中思""思中行"的"三思而行"生活态度，培育学生知行合一的实践精神、积极向上的健全人格等；同时，通过序列化的学习任务，巧妙引导学生在对福建文化的真实体验与感受中产生更深层次的精神追求，培育学生的价值认同、文化自信，有助于学生形成深厚的家国情怀，热爱家乡，进而热爱伟大祖国，热爱中华民族，培育以实现中华民族伟大复兴为己任的使命感，以此实现作业育人的"温度"要求。

（点评人：福建省普通教育教学研究室 林顺华）

追寻红色印记，绘就思政底色
——初中道德与法治革命传统教育主题跨学科作业设计

林建梅/永安市教师进修学校
李兰天 陈凌/永安市第三中学

一、作业设计思路

《义务教育道德与法治课程标准（2022年版）》课程目标中提出，学生要了解中国共产党的历史和革命传统、改革开放和中国特色社会主义的伟大成就，汲取党史、新中国史、改革开放史、社会主义发展史所蕴含的精神力量，热爱伟大祖国、中华民族、中华文化、中国共产党和中国特色社会主义，为自己是中国人而自豪。本作业从初中阶段设置的五大主题课程内容中，选取革命传统教育主题进行跨学科作业设计。通过永安革命文化设置情境，聚焦特定主题的多学科知识统整，深入融合相关学科的核心素养，坚持知、情、意、行综合评价标准，设计符合学生认知特点、具有时代和地方特色的跨学科作业，对学生进行革命传统教育和道德教育，强化学生的道德体验和社会实践，旨在增强学生的政治认同、社会责任感和担当意识，引导学生自觉为永安革命文化代言，立志做社会主义建设者和接班人，从而落实立德树人的学科根本任务。

我国道德与法治教育与语文、历史等学科历来有着密切的联系。我国古代的儒家经典，如《论语》《孟子》等，包含了丰富的道德教诲和法治理论，成为后世道德与法治教育的经典教材。古代的文学作品，如诗歌、散文等，不仅有着丰富的文化内涵，也反映了当时社会的政治、经济、文化状况。这些作品对于培养学生的文化素养和人文精神具有重要意义，同时也为道德与法治教育提供了生动的素材和情境。在现代教育中，道德与法治是立德树人的关键课程，而语文、历史等学科依然在培养和提升学生道德与法治核心素养上发挥着重要作用，这些学科之间的相互支持和渗透，为学生提供了全面而深入的学习体验，有助于他们更好地理解和践行道德与法治核心素养。永安作为中国三大抗战文化中心之一，是一座具有深厚的历史文化底蕴和丰富的革命文化资源的城市，值得人们深入了解和探索。由此，在本次作业中，我们遵循课程标准要求，在分析学情的基础上设计具有本土特色的跨学科作业，充分发挥跨学科学习的整体性育人优势，注重价值引领，让"思政红"成为最厚重、最鲜亮的底色。

本次跨学科作业设计融合道德与法治、语文、历史、地理等学科知识，以了解和探究本土红色革命文化为主线，坚持螺旋上升原则，注重作业设计的分层，让学生经历多样、个性化学习的全过程。

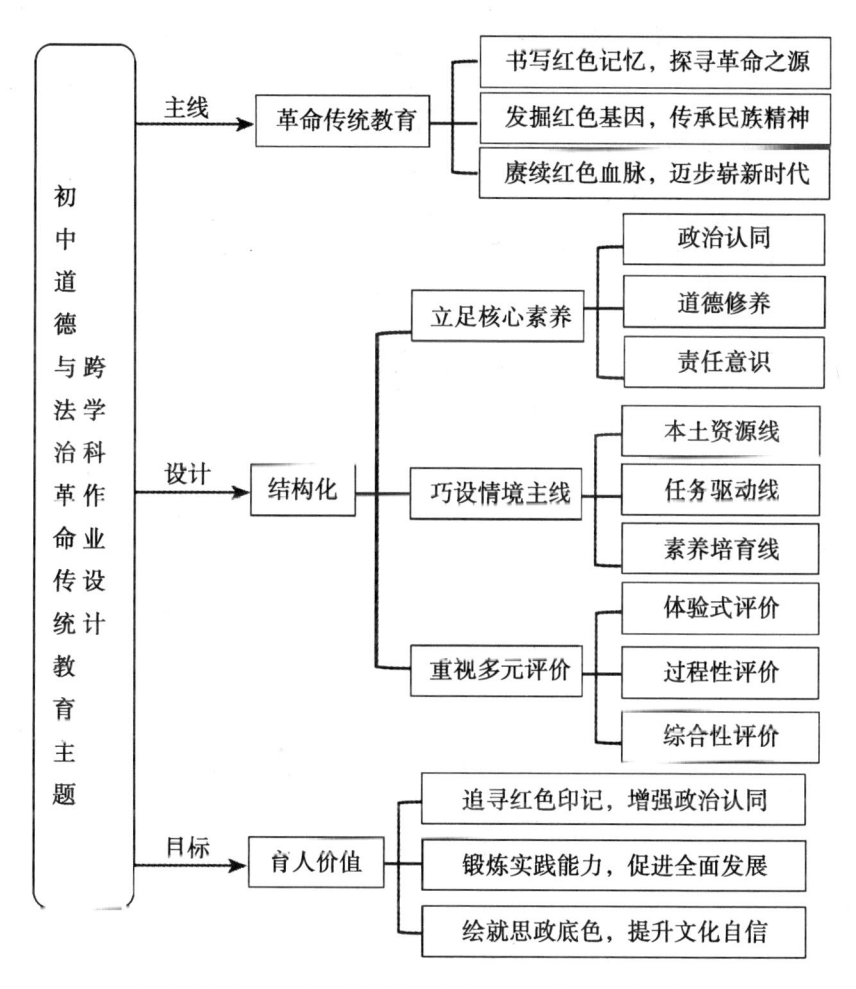

初中道德与法治革命传统教育主题跨学科作业设计结构图

- 初中道德与法治跨学科作业设计革命传统教育主题
  - 主线 → 革命传统教育
    - 书写红色记忆，探寻革命之源
    - 发掘红色基因，传承民族精神
    - 赓续红色血脉，迈步崭新时代
  - 设计 → 结构化
    - 立足核心素养
      - 政治认同
      - 道德修养
      - 责任意识
    - 巧设情境主线
      - 本土资源线
      - 任务驱动线
      - 素养培育线
    - 重视多元评价
      - 体验式评价
      - 过程性评价
      - 综合性评价
  - 目标 → 育人价值
    - 追寻红色印记，增强政治认同
    - 锻炼实践能力，促进全面发展
    - 绘就思政底色，提升文化自信

本次作业设计流程遵循育人视角下的道德与法治跨学科作业设计流程，具体如下。

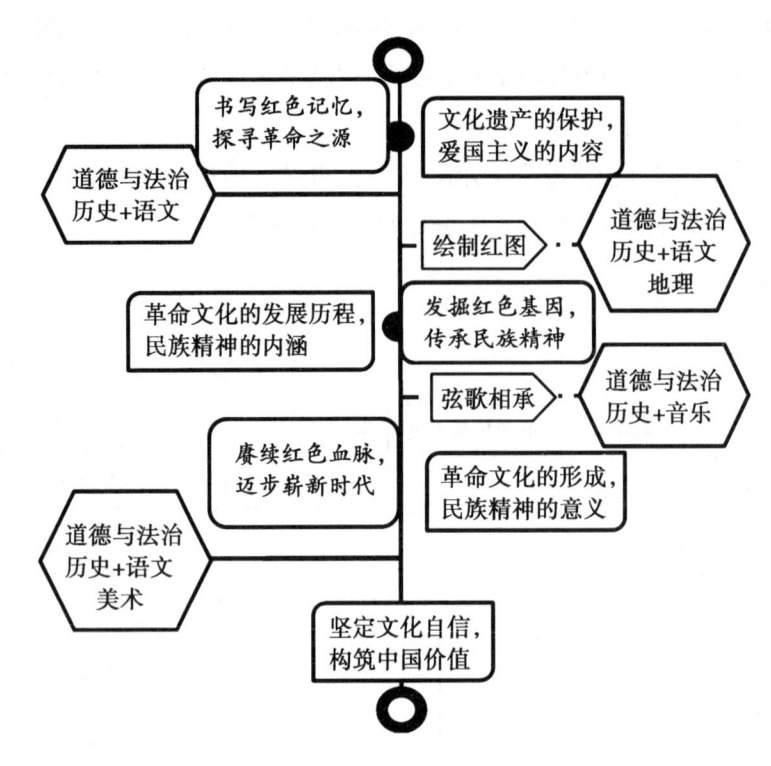

```
                              ○
              ┌─────────────────┐
              │ 书写红色记忆，  │   ┌─────────────────┐
              │ 探寻革命之源    │   │ 文化遗产的保护，│
    ┌──────┐  └─────────────────┘   │ 爱国主义的内容  │
    │道德与│                         └─────────────────┘
    │法治  │                                        ┌──────┐
    │历史+ │            ┌────────┐                  │道德与│
    │语文  │            │ 绘制红图│                 │法治  │
    └──────┘            └────────┘                  │历史+ │
                                                    │语文  │
    ┌─────────────────┐  ┌─────────────────┐        │地理  │
    │ 革命文化的发展历程，│ │发掘红色基因，   │       └──────┘
    │ 民族精神的内涵     │ │传承民族精神    │
    └─────────────────┘  └─────────────────┘
                                                    ┌──────┐
                          ┌────────┐                │道德与│
                          │ 弦歌相承│               │法治  │
                          └────────┘               │历史+ │
                                                    │音乐  │
    ┌─────────────────┐  ┌─────────────────┐        └──────┘
    │ 赓续红色血脉，   │  │ 革命文化的形成，│
    │ 迈步崭新时代    │   │ 民族精神的意义  │
    └─────────────────┘  └─────────────────┘
    ┌──────┐
    │道德与│
    │法治  │
    │历史+ │          ┌─────────────────┐
    │语文  │          │ 坚定文化自信，  │
    │美术  │          │ 构筑中国价值    │
    └──────┘          └─────────────────┘
                              ○
```

初中道德与法治革命传统教育主题跨学科作业设计流程图

本次作业为跨学科作业，从一维空间走向多维空间，打破学生学习的边界束缚，实现跨学科融合，建构起道德与法治学科革命传统教育学习与社会生活之间的联系。在设计上，通过立足本土红色文化资源，结合学生生活中有意义的话题或问题，采用多样化作业设计形式，如主题式作业、项目式作业、实践式作业等，为学生提供更加广阔的实践空间，尊重学生个体差异，为个性化、创造性学习创设有利条件，引导学生认识红色革命文化，提升理论联系实际、解决生活问题的能力，进而增强对中华民族精神的认识，践行爱国精神，厚植家国情怀，从而充分发挥作业的教育、评价、诊断的功能。

二、作业设计

（一）书写红色记忆，探寻革命之源（必做题）

1. 永安是福建省中央苏区县之一，在这片红色土地上，中国工农红军建立了苏维埃红色政权，留下了可歌可泣的革命故事。许多红色诗词见证、记录了这段历史，传播了红色文化，传承着红色精神。请写出一句或一首描写革命的诗词，并分析其所展现的品格和精神。

	展现的品格和精神:
＿＿＿＿＿＿＿＿＿	

完成时间：课堂 3 分钟。

【评价标准】

水平 3：能写出较多的革命诗词，并能准确指明其所展现的品格和精神。

水平 2：能写出有关的革命诗词，并能简单指明其所展现的品格和精神。

水平 1：能写出一句关于革命的诗词，但对其所展现的品格和精神表达模糊。

【设计说明】

材料出处	今日永安网。
设计意图	基于本地红色革命材料，请学生运用历史学科的史料分析、事件解读等素养，对收集到的资料进行深入地分析和解读，以理解当时的历史背景、社会环境。引导学生借助语文学科的素养，如文本解读、写作技巧等，对红色革命的历史内容进行有效的呈现和表达；用道德与法治学科的道德思维和政治思维，了解、关心家乡的红色文化，培养政治认同核心素养与家国情怀。
检测知识	古诗词和爱国主义的内容。
考查能力	归纳、抽象、综合分析的逻辑思维能力。
难易程度	容易。
适用类型	预习作业，课前作业。

2. 永安——中国三大抗战文化中心之一，《中国工农红军北上抗日宣言》在此发布，这里的每一砖每一瓦都见证着伟大与光荣。请你为永安设计一张红色名片（形式不限，要求体现永安的红色文化）。

【评价标准】

水平 3：原创设计，主题准确深刻，版式独特，色调和谐，画面完整，抗战文化内涵丰富，语言表达条理清晰、生动富有感染力。

水平 2：主题突出鲜明，版式图文并茂，色调统一，文字说明有宣传本土抗战文化特色，基本表达准确。

水平 1：主题有基本呈现，版式单调，文字说明包含一定的红色文化元素，书写基本准确。

【设计说明】

材料出处	福建共青团网。
设计意图	本题需要通过网络查找、采访等方式搜集永安的红色文化资料，要求学生能够将信息和资料加以整合运用，利用真实的史料来判断信息的真实性与可靠性，整理重大事件，形成对本地红色革命历史的整体认识。要求学生发挥语文学科的语言表达素养，规范语言描述，分析史料，结合美术学科的创意实践素养解决生活中的真实问题，这有利于培育学生的学科核心素养和综合分析的逻辑思维能力，渗透家国情怀教育，引导学生坚定正确的政治方向。
检测知识	保护文化遗产、爱国主义。
考查能力	整合学科知识的实践能力、演绎与具体化的逻辑思维能力、创新思维能力。
难易程度	容易。
适用类型	自主探究性作业。

（二）发掘红色基因，传承民族精神（选做题）

3.

项目化作业一	
项目主题	绘制红图——邀你"一探究竟"。
驱动性问题	如何跟着红色地图深悟中华民族精神？
项目实施	小组合作：设计永安红色文化遗址参观路线图，并选取一处遗址，编写介绍词，体会中华民族精神的内涵。
设计指导	红色文化遗址是中华民族文化的重要象征，代表了中华民族特有的文化成就与精神内涵，具有独特的历史、文化和艺术价值。通过参观红色文化遗址，人们可以了解历史，传承文化，拓宽知识面，培育文化素养和爱国主义精神。可以拍摄微视频对红色文化遗址进行介绍。

4.

项目化作业二	
项目主题	弦歌相承——重温峥嵘岁月。
驱动性问题	如何跟着红歌探寻中华民族精神？
项目实施	小组合作：搜集永安流传的红色歌曲，学会唱诵，体会其中蕴含的中华民族精神内涵。
设计指导	歌曲是人民群众喜闻乐见的艺术展现形式。经典红歌旋律优美，歌词朗朗上口，传唱度极高。通过搜集歌曲，探究这些歌曲的创作背景，学生可以更加深刻地感知革命历史。可以拍摄歌曲唱诵视频记录活动过程。

完成时间：周末。

【评价标准】

水平3：参观路线设计发挥创新和实践能力，路线图清晰明了且契合革命主题。介绍词文字表达丰富有趣，专业术语运用恰当，内容流畅，逻辑清晰，运用适切。（或选择的歌曲歌词富有寓意且契合革命主题，旋律优美，团队唱诵流畅整齐、感染力强。）

水平2：路线图基本清晰明了，介绍词文字表达准确，有运用学科专业术语，语言连贯流畅。（或歌词基本能表达革命主题，团队唱诵较流畅。）

水平1：能完成路线图设计，介绍词包含一定的学科知识，简单展示介绍词。（或歌词包含革命元素，团队唱诵能顺利完成。）

【设计说明】

材料出处	原创。
设计意图	从现实生活中的真实问题出发，围绕具体项目分组协作，以开放式架构，挖掘传承点、创新点、融合点，引导学生进行学习成果展示。本作业涉及运用语文学科的写作素养、语言表达素养、文化意识，运用地理学科知识进行实地考察，运用创新思维进行音乐表演。本作业有助于培养学生在做中学、学中悟，在跨学科融合教育中坚定文化自信，实现健全人格和责任意识核心素养培养。
检测知识	革命文化形成过程和民族精神的内涵。
考查能力	政治思维、运用跨学科知识解决问题的能力、创新思维能力。
难易程度	中下。
适用类型	实践合作类。

（三）赓续红色血脉，迈步崭新时代（必做题）

5. 为深入贯彻落实《国务院关于新时代支持革命老区振兴发展的意见》，以红色旅游推进文化自信自强，请你为家乡永安代言，设计一份红色文化主题海报并阐述设计寓意。

要求：内涵丰富、特色鲜明、创意新颖。

海报：	设计理念：

完成时间：周末。

【评价标准】

水平3：创意独特新颖；题材健康，主题鲜明，设计理念能贴切地展现中华红色文化；

画面美观，布局合理；成果展示能融合不同学科知识且表现形式丰富；团队活动计划详细，执行计划有序，成员分工明确并高效默契地完成任务。

水平2：有创意但不够新颖；选材健康，设计理念与红色文化主题相符；画面清晰，布局较好；成果展示有融合不同学科知识；团队活动基本按计划完成，成员基本能按要求完成任务。

水平1：参考他人的创意；画面比较清晰，有大致的布局结构；设计理念基本符合要求且有一定的价值引领；团队成员有分工，能按时完成任务。

【设计说明】

材料出处	腾讯新闻网。
设计意图	通过活动驱动的方式，引导学生在实践中运用历史学科核心素养，对收集到的资料进行分析和整理，形成对红色革命历史的整体认识和个体见解；基于对历史的了解，结合各种美术手段，营造视觉效果，表达思想和情感。在创作过程中，不断锤炼学生语言运用、审美创造的语文学科核心素养，引导学生认识不同学科在研究红色革命文化中的相互关联和作用，培养跨学科学习的意识和能力，激发学生的家国情怀和社会责任感，培养他们成为有理想、有担当的新时代青年。
检测知识	坚定文化自信和构筑中国价值。
考查能力	对红色革命文化的自信，政治思维、整体性思维和发散思维。
难易程度	中下。
适用类型	实践合作类。

三、作业点评

本作业基于新课标中第四学段"革命传统教育"主题课程内容要求进行整体设计，以立德树人为根本目标，以初中道德与法治课程核心素养为导向，立足于"双减"背景下的课堂教学实际，以教材为依据，参照学业质量标准，设计大单元跨学科作业。

在设计中，一是挖掘本土文化资源，助力学生成长。将永安革命文化与教材内容进行整合，采用主题式和项目式学习方式，对零散、点状、割裂的革命传统教育内容进行统整与重构，推动学生综合运用学科知识开展实践活动。

二是多学科融合，凸显核心素养培养。本作业打破学科间的壁垒，加强学科间的互通互联，将道德与法治和历史、语文、地理、美术、音乐等学科进行有机整合，帮助学生建立跨学科知识体系，引导学生认识红色革命文化，了解中华民族精神内涵，践行爱国精神，培养学科素养。

三是设计多样化活动，培养综合实践能力。通过设计趣味化、多样化、多层次的跨学科作业，提供个性化的学习路径，支持学生的个性化发展，突破学生学习的边界，为学生提供更广阔的实践空间，促进学生综合实践能力的提升。

四是优化评价方式，促进全面发展。本作业评价把过程性评价和结果性评价相结合，既注重成果展示，也关注学生的参与过程，评价内容覆盖全面，能够准确反映学生的素养发展水平，这样的评价方式，不仅促进了学生对学习内容的深入理解与掌握，更激发了他们的学习兴趣与潜能，为他们的全面发展奠定了坚实的基础。

（点评人：福建省普通教育教学研究室　林顺华）

体验福船之旅，延续文化血脉
——初中道德与法治文化专题跨学科综合性作业

郑燕妹　周一敏　陈婷婷　叶小燕/厦门市湖里中学

一、作业设计思路

《义务教育课程方案（2022年版）》中指出，要积极开展主题化学习等综合性教学活动，加强课程内容与学生经验、社会生活的联系，强化学科内知识整合，统筹设计综合课程和跨学科主题学习，强化课程协同育人功能。《义务教育道德与法治课程标准（2022年版）》中要求，要坚持学科逻辑与生活逻辑相统一，主题学习与学生生活相结合，以学生的真实生活为基础，引导学生发现问题、分析问题、解决问题，提升道德理解力和判断力。基于此，本作业设计以"体验福船之旅，延续文化血脉"为学习主题，有机整合中华优秀传统文化与社会主义先进文化，立足学生真实生活进行多样化情境创设，以探寻福船文化的大任务驱动学生主动探究，深度融合道德与法治学科知识和语文、历史、劳动、美术、信息科技等多学科的知识，指导学生进行综合性学习。

建构主义学习理论认为，知识是学习者在一定情境下，借由他人的帮助，利用必要的学习资料，通过意义建构的方式获得的。基于这一理论，本作业设计以福船文化为抓手，将学生置于"非遗福建""创新福建""开放福建"的不同主题情境中，引导学生借助教师提供的多样化学习资料，通过自主探究和小组合作的方式完成学习任务，让作业充分发挥育人价值。

本作业设计涉及道德与法治统编版教材九年级上册《守望精神家园》与九年级下册《与世界深度互动》中的中华文化的特点与价值、传承与创新中华文化、文化交流互鉴等相关知识。《义务教育道德与法治课程标准（2022年版）》中第四学段的"学段目标"包括：体会中华文化的源远流长与博大精深，弘扬民族精神，具有强烈的中华民族自豪感，坚定文化自信；理解社会主义核心价值观的内涵及其重要意义，在日常生活和社会活动中自觉践行。基于此，本作业设计了福船文化的四大探究环节，通过道德与法治跨学科作业的主题化学习，努力实现立德树人根本目的。

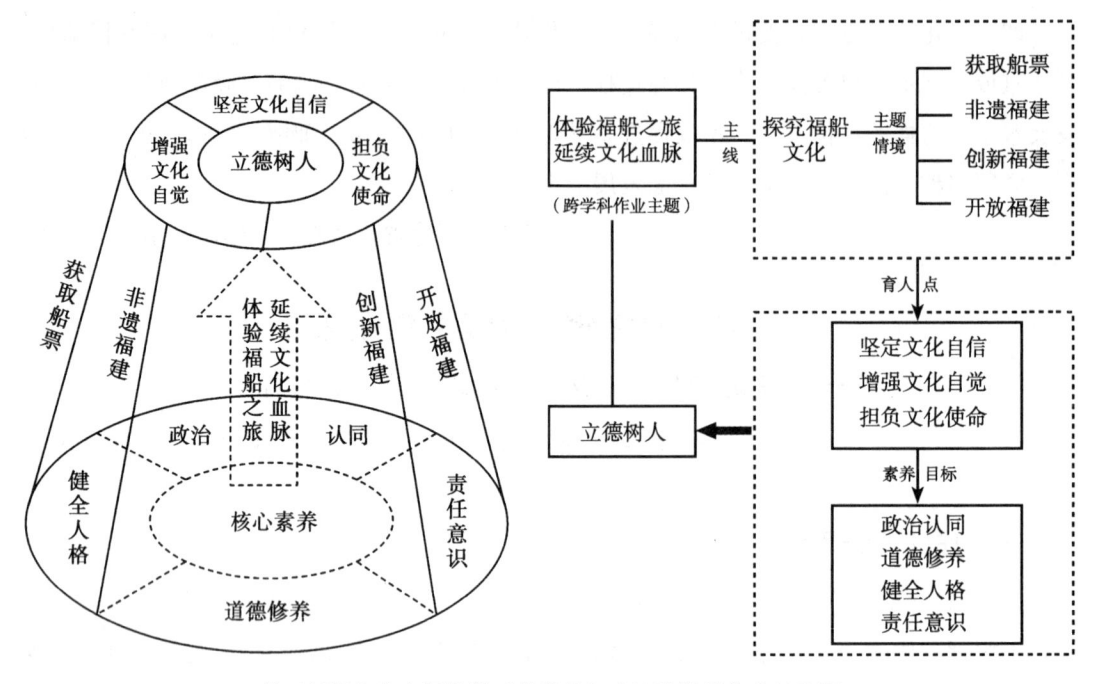

基于福船文化主题化学习的道德与法治跨学科作业结构图

本作业设计旨在引导学生在福船文化主题化学习的过程中,增强多学科知识的迁移运用能力,发展多学科的核心素养。在"获取船票"环节中,通过观察"船"字的演变过程领略汉字之美,感受中华文化的博大精深,发展史料实证、图像识读、美术表现素养;在"非遗福建"环节中,通过撰写辩论稿,提高思维能力,培育史料实证素养,深化政治认同;在"创新福建"环节中,通过设计福船文创作品,传承与创新中华文化,提高审美能力,开展创意实践,弘扬创新和劳动精神;在"开放福建"环节中,通过录制"假如文物会说话"短视频,增强责任意识,涵养家国情怀,强化语言运用,提升数字化学习能力与创新素养。

本作业设计具有综合性、情境性、实践性、发展性等特点。通过跨学科综合性作业内容,运用历史、美术、语文、劳动、信息科技等其他学科知识,融通培养和发展学生的核心素养。作业设计聚焦"体验福船之旅,延续文化血脉"主题,创设了校园辩论赛、文创产品设计赛、文化印记展览等贴近学生实际和社会生活的真实情境,引导学生在文化探究之旅中解决真实问题,通过实践参与强化体验,体悟文化魅力,坚定文化自信。同时,依据发展性评价理念设计评价量表,重视过程性评价,通过多元评价指标的创设鼓励学生发挥创造性和团队合作能力,充分发挥以评导学功能,有利于促进学生全面发展。

二、作业设计

福船是中国"四大古船"之一,是福建沿海一带尖底海船的统称。其性能优良、装载力一流的秘诀在于采用"水密隔舱福船制造技艺"。此技艺现已入选联合国教科文组织发布的"急需保护的非物质文化遗产名录"。

《唐船图》中所绘的福州造南京出船

(一) 获取船票

1. 下图是"船"字的演变过程,这体现出我国拥有（   ）

| 甲骨文 | 金文 | 篆文 | 隶书 | 楷书 |

A. 浩如烟海的文化典籍　　　B. 名扬世界的科技工艺
C. 异彩纷呈的文学艺术　　　D. 独具特色的语言文字

【参考答案】D

【设计说明】

材料出处	《图解字典》。
设计意图	通过汉字"船"的演变,考查对中华文化特点的理解,有助于学生提高分析能力,培育政治认同。
检测知识	我国独具特色的文化,"中华文化的特点"的相关知识。
考查能力	分析问题和史料实证的能力;调用美术学科"有创意的字"等知识,进行审美创造、图像识读的能力。
难易程度	容易。
适用类型	基础性作业。

(二) 第一站：非遗福建

2. 在科技高速发展的现代,堪称中华绝技之一的"水密隔舱福船制造技艺"陷入传

155

承困境。在此背景下我校拟举办辩论赛，辩论队选拔公告如下，请你参加。

辩论队选拔公告

【活动目的】

　　了解非遗文化，感受科技魅力，提高思辨能力，深化文化认同，展现青春风采，丰富校园生活。

【活动内容】

　　以"我们更应引以为傲的是中国古代技艺还是现代科技？"为辩题，任选一方观点，准备辩论稿进行开篇陈词。

【选拔方式】

　　现场评委打分，最终选拔四位优秀辩手参加校园赛。

【时间地点】

　　时间：道德与法治课

　　地点：教室

【评价标准】

本题采用等级评价。

等级	等级描述
A 等级	①论点明晰，论据丰富，体现史料论证。 ②分析有说服力，逻辑清晰，体现思维能力和语言运用能力。 ③体现传统文化与现代科技的融合，具有文化创新意识，坚定文化自信，体现政治认同。
B 等级	①论点明晰，语言准确，能从文化角度论证，缺乏逻辑性和条理性。 ②单方面论述传统文化或现代科技的重要性，缺乏辩证思维。
C 等级	①论点不明，论据不充分。明显缺乏逻辑性和语言准确性。 ②缺乏正确的文化观。
D 等级	①应答与题目无关。 ②表述错误或没有应答。

【设计说明】

材料出处	央视纪录片《非遗里的中国》、道德与法治统编版教材九年级上册 P59 "探究与分享"。
设计意图	通过非遗传承困境的素材创设辩论赛的情境，检测传承与创新中华文化的知识，引导学生锻炼辩证思维能力，增进文化自信，培育家国情怀。
检测知识	中华文化的创造性转化与创新性发展的相关知识。
考查能力	辩证思维能力、史料实证能力、语言运用能力。

续表

难易程度	中等。
适用类型	综合运用型作业。

（三）第二站：创新福建

3. "'有福器，创未来'——福建省文化创意设计大赛"火热启动，现面向全社会发出作品征集邀请。学校拟选送优秀作品参与评选，请你以"福船文化传承"为主题设计文创产品，并阐明设计理念。

要求：

(1) 提交内容：实物作品、80字以内的设计理念（写在A4纸上）。

(2) 提交时间：两周后。

(3) 作品积极向上、原创、美观、实用，可参考下图示例。

钥匙扣 　　　冰箱贴 　　　福船模型

【评价标准】

"非遗文创作品"评价量表

评分维度	具体要求	分值	自我评价（30%）	小组评价（30%）	教师评价（40%）	得分
文创作品	①福船元素运用得当，展现非遗文化特色	10分				
	②视觉效果好，具有审美感知，体现美术表现	10分				
	③设计创意新颖、独特，体现创意实践	10分				
设计理念	①充分展示福船文化内涵，体现政治认同	10分				
	②具有语言表现力	10分				

【设计说明】

材料出处	福建省艺术馆。
设计意图	本题任务设计贴合生活，让学生在设计福船主题的文创作品中了解福船文化，检测传承与创新中华文化的相关知识点，有助于提高创新能力，培育政治认同，强化担当精神，做到融知识、情境、素养于一体。

续表

检测知识	中华文化的特点、传承与创新中华文化的方法的相关知识。
考查能力	创新能力、劳动能力、思维能力、语言表现力。
难易程度	中等。
适用类型	实践性作业。

（四）第三站：开放福建

4. 2023年5月18日，福建博物院"福航天下——海上丝绸之路的文化印记"展览开展。在此背景下学校开展短视频征集活动，请你参与。

"假如文物会说话"短视频征集

请登录福建博物院官方网站，浏览了解"福航天下"展览馆藏展品，选择其中一件文物的故事，运用拟人手法，录制原创短视频。

展厅一"碧涛帆影"：明永乐十七年"西洋"铭文金锭……

展厅二"东方雅集"：定窑白釉划莲花纹钵、建窑黑釉酱斑纹盏……

展厅三"远来物华"：鎏金铜熏炉、孔雀蓝釉陶瓶……

展厅四"和合共生"：菱花打马球纹铜镜、越窑青釉八棱瓶……

【要求】

(1) 合作形式：每组6～8人，分工明确（标注人员分工）。

(2) 视频时长：3～5分钟。

(3) 视频格式：mp4或avi格式。

(4) 提交时间：两周后。

【评价标准】

"假如文物会说话"短视频评价量表

评价维度		评价要点	分值	自我评价(30%)	小组互评(30%)	教师评价(40%)	总得分
过程性评价	小组合作表现（30分）	分工明确，成员积极参加本组活动，主动承担任务	10分				
		成员间认真对待彼此的建议，有选择性地接受，改进做法，体现理性平和的品质	10分				
		团结协作，展现友爱互助精神	10分				

158

续表

评价维度		评价要点	分值	自我评价(30%)	小组互评(30%)	教师评价(40%)	总得分
结果性评价	内容层面（40分） 主旨内容	紧扣主题，体现政治认同、责任意识	20分				
	内容层面（40分） 剧本创意	叙事手法丰富，切入点巧妙，文学底蕴深厚，体现语言运用与思维能力素养	10分				
	内容层面（40分） 人物表现	台词生动流利，着装符合角色，表演自然	10分				
	技术层面（30分） 后期剪辑及效果	画面清晰，音质流畅，镜头顺畅，配乐有感染性，展现美术表现、数字化学习与创新能力	30分				

【设计说明】

材料出处	福建博物院官网。
设计意图	本题通过设置真实情境、开放性任务，考查学生对文化交流互鉴知识的运用能力，鼓励学生讲好中国故事，提升实践创新能力，培育责任意识、政治认同等核心素养，以及健全人格中的理性平和、友爱互助品质。
检测知识	文化多样性、对待人类文明的正确态度、推动文化交流互鉴的意义等知识点。
考查能力	团队协作能力、综合实践能力、历史解释能力、语言运用能力、数字化学习与创新能力。
难易程度	难。
适用类型	实践性作业。

三、作业点评

本作业设计以"体验福船之旅，延续文化血脉"为学习主题，有机整合中华优秀传统文化与社会主义先进文化，通过"获取船票""非遗福建""创新福建""开放福建"四个环节，引导学生借助教师提供的多样化学习资料，自主探究、小组合作，完成学习任务。

（一）融入情境：主题式学习赋能素养

本作业设计以探寻福船文化为主线，创设真实、可实践的复杂情境，要求学生参与"延续文化血脉"主题式学习，引导学生在"获取船票""非遗福建""创新福建""开放福建"四大主题情境中分别进行自主学习与合作探究，体会中华文化的源远流长和博大精深，有利于培养学生坚定文化自信，深化政治认同，发展道德修养和责任意识，实现深度学习。

（二）融入路径：多学科融合培育素养

本作业设计着力于讲好中国故事，充分调动学生的语言表达能力、思辨能力、想象能力等，着重发展学生的深度思维和高阶能力。在系统整合道德与法治学科中中华文化相关知识基础上，巧妙融合了语文、历史、美术、信息科技、劳动等学科知识能力，进一步引领学生培养语言运用素养、家国情怀、审美判断能力、信息化工具使用能力、劳动观念与能力等。这样的作业设计打破了学科壁垒，充分尊重学生的主体性地位，促进多学科知识的融会贯通，重视与生活实践的有机结合，促进知行合一。

（三）融入评价：多元化评价激活素养

本作业设计能依据具体的情境任务，立足正确价值观、必备品格和关键能力的培育，从价值观、语言表达、信息技术使用、知识点综合运用、合作探究等方面多元设计评价量表。对学生进行的过程性评价和结果性评价，能较好地关注学生的个性化差异，关注到学生独立思考能力、合作沟通能力、分析解决问题能力、创新能力、表现力和实践能力的培养，以多元化评价促进素养落地。

（点评人：福建省普通教育教学研究室　林顺华）

历史

行走烟台山，寻找老建筑里的近代记忆

余美娟　倪颖　杨春敏　陈颖昇/福州格致中学鼓山校区

一、作业目标和设计思路

（一）作业目标

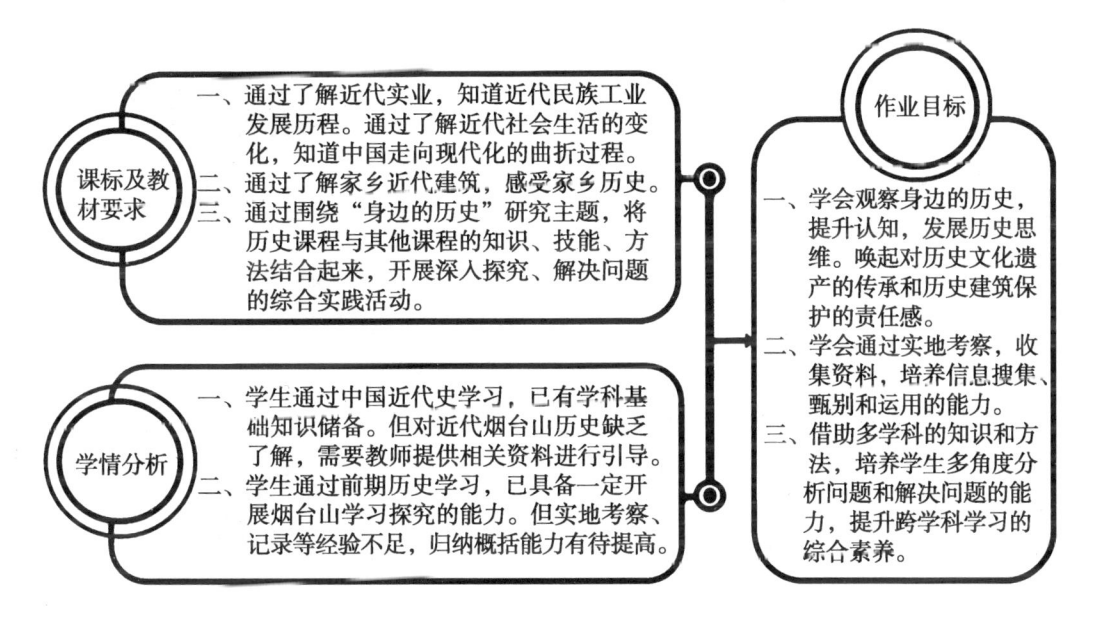

课标及教材要求
一、通过了解近代实业，知道近代民族工业发展历程。通过了解近代社会生活的变化，知道中国走向现代化的曲折过程。
二、通过了解家乡近代建筑，感受家乡历史。
三、通过围绕"身边的历史"研究主题，将历史课程与其他课程的知识、技能、方法结合起来，开展深入探究、解决问题的综合实践活动。

学情分析
一、学生通过中国近代史学习，已有学科基础知识储备。但对近代烟台山历史缺乏了解，需要教师提供相关资料进行引导。
二、学生通过前期历史学习，已具备一定开展烟台山学习探究的能力。但实地考察、记录等经验不足，归纳概括能力有待提高。

作业目标
一、学会观察身边的历史，提升认知，发展历史思维。唤起对历史文化遗产的传承和历史建筑保护的责任感。
二、学会通过实地考察，收集资料，培养信息搜集、甄别和运用的能力。
三、借助多学科的知识和方法，培养学生多角度分析问题和解决问题的能力，提升跨学科学习的综合素养。

（二）设计思路

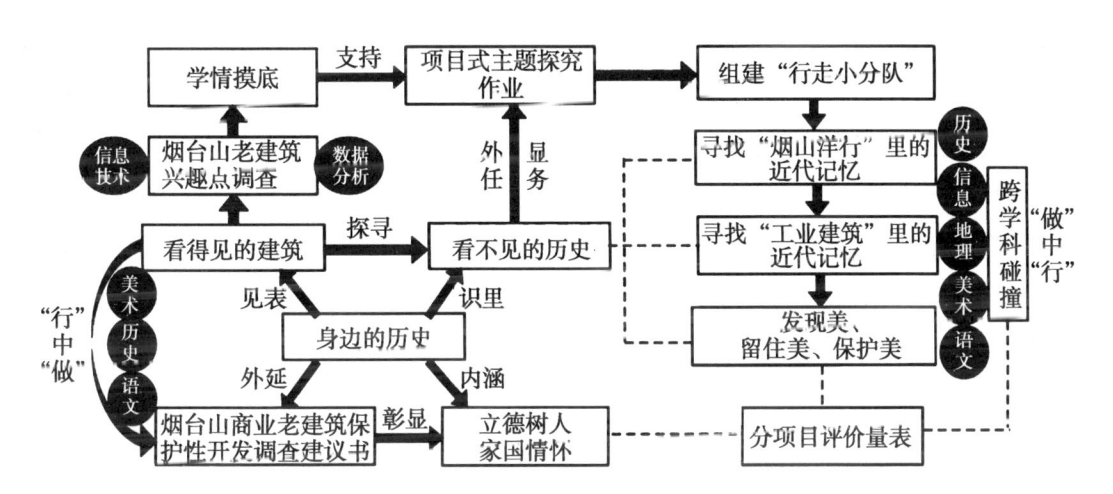

二、作业设计

课前项目调查：关于"行走烟台山"，你准备好了吗？

福州烟台山地区留存着许多近代老建筑，被称为"万国建筑博物馆"。它们历经岁月的更迭，承载着烟台山的历史。现在，让我们开启一场"行走烟台山"之旅，共同探寻老建筑里的福州近代记忆。

请同学们先完成"行走"前的小调查。

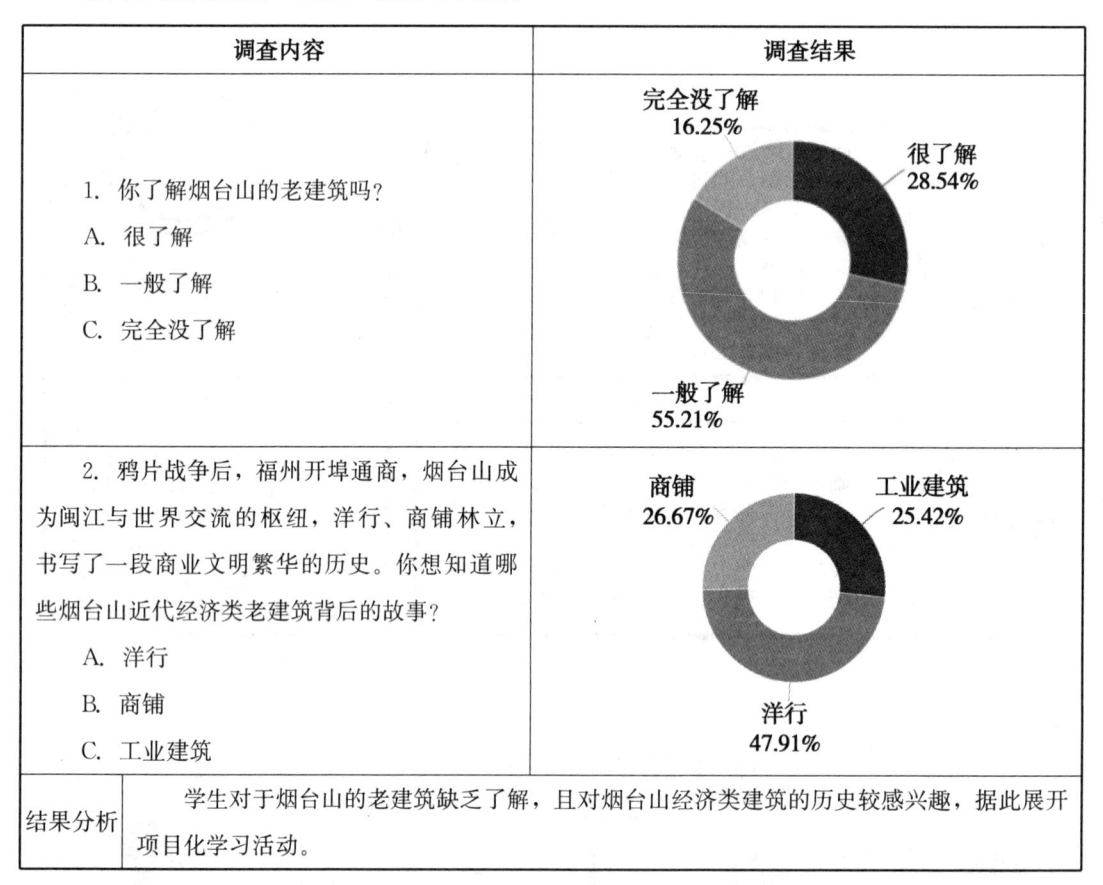

调查内容	调查结果
1. 你了解烟台山的老建筑吗？ A. 很了解 B. 一般了解 C. 完全没了解	完全没了解 16.25% 很了解 28.54% 一般了解 55.21%
2. 鸦片战争后，福州开埠通商，烟台山成为闽江与世界交流的枢纽，洋行、商铺林立，书写了一段商业文明繁华的历史。你想知道哪些烟台山近代经济类老建筑背后的故事？ A. 洋行 B. 商铺 C. 工业建筑	商铺 26.67%　工业建筑 25.42% 洋行 47.91%
结果分析	学生对于烟台山的老建筑缺乏了解，且对烟台山经济类建筑的历史较感兴趣，据此展开项目化学习活动。

【设计说明】

材料出处：自制问卷。

设计意图：项目化学前准备，依托调查问卷的大数据，摸底学生兴趣的方向，便于开展学习。

作业类型：课前调查。

检测知识：身边的历史。

能力方法：问卷调查法。

作业难度：简单。

项目化任务:"行走烟台山"——寻找老建筑里的近代记忆

请同学们以 6 人为单位,组成"行走烟台山"小分队,发挥集体的智慧,完成挑战项目,共同探寻烟台山老建筑里的近代经济记忆。

项目一:寻找"烟山洋行"里的近代记忆

材料一 五口通商后,福州烟台山涌现出各个国家、各种风格的西式建筑,按功能分类大体可以分为洋行、商行建筑、领事馆建筑、宗教建筑等。烟台山的洋行、商行集中在泛船浦至仓前一代,早期的洋行建筑大多采用洋房式风格,大多集办公、居住为一体设计,后逐渐办公与居住分开,并且带有仓库、庭院,开始采用外廊式建筑风格。

——摘编自陈泽宇、丁铮《"五口通商"背景下福州烟台山近代建筑建设与发展》

材料二 这些国家的商人在不平等条约的庇护下纷纷在仓前山开洋行,至清末仓前山有 30 多家洋行,年出口贸易总值达 1500 万两白银以上,仓前山成了福州的外贸基地,茶叶出口量最高年达 100 多万担。

——摘编自《烟台山史话》

材料三 洋商操纵茶之出口,一为洋行办理;二为外国茶厂直接输运出口。

无论用何方法出口,决定茶价之权,几于完全操诸洋行之手;普通茶商不能坚持,固无论矣,即一般茶栈,资力价格,亦常受洋行抑勒;盖自己不能直接出口,即终不免受外人之操纵也。

——摘编自武堉幹《中国国际贸易概论》

(必做)任务一:学习小组通过平板里的资料包,结合材料一选择 1—2 个洋行查找图文资料,以表格的形式呈现洋行的信息,如修建者、建筑特色、功能等,并在此基础上为其中一个洋行绘制名片。

(提示:①资料包位置:平板桌面——烟台山文件夹;②表格可参考下表,名片制作可绘制简图,要求:图文并茂,能体现各洋行自身特色)

名称	洋行图片	信息
三丰洋行		位于泛船浦大岭顶(今观海路)。日本商人修建,码头接近夏奥尼式,采用砖石结构,西式四坡顶,底层半地下室,设有通气孔。

(选做,4 选 1)任务二:根据材料二、三,概括当时闽商面临的困境,根据这些素材,请结合当时的历史背景:

1. 为当时的闽商设计 2~3 句宣传词，并用文字说明广告词的依据、特色等，字数 200 字左右。

2. 为当时的闽商设计一块广告牌图案，长宽比为 3∶1 或 4∶1，有明显的识别度，图文并茂，并简要说明广告牌的设计理念，字数 200 字左右。

3. 为当时的闽商写一份市场宣传方案，注意语言规范、标题清晰，内容简洁，措施可实施，字数 200 字左右。

4. 选择一位闽籍茶商以视频的方式介绍他的事迹，时长 5 分钟左右。

（建议：可以向美术、语文、历史、信息科技等学科教师了解广告宣传词、广告牌等方式的注意事项）

【评价量表】（任务一）

评价要求	个人自评	小组互评	教师评价
主题信息明确，图文资料齐全。	☆☆☆☆☆	☆☆☆☆☆	☆☆☆☆☆
基于史料多角度、准确归纳。	☆☆☆☆☆	☆☆☆☆☆	☆☆☆☆☆
语言表述简明扼要、语句优美。	☆☆☆☆☆	☆☆☆☆☆	☆☆☆☆☆
设计方式新颖，凸显洋行特色。	☆☆☆☆☆	☆☆☆☆☆	☆☆☆☆☆

【评价量表】（任务二）

评价项目	评价要求	个人自评	小组互评	教师评价
团队组建	团队分工明确，计划完备，能积极思考、主动参与。	☆☆☆☆☆	☆☆☆☆☆	☆☆☆☆☆
探究过程	团队高度协作，记录完备，积极解决问题。	☆☆☆☆☆	☆☆☆☆☆	☆☆☆☆☆
内容设计	设计方案的文字说明（视频内容）符合历史背景，并能结合茶商的困境，如洋行操控茶叶市场、自身实力薄弱等内容。	☆☆☆☆☆	☆☆☆☆☆	☆☆☆☆☆
成果展示（内容详实，成果与活动任务具有一致性）	宣传词等：语言规范、标题清晰，内容清晰、简洁，措施具有可行性。	☆☆☆☆☆	☆☆☆☆☆	☆☆☆☆☆
	广告牌：画面比例协调，图文简洁，体现品牌主题和功能，辨识度高。	☆☆☆☆☆	☆☆☆☆☆	☆☆☆☆☆
	视频：清晰、流畅，画面切换自然，亮度合理，主题独特、分明。	☆☆☆☆☆	☆☆☆☆☆	☆☆☆☆☆

续表

总评（任务一十二）	30～40颗：优秀 20～29颗：良好 8～19颗：合格	30～40颗：优秀 20～29颗：良好 8～19颗：合格	30～40颗：优秀 20～29颗：良好 8～19颗：合格

【设计说明】

材料出处：

1. 平板桌面——烟台山文件夹中的素材来自：①福州市建筑志编纂委员会编：《福州市建筑志》，北京：中国建筑工业出版社，1993年。②朱永春：《福州近代建筑史》，北京：科学出版社，2017年。③仓山区建筑工程局编制办：《福州仓山建筑志》，1993年编制。④池志海绘：《仓山老洋房探寻之旅》，福州：海峡文艺出版社，2012年。⑤池志海编著：《旧时山馆：福州烟台山影像志》，福州：海峡文艺出版社，2022年。

2. 材料二出自福州市政协文史资料委员会编：《烟台山史话》，福州：海峡书局，2014年，第37页。

3. 材料四出自武堉幹：《中国国际贸易概论》，上海：商务印书馆，1932年，第584页。

设计意图：通过烟台山上的经济类老建筑着眼，引导学生收集资料，透过建筑分析其体现的时代特征。引导学生调动历史、美术、语文、信息科技、地理等知识，探寻福州在五口通商后经济近代化的脚步，培养学生综合学科素养，厚植家国情怀。

作业类型：综合应用性。

完成时长：2～3周。

作业参数：

检测知识	能力	方法	作业难度
历史：鸦片战争、列强入侵的影响	时空观念、史料实证、历史解释	调查法、文献法、研究法	中等
地理：地形、水源、交通、聚落的发展保护	区域认知、地理实践力		
美术：如何欣赏建筑艺术	审美感知、文化理解		
语文：如何突出中心、讲述、如何抓住细节	语言构造、思维发展		
信息科技：网络、信息处理	信息意识、数字化学习与创新		

项目二：寻找"工业建筑"里的近代记忆

烟台山的洋行为扩大贸易，投资建厂，客观上也影响了烟台山近代工厂的建立，但是在城市发展进程中大多已经拆除，难以窥其原貌。请小分队选择一所福州烟台山地区的有代表性的近代工厂，收集资料，完成以下任务：

（必做）任务一：设计访谈稿或进行实地调查，综合收集的资料，用时间轴或思维导图梳理其发展历程。

（选做，2选1）任务二：

1. 根据所查找的资料，利用信息化手段，制作厂房复原图或模型。

建议：可以从建筑风格、功能、工艺、设备等角度绘制厂房复原图或制作厂房模型，并进行简要设计说明。

示例：

上海怡和纱厂修复

说明：经考证和研究，该厂早期建筑为维多利亚风格，清水红砖外观。整体结构为砖木结构，四坡屋顶，南立面设有外廊。结合旧照制作厂房复原图。

怡和纱厂旧照

一号楼厂房保护修复效果图

二号楼废纺车间更新效果图

2. 编写所选的近代工厂或企业家代表的创业故事剧本。

要求：用第一人称表述，时间信息准确、台词对白符合历史真实，文笔优美且语言表达准确，500字左右。

▲知识链接

1. 民国时期烟台山新设近代工厂（部分）：阜昌砖茶厂、迈罗罐头食品股份有限公司、福建造纸股份有限公司、民天食品厂、建华火柴厂。

2. 可获取信息的途径：

（1）文献史料：如，①卢美松主编：《福州通史简编》第八章相关内容，福州：福建人民出版社，2017年。②郑芳：《16个福州家族的百年家史》，福州：福建教育出版社，2017年。③郑有国：《闽商发展史·福州卷》，厦门：厦门大学出版社，2016年。④福州市建筑志编纂委员会编：《福州市建筑志》，北京：中国建筑工业出版社，1993年。⑤仓山区建筑工程局编制办：《福州仓山建筑志》，1993年编制。⑥朱永春：《福州近代建筑史》，北京：科学出版社，2017年。⑦池志海绘：《仓山老洋房探寻之旅》，福州：海峡文艺出版社，2012年。⑧池志海编：《旧时山馆：福州烟台山影像志》，福州：海峡文艺出版社，2022年。

（2）口述史料，你可以通过访谈的形式向身边的福州老居民获取相关信息。访谈前，小组每位同学列出访谈问题，在此基础上小组讨论汇总形成小组的访谈清单。

【评价量表】（任务一）

评价要求	个人自评	小组互评	教师评价
了解访谈或实地考察的注意事项	☆☆☆☆☆	☆☆☆☆☆	☆☆☆☆☆
访谈稿或实地考察表具有针对性	☆☆☆☆☆	☆☆☆☆☆	☆☆☆☆☆
活动过程中注意分工安排	☆☆☆☆☆	☆☆☆☆☆	☆☆☆☆☆
时间轴或思维导图内容完整		☆☆☆☆☆	☆☆☆☆☆

【评价量表】（任务二）

评价项目	评价要求	个人自评	小组互评	教师评价
团队组建	能够根据各自的特长选择活动任务形式且分工合理。	☆☆☆☆☆	☆☆☆☆☆	☆☆☆☆☆
探究过程	团队高度协作，记录完备，积极解决问题。	☆☆☆☆☆	☆☆☆☆☆	☆☆☆☆☆
成果设计	文字说明（剧本）内容有史料依据，语言简洁且逻辑清晰，模型结构或道具设定符合历史实际。 注意细节设计，如，模型的建筑风格、结构、功能；剧本故事情境完整，重点突出，人物形象生动。	☆☆☆☆☆	☆☆☆☆☆	☆☆☆☆☆
成果展示	模型或复原图具有艺术性、创造性，介绍时注意情感表达，语音清晰流畅。	☆☆☆☆☆	☆☆☆☆☆	☆☆☆☆☆
	表演完整，注意情感表达。	☆☆☆☆☆	☆☆☆☆☆	☆☆☆☆☆
总评（任务一+二）		30～40颗：优秀 20～29颗：良好 8～19颗：合格	30～40颗：优秀 20～29颗：良好 8～19颗：合格	30～40颗：优秀 20～29颗：良好 8～19颗：合格

【设计说明】

设计意图：

从商业建筑看历史，通过资料收集、实地走访，调查烟台山地区近代工厂状况，动手绘制厂房复原图，探寻福州近代工业建筑发展历程及特点。通过烟台山企业家的创业历程的讲述，认识近代民族工业的曲折发展，感悟企业家的家国情怀。

作业类型：探究拓展性。

完成时长：2~3周。

作业参数：

检测知识	能力	方法	作业难度
历史：近代列强入侵、近代民族工业发展	时空观念、史料实证、历史解释、家国情怀	调查法、文献法、行动研究法	难题
地理：地形、交通、聚落的发展保护	人地协调观、地理实践力		
信息：网络平台的技术工具、信息处理	计算思维、数字化学习与创新		
美术：如何欣赏建筑艺术平面设计的盛宴、展示设计作品欣赏	审美感知、文化理解		
语文：如何突出中心、学写传记、语言要连贯	语言构造、思维发展		

项目三：发现美，留住美，保护美

新闻速递

　　2022年9月30日，烟台山商业漫步街区全面开业，近200个国内外知名品牌亮相，总客流达102.9万，媒体曝光量超5000万。2022年10月5日晚，央视财经频道聚焦烟台山，带领人们感受历史与现代潮流高度融合的独特魅力。络绎不绝，声色繁华，如今的烟台山已然成为福州人及外地游客必去打卡地、福州的城市会客厅。（"仓山旅游"公众号）

近代烟台山的商铺见证了西方工业文明冲击下福州城市的变革与转型。在"拆旧塑新"的老城区改造过程中，如何更好地展现烟台山老建筑这张福州城市名片？以小组为单位，"行走烟台山"，一起完成下面的打卡任务吧！

（必做）任务一：发现美。

查找与衣、食、住、行、社会风尚有关的烟台山近代商业老建筑资料，选择1~2个最感兴趣的建筑进行实地走访，寻找它们的"前世今生"。

建筑名称	前世	今生

（选做，2选1）任务二："留住美"和"保护美"。

1. 留住美

在"行走"的过程中，你是否发现了一些商业老建筑已消失在历史的变迁中？该怎样留存这些仍存的或消失的"美"？

请你在以下任务中选择一个，继续打卡吧！

（1）在"行走"过程中，用你最擅长的方式，记录心中最美的烟台山现存商业老建筑。查阅资料，寻找那些消失的近代商业老建筑。

建议：可以用绘画作品、相机等方式记录，鼓励创新形式。

（2）为现存或消失的商业老建筑量身定制明信片。

建议：可以用国画、油画等多种绘画形式呈现，突出该建筑的风格、功能，标题清晰简洁、引人注目，尺寸为150毫米×100毫米，并配有相关的文案说明。

2. 保护美

为你心中最美的烟台山现存商业老建筑手工制作"保护'它'"的宣传海报。

要求：以拼贴画的形式，用树叶、废旧衣物、彩纸等环保材料制作，布局合理，配有能突出该建筑历史价值的文案。

【评价量表】（任务一）

评价项目	评价要求	个人自评	小组互评	教师评价
团队合作	分工明确，计划完备，高度协作。	☆☆☆☆☆	☆☆☆☆☆	☆☆☆☆☆
探究过程	实地调查走访，过程记录完备，积极解决问题。	☆☆☆☆☆	☆☆☆☆☆	☆☆☆☆☆
考察记录	语言表述简明扼要，突出重点。	☆☆☆☆☆	☆☆☆☆☆	☆☆☆☆☆

【评价量表】（任务二）

评价项目	评价要求	个人自评	小组互评	教师评价
团队组建	团队分工明确，计划完备，能积极思考、主动参与。	☆☆☆☆☆	☆☆☆☆☆	☆☆☆☆☆
创作过程	团队成员之间能分工合作，查找资料、分享资料，活动参与度高。	☆☆☆☆☆	☆☆☆☆☆	☆☆☆☆☆
成果展示（内容详实，具有跨学科思维，成果与活动任务具有一致性）	内容：基于历史真实，主题突出、鲜明、内容翔实，形式多样并有创新。	☆☆☆☆☆	☆☆☆☆☆	☆☆☆☆☆
	画面：图文简洁，构图比例协调，色彩和谐，视觉效果良好。	☆☆☆☆☆	☆☆☆☆☆	☆☆☆☆☆
	文案：语言规范、文笔优美，详略得当，行文流畅，具有说服力。	☆☆☆☆☆	☆☆☆☆☆	☆☆☆☆☆
总评（任务一＋二）		30～40 颗：优秀 20～29 颗：良好 8～19 颗：合格	30～40 颗：优秀 20～29 颗：良好 8～19 颗：合格	30～40 颗：优秀 20～29 颗：良好 8～19 颗：合格

【设计说明】

设计意图：历史文化遗产需要保护性开发、创造性传承。通过实地调查，进行跨学科综合探究，通过多种方式，重构并展现烟台山老建筑风貌，传承近代以来社会转型时期的城市记忆。

作业类型：探究拓展性。

检测知识：身边的历史。

能力方法：综合学科知识；调查法、文献法、行动研究法。

完成时长：2～3 周。

项目总结：传承烟台山历史

在"行走"过程中，根据你调查和记录的经济类老建筑的现状，提出后续的保护性开发建议。（完成时间：1 周）

烟台山经济类建筑的保护性开发调查建议书

保护现状：＿＿＿＿＿＿＿＿＿＿＿＿＿＿＿＿＿＿＿＿＿＿＿＿＿＿＿＿＿＿＿＿＿
＿＿＿＿＿＿＿＿＿＿＿＿＿＿＿＿＿＿＿＿＿＿＿＿＿＿＿＿＿＿＿＿＿＿＿＿＿＿＿

开发现状：＿＿＿＿＿＿＿＿＿＿＿＿＿＿＿＿＿＿＿＿＿＿＿＿＿＿＿＿＿＿＿＿＿
＿＿＿＿＿＿＿＿＿＿＿＿＿＿＿＿＿＿＿＿＿＿＿＿＿＿＿＿＿＿＿＿＿＿＿＿＿＿＿

完善方案：＿＿＿＿＿＿＿＿＿＿＿＿＿＿＿＿＿＿＿＿＿＿＿＿＿＿＿＿＿＿＿＿＿
＿＿＿＿＿＿＿＿＿＿＿＿＿＿＿＿＿＿＿＿＿＿＿＿＿＿＿＿＿＿＿＿＿＿＿＿＿＿＿

建议人：

三、作业点评

本作业通过烟台山历史风貌区这一学生身边的历史，以其中的各类经济老建筑为学习活动的情境，学生根据自己的兴趣选择相应的活动项目并自行组队开展探究学习。从学生的兴趣出发，结合相关历史知识，并根据学生的特长选择具体的形式完成探究任务，这样的学习过程是体现学生主体性、主动性的学习。同时，学习任务中所涉及的跨学科任务，如宣传海报、宣传方案等形式，要求学生不仅要运用相关学科的方法，还要结合当时的历史背景，通过查找分析和运用史料等历史学科方法完成。在这个过程中学生的历史学科核心素养（如时空观念、史料实证、历史解释等）和综合素养（如语言表达、小组合作等）得到提升。

本作业以长时段作业为主，分为必做和选做两个部分，必做部分为选做部分任务的完成做了素材的准备和知识的铺垫。选做则给予学生更多的选择空间，学生根据小组成员的特长选择相应的方式，充分考虑了学生在学习活动中的主体地位。

（点评人：福建省普通教育教学研究室　刘熙）

纪念抗战英烈，赓续抗战精神

余岚/三明市三元区贵溪洋中学

黄少清/三明市第十一中学

一、作业设计思路

本次作业设计以"纪念抗战英烈，赓续抗战精神"为主题，围绕八年级上册第6单元《中华民族的抗日战争》展开。课程标准学业要求"认识和感悟抗战精神""学习仁人志士为救国救民而英勇奋斗的精神"。学业质量要求"通过中国近代史上争取民族独立、人民解放的斗争历史，知道民族民主革命的艰巨性，……能够体认仁人志士为救国救民而英勇斗争的精神"。综合上述要求，本单元的学习目标设定为通过个人的体验和参与，学生形成知识的感知与感悟。基于各项目标和核心素养的要求，从跨学科的学习角度，创设主题情境，融合美术、音乐、语文、政治等学科的要素，创设"抗战英雄：历史的记忆与精神的传承"综合运用性作业和"抗日战争英雄谱"项目化实践活动性作业。基于主题的两个模块作业设计相辅相成，既是对单元学习的阶段性评价，又以项目化学习活动方式培养学生历史解读、综合分析、搜集资料、语言表达、小组合作、绘画排版、艺术欣赏等能力。

二、作业设计

抗日战争谱写了中华民族抵抗外来侵略的壮丽史诗，无数英雄儿女挺身而出，为国家的独立和民族的解放献出了宝贵的生命。八年（1）班同学开展"纪念抗战英烈，赓续抗战精神"为主题的项目化学习活动，请你一起来完成。

（一）背景链接·综合运用——"抗战英雄：历史的记忆与精神的传承"

★走近抗战英雄，感受英烈精神

材料一

滨江抒怀（节选）

赵一曼

誓志为人不为家，涉江渡海走天涯。
男儿岂是全都好，女子缘何分外差？
未惜头颅新故国，甘将热血沃中华。
白山黑水除敌寇，笑看旌旗红似花。

（注：该诗创作于1935年）

材料二

东、靖、篱、澄四儿：

自到缅甸以来，因路途遥远，电台联络困难，许久未能发报。自3月18日以后，即与敌人开始战斗。因为是孤军，战斗了六天，就被敌人包围，更是无法通讯。苦战了12日，在3月29日突围，现已完全到达，望你们勿念：虽然是被围，我们官兵极其勇敢，打死了很多敌人，这是令我非常高兴的。

——戴安澜《致覆东等》（1942年4月2日）

（注：该信为戴安澜将军给儿子的家信）

1. 结合所学知识，分别写出材料一、二的历史背景。
2. 请你用书信或诗歌的方式回复英烈，以表达缅怀之情。

★解读艺术作品，重温抗战精神

材料三

——徐悲鸿《愚公移山》（局部）

材料四

保卫黄河

风在吼，马在叫，

黄河在咆哮！黄河在咆哮！

河西山岗万丈高，河东河北高粱熟了，

万山丛中抗日英雄真不少，

青纱帐里游击健儿逞英豪！

端起了土枪洋枪，挥动着大刀长矛，

保卫家乡！保卫黄河！保卫华北！保卫全中国！

3. 概括材料三、四所体现的时代精神。

4. 穿越时空，请根据你的特长或兴趣，选择一种方式宣传全民族抗战，如绘画、音乐作品等。（提示：作品应体现创意、情感表达和对抗战精神的理解并有一个简短的介绍，解释你的创作灵感和作品所传达的信息，如作品名称、艺术形式、核心思想等）

★铭记抗战历史，赓续抗战精神

5. 中华民族在血与火的考验中，终于以弱胜强，彻底打败日本侵略者，使中华民族精神又一次得到升华，凝聚成伟大的抗战精神。在百年未有之大变局的今天，我们应该如何赓续抗战精神，实现中华民族的伟大复兴？请你从下列史事中任选一例，以"赓续抗战精神，谱写时代华章"为主题，写一篇150字左右的小短文。

- 两弹一星研制成功
- 中华人民共和国恢复在联合国的合法席位
- 杂交水稻研制成功
- 港澳回归
- 中国高铁成为全球高铁发展的引领者

【参考答案及评价说明】（注：综合性作业为本单元学习内容完成后进行）

1. 历史背景：材料一，创作于九一八事变后日本开始局部侵华，中华民族危机不断加剧，部分爱国军民开始了反抗日本侵华，局部抗战开始。材料二，七七事变后，日本开始全面侵华，中国建立起以国共两党合作为基础的全民族抗战，中华民族空前团结，英勇抗战。

2. 答案略。具体要求见评价量表。

【评价量表】

评价维度 评价标准	A	B	C
历史准确性	内容准确反映了英烈的事迹及其历史背景。	内容较准确反映了英烈的事迹及其历史背景。	内容不能准确反映英烈的事迹及其历史背景。
文学技巧	内容在语言运用、修辞手法、节奏韵律等方面的表现技巧娴熟。	内容在语言运用、修辞手法、节奏韵律等方面的表现技巧较娴熟。	内容在语言运用、修辞手法、节奏韵律等方面的表现技巧欠佳。
内容深度	内容深入探讨了英烈的精神和牺牲的意义。	内容较深入探讨了英烈的精神和牺牲的意义。	内容没有深入探讨英烈的精神和牺牲的意义。
情感真挚度	内容表达出的对英烈的敬仰和缅怀之情能够与内容紧密联系，真诚质朴。	内容简单陈述对英烈的敬仰和缅怀之情。	内容未能注意表达对英烈的敬仰和缅怀之情。

3. 时代精神：天下兴亡、匹夫有责的爱国情怀；视死如归、宁死不屈的民族气节；不畏强暴、血战到底的英雄气概；百折不挠、坚忍不拔的必胜信念；众志成城、团结一致的抗战精神。

4. 答案略。具体要求见评价量表。

【评价量表】

评价维度 评价标准	A	B	C
主题	作品紧密围绕全民族抗战的主题，传达出抗战精神和历史背景。作品介绍部分，内容精练、准确且逻辑清晰。	作品能围绕全民族抗战的主题，传达出抗战精神和历史背景。作品介绍部分，内容不够精练，逻辑较为清晰。	作品不能围绕全民族抗战的主题，传达出抗战精神和历史背景。作品介绍部分，未能按要求陈述作品的设计意图等。
创意与原创性	作品在表达抗战主题时有创新性和独特视角。	作品在表达抗战主题时的创新性和独特视角表现一般。	作品在表达抗战主题时没有创新性和独特视角。

评价维度 评价标准	A	B	C
艺术表现力	作品在视觉或听觉上的美感，以及艺术技巧的运用表现精湛。	作品在视觉或听觉上的美感，以及艺术技巧的运用表现一般。	作品在视觉或听觉上的美感，以及艺术技巧的运用表现欠佳。
情感传达	作品能有效触动观众的情感，激发强烈情感共鸣。	作品能有效触动观众的情感，激发情感共鸣。	作品不能有效触动观众的情感，激发情感共鸣。

5. 示例：抗战精神是中华民族宝贵的精神财富，我们要继承这种精神，将其转化为推动国家发展、科技创新的动力。新中国成立后，我国科学家发扬自力更生、勇攀科学高峰的精神，以百折不挠、坚忍不拔的必胜信念成功研制"两弹一星"，极大地增强了中国的科技实力，提高了中国的国际地位。

评价说明：围绕主题，文章结构完整，层次分明，逻辑关系清晰，观点论述与1个史事及其影响建立联系，并紧扣文章主题，进行解释和扩展可得优秀，之后按等级逐条赋分。

【设计意图】

基于学业和质量要求，能够"认识和感悟抗战精神""学习和体认仁人志士为救国救民而英勇奋斗的精神"。本题通过"抗战英雄：历史的记忆与精神的传承"这一主题进行作业设计，紧扣《中华民族的抗日战争》的单元学习内容和目标，不仅是课堂教学的延伸，创设了具有层次性、创新性、综合性的问题，要求学生学会从不同材料中提取有效信息，认识抗战精神，也为后续开展项目化实践活动性作业作了准备和铺垫。本题的解答需要学生融合语文、音乐、美术、历史等不同学科的知识和技能，通过诗歌、歌曲、绘画、家书等不同形式的材料分析感受在反抗日本侵略时，一个人、一群人乃至全民族在反抗侵略过程中表现出来的爱国精神、团结一致视死如归的精神，体会中华民族众志成城团结抗战的决心和毅力。

（二）项目开展·实践性活动作业——开展"抗日战争英雄谱"项目化学习

英雄是民族最闪亮的坐标，为了更好地弘扬民族精神，请你积极参与"抗日战争英雄谱"项目化学习活动。

【前期准备】

1. 全班同学6人为一小组，自由组合，确定小组长。
2. 通过"抗日战争纪念网"网站了解抗战英雄。

【活动内容】

任务一：寻找英雄（1~2周）

1. 在"抗日战争纪念网"寻找福建籍抗战英雄，并将其分类。

2. 每位成员选择一位抗战英雄，了解其经历（口述、文献），并为其制作名片或展板（要求：展板排版形式不限，可以是手绘，也可以是电子形式，但要注意图文并茂）。展板可包括如下内容：

```
主题：抗日战争英雄谱
英雄类别：_____
推荐理由：_____
英雄事迹：1. _____
          2. _____
          3. _____
体会感悟：_____
拓展途径：_____
```

【设计意图】

本作业旨在通过跨学科的综合实践性作业，培养学生的学科核心素养，特别是历史、语文和地理学科方面的能力。学生将通过研究抗日战争英雄，理解他们对历史进程中的影响，通过学生收集和分析史料，以确保对历史事件的理解和解释基于可靠的证据，培养学生的时空观念、史料实证和历史解释等历史核心素养。了解福建籍抗战英雄人物，把历史人物的认识与区域地理联系起来，通过地理知识的运用，学生将了解历史事件发生的地理环境，增强对地域文化和地理特征的认识，培养学生地理学科的区域认知核心素养。作业鼓励学生探索历史事件背后的文化、社会和心理因素，从而深化对人类行为和社会发展的理解，培养学生的人文底蕴和人文情怀。通过这个作业，我们希望学生能够在实践中学习如何将理论知识与实际问题相结合，培养他们的综合分析能力和创新思维，同时增强对历史和文化的认识，为成为具有全球视野和深厚文化底蕴的公民打下坚实基础。

任务二：绘影英雄（1周）

小组成员结合任务一中收集到的关于闽籍抗战英雄的信息交流分享，以小组为单位选择一种方式呈现学习成果。如：

1. **英雄肖像创作**：可以研究闽籍英雄人物，创作他们的肖像画。不仅包括传统的绘画，也可以是数字绘画、拼贴画等多种形式。

2. **漫画或插画**：可以创作一系列漫画或插画，讲述英雄的故事或描绘他们的重要时刻。

3. **数字媒体作品（微视频）**：可以使用电脑软件制作动画、视频或互动媒体作品，以动态的方式展现英雄的形象和故事。

4. 英雄主题海报设计：可以设计以英雄为主题的海报，用于学校的展览或社交媒体上的分享。

5. 英雄故事绘本：可以创作一本绘本，通过连续的画面和简短的文字叙述英雄的故事。

6. 新闻发布会：可以策划一个以英雄为主题的新闻发布会，包括新闻发布会的现场布局设计以及相关宣传内容和组织工作。

【设计意图】

结合中国近代史的课标要求和教材内容，在查找资料、编写小剧本、历史故事会等过程中，进一步培育历史学科核心素养，能运用跨学科知识完成相关任务的能力。利用福建乡土史料，通过多样化的创作和学习活动，创设可感、可信、可亲、可敬的历史情境，尽可能地还原历史真相，有助于引导学生在略知、应知、熟知的乡土画卷中行走，品味历史，拉近学生生活与历史之间的距离，激发学生对本地抗战英雄事迹的深入理解和情感共鸣。提升学生对历史的认知，发展历史思维。运用审美创造，通过多样化的艺术形式，展现他们对英雄的敬意和对历史的感悟。同时，学生需要在历史解释和史料实证的基础上，确保作品的真实性和准确性，培养严谨的学术态度。在这一过程中，我们强调创造力和科学精神、批判性思维，鼓励学生提出问题、分析信息，并勇于探究未知。此外，作业还旨在提升学生的信息意识和语言运用能力，使他们在表达和沟通中更加清晰、准确。通过这些活动，我们希望学生能够学会学习，培养终身学习的能力，并在面对挑战时展现出勇气和决心，为成为具有责任感和创新精神的未来公民奠定基础。

任务三：颂扬英雄（3~4周）

在小组讨论的基础上选择一位福建籍抗战英雄，结合收集到的素材以及历史背景，设计一幕关于他（她）的历史小短剧。（提示：短剧设计中要注意场景、对白、道具、音乐等内容的选择和设计。）

【设计意图】

历史剧的编写，历史剧的排演，需要学生充分运用历史、语文、艺术等不同的知识，实现跨学科的合作，锻炼学生的能力，实现知识迁移运用。编写剧本需要学生构建学习支架：如剧本三要素（矛盾冲突、人物语言、舞台说明）、明确剧本写作流程［撰写故事梗概、撰写分集提纲、剧情细化（含细化到每个场景、人物对话，如动作、表情、心理活动、人物关系等）］、提供剧本范例。这个过程就是一个基于真实问题情境解决问题的过程。

【结项与反思】（1课时）

1. 在查找福建籍抗战英雄中，网页内容有何优缺点？网页中有哪些优点我们能学习借鉴，以改进我们的成果？

2. 如果有不足之处在哪里，你们认为应如何改进，就此写一封建议信。

【设计意图】

本作业旨在通过项目化的学习和创作活动，深入探讨和纪念福建籍抗战英雄，强化学生对历史的认知、对英雄的敬仰以及对国家和民族的认同感。可在本活动基础上，继续将近代福建英雄人物延伸到红色文化，探寻福建红色文化的丰富内涵，运用近代的文字资料、影像资料等再现历史的情境，查找历史报刊、历史论著、历史照片、历史绘画、历史影片、历史实物等，认识到革命遗址遗迹、纪念馆、博物馆、展览馆等都是了解历史的重要途径。学生通过资料收集和整理，在尊重历史真实性的基础上，经过自己的思考，以建议信的方式提出改进，这让学生在纪念英雄的同时，也能够培养创造力和批判性思维，为成为具有历史意识、责任感和创新精神的现代公民奠定基础。这样的设计以时空观念、史料实证、历史解释等历史学科核心素养为主，兼具道德与法治学科责任担当、国家认同等核心素养，以及语文学科的语言运用、地理学科的区域认知等多学科核心素养的培养，避免简单说教，将家国情怀素养贯穿于整个活动中，可弥补人文学科实践操作相对缺失的弊端。

【评价量表】

开展"抗日战争英雄谱"项目化学习活动评价量表

\multicolumn{2}{c	}{"抗日战争英雄谱"项目化学习活动评价量规}						
项目	内容	评价等级及分值			得分情况		小计
		A	B	C	小组互评 30%	教师评价 70%	
寻找英雄（20分）	英雄类别：具有典型性、榜样性和宣传性，名称具有概括性（10分）	10	7	4			
	介绍英雄：理由有引领和概括性，语言表达通顺连贯，图文并茂（10分）	10	7	4			
绘影英雄（10分）	结构完整，主题突出、语言流畅、逻辑清晰、制作精美等（10分）	10	7	4			
颂扬英雄（10分）	英雄短剧：主题和创意、剧本结构、情感表达、音乐和声音效果（10分）	10	7	4			
结项与反思（10分）	建议信：优缺点言之有理；建议科学合理、有创意（10分）	10	7	4			
综合评价							

三、作业点评

本作业选题来自《义务教育历史课程标准（2022年版）》中的"跨学科主题学习"活动设计参考示例"中华英雄图谱"，整合历史课程学习内容设置单元综合性作业和课外实践性作业两种形式，为学生运用所学知识解决现实问题搭建平台。作业内容设计紧紧围绕抗战精神，设置不同形式的学习任务，引导学生感受英烈精神、重温抗战精神、赓续抗战精神。作业任务形式多样，通过书信、绘画、视频制作、历史剧等形式，为学生的学习成果展示提供更广阔的发挥空间。同时，融合了语文、美术、信息科技等相关学科学习方法的活动任务，始终围绕历史学科方法的运用而展开，如学生查找资料，并组织资料运用于问题解决的史料实证素养。

本作业采用了短时段和长时段作业相结合的方式，单元综合作业为课外实践性作业的完成提供了知识背景，注重根据学生的兴趣和特长设置多种学习任务，关注学习过程评价，并兼顾定性评价和定量评价两种方式，评价主体多元，给予学生充分的反馈，帮助他们了解自己的优点和不足以调整学习策略。

（点评人：福建省普通教育教学研究室　刘熙）

聚焦古代"人口迁徙"与"区域开发"的跨学科作业设计

莫倩兰　何细妹/福清第一中学音西校区

一、作业设计思路

1. 理论依据

《义务教育历史课程标准（2022年版）》指出，"跨学科主题学习"的目标是"注重培养学生在真实情境中综合运用知识解决问题的能力"。因此本作业设计依托福建人口迁徙的历史情境，考查学生跨学科知识综合运用的能力，落实历史核心素养。

2021年，"双减"政策出台，要求教师发挥作业诊断、巩固、学情分析等方面传统功能的同时，在提高作业设计质量方面，要求作业"符合年龄特点和学习规律、体现素质教育导向"，鼓励分层、弹性化、个性化作业设计。基于此，本作业设计两大模块均设置了基础性材料问答题和开放性综合实践作业两项任务，并对学生开展多维度评价。

2. 总体设计思路

福建作为中国历史上人口流动与区域开发最为典型的地区之一，保留了大量人口迁徙的历史遗存，乡土资源丰富，贴近学生生活，适合作为学生跨学科学习主题的切入口。

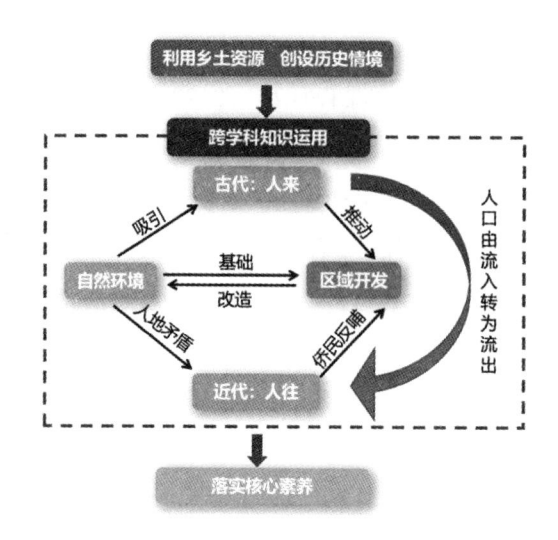

因而本作业依托福建人口迁徙的地方历史，分为"人来"与"人往"两大模块。在设计中运用跨学科多元史料，引导学生学会综合运用知识，明晰"地理环境""人口迁徙""区域开发"三者间的内部逻辑，体会中华民族迁徙过程中迸发的民族智慧与民族精神，最终达到检测学生基础知识迁移与方法技能掌握的程度，落实核心素养的目的。

3. 设计亮点

1. 挖掘乡土资源，历史贴近生活
依托乡土资源，编制原创试题，培养学生对历史的兴趣。

2. 创设跨学科情境，锻炼多维能力
提升学生运用多学科知识技能进行综合探究小组任务的能力，促进学生历史学习思维方式的转变。

3. 多元评价维度，关注学生发展
针对学生的特点，采取多维度评价的方式，使用过程性评价，关注学生的实践过程。

二、作业设计

避难而远徙，求生而奔赴，我们的祖先在"行行重行行"中度过了漫漫的岁月。没有迁徙运动，就没有今天的中华民族，迁徙运动是中华民族发展史中不可分割的一部分。

——摘编自葛剑雄《地图上的中国历史·民族大迁徙》

一个福建省，半部移民史。翻开福建人的家谱，或是颠沛流离而来，或是背井离乡而至，他们身上发生了怎样的故事，为何迁徙不止？福建又如何从两汉"化外蛮荒之地"一跃成为宋元"东南海滨邹鲁"再到近代的"海丝侨乡"？一起完成以下作业，揭开福建移民历史的神秘面纱。

项目一 人来

材料

福建地处中国东南沿海,介于东经115°50′~120°43′,北纬23°30′~28°22′之间。就自然地理环境而言,福建素有"东南山海"之称,境内山岭耸立,丘陵起伏,河谷、盆地交错分布。闽西大山带以武夷山脉为主,绵延于浙闽赣边界……福建境内河流众多,有29个水系,663条河流,大小河流总长1.36万公里。

——摘编自林蔚文《福建民俗》

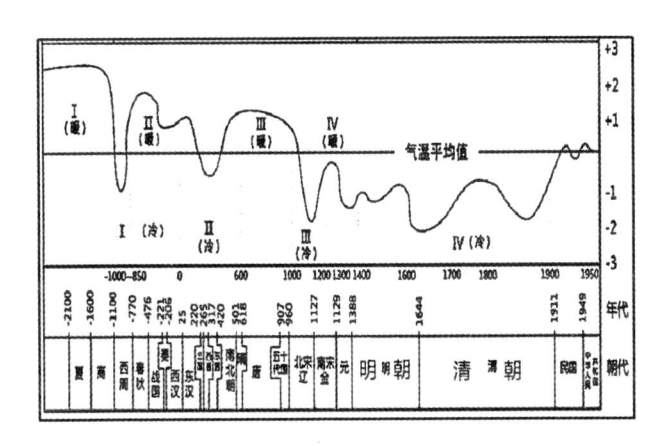

图 5000年来中国气温距平变化(即竺可桢曲线)

表 南北朝时期中国南北方农业生产情况

地区	气候变化幅度	农作物熟制	作物结构	农田水利
中高纬度(北方)	较大	一年一熟	旱作为主,稻作萎缩	郑国渠等水利工程断水残破
中低纬度(南方)	较小	一年两熟/一年三熟	稻作为主,旱作推广	新修大量陂塘

材料出处:

图:竺可桢:《中国近五千年来气候变迁的初步研究》,《考古学报》,1972年第1期。

表:王勇:《从农学角度看气候转寒对六朝农业的影响》,《中国农史》,2015年第6期。

★任务一·方法指引夯实基础

根据上述资料,分析魏晋南北朝时期地处南方的福建成为流民重要定居点的有利自然条件。

★任务二·跨学科综合实践作业

跨学科互动——以福州为例 感悟先民区域开发智慧

魏晋时期，伴随着移民不断流入，福州城市规模逐渐扩大。迁徙至此的先民们如何运用他们的智慧开发这座尚处蛮荒的城市？城市的某个角落里也许就尘封着历史的答案。如果你是《福州城市发展史》的编写者，请以小组为单位，根据时代背景，结合地理、美术学科知识和生活实际，从行业发展的角度，绘制一幅《闽都繁华图》，并辅以必要的文字说明，展现先民区域开发的智慧，感悟中华民族勇于开拓、坚韧不拔的民族精神。

提示：你可以从福州自然地理条件、魏晋江南地区的开发成果、福州现存历史遗迹（如下图）等方面入手。如果你在绘制过程中遇到困难，也可以寻求地理、美术老师的建议，帮助你合理发挥想象，丰富历史细节，保证准确性的同时兼具美观。

福州南台岛魏晋淮安窑窑址　　　　　　西晋开凿灌溉所用人工湖——福州西湖

【参考答案】

任务一：福建外沿多山地，相对与世隔绝，社会安定；水流众多，水源充足，易于灌溉；地处低纬度沿海地区，整体气候转冷后相对北方气温较高，作物熟制与结构优于北方，为农业发展提供有利条件。

任务二：开放性作业，主要关注学生设计示意图是否运用跨学科知识，因地制宜合理设计并准确表达。

【评价量表】（任务二）

评价维度	评价内容	评价等级 优秀★★★★★	评价等级 良好★★★☆☆	评价等级 合格★★☆☆☆	评价主体 自评	评价主体 组评	评价主体 历史教师	评价主体 地理/美术教师
活动过程	绘制过程	活动参与度高，团队分工合理，合作深入默契。	活动参与较积极，团队分工较为合理，合作较为深入。	活动参与度一般，团队有分工，合作不深入。				

续表

评价维度	评价内容	评价等级			评价主体			
		优秀★★★★★	良好★★★☆☆	合格★★☆☆☆	自评	组评	历史教师	地理/美术教师
历史学科素养	行业选取	主题突出，内容翔实有深度，行业选择丰富且符合时代特征。	主题较为突出，内容翔实，行业选择较为符合时代特征。	主题不够突出，内容单薄，行业选择脱离时代背景。				
跨学科共通素养	成果呈现	产业布局做到因地制宜，画面比例准确，图例与文字说明逻辑清晰，配色美观、视觉效果良好，充分体现先民区域开发的智慧，展现中华民族勇于开拓的民族精神。	产业布局较为合理，画面比例较符合实际，图例与文字说明条理较为清晰，配色良好，视觉效果较好，对先民区域开发的智慧和民族精神有所体现。	产业布局合理性有待提高，图例缺失，文字说明逻辑有待加强，画面美观度有待提升，对先民区域开发的智慧和民族精神有所欠缺。				
活动感悟	综合体会 可包括量表外内容	表现优异之处：			个人综合评价：			
		尚待改进之处：			综合评价说明： 获评 8 个以上优秀：优秀 获评 5～8 个优秀：良好 获评 5 个以下优秀：合格			
	历史心得							
教师评价寄语	历史教师							
	其他教师							

【设计说明】

"人来"——设计意图
任务一以魏晋南北朝时期北人南迁入闽为背景创设情境，旨在引导学生认识福建开发过程中的人口迁徙因素与自然条件优势，需要学生利用跨学科知识了解区域开发中的因地制宜策略，进而在具体的时空下理解"区域开发""人口迁入""自然环境"三者的内部逻辑。 任务二旨在考查学生"学以致用"的跨学科综合运用能力，在绘图过程既要在历史上尊重时代背景，又要在地理上关注自然环境的重要特征，最终做到因地制宜规划区域产业，同时以准确合理美观的方式绘图表达。 在任务完成过程中感受先民在迁徙、开发、繁衍的过程中迸发的民族智慧与民族精神。

题号	相关课程内容	能力要求	素养要求	题目难度	适用类型	评价实施主体
任务一	历史：魏晋南北朝时期的北民南迁与南方地区的开发。	读图获取和解读信息并进行概括分析的能力。	历史：时空观念、唯物史观、历史解释。 地理：综合思维、区域认知。 中国学生发展核心素养：学会学习、科学精神。	中等	初一学生新课讲授课时作业	教师
任务二	地理：等高线地形图与气候降水图的判读、人口迁移、自然条件与农业生产。 美术：城市发展的美术作品。	综合运用知识解决问题。	历史：时空观念、史料实证、家国情怀。 地理：综合思维、区域认知、地理实践力、人地协调观。 美术：审美素养、创造素养。 中国学生发展核心素养：学会学习、人文底蕴、实践创新。	较难	初一学生假期综合实践作业	自评、小组与教师评价结合

项目二 人往

❖ 社会热闻

2023年，福清侨乡博物馆入选中国华侨国际文化交流基地，继续为传播福清侨乡文化发挥重要力量。

你参观过福清侨乡博物馆吗？知道这个新闻吗？周围人对此了解吗？福清侨乡博物馆为什么能够入选呢？

★任务一·走进生活探源侨乡建设

任务要求：请通过小组合作，设计一份调查问卷，调查大家对这一新闻的了解情况以及对侨乡建设的看法，并形成简单的调查报告，问卷可以将线下纸质问卷与线上电子问卷相结合。（时间：1周）

问卷问题设计示例：

1. 你知道福清侨乡博物馆入选中国华侨国际文化交流基地这个新闻吗？

　　A. 知道　　　　B. 不知道

2. 你是否了解国家华侨国际文化交流基地建设这一事件？

　　A. 清楚了解　　B. 有一定了解　　C. 完全不了解

3. 国家华侨国际文化交流基地建设的作用是

　　A. 促进中外文化交流　　　　B. 促进本地区的发展

　　C. 弘扬华侨精神　　　　　　D. 其他_____

4. 你知道福清为什么会成为侨乡吗？

　　A. 知道　　　　B. 有一定了解　　C. 完全不知道

5. 在福清发展史上，你了解的与福清华侨有关的事件有哪些？

　　A. 教育事业　　B. 交通事业　　C. 经济建设　　D. 政治斗争（抗战等）

6. 作为福清的市民，你觉得可以从哪个方面传播与传承福清的侨乡文化？

　　A. 新媒体宣传（如公众号、短视频、社交平台等）

　　B. 传统媒体宣传（如报刊、电视、广播等）

　　C. 旅游推广

　　D. 其他_____

小组分工建议：以上问题设计仅供参考，你们需要在了解中国华侨国际文化交流基地和福清侨乡博物馆的基础上进行问题设计，遇到问卷设计的问题，可向历史、语文等学科老师寻求帮助，2~3位同学负责草拟问卷并交由小组共同讨论形成终稿；2位同学负责线下问卷发放，2位同学负责线上问卷发放；2位同学统计问卷数据并加以分析，形成简单调查报告。

★任务二·知行合一 找寻侨乡印记

"视波涛为阡陌，倚帆樯为耒耜。"千百年来，福清人辟港通津，以海为田、以舟为马，打开了通往世界的大门，形成了"凡有华人处，就有福清人"的盛况，身在海外的华侨们不忘家乡的建设，在福清经济、政治、文化教育等方面的发展中都打上了深深的侨乡印记。

近代以来福清华侨援助教育资料包：

民国三十六年（1947）侨办毓德融美联合小学毕业合影——《龙田中心小学校史》

福清市新厝镇16个行政村共有15所侨办小学、中学，均建有标志性的红砖楼建筑

——图片出自福清市华侨博物馆展览

近代福清华侨捐资办学概况

时间	概况
清宣统二年（1910）	里美侨胞创办隆中初等小学
清宣统三年（1911）	渔溪侨胞郭师道、郭拨建等创办福清县第六区第一小学
民国八年（1919）	东瀚侨胞在南浔村创办私立南浔初级小学

续表

时间	概况
民国九年（1920）	印尼归侨戴祥滋筹资创办福清公立华侨小学
民国十五年（1926）	松潭侨胞筹资创办松潭小学
民国二十四年（1935）	华侨俞昌潭捐资创办西园小学
1949～1966 年	福清县内此期间侨办小学有梧瑞、梧岗、培元、南山、苏田、牛宅等 17 所

——摘编自《福清县志·教育志》，第 160～179 页

书上印着"一本书就是一艘船，载你驶向成功的彼岸！新加坡大顺集团王万源父子（赠）"

——走访江兜华侨中学及江兜华侨小学在阅览室所见实物

任务要求：通过小组合作，分析上述资料包中的资料类型与资料来源，仿照该资料包，选取近代福清发展的某一方面，通过多种形式、尝试搜集多元资料，展现华侨对家乡发展的突出贡献，感悟浓浓侨乡情。

任务完成时间：2 周（其中搜集资料 1 周，整理资料包 1 周）。

★任务三·职业体验传承侨乡文化

任务要求：以小组为单位，选取感兴趣的职业作为传承侨乡文化的媒介，运用多学科综合知识与技能，利用在任务二中形成的资料包或搜集更多资料，制作弘扬福清侨乡文化的作品。（时间：2～3 周）

参考示例：

示例 1：一日编辑

福清侨乡博物馆藏《玉融乡音》1983 年创刊号

1983 年，福清侨办为弘扬侨乡文化，讲述侨乡故事，联络侨胞乡情，特创办《玉融乡音》杂志，每月在海内外发行。假如《玉融乡音》杂志特邀你担任一日编辑，请你利用任务二当中所搜集的材料，为杂志创办一版内容。该职业涉及选图、写稿、排版等，需利

用历史、语文、美术等学科知识与技能。

示例2：一日编导

仿照福清当地的微信视频号，利用任务二资料包的素材做一期关于华侨的宣传视频，该任务涉及编写文案、拍摄与制作视频等，需利用历史、信息科技、音乐等学科知识与技能。

示例3：一日导游

结合福清侨乡特色，为侨乡旅游团设计旅游线路和饮食，并介绍其相关历史，该职业涉及交通路线设计、编写讲解词等，需利用历史、地理、语文等学科知识与技能。

一日××……（可以从福清特色侨援经济产业、侨民政策、华侨文化教育等方面入手，选取你们感兴趣的职业开展体验活动。）

【评价量表】（项目二）

评价维度	评价内容	评价等级			评价主体			
		优秀★★★★★	良好★★★☆☆	合格★★☆☆☆	自评	组评	历史教师	其他学科教师
活动过程	分工合作	小组内分工明确，且能够根据自身特长选择对应的方式，时间安排合理。	小组内有分工，但未明确职责，在时间上配合不一致。	小组欠缺分工，虽能完成工作，但时间匆忙。				
历史学科素养	时空观念、史料实证等	设计的方案内容贴合时代背景，相关内容有对应的史料支撑，且史料类型丰富，来源可靠。方案中能体现对福清的了解和对侨乡文化的自豪感与认同感。	设计的方案内容部分贴合时代背景，相关内容有对应的史料支撑，但未能注意史料类型多样等问题。方案中能体现对福清的了解，但欠缺文化传承的情感认同。	设计的方案内容未能关注时代背景，有基于探究成果的观点陈述，但史料支撑不足。对福清侨乡文化的认识有待提升。				

续表

评价维度	评价内容	评价等级			评价主体			
		优秀★★★★★	良好★★★☆☆	合格★★☆☆☆	自评	组评	历史教师	其他学科教师
综合素养结合小组具体职业制订相关评价标准	语言运用等语文素养	设计方案主题突出，文案语言表述严谨，逻辑清晰，具有较强的可读性；报纸版面排版合理。	设计方案主题突出，文案语言表述部分欠严谨，具有一定的可读性；报纸版面排版未能注意图文结合的布局。	设计方案没有明确主题，仅关注素材的丰富，但未能关注到可读性、逻辑性等要求；报纸版面无排版。				
	区域认知等地理素养	设计线路主题明确，能够在设计路线时关注时间的安排和相应的交通方式，选择的景点具有代表性和相互之间的关联性。	在设计路线时仅关注时间或交通方式中的一个方面，未将二者协调考虑，选择的景点具有代表性，但缺乏关联性。	在设计路线时未能考虑时间、交通出行方式，仅将景点罗列介绍，一日游缺乏主题。				
	审美感知、艺术感知等艺术素养	视频拍摄主题鲜明有特色，且注意画面、文字和背景音乐的选择搭配，时长分配合理。	视频拍摄主题突出，画面和文字搭配较为合理，无音乐等其他因素，时长分配较为合理。	视频拍摄欠缺主题，仅视频呈现探究内容，但未注意到画面和文字搭配，无音乐等其他因素。				
活动感悟	综合体会可包括量表外内容	表现优异之处：			个人综合评价：			
		尚待改进之处：			综合评价说明： 获评 8 个以上优秀：优秀 获评 5~8 个优秀：良好 获评 5 个以下优秀：合格			
	历史心得							
教师评价寄语	历史教师							
	其他教师							

【设计说明】

	"人往"——设计意图
	本环节的学习活动从福清当地的时政新闻入手,按照"发现生活现象"到"了解身边历史"再到"传承家乡文化"的思路进行设计。活动从问卷设计入手,一方面培养学生设计问卷的能力,另一方面引导学生通过问卷设计了解现实生活中市民对侨乡文化的了解情况,为后续的学习任务准备方向。学生在整理、分析问卷数据的基础上寻找了解侨乡文化、传承侨乡文化的切入点。任务二的示例则引导学生从多渠道获取历史信息,培养学生史料实证的学科素养。最后通过职业体验的方式鼓励学生将查找到的资料融合了语文、信息科技等相关学科方法,并按照自己喜欢的方式加以呈现,培养学生史料实证、历史解释、时空观念等素养。

题号	相关课程内容	能力要求	素养要求	题目难度	适用类型	评价实施主体
任务一	历史:近现代华侨史、海外移民史。	围绕主题编制问卷与分析数据的能力。	历史:时空观念、史料实证、唯物史观。地理:综合思维、地理实践力、区域认知。	中等	初一学生假期综合实践作业	自评、小组与教师评价结合
任务二	地理:地图的识读、人口迁移。语文:侨乡文化的文学作品,如侨批家书、诗歌。信息科技:视频拍摄剪辑等。	资料的搜集、分类与整理。	语文:语言建构与运用、审美鉴赏与创造、文化传承与理解。美术:审美素养、创造素养。	中等		
		综合运用知识解决问题、小组协作。	中国学生发展核心素养:学会学习、人文底蕴、责任担当、实践创新。	较难		

三、作业点评

本作业通过中国古代和近代福州地区人口迁移和区域开发建设内容为主开展跨学科作业设计,以课内学习内容为基础,以学生实际生活为情境设计学习任务,作业内容设计紧扣课内所学;作业任务形式多样,中国古代史部分,通过绘制历史地图考查学生将历史所学知识用地理学科方法予以呈现的能力,渗透地理学科区域认知和历史学科史料实证、历史解释、家国情怀等素养。中国近代史部分通过福清侨乡博物馆入选中国华侨国际文化交流基地这一时政新闻创设学习情境,任务一融合了综合实践活动和数学学科的学习方法,如问卷的设计、发放和数据统计等,为后续任务的完成提供依托;任务二以综合实践活动中的职业体验这一活动方式为基础设计活动任务,在学生查找有关历史资料的基础上融合信息科技、美术、语文等学科方法,呈现学习成果,达到综合素养的提升。

(点评人:福建省普通教育教学研究室 刘熙)

地理

自然环境与地方文化景观
——以闽南古厝为例

蔡阿男/晋江市陈埭民族中学

一、作业设计思路

《义务教育地理课程标准（2022年版）》提出，地理课程跨学科主题学习是基于学生的基础、体验和兴趣，围绕某一研究主题，以地理课程内容为主干，运用并整合其他课程的相关知识和方法，开展综合学习的一种方式。强调学生在学习过程中的亲身实践与积极探究，学生在发现、分析、解决问题的过程中，既能经历知识的获得过程，又能在学习过程中掌握问题的解决方法等。

基于项目式学习的地理跨学科作业设计可以将地理知识应用于真实的生活场景，能让学生对地理教材的知识理解更加深刻，理清地理与其他学科知识之间的内在联系和逻辑，在探索真实情境中，发现问题和提出问题，并运用地理和其他学科的知识与方法、逻辑与思维来分析问题和解决问题。

本作业主题设计以探寻自然环境与地方文化景观的关系为主线，分析泉州聚落布局发展变化成因和影响闽南古厝设计的地理原因。以闽南古厝的建筑材料、外观、布局等作为真实的地理实践情境，利用历史、物理等多学科思维方法，解决真实情境下的地理问题。下图为基于项目式学习的地理跨学科作业结构图。

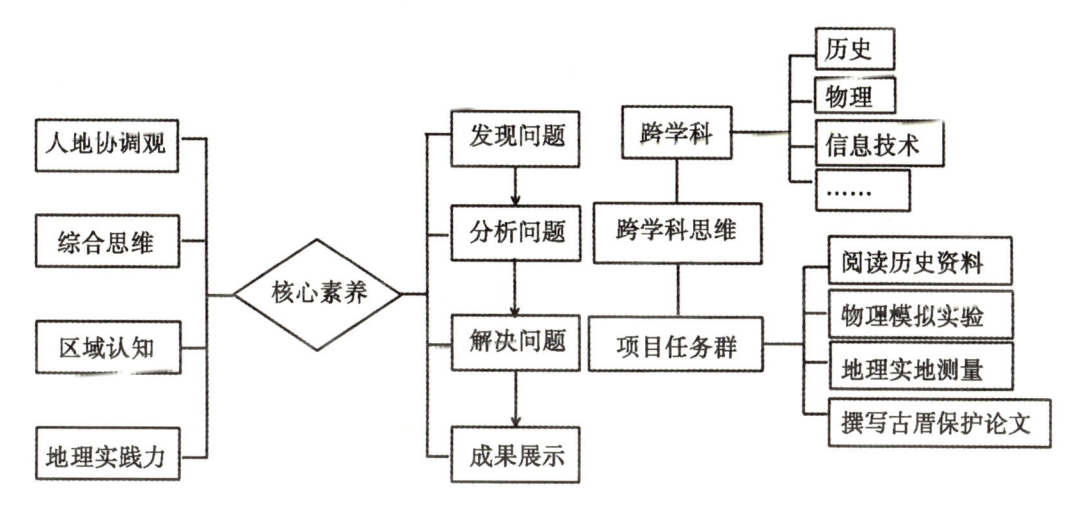

基于项目式学习的地理跨学科作业结构图

本作业设计的目标：通过分析相关历史资料等培养学生提取信息的能力；利用物理实验方法及地理实地测量实践等培养学生的地理实践力；通过分析自然环境与地区文化景观关系，增强学生的区域认知能力，进而树立学生的人地协调观念。

二、作业设计

（一）聚落与自然环境

材料一：志载："衣冠南渡，沿江而居，故曰晋江"。晋江发源于德化县境内，是泉州市的第一大河。

材料二：汉唐时，中外通商多依靠西部的"丝绸之路"，唐代安史之乱后，陆路不靖，随后改由海路交通。因此，我国沿海出现了广州、泉州、明州（今宁波）、扬州四大海港。泉州治所初位于晋江中游，后因交通不便迁到晋江下游建设新城（即现在的泉州城）。近年来，泉州着力构建"一湾、两翼、三带、一屏、多支点"的市域国土空间开发保护格局。

泉州空中景观图

1. 河流与聚落分布

阅读材料可知泉州从建城以来城市聚落主要沿着_____分布。近年来，泉州城聚落发展主要向东南环泉州湾推进。从聚落分布与地理环境的关系来看，影响泉州城市发展的主要因素是_____、_____。

2. 河流与聚落发展

结合图片信息，可判断出晋江为泉州聚落的发展提供了_____、_____、_____、_____。

【答案及解析】

答案：1. 晋江　河流或水源　交通　2. 充足的水源　便利的航运　利于基建的平原。

解析：第1题主要考查地理环境对聚落分布的影响，阅读材料可以得出泉州城聚落主要沿着晋江分布。因此，影响其发展的主要因素是河流水源和便捷的交通条件。第2题主要考查河流与聚落发展的作用，河流可以提供充足的水源，便利的航运以及利于基础建设的平坦地形。

【评价标准】

评价指标	自评水平 （优秀、良好、合格）	互评水平 （优秀、良好、合格）
能否从材料中提取地理关键信息		
能否对相关地理信息进行总结归纳		

【设计说明】

材料出处	网络公众号"泉州府""泉州影像""泉州市自然资源和规划局"。
设计意图	利用史料作为问题情境，结合历史与地理学科知识，分析泉州城市发展与地理环境之间的关系，探讨地理环境对聚落分布产生的影响，以及河流与聚落发展的关系。
检测知识	聚落分布、聚落发展等相关知识。
考查能力	提取地理信息的能力、综合思考的能力。
难易程度	易，适用于课堂过关检测。
适用类型	个人独立完成。

（二）民居与自然环境

"红砖白石双坡曲，出砖入石燕尾脊，雕梁画栋皇宫式"，是对闽南古厝建筑特色的形象表述。图1示意泉州晋江市五店市闽南建筑，图2示意晋江市1981—2010年气温和降水资料。

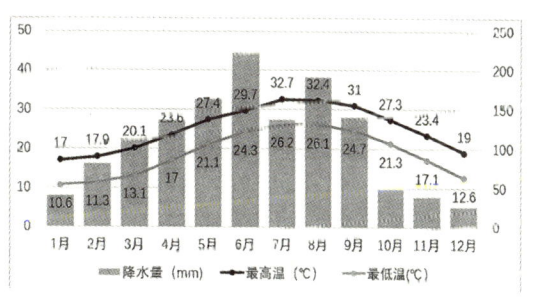

图1 晋江市五店市闽南建筑　　图2 晋江市1981年—2010年气温和降水资料

地理实践活动：解构闽南古厝建筑

1. 建筑材料

中国传统民居以木构为主，很少使用石料，但闽南民居却大规模使用当地盛产的白色花岗岩。从气候来看，泉州晋江市为亚热带季风气候，＿＿＿＿＿＿＿季节降水较多，多＿＿＿＿＿＿＿（气象灾害），花岗岩对风雨的抵御能力较强；年均温较高，空气＿＿＿＿＿＿＿大，木结构易腐烂，花岗岩防腐蚀能力较好。此外，花岗岩质地坚硬，不易风化侵蚀，正因具备这些优势，才使得它在闽南地区被大范围使用。

2. 建筑外观

闽南建筑的屋顶呈"燕尾脊""双坡曲"样式，极具地域特色。除了美观，还与泉州当地气候相关。在雷电多发的季节"燕尾脊"可以尖端放电，对建筑物和居民起到保护效果。"双坡曲"的设计又体现什么地理意义？

设计相关实验，探讨闽南建筑屋顶"双坡曲"的设计意图。

最速降线模拟实验

实验目的	雨水从曲面屋顶下滑的速度与从斜面屋顶下滑的速度快慢对比（最速降线）。
实验操作	①利用铁丝和纸片制作两条等高等长度的直线轨道和曲线轨道。 ②用乒乓球模拟雨水降落，将乒乓球分别放置在轨道顶端（确保等高），然后同时松手让乒乓球自行下落（如图所示）。 ③为排除误差，对调两个乒乓所在的轨道，重复实验步骤2。 ④记录实验结果。
实验结果	雨水从曲面屋顶下滑的速度比从斜面屋顶下滑的速度_____。

最速降线模拟图

实验结论：闽南建筑屋顶特色是具有一定坡度的"双坡曲"，符合物理中的最速降线原理。除了具备美观特色外，在晋江市多雨的夏秋季节，"双坡曲"的设计还能起到快速_____的效果。

3. 建筑布局

闽南地区气候炎热，建筑设计除了要满足隔热、遮阳需求，还要注重通风。"冷巷"是古厝建筑中常用于通风降温的特色构造，下图为"露天冷巷"示意图。

冷巷效应是指利用狭窄的巷道，通过风速增大原理，使得与冷巷接通的各房间较热的空气被带出，较冷空气进入补充，以此达到通风效果。泉州为亚热带季风气候，据此判断图中的"露天冷巷"最有可能是_____走向。

地理实践："露天冷巷"气温测量。

①测量方法：在冷巷前后段各选择一固定地点进行为期5天的气温测量。

②测量工具：温度计。

③记录测量数据。

露天冷巷

"露天冷巷"实测记录表

时间	8时	10时	12时	14时	16时	18时	20时
第一天							
第二天							
第三天							
第四天							
第五天							

④数据分析：闽南建筑中"冷巷"的设计可以更好地起到_____的效果，为炎炎夏日送上一份凉意。

⑤实验成果：将冷巷气温与室外气温的数据绘制成气温曲线进行对比，并利用相应软件制作气温统计图表。

4．古厝保护

保护传统建筑，感受传统闽南文化魅力。如今，五店市这片闽南特色古厝已成为泉州晋江的一张城市名片。请你查阅资料，阐述晋江市在保护闽南古建筑过程中采取了哪些有效措施。同时，作为一名中学生，你觉得自己能为闽南古建筑的保护做些什么？请你思考后，完成一篇与古厝保护相关的小论文。

【答案及解析】

答案：1．夏秋　台风　湿度　2．快　排水　3．东南—西北走向　实测数据略　通风　略　4．略

解析：1．泉州为亚热带季风气候，降水较多，空气湿度大，气候潮湿。花岗岩质地坚硬，抵御流水侵蚀能力较强，防腐蚀能力较好，受风化侵蚀较少，使用寿命较长。

2．实验证明，雨水从曲面屋顶下滑的速度更快，"双坡曲"的设计更利于在多雨的夏季实现快速排水。

3．在设计"冷巷"时，应考虑当地的夏季主导风向，冷巷走向应与主导风向一致，这样通风效果才会更加显著。泉州为季风气候，夏季盛行东南风，因此"冷巷"设置方向应为东南—西北走向。实验测量成果可利用信息技术手段进行地理图表的绘制。

4．通过查阅相关资料，完成小论文的撰写。

【评价标准】

评价指标	自评水平 （优秀、良好、合格）	互评水平 （优秀、良好、合格）
能否正确使用温度计进行温度测量，并正确读取数据		

续表

评价指标	自评水平 （优秀、良好、合格）	互评水平 （优秀、良好、合格）
能否使用信息技术手段进行地理电子图表的绘制		
能否结合地理原理撰写古厝保护论文，做到逻辑清晰，并具有一定实践意义		
外出实践能否友好合作		

【设计说明】

材料出处	1.《历史文化名城城市空间演变与发展实证研究——以泉州市为例》。 2.《你知道我国古代建筑的屋檐和最速降线有什么关系吗?》。 3.《"冷巷效应"景观图试题设计》。 4.《闽南传统民居的气候适应性应用分析》。
设计意图	通过解构闽南古厝建筑，引导学生结合物理学科知识分析地理问题，形成多角度思维；通过运用物理实验方法解析地理现象，开展实验和实地测量分析，以提升学生的多学科思维能力和地理实践力；通过撰写相关论文，体现地理学科与语文学科的融合。
检测知识	气候与建筑、文化遗产等相关知识。
考查能力	地理实践能力、综合思维能力。
难易程度	难，适用于地理研学活动。
适用类型	小组合作类。

三、作业点评

本作业设计以探究自然环境与地方文化景观的关系为主题，分析泉州聚落布局发展变化成因和影响闽南古厝设计的原因。以闽南古厝的建筑材料、外观、布局等真实信息作为情境，利用历史、物理学科思维方式，解决真实的地理问题。通过分析自然环境与地区文化景观的关系，增强学生的区域认知，进而树立学生的人地协调观念，达到培养学生核心素养的目的。

该作业设计将户外调查、模拟实验与学科理论知识相结合，有助于弘扬传统文化，增强民族自信。它让学生走出教室，直面真实情境，拓展了学生的学习空间。同时，采用跨学科的思维方法，能有效促进学生动手和动脑相结合，激发学生的学习兴趣，锻炼其实践能力，促使学生完成从解题到解决真实问题的转变，从而达到全面发展综合素养的目的。

(点评人：福建省普通教育教学研究室　武韬)

青　稞

——地理跨学科主题作业

杨少惠/漳州市第五中学

一、作业设计思路

《义务教育地理课程标准（2022年版）》指出，地理课程跨学科主题学习是基于学生的基础、体验和兴趣，围绕某一研究主题，以地理课程内容为主干，运用并整合其他课程的相关知识和方法，开展综合学习的一种方式。地理课程跨学科主题学习立足于核心素养的培育，关注学生探究能力、创新意识、实践能力、社会责任感的培养，促进学生全面发展。基于核心素养培养的地理跨学科主题作业设计就是有效实现这一目标的载体。

地理学是研究地理环境以及人类活动与地理环境关系的科学，具有综合性、区域性等特点。地理学兼有自然科学和社会科学的性质，开展跨学科主题作业设计是由地理学科的性质决定的。地理与生物学科联系密切，学生在八年级下册学习"青藏地区的自然特征与农业"时已储备了很多生物学科的知识与方法，在此时进行地理与生物跨学科作业练习，可以激发学生学习兴趣，让学生在完成项目化任务的过程中进一步了解地理和生物的联系，探究影响青稞生长发育、分布规律的地理和生物因素，在探究过程中完成学生核心素养的培养。

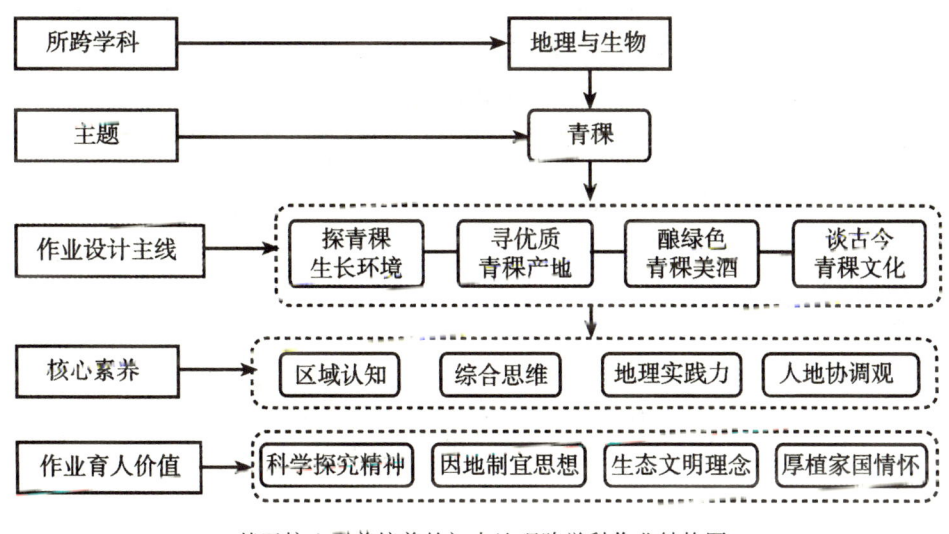

基于核心素养培养的初中地理跨学科作业结构图

本作业设计所跨学科是地理与生物。以青稞为主题，通过地理跨学科作业的设计，让学生探青稞生长环境、寻优质青稞产地、酿绿色青稞美酒、谈古今青稞文化。通过应用地理和生物等学科知识来完成一系列具有梯度性的任务，让学生深刻认识到青藏地区特殊的自然环境对农业发展和人们生活的影响,从而培养学生的核心素养,达成学科育人目标。

  本作业设计的目标是通过完成系列作业,培养学生获取信息的能力、实践能力、与他人合作能力等。通过生物学科知识的铺垫,并应用其解决地理问题,能够培养学生跨学科综合思维,促进学生深度学习,拓宽学生的视野。最终实现提升学生区域认知、综合思维、地理实践力和人地协调观等素养的目标,助力学生树立科学探究精神、家国情怀等。

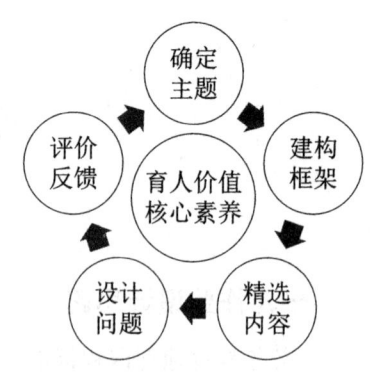

核心素养培育视角下的地理跨学科作业设计流程

二、作业设计

1. 探青稞生长环境

(1) 登录"iPlant 植物智"等相关网站,查询信息,填写青稞资料卡。

青稞资料卡

①分类系统:_____ 科 _____ 属
②生长习性:_____
③分布省区:查询我国青稞主要分布省区,并在老师提供的空白中国政区图中用阴影标出。
④青稞的营养价值:_____
_____

(2) 以"探究青稞种子萌发的环境条件"为主题设计生物实验,完成报告。

实验报告

实验时间	月 日— 月 日	姓名			
提出问题	青稞种子的萌发需要什么环境条件?				
做出假设	青稞种子的萌发需要_____				
设计实验	实验器材				
	实验过程				
实验记录	天数	日期	种子萌发数		
			第1组	第2组	第3组	第4组
	第 天	月 日				
	第 天	月 日				
	……	……				
实验结论					

完成时间：课前一周。

【参考答案】

(1) <center>青稞资料卡</center>

①分类系统：__禾本__ 科 __大麦__ 属
②生长习性：__耐寒性强。__
③分布省区：设计图例，用阴影标出青海、西藏、四川、云南等省区。
④青稞的营养价值：青稞富含大量营养元素及膳食纤维，具有高蛋白质、高纤维、高维生素、低脂肪、低糖等特点。

(2) <center>实验报告</center>

实验时间	月 日— 月 日		姓名		
提出问题	青稞种子的萌发需要什么环境条件？				
做出假设	青稞种子的萌发需要 适宜的温度、一定的水分、充足的空气。				
设计实验	实验器材	青稞种子40粒、罐头瓶4个、餐巾纸、标签纸、笔、水等。			
	实验过程	①用标签纸分别将四个瓶子标号为1、2、3、4； ②每个瓶子中分别放两张餐巾纸，再放入10粒种子； ③1号瓶不放水，2号瓶和3号瓶放一点水，4号瓶放许多水，使种子完全淹没在水中； ④将3号瓶放到冰箱的冷藏室，1、2、4号瓶放于常温的橱柜中。			
实验记录	天数	日期	种子萌发数			
			第1组	第2组	第3组	第4组
	第 天	月 日				
	第 天	月 日				
	……	……				
实验结论	种子的萌发的环境条件是需要适宜的温度、一定的水分和充足的空气。				

【评价标准】

水平3：资料卡填写完整详细，绘图美观。实验过程完整，能正确设计对照组，实验记录真实完整，实验结论科学。

水平2：资料卡填写较完整。实验过程较完整，能设计对照组但不全面，实验记录较完整，实验结论较科学。

水平1：资料卡填写不完整。实验过程不完整，没有设计对照组，实验记录有缺漏，没有实验结论。

【设计说明】

材料出处	（1）原创。（2）改编。
设计意图	通过查找青稞相关资料、设计种子萌发实验，初步了解青稞生长习性，为进一步学习作好铺垫，培养科学探究精神。
检测知识	种子萌发过程及其影响因素、青稞的生长习性和分布等。
考查能力	提取信息、绘图、实验探究的能力。
难易程度	中等。
适用类型	自主探究类。

2. 寻优质青稞产地

（1）读"青藏地区年平均气温分布图"（图略）可知，制约青藏地区种植业发展的自然条件是_____，原因是_____。

（2）读"青藏地区年降水量分布图"（图略）可知，青藏地区降水的空间分布特点是_____。

（3）结合上述分析及青稞种子萌发条件，推测青藏地区青稞种植区可能分布于_____（方位），理由是_____。

（4）结合"青藏高原青稞种植面积分布图"和"青藏地区地形图"（图略），描述青稞种植区的分布特点：_____。分析这里适合种植青稞的有利自然条件：_____。

（5）依据光合作用和呼吸作用原理分析青藏地区青稞品质优良的原因：_____。

（6）结合图文资料，与同学讨论实现青稞优质高产的有效途径。

① 运用无人驾驶拖拉机、北斗定位、智慧农业云平台等现代化手段开展青稞种植，有利于_____。

② "藏青2000"青稞新品种是科学家利用了生物多样性中的_____多样性选育的，其优点是产量高、抗倒伏。

藏青320 × 拉萨白青稞   喜玛拉19号 × 昆仑164
          ↓   ↓
    杂交一代（母本）   ×   杂交一代（父本）
                         ↓
                      藏青2000

完成时间：课中。

【参考答案】

（1）热量不足　海拔高，气温低　（2）东南多，西北少　（3）东南部或东部　这里气温较高，降水较丰富，水热条件好　（4）分布在河谷地带（河流沿岸）　海拔较低，气温较高，水源充足，地形平坦，土壤肥沃　（5）青藏地区光照充足，昼夜温差大。白天日照时间长，气温较高，青稞植株的光合作用强或时间长，产生的有机物（糖类）比较多。晚上，气温低，呼吸作用较弱，有机物（糖类）消耗比较少，植株内有机质积累多，品质好　（6）①提高生产效率　②基因

【评价标准】

学生自我评价表

核心素养	评价指标	表现水平			
		优秀	良好	合格	不合格
区域认知	读图说出青藏地区年平均气温低的气候特征				
	读图描述青藏地区降水空间分布特点				
	读图描述青稞种植区分布特点				
	读图表认识青藏地区光照充足、昼夜温差大的气候特征				
综合思维	读图分析制约青藏地区种植业发展的自然条件				
	结合气温和降水分布推测青稞分布区，并说明理由				
	从地形、气候、水源等角度分析河谷地区种植青稞的有利自然条件				
	运用地理和生物知识，分析青稞品质优良的原因				
	从科技角度分析青稞优质高产的有效途径				
人地协调观	认识青藏地区的自然环境特征对青稞种植的影响，理解因地制宜思想				
地理实践力	从图文资料中获取准确信息				
优秀 5 分，良好 3 分，合格 1 分，不合格 0 分；总分 50~60 分为优秀，40~49 为良好，30~39 为合格，低于 30 为不合格					等级：

【设计说明】

材料出处	原创。
设计意图	通过读图推测、描述青稞分布及分析青稞种植条件等，培养学生区域认知和综合思维的能力；通过运用生物学科知识分析青稞高产原因，培养学生用跨学科思维解决问题的能力；通过科技资料，拓宽学生视野，培养创新意识。

续表

检测知识	青藏地区种植业的分布及发展的有利条件；运用光合作用、呼吸作用原理解决现实问题；了解生物育种技术。
考查能力	获取信息能力、描述地理事物分布能力、综合分析能力。
难易程度	容易。
适用类型	自主探究＋合作讨论类。

3. 酿绿色青稞美酒

青稞酒，是用青稞酿造的一种酒，其酿造的工序如下。请学生运用生物学知识，完成该家庭实验并回答下列问题。

①青稞洗净，放入锅中煮熟，边煮边上下翻动以便全部熟透。

②将煮熟的青稞取出，晾置约半小时。

③趁青稞温热时，将其摊开在干净的布上，然后均匀撒上酒曲粉末。

④再把撒好酒曲的青稞装到密封的容器里，用棉被等保暖的东西包起来放好。

⑤一般发酵一夜就能闻到酒味，如果是夏天，两天后即可完成发酵，冬天则需要3～5天。

⑥取出发酵后的青稞进行蒸馏，得到的液体就是青稞酒，剩下的就是酒糟。

（1）酒曲中含有的主要微生物是_____，其所属生物类群是_____。

（2）加入酒曲前，将煮熟的青稞晾凉至适温，原因是_____。

（3）工序④中，装青稞的容器须密封，原因是_____。

（4）夏天酿制青稞酒比冬天快，主要原因是_____。

互助县位于青海省东北部，湟水谷地北侧。互助县的青稞酒是国家地理标志产品，有四百余年的酿造历史，以优质青稞、水源作为酿造原料。

（5）结合材料，简要分析互助县发展青稞酒产业的有利条件。

完成时间：课后15分钟。

【参考答案】

（1）酵母菌　真菌

（2）给酵母菌的生长提供适宜的温度，防止温度过高将酵母菌烫死

（3）形成缺氧条件使酵母菌进行无氧呼吸产生乙醇（酒精）

（4）夏季气温比冬季高，更适宜真菌的生长繁殖

（5）青藏高原高寒、昼夜温差大、日照充足的自然特征使青稞病虫害少，品质好，为酿酒提供了优质原料；来自祁连山的冰雪融水多，且较纯净，为酿酒提供了良好的水质条件；酿造技艺历史悠久，技术纯熟。

【评价标准】

评价内容	自我评分	小组评分	教师评分
圆满完成酿酒实验（10分）			
准确回答第一至第四题（10分）			
全面有条理地分析第五题（10分）			
书写工整（10分）			
总分			

综合分（自我评分×30%＋小组评分×30%＋教师评分×40%）：

【设计说明】

材料出处	改编。
设计意图	通过考查生物学科酿酒相关知识，让学生了解酿酒流程及所需原料，为分析青稞酒品质好的原因作铺垫，培养学生用跨学科思维解决问题的能力。
检测知识	酿酒相关生物知识、青藏地区自然环境特征。
考查能力	获取信息、归纳总结、解决现实问题的能力。
难易程度	容易。
适用类型	家庭实验和书写作业。

4. 谈古今青稞文化

糌粑，是青藏地区居民传统主食之一。它是将青稞洗净、晾干、炒熟后磨成的面粉，食用时用少量的酥油茶搅拌均匀，用于捏成团即可。它不仅营养丰富、热量高，还便于携带和储藏。

（1）动手制作糌粑并品尝分享，分组讨论：青藏地区居民以糌粑为主食与地理环境的关系，并汇报讨论结果。

西藏西部和西北部地区是西藏最重要的食盐产地，古代西藏的牧民以十几户为一团队，组织上白头牦牛在冰雪消融的季节到这里采集、运输食盐。等到每年的秋季，他们再赶到藏东南地区，用采集到的食盐交换青稞，由此形成了著名的"食盐之路"。

（2）结合搜集到的关于青稞营养价值的相关资料，分组讨论：生活在藏北高原的牧民长期以牛羊肉和奶制品为食，他们如何做到膳食均衡？汇报讨论结果。

尼玛扎西，西藏自治区农牧科学院院长，被亲切称为"青稞博士"。他长期致力于青稞事业，带领团队破解青稞"基因密码"，选育新品种，创造了高产纪录，为西藏农牧科技事业发展作出了杰出贡献。2020年调研途中，尼玛扎西不幸车祸殉职，他生前曾说过："我的家乡土地贫瘠，粮食产量很低，小时候就一心想着让青稞长好。"

（3）结合尼玛扎西坚守青稞事业的事迹，与同学分享你的感悟与收获。

完成时间：课中。

【参考答案】

（1）青藏地区高寒的自然环境，适宜耐寒的青稞生长，因此青藏地区居民以糌粑为主食。糌粑营养丰富、热量高，有助于充饥御寒。青藏地区农业部门以畜牧业为主，糌粑便于携带和储藏，方便牧民游牧生活。

（2）藏北高原由于气候高寒、干旱，不适宜种植青稞、蔬菜、瓜果等，牧民以高蛋白、高脂肪的牛羊肉和奶制品为食，缺乏谷类和蔬菜瓜果的摄入，膳食结构不合理。因此，生活在藏北高原的牧民通过"食盐之路"，用盐交换青稞。由于青稞富含大量营养元素及膳食纤维，具有高蛋白质、高纤维、高维生素、低脂肪、低糖等特点，牧民以青稞制成的糌粑为主食，实现膳食均衡。

（3）结合所学知识正确评价尼玛扎西。认识到科技对农业发展的影响，进而联系自身实际，思考中学生应该怎么做，如承担责任、关注家乡和祖国的发展等。

【评价标准】

评价维度	评价标准	评价方式		
		自评	组评	师评
学科能力	综合运用地理、生物、思政等学科知识与方法，思考和讨论问题（40分）			
合作参与	根据所查资料，积极参与讨论，发表个人见解，与组员分工，带领小组完成任务（30分）			
汇报展示	总结组员讨论结果，代表小组汇报，语言表达清晰（30分）			
总分				
综合分（自我评分×30%＋小组评分×30%＋教师评分×40%）：				

【设计说明】

材料出处	原创。
设计意图	通过探讨糌粑饮食文化与地理环境的关系，培养人地协调观；通过对青藏地区居民如何实现膳食均衡的讨论，培养跨学科思维；通过对尼玛扎西事迹的讨论，培养家国情怀；通过课上动手制作美食、交流观点等，让学生在合作、体验中学习。
检测知识	青藏地区的自然环境特征、膳食均衡相关知识。
考查能力	分工合作能力、语言表达能力、综合分析能力等。
难易程度	较难。
适用类型	合作讨论类。

三、作业点评

本作业设计以青藏高原的青稞为主题，设计了探青稞生长环境、寻优质青稞产地、酿绿色青稞美酒、谈古今青稞文化四部分内容。借助地理和生物学科的知识与原理解决现实问题的方式，引导学生通过完成跨学科主题作业，亲历一次主动探究和深度学习的过程，这有助于学生学科核心素养的培养。

本次作业设计的主要任务是结合青藏地区的自然环境特征来寻找青稞种植区，分析青稞生长条件以及青稞酒品质优良的原因，感悟藏族人民饮食文化与地理环境的关系。在解决真实问题的过程中，让学生体会到跨学科的魅力所在，既渗透了科学探究精神，也落实了学生核心素养的培养。

本次作业设计包含了自主探究、合作讨论、书写作业等类型。问题设计结合学生认知水平具有梯度性、创新性和开放性，有助于培养学生的创造力和实践力。该作业设计既关注了跨学科知识的应用和思维的培养，也关注了学科背后的育人价值。

（点评人：福建省普通教育教学研究室　武镝）

湿 地 观 鸟
——地理跨学科主题作业

汪鹿晨/厦门市莲花中学

一、作业设计思路

《义务教育地理课程标准（2022版）》提出，地理跨学科主题学习要贴近学生生活实际，符合学生年龄特点，聚焦真实问题的发现和解决，体现鲜活的实践特征。学习主题和内容主要选取生态文明建设、环境保护、资源利用等方面真实存在的事物和现象，设计的问题具有研究价值和现实意义。

湿地通常是指地表过湿或经常积水、生长湿地生物的地区。湿地公园是以湿地良好的生态环境和多样化景观资源为基础，以科普宣教、功能利用、弘扬湿地文化等为主题的生态型主题公园，也是中学地理和生物学多门课程融合的教学资源，有助于培养学生的人与自然和谐共生的观念。

本地理跨学科作业以厦门本地观鸟休闲、生态修复的典型湿地——五缘湾湿地为探访主线，引导学生探索湿地生态环境的形成过程、现存问题以及解决措施。作业根据学生的认知水平设计成具有梯度的开放性实践任务，通过实地考察、数据分析等活动，让学生走近湿地、了解湿地、认识湿地对生物生存发展的重要性。学生需依据所学知识，提出符合实际的湿地保护和治理建议。

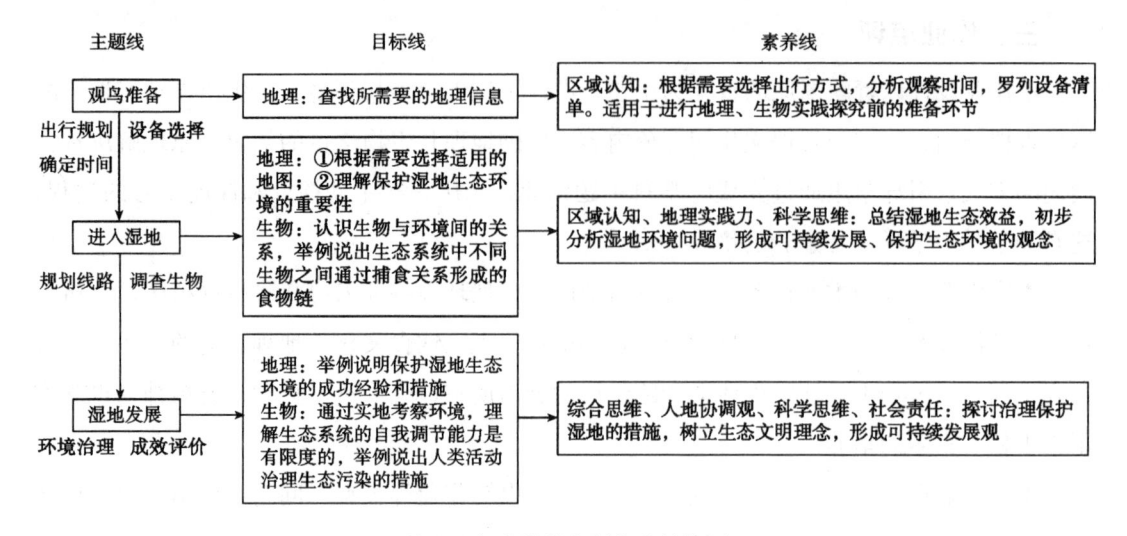

湿地观鸟跨学科主题作业结构图

主题线：观鸟准备（出行规划、设备选择、确定时间）→ 进入湿地（规划线路、调查生物）→ 湿地发展（环境治理、成效评价）

目标线：
- 观鸟准备——地理：查找所需要的地理信息
- 进入湿地——地理：①根据需要选择适用的地图；②理解保护湿地生态环境的重要性；生物：认识生物与环境间的关系，举例说出生态系统中不同生物之间通过捕食关系形成的食物链
- 湿地发展——地理：举例说明保护湿地生态环境的成功经验和措施；生物：通过实地考察环境，理解生态系统的自我调节能力是有限度的，举例说出人类活动治理生态污染的措施

素养线：
- 区域认知：根据需要选择出行方式，分析观察时间，罗列设备清单。适用于进行地理、生物实践探究前的准备环节
- 区域认知、地理实践力、科学思维：总结湿地生态效益，初步分析湿地环境问题，形成可持续发展、保护生态环境的观念
- 综合思维、人地协调观、科学思维、社会责任：探讨治理保护湿地的措施，树立生态文明理念,形成可持续发展观

湿地观鸟跨学科主题作业结构图

湿地观鸟跨学科主题作业活动设计图

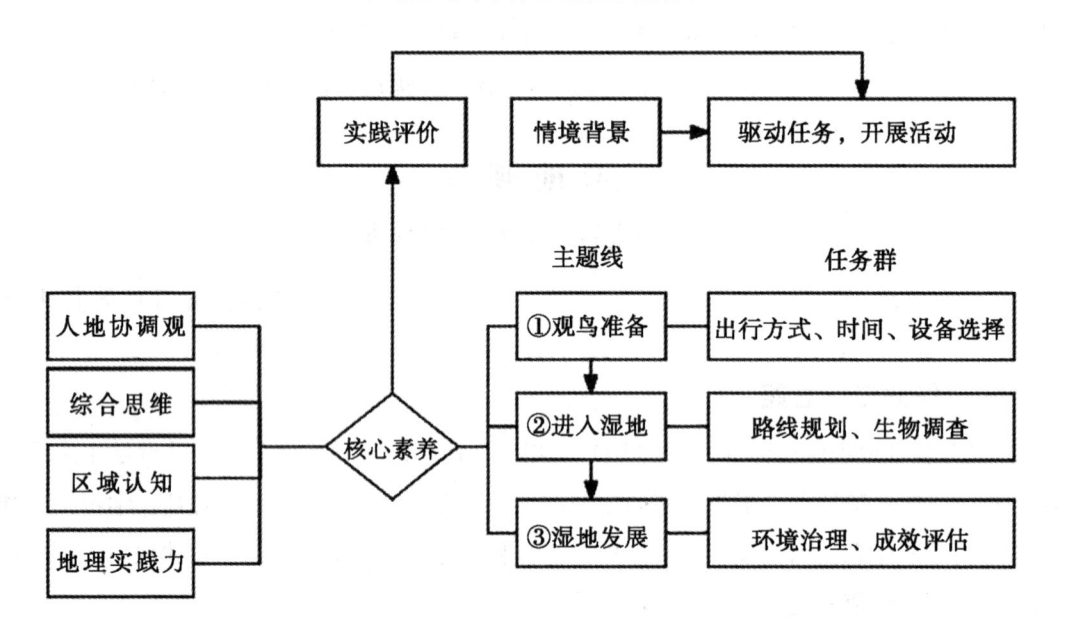

实践评价 ← 情境背景 → 驱动任务,开展活动

核心素养：人地协调观、综合思维、区域认知、地理实践力

主题线：①观鸟准备——出行方式、时间、设备选择；②进入湿地——路线规划、生物调查；③湿地发展——环境治理、成效评估

湿地观鸟跨学科主题作业活动设计图

湿地观鸟的跨学科作业突出地理学科综合思维、地理实践力等核心素养的培养过程，使学生认识生物与环境的相互关系、树立人与自然和谐共生的生态观和保护生物多样性等观念。该作业设计的目标既包含地理目标，也包含生物目标。

地理目标：举例说出湿地地区突出的自然环境问题，理解保护湿地生态环境的重要性并举例说明保护湿地生态环境的成功经验和措施。

生物目标：通过对湿地生态系统进行调查，认识生物与环境间的关系，举例说出生态系统中不同生物之间通过捕食关系形成的食物链；通过实地考察环境，理解生态系统的自我调节能力是有限度的，举例说出人类治理生态污染的措施。

二、作业设计

1. 观鸟准备

湿地通常是指地表过湿或经常积水、生长湿地生物的地区。位于厦门的五缘湾湿地占地 85 公顷，是厦门最大的湿地生态园区。每年有大量候鸟迁徙至此，场面十分壮观，例如来自俄罗斯境内的鸬鹚等水鸟，吸引了大量游客前来观赏。

(1) 同学们从学校出发，前往五缘湾湿地公园观鸟。请你结合电子地图，谈谈如何选择出行方式。

_____

(2) 图 1 示意五缘湾湿地公园鸟种数量，图 2 为厦门气候直方图，请同学们思考游客到五缘湾湿地观赏候鸟的最佳时间是_____季，原因是_____。

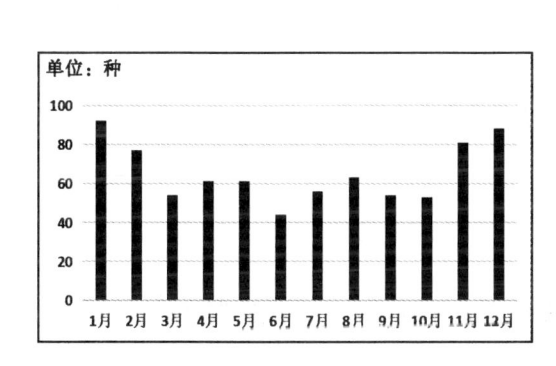

图 1　五缘湾湿地公园鸟种数量　　图 2　厦门气候直方图

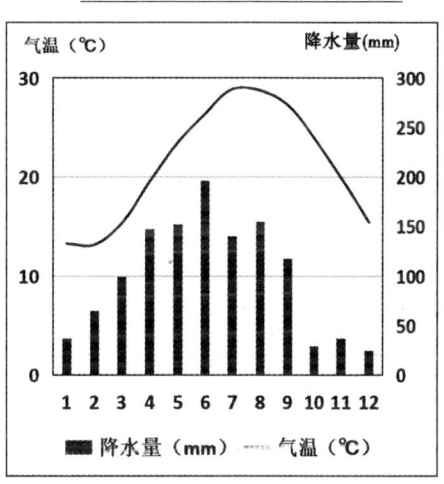

(3) 同学们到湿地公园观赏水鸟鸬鹚，需要携带哪些必要物品？请你补充并说明理由。

必要物品	理由

完成时间：周末两天。

【参考答案】

(1) 可以选择地铁，时间较短

(2) 冬　厦门冬季气温较为温和，湿地鸟类种类较多，适合进行观赏

(3)

必要物品	原因
望远镜	在安全距离内观察，便于保护鸟类，观察鸟类细节
灰绿色系帽子	适应自然环境，不会惊扰鸟类
观察手册	及时记录观察情况、查询候鸟种类

【评价标准】

水平3：确定观察季节，根据需要选择出行方式和携带的物品，并能说明理由。

水平2：根据需要选择出行方式，选择部分应携带的物品。

水平1：选择单一出行方式，无法准确判断观察季节和举例说明应携带的物品。

【设计说明】

材料出处	原创。
设计意图	引导学生结合电子地图，根据实际需要选择出行方式；结合统计图和气候直方图，分析、确定观鸟季节；结合生活经验，初步分析需携带的物品。
检测知识	地图、气候类型等相关知识。
考查能力	对比分析的能力、解释地理现象的能力。
难易程度	容易。
适用类型	自主探究类。

2. 进入湿地

十多年前五缘湾海岸侵蚀严重，大片滩涂生态环境脆弱，环境问题频发。近年来厦门市重视修建湿地公园，对湿地生态环境进行治理。

湿地公园整体上以一湖一湾两片区域分布，即天鹅湖、内湾、东部核心保护区和西部游客观赏区。游客观赏区包含迷宫、天鹅湖生态岛、海岸线、大草坪观赏区和花溪。

五缘湾湿地公园共种植了400多种木本植物和草本植物。植物景观高低错落，四季常绿，四季花开，成为每年冬季鸟类迁徙通道中重要的停歇、补充能量场所。

(1) 请同学们设计观察线路并介绍设计特色。

(2) 请同学们以小组为单位，认真观察并记录线路中各景点的水、土壤、植物、动物等的特征和人类活动状况，发现可能存在的生态问题。

湿地观察线路设计			
设计人		小组	
线路主题			

续表

线路		
景点名称	景点环境特征	环境问题

（3）五缘湾湿地是生物的天堂，请按照设计好的观察线路，将不同地点调查到的生物进行归类、分析并绘制可能存在的食物链。

湿地生物调查表			
调查人		小组	
调查时间		天气情况	
调查地点			
生物名称	数量	生活环境	
可能存在的食物链：			

(4) 各小组梳理总结湿地的生态效益。

①湿地为生物提供_____。

②湿地能够_____。与市中心相比，五缘湾湿地的空气湿度较_____，夏季气温较_____。

③湿地能够保护生物多样性。

完成时间：周末两天。

【参考答案】

(2)

湿地观察线路设计			
设计人		小组	观察小组1
线路主题	冬日漫游，候鸟乐园——以赏植物、观候鸟为主题，行走在五缘湾湿地公园的林间小路，抬头就能看到满树艳丽的羊蹄甲花，绿色中点缀着红、橙、黄的落羽杉，湖中还能欣赏到悠闲游来的黑天鹅和鸬鹚		
线路	迷宫→游客观赏区→核心保护区→天鹅湖		
景点名称	景点环境特征	环境问题	
迷宫	水生植物多	有水华存在、外来入侵物种如福寿螺较多	
游客观赏区	视野开阔	无	
核心保护区	候鸟众多	无	
天鹅湖	天鹅、鱼类多	泥沙淤积	

(3)

湿地生物调查表			
调查人		小组	观察小组1
调查时间	2025年1月4日	天气情况	晴
调查地点	迷宫		
生物名称	数量	生活环境	
荷花	大片	湿地水域	
芦苇	一丛	湿地水域	
草鱼	许多	湿地水域	
鸬鹚	许多	湿地水域、湖心小岛	
可能存在的食物链： 水生植物→草鱼→鸬鹚　水生植物→螺→鲇鱼　水生植物→鲫鱼→鹭			

(4) ①停歇、栖息的场所，提供水源及食物来源　②调节小气候　大　低

【评价标准】

采用观察线路设计评价量表进行个人自评。

<table>
<tr><th colspan="6">观察线路设计评价表</th></tr>
<tr><th rowspan="2">核心素养</th><th rowspan="2">评价指标</th><th colspan="4">表现水平</th></tr>
<tr><th>非常符合
（8~10）</th><th>比较符合
（6~7）</th><th>基本符合
（4~5）</th><th>不符合
（0~3）</th></tr>
<tr><td rowspan="3">区域认知</td><td>①熟练阅读电子地图</td><td></td><td></td><td></td><td></td></tr>
<tr><td>②选择景点并说出理由</td><td></td><td></td><td></td><td></td></tr>
<tr><td>③利用地图三要素绘制线路</td><td></td><td></td><td></td><td></td></tr>
<tr><td rowspan="2">综合思维</td><td>①结合情境，介绍线路特色</td><td></td><td></td><td></td><td></td></tr>
<tr><td>②分析线路中各景点自然要素间的相互作用</td><td></td><td></td><td></td><td></td></tr>
<tr><td rowspan="3">地理实践力</td><td>①全程参与设计并认真完成自己的相应任务和工作</td><td></td><td></td><td></td><td></td></tr>
<tr><td>②愿意与同伴讨论交流，有较强的求知欲与学习兴趣</td><td></td><td></td><td></td><td></td></tr>
<tr><td>③遇到困难积极寻求帮助，如实记录设计过程中出现的问题</td><td></td><td></td><td></td><td></td></tr>
<tr><td rowspan="2">人地协调观</td><td>①按照路线详细记录并分析环境问题</td><td></td><td></td><td></td><td></td></tr>
<tr><td>②从各自然要素方面概括湿地的生态效益</td><td></td><td></td><td></td><td></td></tr>
<tr><td colspan="5">注：80~85分为A+，70~79为A，60~69为B，50~59为C</td><td>等级</td></tr>
</table>

采用生物调查评价量表进行小组互评。

<table>
<tr><th>评价标准</th><th>成员1</th><th>成员2</th><th>成员3</th></tr>
<tr><td>**实践表现40分**
①记录湿地生物种类、数量、生长状况
②查阅资料收集整理生物习性，描述分布环境特征
③分析湿地生态系统存在的食物链、食物网关系</td><td></td><td></td><td></td></tr>
<tr><td>**成果展现20分**
①小组拍照记录、统计分析、整理资料、形成观察报告
②分析真实世界中的复杂问题，对人地关系进行评价</td><td></td><td></td><td></td></tr>
</table>

续表

评价标准	成员1	成员2	成员3
学科能力 40 分			
①掌握观察、识别生物的方法			
②描述生物分布特征，分析特定区域群落形成的原因及影响因素			
③形成保护湿地生态系统的观念和意识			
等级：80～85 分为 A+，70～79 为 A，60～69 为 B，50～59 为 C			

【设计说明】

材料出处	原创。
设计意图	通过设计线路、记录路线沿途的各地理要素状况，观察各要素间的相互作用并概括湿地生态效益；通过观察生物，掌握识别湿地生物的方法，分析环境中群落分布的影响因素并寻找潜在的生态环境问题。
检测知识	食物链与食物网、湿地生态系统等相关知识。
考查能力	分析地理问题的能力。
难易程度	中等。
适用类型	小组合作类。

3. 湿地发展

五缘湾湿地生态公园 2005 年修建，2009 年建成，2016 年公园受"莫兰蒂"台风袭击，半数以上的乔灌木植物受损，而后进行了提升改造。

（1）请同学们查阅资料，结合实地考察情况，分析五缘湾湿地环境问题产生的原因并画出思维导图。

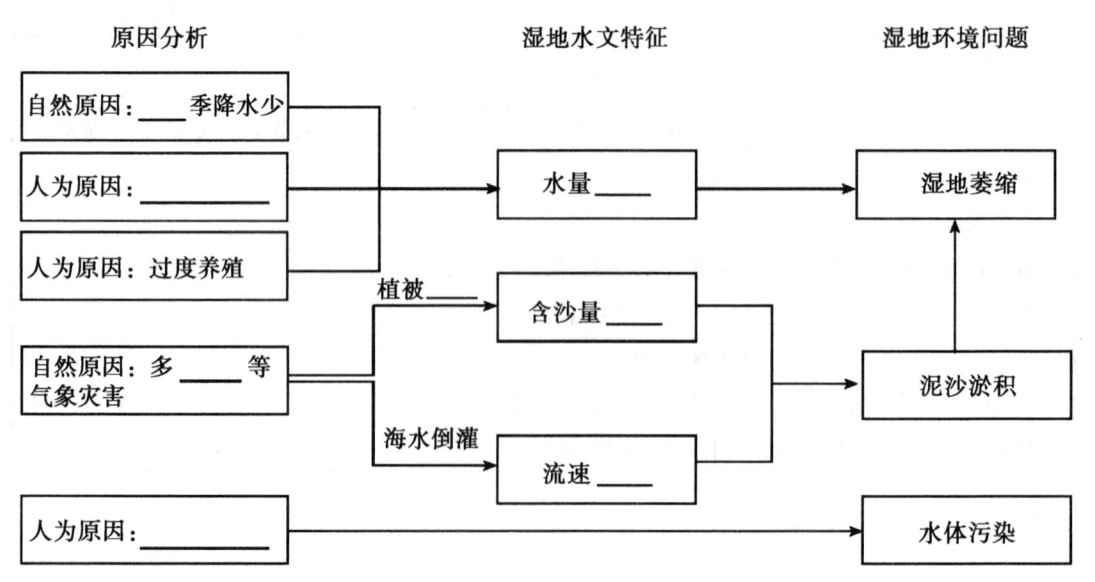

原因分析　　　　　　　湿地水文特征　　　　湿地环境问题

自然原因：＿＿季降水少　　　　　　　　　　　　　　　湿地萎缩
人为原因：＿＿＿＿　　　　　　水量＿＿＿
人为原因：过度养殖
　　　　　　　　　　植被＿＿＿　　含沙量＿＿＿
自然原因：多＿＿等　　　　　　　　　　　　　　　　泥沙淤积
气象灾害
　　　　　　　　　　海水倒灌　　　流速＿＿＿
人为原因：＿＿＿＿　　　　　　　　　　　　　　　　水体污染

（2）请同学们结合搜集到的资料和实地考察结果，提出改善湿地环境问题的措施并评价改善效果。

小组		观察地点	
环境问题			
改善措施			
改善效果评价	含沙量		
	污染物		
	生物群落		

完成时间：周末两天。

【参考答案】

（1）

原因分析　　　　　　　　湿地水文特征　　　　　　湿地环境问题

自然原因：冬 季降水少

人为原因：围湖造田　　→　水量 减少　　→　湿地萎缩

人为原因：过度养殖

　　　　　　　　　　植被破坏　含沙量 增大

自然原因：多台风 等气象灾害　　　　　　　　　　泥沙淤积

　　　　　　　　　　海水倒灌　流速 变小

人为原因：排放污水　　　　　　　　　　　　　　水体污染

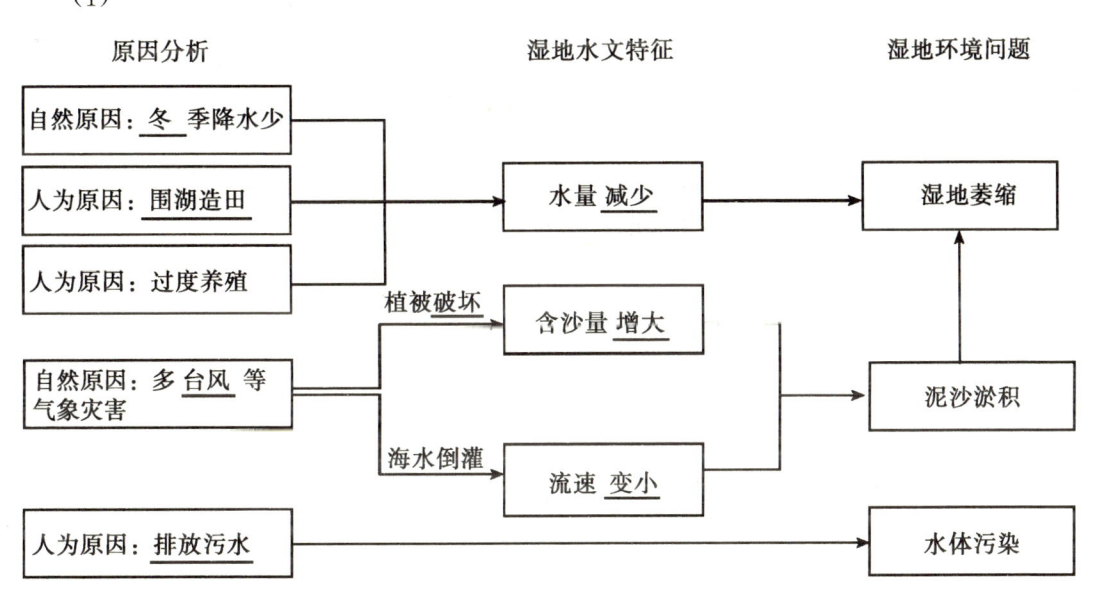

213

(2)

小组	观察小组1	观察地点	迷宫
环境问题	①水体污染：附近区域地势低平，村庄内雨污水无法直接排入雨水管道和污水管道，导致大量生活垃圾排放入湖，进而引发藻类过度繁殖和鱼虾死亡。同时，由于水体污染和自净能力不足，每日需从湖边水库调水补充淡水，以维持水体生态； ②淤泥沉积：湖泊中泥沙含量增大，部分区域存在海水倒灌； ③外来入侵物种繁殖：福寿螺繁殖速度快，成为疾病和寄生虫的载体			
改善措施	①生物措施：种植荷花、芦苇等挺水植物。其根尖的成熟区能吸收水体中的氮磷无机盐，对水体进行净化；利用跌水层高差增加水中含氧量，减少水体富营养化风险； ②人工措施：在迷宫区兴建了生态过滤池，通过过滤池中泥炭、碎石等物质的过滤、吸附、离子交换作用对污水进行净化。同时，与附近污水处理厂联合，在绿荫丛中兴建了红色的污水处理站，形成无噪声、无异味的大型生态循环水处理系统； ③挖掘淤泥，疏通水系； ④定期开展志愿者行动，通过投放环保药物对福寿螺进行消杀。同时，积极采取多种措施捕捞福寿螺，如在河道旁安装引诱装置，使用小网火钳等工具摘除成螺、螺卵			
改善效果评价	含沙量	淤泥含量减少，河水含沙量显著减少		
	污染物	水质得到改善，污染物减少		
	生物群落	种植多种植物辅助改善水质，抑制藻类生长。物种丰富度上升，多数区域采取保护措施		

【评价标准】

采用改善措施评价量表进行教师评价。

改善措施评价表					
核心素养	评价指标	表现水平			
		非常符合 （8~10）	比较符合 （6~7）	基本符合 （4~5）	不符合 （0~3）
区域认知	准确描述湿地各污染区域的地理位置				
综合思维	①结合情境，从自然要素、人为活动分析环境问题产生原因并初步提出解决措施				
	②选择合适指标，构建湿地质量评价指标体系，评估治理效果				

续表

地理实践力	①搜集资料、查阅文献、提出可行的解决措施			
	②实地走访，使用地理工具对调查对象进行记录、观察			
人地协调观	分析人类活动对环境的影响，形成并践行可持续发展观念			
注：55~60分为A+，45~55为A，40~45为B，35~40为C			等级	

【设计说明】

材料出处	原创。
设计意图	通过实地观察，分析湿地在土地利用、功能区建设中可能存在的生态环境问题；通过查阅资料并记录治理湿地生态问题相应的生物措施和工程措施，引导学生认识到湿地的调节功能有限度，从而形成可持续发展观念。
检测知识	生态系统、可持续发展等相关知识。
考查能力	地理实践能力。
难易程度	难。
适用类型	小组合作类。

三、作业点评

本次作业设计以厦门五缘湾湿地探访为主线，从湿地观鸟准备开始，到如何进入湿地以及开展生物观察，再到围绕湿地发展进行设问，探讨湿地治理与成效评估。该作业是依据学生的认知水平设计的具有梯度的开放性作业。通过开展实践活动，让学生认识湿地对生物生存发展的重要性，引导学生依据所学知识，结合实际提出保护和治理湿地的可行性措施和建议。本次作业设计还采用了实践作业和研学相结合的形式，有助于培养学生学科核心素养。

该作业设计既注意细节、着眼实际，又具备远景发展规划和评估，层次分明，思路清晰。它不仅开拓了开放性学生作业设计的思路，还为微型研学旅行设计提供了范例。通过拓展地理课堂空间，让学生走出教室、亲近自然，既有效激发了学生的学习兴趣，锻炼其实践能力，又兼顾了地理和生物学科知识的传授。学生可以在研学旅行中深刻认识地理和生物知识的联系，在观察和探究中提高综合素养。

（点评人：福建省普通教育教学研究室　武韬）

物理

从物理视角看人体

林林　江德如　吴玉明　任高远　赵景阳/三明市列东中学

一、作业设计思路

《义务教育物理课程标准（2022年版）》（以下简称《物理课程标准》）新增了一级主题"跨学科实践"，旨在发展学生跨学科运用知识的能力、分析和解决问题的综合能力、动手操作的实践能力，培养学生积极认真的学习态度和乐于实践、勇于创新的精神。

本作业立足于《物理课程标准》中课程内容一级主题"跨学科实践"的二级主题"物理学与日常生活"中的三级条目："5.1.1能发现日常生活中与物理学有关的问题，提出解决方案。""5.1.2能运用所学知识分析日常生活中的安全问题，提出解决方案，践行安全与健康生活。"进行设计，同时涉及《物理课程标准》中课程内容一级主题"物质""运动和相互作用"和"能量"中的部分三级条目："2.2.1会选用适当的工具测量长度和时间，会根据生活经验估测长度和时间。""1.2.2知道质量的含义。会测量固体和液体的质量。""1.2.3通过实验，理解密度。会测量固体和液体的密度。能解释生活中与密度有关的一些物理现象。""2.2.3通过常见事例或实验，了解重力、弹力和摩擦力，认识力的作用效果。探究并了解滑动摩擦力的大小与哪些因素有关。""2.3.1通过实验，认识声的产生和传播条件。""2.3.5了解凸透镜对光的会聚作用和凹透镜对光的发散作用。探究并了解凸透镜成像的规律。了解凸透镜成像规律的应用。""2.3.6通过实验，了解白光的组成和不同色光混合的现象。""1.1.2了解液体温度计的工作原理。会用常见温度计测量温度。""1.1.3经历物态变化的实验探究过程，知道物质的熔点、凝固点和沸点，了解物态变化过程中的吸热和放热现象。能运用物态变化知识说明自然界和生活中的有关现象。""3.3.1了解内能和热量。从能量转化的角度认识燃料的热值。""3.3.2通过实验，了解比热容。能运用比热容说明简单的自然现象。""2.2.6知道简单机械。探究并了解杠杆的平衡条件。""2.2.5通过实验和科学推理，认识牛顿第一定律。能运用物体的惯性解释自然界和生活中的有关现象。""2.2.2能用速度描述物体运动的快慢，并能进行简单计算。会测量物体运动的速度。""2.2.7通过实验，理解压强。知道增大和减小压强的方法，并了解其在生产生活中的应用。""2.2.8探究并了解液体压强与哪些因素有关。知道大气压强及其与人类生活的关系。了解流体压强与流速的关系及其在生产生活中的应用。""3.2.2知道机械功和功率。用生活中的实例说明机械功和功率的含义。"

本作业还兼顾生物、体育学科的课程内容，涉及《义务教育生物学课程标准（2022年版）》中课程内容"人体生理与健康"学习主题中的"5.3.1 呼吸系统由呼吸道和肺构成""5.3.2 呼吸运动可以实现肺与外界的气体交换""5.5.3 人体的运动是在神经系统支配下，由肌肉牵拉着骨围绕关节进行的""5.5.4 人体通过眼、耳等感觉器官获取外界信息，科学用眼和用耳能够保护眼和耳的健康"；涉及《义务教育体育与健康课程标准（2022年版）》中课程内容"体能"主题中的"肌肉耐力体能学练"。

本作业从人体中的物理量、人体的感觉（听觉、视觉、触觉及冷热感觉）、人体的运动和人体的呼吸等多个角度，设计书面作业和实践作业，从力学、热学、光学、电学等多个方面考查学生的物理学科核心素养。

本作业具有多学科的融合性、选材的创新性、考查知识的全面性和系统性、知识运用的综合性等优点。本作业既适用于新课教学，也适用于复习教学，难度适中，可面向全体学生使用。

二、作业设计

1. 人体中的物理量

（1）人体中有许多物理知识，例如人体属于_____（选填"导体""半导体"或"绝缘体"），我国规定的人体安全电压为_____，我国家庭电路电压为_____。因此我们不能接触家庭电路的火线，以免发生触电。

（2）实践活动

请选择合适的测量工具，测量自己身体的相关物理量。

测出你身体中的下列尺度，相关信息如图。

①身高：_____，臂展：_____，肩宽：_____，胸围：_____，手的一拃：_____，手掌宽度：_____，足长：_____。

②选择测量工具_____测出你静息状态下 1 min 心跳_____次，计算出心跳 1 次的时间为_____。

③选择测量工具_____测出你的质量为_____。

④利用公式_____计算出你在地球上受到的重力为_____。

⑤利用公式_____估算出你的体积约为_____（人体密度与水的密度相近）。

⑥你还能测量自身的哪些物理量？请写出测量结果。

【参考答案】（1）导体；不高于 36 V；220 V　（2）略（根据自身情况确定）

【设计说明】

通过实践活动，测量自己身体的物理量，初步了解人体，掌握常用测量工具，复习重

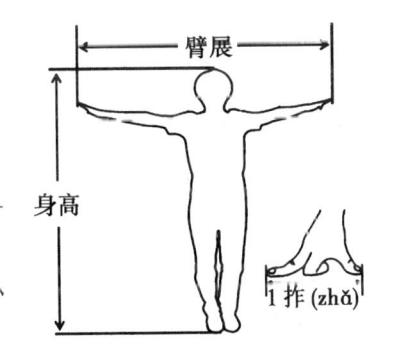

力和密度的简单计算，提升安全用电意识。

2. 人体的感觉

（1）人体的听觉

下图为人耳的结构示意图，人耳通过鼓膜与外界相隔绝，而中耳通过咽鼓管与鼻咽部相通。听觉的形成过程大致是：外界的声波经过外耳传到鼓膜，鼓膜的振动通过听小骨传到内耳，刺激了耳蜗内对声波敏感的感觉细胞，这些细胞就将声音信息通过听觉神经传给大脑的一定区域，人就产生了听觉。回答下列问题：

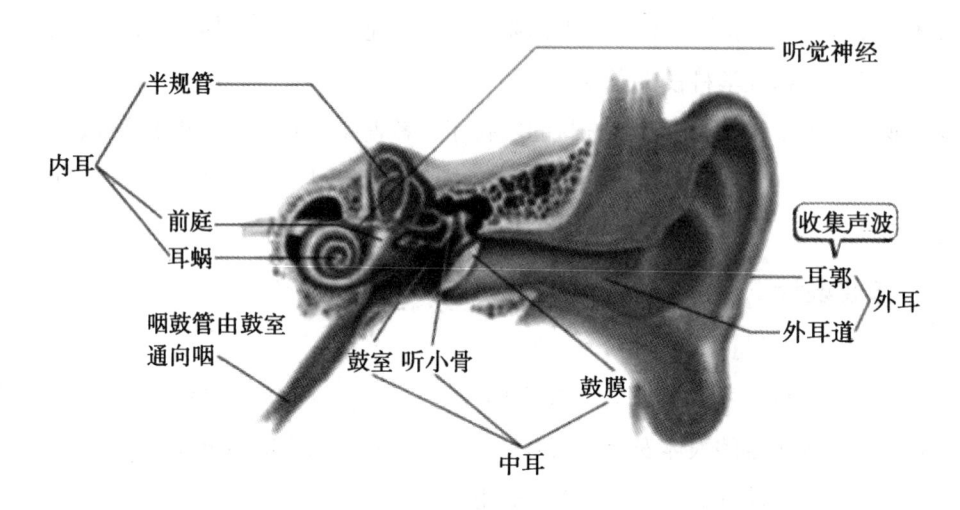

①声音通常是通过哪种介质传入耳朵？骨传导耳机是通过哪种介质将声音传入耳朵？

②正常人耳朵的听觉频率范围是多少？

③人乘坐动车进入隧道时，车厢内气压变化导致的鼓膜两侧气压不同通常会引发耳朵不适，通过嚼口香糖或做张口动作可以缓解耳朵不适。请从物理学角度解释为什么这种方法可以缓解耳朵不适。

（2）人体的视觉

人的眼睛相当于一台超级精密的照相机，人眼中的晶状体相当于一个_____。如果晶状体缺乏养分，就会变成不透明的乳白色，这就是医学上所说的"白内障"。人眼中的视网膜相当于承接像的_____，外界物体能在视网膜上形成_____的实像。视网膜上有六七百万个视锥细胞及大约1.3亿个视杆细胞将这个像转换为视觉信息而被感知到。视锥细胞虽然只有三个类型分别感应三原色的色光：_____光、_____光和_____光，但它们相互配合就能检测各种不同颜色，如果先天缺少一种类型的视锥细胞，那就是"色盲"；视杆细胞主要是感受光线的强弱并能够在昏暗的环境下提供弱光的传输。人眼在看远近不同的物体时，睫状肌能够调节晶状体的形状从而让像刚好成在视网膜上，如果是近视眼，那么由于晶状体对光线的会聚能力太_____或眼轴变长的原因，就会让像成在视网膜的_____方，需要通过佩戴_____透镜来矫正。在开闪光灯照相时，有时会拍出恐怖的"红眼照片"，这是因为眼球内部难以反射光线，所以一般情况下瞳孔是黑色的，但是闪光灯开启时，强光会进入瞳孔并直达眼球底部血管，此时反射回来的_____色光会让瞳孔呈现红色。

（3）人体的触觉

①人体的皮肤有着非常敏锐的触觉，人手指能感知的最小尺度为 13 nm，等于_____m。

②人的手指上有指纹，请从物理学角度解释指纹的作用。

（4）人体的冷热感觉

①人体的皮肤对温度的变化很敏感，能感觉到的最小温度变化约为 0.2 ℃。正常人体的温度能控制在_____左右。人体的温度能控制在正常体温范围是因为大脑内存在热敏神经元和冷敏神经元，当人体温度较高时，热敏神经元兴奋，促进散热反应，使皮肤血管扩张，汗腺分泌汗液，从而降低体温；当人体温度较低时，冷敏神经元兴奋，促进产热反应，使皮肤血管收缩，通过打冷颤使骨骼肌收缩增加产热，就是俗称的"冻得发抖"。

②请从物理学角度分析人体通过汗腺分泌汗液降低体温的原理。

③人们还可以通过哪些方法提高体温？请从物理学角度分析其原理。

④人体内水分约占体重的 70%，这是人体控制恒温的另一个原理，请从物理学角度分析其原理。

【参考答案】

（1）①气体。固体。

②20～20000 Hz。

③嚼口香糖或做张口动作能够让中耳通过咽鼓管和鼻咽部与外界大气相通，从而让鼓膜两侧的气压相同，缓解耳朵的不适。

（2）凸透镜；光屏；倒立、缩小；红；绿；蓝；强；前；凹；红

（3）①$1.3\times10^{-8}$

②指纹能够增大手指表面的粗糙程度，从而增大手指与被抓握物体间的摩擦力。

（4）①37 ℃

②汗液蒸发需要吸热，从而降低体温。

③人们还可以通过摩擦皮肤和靠近热源来提高体温。前者是通过做功改变内能，将机械能转化为内能；后者是通过热传递改变内能，将热量从较高温的热源传递到较低温的人体。

④水的比热容较大，人体吸收或者放出一定热量时体温变化较小。

【设计说明】

关于人体的听觉，通过生物学科中的人耳结构图，结合当下流行的骨传导耳机，检测学生对于声音的产生、传播和人的听觉频率范围等知识的掌握情况；利用气压知识解释进入隧道时人耳不适的原因并提出解决办法。

关于人体的视觉，通过生物学科中的人眼结构图，结合物理学中的凸透镜成像实验装置，检测学生对于人眼结构、视物、调节、近视及矫正等知识的掌握情况；通过对生物学中视锥细胞功能的了解从全新角度检测学生对光的三原色知识的掌握；通过解释"红眼照片"产生原理检测学生对物体颜色成因的掌握；提升学生爱眼护眼意识。

关于人体的触觉，通过生物学科中的触觉知识，检测学生对于长度单位换算和增大摩擦方法等知识的掌握情况，感受人体皮肤的神奇。

关于人体的冷热感觉，以人体恒温系统为主线，检测学生对物态变化、改变内能途径、比热容等热学知识的掌握；感受体温恒定对人体健康的重要性。

3. 人体的运动

（1）①人体的运动系统由骨、关节和骨骼肌组成。骨骼肌都附着于骨，收缩时牵动骨以关节为轴产生运动，此时骨相当于一个杠杆，关节是杠杆的_____，骨骼肌负责产生使杠杆转动的_____。

②如图所示，人体在做哑铃二头弯举，请在图中画出动力臂与阻力臂并分析此时前臂是哪种类型的杠杆，该类型杠杆有什么优点。

（2）专业运动员的运动系统非常发达，他们通过科学训练不断挑战人类极限。截止到 2023 年 12 月，他们创造了许多世界纪录：

①跳远的世界纪录为 8.95 m，请用物理知识解释跳远运动员助跑的作用。

②百米赛跑的世界纪录为 9.58 s，运动员百米跑过程中的平均速度约为多少？

③无限制自由潜水的世界纪录为 214 m，在水下 214 m，运动员要承受的水的压强有多大？每平方厘米皮肤表面要承受的水的压力有多大？（g 取 10 N/kg）

④男子举重 109 公斤以上级挺举世界纪录为 267 kg，要将 267 kg 的杠铃重心提升 2 m 需要克服重力做功是多少？（g 取 10 N/kg）

【参考答案】

（1）①支点；动力

②如图所示，动力臂 l_1 小于阻力臂 l_2，根据杠杆平衡条件 $F_1l_1=F_2l_2$ 可知动力 F_1 大于阻力 F_2，所以前臂是一个费力杠杆。它的优点是可以省距离。

（2）①助跑时，运动员具有高速向前的运动状态。起跳后，由

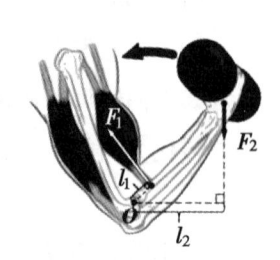

于惯性，运动员会保持原来高速向前的运动状态，继续向前运动，跳出很远距离。

②运动员百米跑过程中的平均速度 $v=\dfrac{s}{t}=\dfrac{100\text{ m}}{9.58\text{ s}}\approx 10.4\text{ m/s}$

③运动员要承受的水的压强 $p=\rho gh=1\times 10^3\text{ kg/m}^3\times 10\text{ N/kg}\times 214\text{ m}=2.14\times 10^6\text{ Pa}$

每平方厘米皮肤表面要承受的水的压力 $F=pS=2.14\times 10^6\text{ Pa}\times 1\times 10^{-4}\text{ m}^2=214\text{ N}$

④克服重力做的功 $W=Gh=mgh=267\text{ kg}\times 10\text{ N/kg}\times 2\text{ m}=5340\text{ J}$

【设计说明】

通过生物学科中的人体运动系统，检测学生对于杠杆的识别、分类和应用的掌握情况，体会人体是由许多简单机械构成的复杂"机器"；通过体育学科中的多种运动项目的世界纪录，检测学生对惯性知识、速度、固体压强、液体压强、功的计算的掌握；体会人类挑战自我、突破极限的精神，培养科学运动的意识。

4. 人体的呼吸

(1) 如图甲所示是人体的呼吸系统，人体吸气时，呼吸肌收缩，胸廓变大，肺容积变大，肺中气压_____外界大气压，_____将空气压入肺部；呼气时，呼吸肌舒张，胸廓变小，肺容积变小，肺中气压_____外界大气压，肺中空气被排出体外。

(2) 实践作业．自制模型探究肺呼吸

①请利用可乐瓶、吸管、2个小气球、1个大气球和胶带制作如图乙、丙所示肺呼吸模型，并展示交流。

②图乙中瓶子相当于人体的胸廓，A处的吸管相当于人体的_____，B处的小气球相当于人体的_____，C处的大气球相当于人体的_____。

③如图丙所示将大气球向下拉，瓶内容积变大，这是模拟人体的_____气过程，该过程中，小气球内气压变_____。

④在高原地区，人们呼吸会比在平原地区更加困难，请结合物理与生物学科的知识解释。

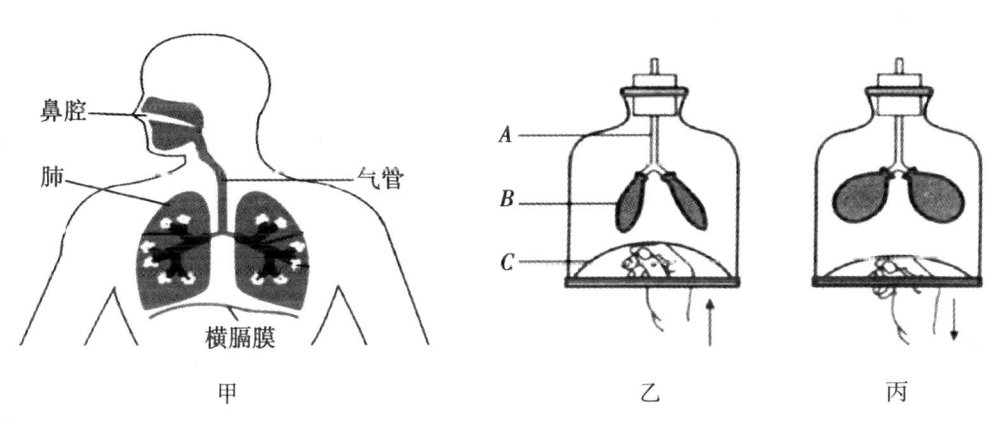

甲　　　　　　　乙　　　　　丙

【参考答案】（1）小于　大气压　大于

（2）①肺呼吸模型制作活动的评价标准：

评价内容	评价维度	评价细则	赋分标准			总分100分		
			合格	良好	优秀	自评 30%	互评 30%	师评 40%
模型制作	完整性（15分）	按时完成，作品完整，整体和谐	9～7分	12～10分	15～13分			
	结构性（15分）	结构稳定，精致美观，运作良好	9～7分	12～10分	15～13分			
	科学性（15分）	遵循物理学和生物学原理，科学体现肺呼吸过程	9～7分	12～10分	15～13分			
	创新性（15分）	在材料选择和制作方法等方面有所创新	9～7分	12～10分	15～13分			
展示交流	完整性（15分）	准备充分，内容翔实，呈现完整	9～7分	12～10分	15～13分			
	过程性（15分）	能体现制作的过程以及制作过程中的收获与反思	9～7分	12～10分	15～13分			
	表达力（10分）	表达清晰，语言流畅，能对作品进行描述和解释	6～5分	8～7分	10～9分			
总评			总分					

②气管　肺　横膈膜

③吸　小

④因为海拔越高，大气压越低。吸气时，肺内气压也比平原地区更小，人体的肺要扩张得比在平原地区更大，膈肌需要更用力收缩，因此呼吸更困难。

【设计说明】

通过生物学科中的人体呼吸系统，检测学生对于大气压的应用和大气压的影响因素的掌握情况；通过制作人体呼吸系统模型这一实践作业，检测学生的建模能力、动手实践能力、步骤表述能力、知识应用能力和合作反思能力，体现"做中学，学中用"的理念。

三、作业点评

本作业融合物理、生物和体育学科，创设具有综合性、实践性和开放性的跨学科问题情境，从物理视角观察了解人体这一与学生最紧密相关的研究对象，活用生物学科中学生关于人体的储备知识，巧用体育学科中学生关于运动的亲身体验，从人体中的物理量、人体的感觉、人体的运动和人体的呼吸等多个角度，设计书面作业和实践作业，兼顾作业的复习巩固和诊断评价功能，考查长度的估测、时间的估测、质量的测量、重力计算、体积的估测、声音的产生与传播、人的听觉频率范围、大气压、凸透镜成像规律、人眼的视物原理、近视眼的产生原因与矫正方法、长度单位换算、摩擦力大小的影响因素、物态变化、改变内能的途径、比热容、杠杆平衡条件、惯性、速度、压强、液体压强、机械功等知识的理解和应用，实践性作业考查学生建模能力、动手实践能力、合作交流能力以及运用知识解决问题能力，考查物理核心素养中的物理观念中的物质观念、运动和相互作用观念、能量观念，科学思维中的模型建构、科学推理，科学探究中的证据、解释、交流，科学态度与责任中的科学态度、社会责任等素养。体现从生活走向物理，从物理走向社会的课程理念。

（点评人：福建省普通教育教学研究室　钟春光）

食"物"之"理"：自热食品中的物理

尤雪君／厦门市集美区蔡林学校

一、作业设计思路

《义务教育物理课程标准（2022 年版）》（以下简称《物理课程标准》）指出"跨学科实践"主题的内容与日常生活、工程实践及社会热点问题密切相关，具有跨学科性和实践性特点。本作业基于厦门市民为抗击台风储存应急用的方便食品的背景，选取"自热食品中的物理"这一主题，关注物理学与日常生活，围绕"能量"，综合化学、食品科学、美术等多学科内容，紧扣题目"食'物'之'理'"进行设计。

本作业立足于《物理课程标准》中课程内容一级主题"跨学科实践"的二级主题"物理学与日常生活"中的三级条目："5.1.1 能发现日常生活中与物理学有关的问题，提出解决方案。""5.1.2 能运用所学知识分析日常生活中的安全问题，提出解决方案，践行安全与健康生活。""5.1.3 能运用所学知识指导和规范个人行为，践行低碳生活，具有节能环保意识。"进行设计，同时涉及《物理课程标准》中课程内容一级主题"物质"和"能量"中的部分三级条目："3.1.2 通过实验，认识能量可以从一个物体转移到其他物体，不同形式的能量可以相互转化。""3.3.1 了解内能和热量。从能量转化的角度认识燃料的热值。""1.1.3 经历物态变化的实验探究过程，知道物质的熔点、凝固点和沸点，了解物态变化过程中的吸热和放热现象。能运用物态变化知识说明自然界和生活中的有关现象。""1.2.1 通过实验，了解物质的一些物理属性，如弹性、磁性、导电性和导热性等，能用语言、文字或图表描述物质的物理属性。""3.3.2 通过实验，了解比热容。能运用比热容说明简单的自然现象。"

本作业还兼顾化学、艺术和语文学科的课程内容，涉及《义务教育化学课程标准（2022年版）》中课程内容"物质的性质与应用""物质的化学变化"学习主题中的"2.2.4 常见的酸、碱、盐""4.2.1 化学变化的特征及化学反应的基本类型""4.4 化学反应的应用价值及合理调控"；涉及《义务教育艺术课程标准（2022年版）》中课程内容"美术"学科中的"设计·应用"艺术实践中的"生活与设计"学习内容，以及第四学段（8～9年级）"学习任务3：我们与设计同行"；涉及《义务教育语文课程标准（2022年版）》中课程目标第四学段（8～9年级）学段要求【表达与交流】中的"6. 写简单的说明性文章，做到明白清楚；能根据生活需要，写常见应用文。"【梳理与探究】中的"3. 就共同关注的热点问题搜集资料，调查访问，相互讨论，能用文字、图表、图画、照片等展示学习成果。"

二、作业设计

1. 自热食品自热原理

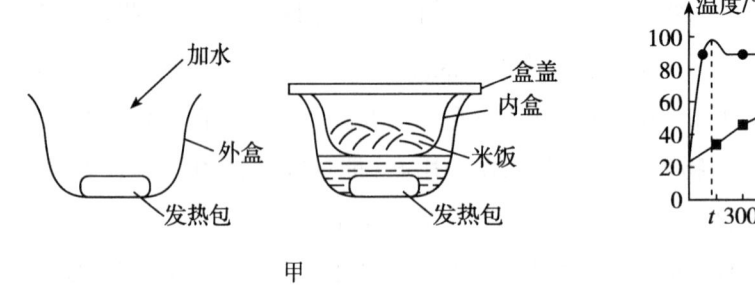

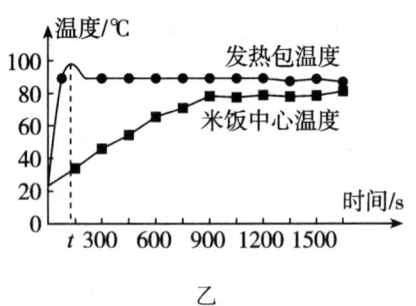

自热米饭主要依靠发热包发热（如图甲），发热包主要成分是生石灰（CaO）。加热过程中，氧化钙与水反应将_____能转化为_____能。分析图乙所示的加热过程中的温度变化曲线，可知通过_____的方式改变了米饭的内能。

【参考答案】化学；内；热传递

【设计说明】

引导学生从图像获取关键信息，提升将获取的信息与多学科知识相结合的能力，初步发展应用跨学科思维分析和解决问题的能力。

2. 自热食品安全隐患

材料1：自热食品虽方便但存在一定安全隐患，发热包中的物质遇水后20 s就能升温超过90 ℃，还会产生大量的气体。

材料2：据新闻报道，一男子在使用自热米饭（如右图）时，在盒盖上又加了个盖子，堵住了出气孔，引起爆炸导致眼部受伤。

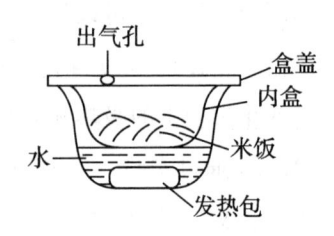

请从物理的角度分析导致食品盒爆炸的原因。

【参考答案】

发热包中的物质与水反应放出大量的热，水吸热沸腾汽化成水蒸气，盒内温度升高，分子运动剧烈，内部气压变大，当出气孔被堵住，热气无法外泄，盒内压力增大，超过盒子承受范围就会发生爆炸。

【设计说明】

能从题目中寻找和分析证据，从化学、食品科学的视角去解释日常生活中的安全问题，提高运用跨学科知识解决简单问题的能力。

3. 自热食品包装设计

小明发现自热米饭外盒为塑料餐盒，内盒为铝制餐盒。他猜想是因为铝的导热性好可使米饭受热更快，塑料的导热性较差可以隔热。为了比较金属和塑料的导热快慢，小明利用3D打印技术打印了大小和厚度完全相同的金属罐和塑料罐，进行如下实验。

实验器材	实验装置图
金属罐、塑料罐、热水、氯化钴试纸（在空气中的水蒸气作用下呈粉色，干燥时呈蓝色）	湿的氯化钴试纸 金属罐　塑料罐

(1) 实验时，在金属罐和塑料罐中分别装入1/3罐_____相同的热水，通过比较_____来比较导热性能。

(2) 实验发现金属罐上的氯化钴试纸比塑料罐上的氯化钴试纸先变为蓝色，说明什么？

(3) 实验发现氯化钴试纸变色所需时间较长，请提出一个改进措施。

(4) 小明查阅资料得知：铜、铁等金属导热性较好，塑料、木头等非金属导热性较差，空气导热性最差。以下属于导热性应用的是（　　）。

A. 寒暑表中的液体使用酒精

B. 铁锅使用木制手柄

C. 建筑使用双层中空玻璃

D. 白炽灯灯丝选用钨丝

【参考答案】

(1) 温度；氯化钴试纸变蓝的快慢

(2) 说明金属的导热性比塑料的导热性好。

(3) 适当降低试纸的位置,提高热水的温度。(其他合理答案也可)

(4) BC

【设计意图】

基于日常生活情境,综合物理和化学的知识探究物质的导热性,体会不同学科知识与研究方法的联系。经历运用多学科知识探索世界的历程,认识物质导热性在生活中的应用,增强学生关注生活的意识。

4. 自热技术能量利用

学校科技小组计划设计一款以生石灰为原料的自热火锅发热包,设计参数如下:1 kg 的生石灰与足量的水反应放出的热量约为 $1.16×10^6$ J,每份自热火锅使用时往食物中加水 300 g,将水从 25 ℃加热至 95 ℃,该反应热利用率约为 40%。

(1) 此款发热包至少需要多少克生石灰(只考虑水吸收的热量)?

(2) 评价此款发热包的优缺点,并针对缺点提出一条改进建议。

【参考答案】

(1) 加热自热火锅中的水需要吸收的热量

$Q_{吸}=cm\Delta t=4.2×10^3 \text{ J}/(\text{kg}·℃)×0.3 \text{ kg}×(95 ℃-25 ℃)=8.82×10^4 \text{ J}$

发热包放出的热量 $Q_{放}=\dfrac{Q_{吸}}{\eta}=\dfrac{8.82×10^4 \text{ J}}{40\%}=2.205×10^5 \text{ J}$

发热包需要的生石灰的最小质量 $m=\dfrac{2.205×10^5 \text{ J}}{1.16×10^6 \text{ J/kg}}=0.190 \text{ kg}=190 \text{ g}$

(2) 此款发热包的优缺点及改进建议的评价标准:

评价内容	评价细则	赋分标准
1. 优点	1.1 反应产物无污染 1.2 反应快,可迅速加热食品 1.3 原材料易得 1.4 原材料成本低 1.5 其他合理答案	2分:写出2个及以上优点 1分:写出1个优点 0分:无法写出优点
2. 缺点	2.1 反应剧烈,有一定危险 2.2 反应迅速,无法保温 2.3 生石灰有腐蚀性 2.4 生石灰易受潮变质 2.5 其他合理答案	2分:写出2个及以上缺点 1分:写出1个缺点 0分:无法写出缺点

续表

评价内容	评价细则	赋分标准
3. 改进建议	3.1 选用新型发热包	2分：针对所提缺点写出合理的改进建议 1分：针对所提缺点写出基本合理的改进建议 0分：无法写出改进建议或改进建议不合理
	3.2 选用多种原材料制作发热包	
	3.3 增强发热包包装的密封性	
	3.4 选用耐热材料制作产品外盒	
	3.5 其他合理答案	

【设计意图】

进一步体会不同学科间知识的联系，在运用多学科知识解决问题的过程中认识能量的转化利用存在效率问题；能综合多学科知识进行评估，探索一些简单的工程与技术问题，认识提高能量利用效率的方法和意义。

5. 自热食品安全食用方式

某品牌自热米饭食用方法说明书如下图所示。

①众神归位　　　②分毫不差　　　③釜底抽薪　　　④坐享其成

（1）请结合所学知识，指出该品牌说明书的不足之处。

（2）以小组为单位继续探索自热食品的安全问题，制作一份自热食品安全食用指南，形式不限，如海报、漫画、手抄报、视频等，并展示交流。

【参考答案】

（1）该品牌说明书的不足之处的评价标准：

评价细则	赋分标准
1. 缺少检查发热包有无破损、内容物有无渗出的提示	3分：写出3个及以上不足之处 2分：写出2个不足之处 1分：写出1个不足之处 0分：无法写出不足之处或答案不合理
2. 往发热包上注的水没有明确指出应为冷水或常温水	
3. 没有提示使用时不要遮盖透气孔	
4. 菜包放在盒盖上容易堵住透气孔	
5. 最后打开盒盖没有提示要小心蒸汽烫伤	
6. 没有提示该食盒使用时勿置于玻璃等易碎品上	
7. 其他合理答案	

(2) 自热食品安全食用指南作品及展示交流的评价标准：

评价内容	评价维度	评价细则	赋分标准 合格	赋分标准 良好	赋分标准 优秀	总分100分 自评 30%	总分100分 互评 30%	总分100分 师评 40%
指南作品	科学性（15分）	基于调查，成果有科学原理或实践依据支撑	9～7分	12～10分	15～13分			
指南作品	创新性（15分）	能综合应用多学科知识，在内容或形式上有创新	9～7分	12～10分	15～13分			
指南作品	结构性（15分）	结构合理，富有条理，作品美观	9～7分	12～10分	15～13分			
指南作品	完整性（15分）	按时完成，内容完整，有可展示的物化成果	9～7分	12～10分	15～13分			
指南作品	价值性（15分）	立足现实生活，成果有实际应用价值	9～7分	12～10分	15～13分			
展示交流	完整性（10分）	准备充分，内容翔实，呈现完整	6～5分	8～7分	10～9分			
展示交流	过程性（10分）	能体现制作的过程以及制作过程中的收获与反思	6～5分	8～7分	10～9分			
展示交流	表达力（5分）	表达清晰，语言流畅，能对作品进行描述和解释	1分	3～2分	5～4分			
总评					总分			

【设计意图】

引导学生结合生产生活情境，运用多学科知识提出问题的解决方案，发展跨学科思维，提高综合实践能力。鼓励学生关注生产生活中的安全问题，通过实践与交流，增强学生的责任感，践行安全与健康生活。不同类型的作业成果及多元评价方式可以满足学生个性化需求，拓展个体学习空间，开拓解决问题的思路，促进核心素养的发展。

三、作业点评

本作业充分挖掘、选取自热食品中有教育意义的素材，将其融入跨学科实践综合作业。作业主题贴近学生生活，关注学生学习的生长点，从自热食品自热原理、自热食品安全隐患、自热食品包装设计、自热技术能量利用、自热食品安全食用方式五个角度，设计书面作业和实践作业，以具体事实、生活经验引导学生从物理、化学、艺术、语文、食品科学等多学科角度进行理性思考和分析问题，具有综合性、实践性和开放性，体现"知行合一、学以致用"。

本作业注重作业的整体性，以"方便食品中的物理"这一主题为线索，主题内相互关联，各有侧重，层层递进。作业题型多样化，兼顾作业的复习巩固和诊断评价功能，注重引导学生不断探索，在跨学科作业中综合认识所涉及的知识，提高运用多学科知识分析和解决问题的能力。坚持素养导向，充分发挥作业育人的功能。

（点评人：福建省普通教育教学研究室　钟春光）

化学

海洋资源的综合利用与海水制盐

蔡晓奇　陈小玲/福建泉州外国语学校

一、作业设计思路

我国《全国海水利用"十三五"规划》指出：海水资源利用是海洋战略性新兴产业，是淡水资源以及陆地矿产资源的重要补充和战略储备，对保障沿海地区水安全、推动海洋经济高质量发展具有重要意义。自然资源部涉海单位部署 2023 年海洋科技工作重点时指出，要强化海洋科技攻关与科技供给，加快突破重点领域和关键环节，助力海洋自然资源管理，服务海洋强国建设。2023 年 10 月，泉州市召开第二届福建省海洋文化论坛，本届论坛主题为"赓续海丝文化　赋能海上福建"。海洋资源的综合利用与海水制盐，是具有福建本土特色的跨学科实践活动项目。

本作业设计依据《义务教育化学课程标准（2022 年版）》学科核心素养目标要求，围绕海洋资源的综合利用与海水制盐这个跨学科实践活动，设计"海之吟——诗词传唱""海之礼——资源获取""海之韵——古今盐史""海之泣——污染与保护"四个主题。从跨语文学科融入传统诗词文化，到结合生物、地理学科探究海洋资源相关问题；从我国历史上"盐"的繁体字"鹽"的会意理解，再到粗盐提纯的相关问题探讨；最后通过海洋垃圾、海洋酸化、海洋放射性污染等环境问题，结合"日本核污染水排海"热点话题，引发学生思考，从道德与法治角度思考海洋污染治理的必要性以及海洋保护的重要性。

二、作业设计

（一）海之吟——诗词传唱

福建是海洋经济和文化大省，千百年来，福建先民傍海而居、向海而兴，形成了特色鲜明、底蕴深厚的海洋文化。请同学们通过所学知识与课外积累，收集与海有关的诗词，并指出哪些诗词涉及化学变化。

完成时间：课前。

【评价标准】

水平 3：找出多首与海相关的诗词，并理解诗词含义；掌握化学变化的含义及判断依据，并分类归纳。

水平 2：能找到多首与海相关的诗词，并能简单解释与化学变化的关系。

水平 1：对与海相关的诗词掌握较少，无法判断诗词中是否蕴含化学变化。

【设计说明】

设计意图	本题以福建特色鲜明、底蕴深厚的海洋文化为背景，要求学生能够通过日常积累和课外搜索找到尽可能多的古诗词，考查学生接收、吸收、整合化学信息的能力，并能结合化学知识对古诗词进行赏析，考查物理变化和化学变化的区分以及根据信息进行分析判断的能力。同时利用文学素材，发展学生文学素养，提高学生的审美情趣。
参考答案	与海有关的古诗词，例如： ①海上生明月，天涯共此时。——张九龄《望月怀古》 ②曾经沧海难为水，除却巫山不是云。——元稹《离思》 ③乘风破浪会有时，直挂云帆济沧海。——李白《行路难》 ④春江潮水连海平，海上明月共潮生。——张若虚《春江花月夜》 ⑤君不见，黄河之水天上来，奔流到海不复回。——李白《将进酒》 ⑥沧海月明珠有泪，蓝田日暖玉生烟。——李商隐《锦瑟》 ⑦烽火城西百尺楼，黄昏独上海风秋。——王昌龄《从军行七首》 ⑧南海惊涛卷玉缸，北山野烧展红幢。——杨万里《晨炊叱驭驿，观海边野烧》等， 其中涉及化学变化的是⑥⑦⑧。 本题为开放性答案，符合要求即可。

（二）海之礼——资源获取

依托沿江靠海的优势，福建省培育多元海洋产业，海洋生产总值连续 8 年保持全国前列，全省海水养殖产量、远洋渔业产量、水产品出口额等指标居全国前列。海洋孕育了地球上的生命，又给生命提供丰富的资源，请你查阅资料了解淡水资源、生物资源、化学资源等相关信息并回答下列题目。

1. 淡水资源

（1）海水淡化一直是重要研究课题，请你查阅海水淡化的方法，并与同学交流。

（2）膜技术的引入使海水淡化有了突破性进展，如图是两种海水淡化的原理示意图。

图 1 膜法海水淡化　　图 2 热法海水淡化

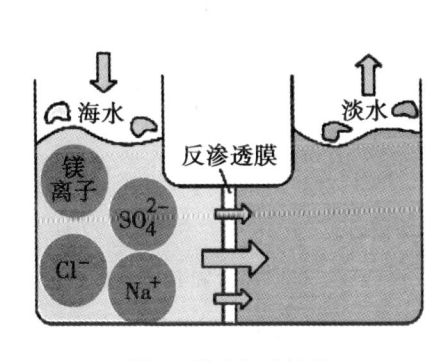

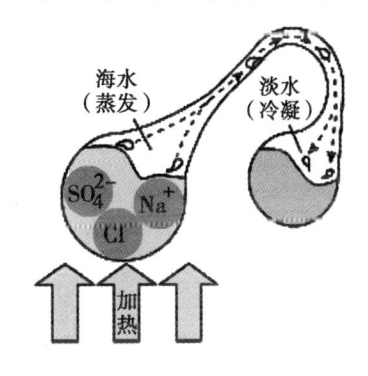

①如图 1，反渗透海水淡化技术利用了只允许溶剂透过、不允许溶质透过的半透膜。

加压后钠离子、镁离子等不能通过反渗透膜。镁离子的符号是_____。加压后，海水中溶质质量分数_____（填"增大""减小"或"不变"）。

②如图2，海水蒸发冷凝得到淡水的过程中，不发生变化的是_____（填序号）。

A．分子的质量　　　B．分子的种类　　　C．分子的间隔

2. 生物资源

（1）自古以来，海洋生物资源就是人类食物的重要来源。海洋可以为人类提供种类丰富的海产品，如鱼、虾、海带等。鱼、虾中富含的营养素是_____。海带可以为人体补充碘_____（填"单质"或"元素"或"原子"），人体缺碘会导致_____。

（2）实践活动：实地考察本地区海产品市场中各类海产品种类以及来源地，并查阅资料了解福建省海产品进出口贸易情况。

完成时间：周末两天。

【评价标准】

水平3：能找到较多海水淡化的相关资料并与同学深入交流，能准确理解溶质质量分数的内涵，能从微观角度判断海水淡化过程中发生的变化，能理解六大营养素、元素与人体健康的关系，能够积极参与实地考察并整理归纳所收集的相关资料。

水平2：能进行相关课外资料的搜索及实地考察，能掌握微粒符号书写，能理解六大营养素、元素与人体健康关系。

水平1：几乎没有搜索课外资料，未能熟练掌握化学用语，微粒符号书写错误，基本掌握元素与人体健康的相关知识。

【设计说明】

设计意图	本题以海洋为人类提供的宝贵资源为背景。第一题宏微观相结合，考查学生微粒符号的书写、海水淡化过程中溶质质量分数变化情况以及微观粒子变化情况，考查学生分析和解决化学问题的能力及查阅资料和表达交流的能力；第二题结合海洋生物资源，考查学生六大营养素、元素与人体健康的关系，考查学生社会实践能力以及接收、吸收、整合信息的能力。
参考答案	1. （1）开放性题目，能查阅海水淡化的方法，并与同学交流即可。 参考资料： 蒸馏法：将海水加热蒸发，水蒸气冷凝后收集淡水。这种方法对能源的需求较高，成本较高，主要应用于小规模淡化和特殊领域。 反渗透法：利用高压将海水压过反渗透膜，过滤掉盐和其他杂质，从而获得淡水。这种方法工艺简单，成本较低，广泛应用于工业生产和生活用水。 电渗析法：利用离子选择性膜将海水中的离子分离出来，获得淡水。这种方法适用

续表

于低盐度的海水，工艺复杂，成本较高。

离子交换法：利用离子交换树脂去除海水中的盐分和其他杂质，从而获得淡水。这种方法适用于低盐度的海水和较小规模的淡化。

(2) ①Mg^{2+}　增大　②A、B

2. (1) 蛋白质　元素　甲状腺肿大

(2) 开放性题目，能够亲身实地考察并整理归纳所查资料即可。

参考资料：2022 年福建省海洋经济规模继续保持全国前列，全省海洋生产总值 1.15 万亿元，占地区生产总值 21.7%。全省水产品总量 861.4 万吨，其中海水养殖产量 547.8 万吨，居全国第二；水产品人均占有量 200 余公斤，居全国第一；水产品出口额 85 亿美元，连续十年居全国首位。渔民人均纯收入 2.75 万元，同比增长 6.6%，继续保持全国前列。

大黄鱼、南美白对虾、牡蛎、鲍鱼、鳗鲡、紫菜等六大优势品种全产业链产值均超 100 亿元；全省远洋渔业产量 63 万吨，综合实力保持全国前列；渔船编组作业要求全面落实，全省渔船组织化率达 99.4%；水产品质量产地抽检合格率 99.7%，有力保障人民群众"舌尖上的安全"。

（三）海之韵——古今盐史

有着 3700 多公里的海岸线的福建，既是海上丝绸之路与明朝郑和下西洋的起点，也是宋元时期中国的海洋商贸中心。透过历史的长镜头，可以追溯古今盐史。

1. 追根溯源——盐字的来历

(1) "盐"的繁体字"鹽"是会意字，由"臣""人""卤""皿"四个部分组成，其变体如右图所示。"臣"代表盐的生产是由国家管控的，说明盐对于民生的重要性；"人"代表人的劳动；"卤"是未加工的盐；"皿"则说明煮盐所使用的器具，恰合实验中用的_____（填仪器名称）。

(2) "卤"字有两种起源，一种说法来自李约瑟所著的《中国科学技术史》，是一张盐田的鸟瞰图，而另一种说法更贴近制盐工艺，字形似一张展开的滤网，恰合实验中的_____操作。

2. 古今盐史——劳动人民智慧的结晶

早在 5000 多年前，祖先就开始刮取海滨咸土，淋卤煎盐。有天然卤水的地区，曾采用"先烧炭，以盐井水泼之，刮取盐"的生产方法。隋唐之际，山西湖盐生产已形成"垦畦浇晒"的新工艺。宋元两代，福建盐区的盐民们就能"全凭日色晒曝成盐"，这是中国制盐史上的一次伟大革新，是福建盐区带给全国海盐业的贡献。粗盐溶液过滤后仍含有多

233

种可溶性杂质（氯化镁、氯化钙、硫酸钠等），除杂方案如图所示，请回答下列问题：

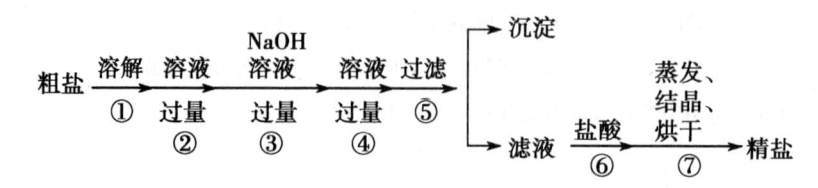

粗盐 →溶解①→ 溶液 过量②→ NaOH溶液 过量③→ 溶液 过量④→ 过滤⑤→ 沉淀 / 滤液 →盐酸⑥→ 蒸发、结晶、烘干⑦→ 精盐

（1）第②、④步操作的目的分别是除去粗盐中的 Na_2SO_4 和 $CaCl_2$，需要加入的试剂依次是_____、_____（填化学式）。

（2）在第③步操作中，选择的除杂试剂不能是 KOH 溶液，理由是_____。

（3）经过步骤⑤后得到的白色沉淀有_____种。

（4）第⑥步操作中发生反应的化学方程式为_____。（写一个即可）

3. 实践活动——亲身经历制盐过程

家庭小实验：从海边取部分含有泥沙的食盐，利用家中的工具模拟粗盐提纯实验，除去粗盐中的难溶性杂质。

完成时间：周末两天。

【评价标准】

水平3：能正确写出实验仪器及实验操作；能熟练掌握常见的物质分离与提纯方法，准确写出两种除杂试剂，且加入除杂试剂顺序正确；能掌握分析工艺流程图的方法，且化学方程式书写正确；能够发挥创造力利用家中工具完成粗盐中难溶性杂质的去除实验。

水平2：能正确写出实验仪器及实验操作；能较为熟练掌握常见的物质分离与提纯方法；能准确写出两种除杂试剂，但加入除杂试剂顺序错误；掌握分析工艺流程图的方法，化学方程式书写正确；能参与家庭小实验的完成。

水平1：能正确写出实验仪器及实验操作；未能熟练掌握常见的物质分离与提纯方法；未能准确写出两种除杂试剂；未掌握工艺流程图分析的方法，化学方程式书写错误；未能进行家庭小实验。

【设计说明】

设计意图	本题结合我国历史上"盐"的繁体字"鹽"的会意理解，以及"卤"字的起源，考查学生仪器名称及操作的书写。从古代制盐史再到当今社会粗盐提纯的相关问题探讨，考查学生物质的分离和提纯、工艺流程图分析、化学方程式的书写。同时利用传统文化素材，发展学生文学素养，培养学生弘扬传统文化的精神，提高学生的民族自豪感。利用家庭小实验的实践作业，考查学生的动手能力和实践创新能力。
参考答案	1.（1）蒸发皿；（2）过滤 2.（1）$BaCl_2$　Na_2CO_3

	(2) 防止引入 K^+ 杂质
	(3) 4
	(4) $Na_2CO_3+2HCl==2NaCl+CO_2\uparrow+H_2O$
	（或 $NaOH+HCl==NaCl+H_2O$）
	3. 略

（四）海之泣——污染与保护

在习近平生态文明思想的引领下，福建深入贯彻实施生态强省战略，坚持生态优先、陆海统筹，持续推进海洋生态环境监测体系和监测能力现代化建设，助力打好污染防治攻坚战。海洋是地球上最大的"资源宝库"，自然资源储量占地球总量65%以上。随着社会发展，海洋的价值越来越被人类重视，人们从不同的角度对其进行开发和利用。

在此过程中，产生的废弃物也越来越多，使海洋受到污染。如赤潮污染、海水酸化、海洋重金属污染、海洋核放射性污染等。受到污染的海域，严重影响自然生态和人类生产活动。

1. 海洋垃圾

海面漂浮垃圾			
分类	塑料类垃圾	木制品类垃圾	纸制品类垃圾	其他
占比	89.80%	4.10%	3.00%	3.10%

海滩垃圾			
分类	塑料类垃圾	纸制品类垃圾	织物（布）类垃圾	其他
占比	79.10%	9.20%	2.80%	8.90%

海底垃圾			
分类	塑料类垃圾	木制品类垃圾	金属类垃圾	其他
占比	75.40%	13.00%	7.20%	4.40%

上表是2023年我国海洋监测区域中海洋垃圾的主要类型情况。据表可知，海洋垃圾中占比最大的垃圾属于_____材料。（填"合成"或者"天然"）

2. 海洋酸化

人类活动排放的二氧化碳有30%~40%会溶解于海洋等水体中。溶解的二氧化碳中的一部分会与水反应生成碳酸，导致海水的pH降低，这种现象被称为海洋酸化。

科学家认为，空气中二氧化碳含量的上升引起的海洋酸化，可能是部分古代生物灭绝事件的重要因素。尤其是长有坚硬外壳（主要成分是碳酸钙）的生物，如珊瑚虫和软体动物等，在海洋酸化的情况下，会因外壳溶解而难以生存。由于吸收了过多的二氧化碳，海洋正以前所未有的速度酸化。下图是 1990—2010 年间某海域中二氧化碳浓度及海水 pH 的变化趋势。

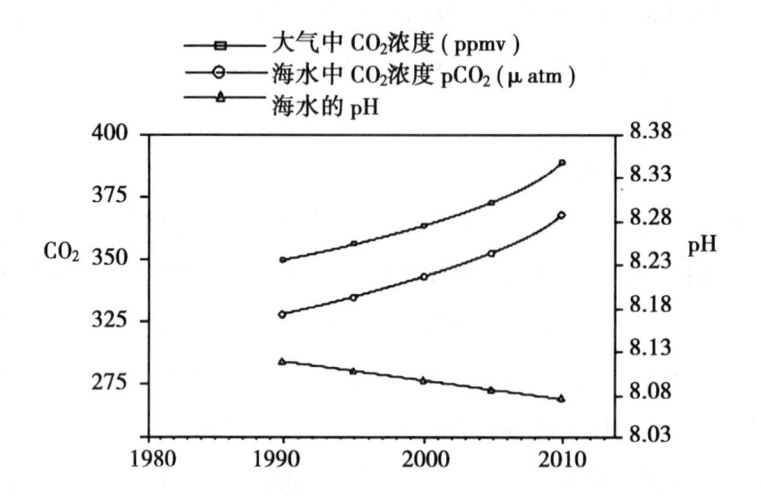

海洋酸化正在改变海洋生物赖以生存的化学环境，从而影响海洋生物的生存，导致整个海洋生物群落的发展不稳定，最终海洋将面临巨大的灾难。

根据所学知识及上文内容，回答下列问题：

（1）海水中溶解的二氧化碳与水反应的化学方程式为_____。

（2）珊瑚虫和软体动物难以在酸性条件下生存的主要原因是_____。

（3）下列说法正确的是_____（填字母序号）。

A. 燃烧化石燃料会使空气中 CO_2 含量上升

B. 海洋吸收 CO_2，降低了地球的温室效应

C. 海洋酸化可能在古代生物灭绝事件中起到至关重要的作用

（4）结合图中信息，解释海洋不断酸化的原因_____。

（5）写出一条解决海洋酸化问题的有效方法_____。

3. 海洋放射性污染

海洋放射性污染是指人类活动产生的放射性物质进入海洋而造成的污染。主要危害来自放射性元素，即能够自发地从不稳定的原子核内部放出粒子或射线，同时释放出能量，最终衰变形成稳定的元素而停止放射的元素。日本政府于 2023 年 8 月 24 日开始将福岛核污染水排海，这一过程可能长达数十年，请查阅资料，了解核污染水排海可能造成的危害。

4. 海洋环境保护

实践活动：调查周边海域的污染状况，并结合所学知识，设计保护海洋、防止海洋污染的手抄报，并进行宣传。

完成时间：周末两天。

【评价标准】

水平3：能根据所学知识解决问题，能查阅相关资料并对资料进行归纳整理，能对周边海域展开调查，了解海洋污染的原因及危害，并增强保护海洋的意识，树立正确的资源观和环境观。

水平2：能根据所学知识解决问题，能查阅相关资料，了解海洋污染的原因及危害，增强保护海洋的意识。

水平1：不能根据所学知识解决问题，能查阅相关资料，了解海洋污染的原因。

【设计说明】

设计意图	本题旨在让学生认识海洋资源的开发对人类社会进步所起的重要作用，明白合理进行海洋开发、保护海洋、防止污染的重要性，同时培养学生关注社会和人类生存环境的社会责任感，树立正确的资源观和环境观。
参考答案	1. 合成 2. (1) $CO_2 + H_2O \rightleftharpoons H_2CO_3$ (2) 含有碳酸钙的坚硬外壳被酸化的海水溶解 (3) ABC　(4) 从1990到2010年间，随着大气中CO_2的浓度逐渐增大，海水中CO_2的浓度逐渐增大，海水的pH逐渐降低　(5) 减少化石燃料的使用 3. 核污染水危害：①影响人体健康：核污染水入海后，若是人摄入了受污染的水，或进食了被污染的海盐、鱼类，则会对人体健康造成危害，增加患病风险； ②导致生态破坏：核污染水中含有核辐射，不仅会影响人体健康，对于其他海洋生物也会造成危害，导致大量海洋生物死亡，破坏生态平衡； ③诱发食品安全问题：核污染水排入海洋后，渔民售卖被污染的鱼类和海鲜，存在核辐射含量超标的风险，易引发食品安全问题； ④诱发基因突变或癌变：对于长期生活在核污染水排放入海的海域居民，可能会因接触了核辐射物质而诱发基因突变甚至癌变，对生命造成威胁； ⑤导致长期环境污染：一旦核污染水排入海中，其含有的核辐射元素污染物会长时间停留在大海中难以消散，导致长期的海洋环境污染。 4. 手抄报参考资料：保护海洋防止海洋污染，我们可以这样做： ①减少塑料制品使用，不乱丢垃圾，做好垃圾分类； ②拒绝捕杀和消费珍稀海洋生物，不触碰珊瑚礁，不喂食海洋生物； ③保护海滩环境，离开海滩时带走垃圾，积极参与到海滩清洁活动中； ④从自身做起，减少生活垃圾的产生，从源头上实现垃圾减量化； ⑤积极参与并鼓励家人朋友参与海洋保护志愿者活动，传播海洋保护的理念。

三、作业点评

本作业设计围绕海洋资源的综合利用与海水制盐这个跨学科实践活动主题,设计"海之吟——诗词传唱""海之礼——资源获取""海之韵——古今盐史""海之泣——污染与保护"四个任务,在每个任务后对应一项跨学科作业,作业打破了学科边界,分别以"与海有关的古诗词""海水资源""海水晒盐""海洋污染与防治"为情境,在真实的生活情境中学习,学生综合运用跨学科的知识和技能,整合多种学习方式,去解决真实问题。知识更加鲜活,学习更加生动。

每个具体的作业任务后有详细的评价指标,在实施过程中,不仅可关注学习结果,还关注了学生解决问题的能力、核心素养水平。学生在完成作业过程中,教师根据进阶任务评价,作出客观的判断和及时的调整;学生通过评价,激发学习动力,及时反思提升,深化对核心知识的理解、运用和迁移,推动思维向高阶转化。

(点评人:福建省普通教育教学研究室　黄丹青)

初探生菜水培营养液

朱青　马璇/福州第七中学

一、作业设计思路

"探究土壤酸碱性对植物生长的影响"实践活动与具有现实意义的土壤改良、植物栽培密切相关。随着人类对农产品需求逐年增长,传统的农业生产方式需要大量的土地、水资源和化肥等,资源的消耗和化肥的不合理施用给环境带来了巨大影响。植物水培法作为现代农业技术日益普及,使农业生产可持续发展,而在此项技术中,营养液的配制和使用至关重要。因此,我们根据课程标准的教学建议和社会现实需要,开发社会教育和课程资源,充分利用信息技术资源,开展"初探生菜水培营养液"跨学科实践活动,以化学学科为基础,结合其他学科的知识和方法,设计跨学科实践性作业,着力培养学生解决实际问题、形成解释和创造产品的能力,并在作业中渗透劳动教育。该作业分为以下三个部分:

第一部分,认识和配制生菜水培营养液;
第二部分,探究营养液条件对生菜生长的影响;
第三部分,水培营养液调节系统的设计制作。

作业承载了初中化学学科重点内容,如一定溶质质量分数溶液的配制,常见酸、碱化学性质等学生必做实验,以及复分解反应、化学肥料及科学探究等知识与能力的考查,同时也是对生物、数学、工程、技术等多学科知识融合的理解、掌握和实践应用的检测。学生通过完成书面和实践性作业，亲历生菜水培营养液的配制、水培生菜种植、创制自动调节设备等劳动过程，建立化学教育与劳动教育的桥梁，培养学生的劳动技能，养成良好的劳动习惯和品质，发展创造性的劳动精神。

二、作业设计

随着人类对农产品需求逐年增长，传统的农业生产方式需要大量的土地、水资源和化肥等，资源的消耗和化肥的不合理施用给环境带来巨大的压力。水培作为现代农业技术日益普及，使得农业生产更加可持续发展。让我们一起走进福建省农科院数字水培中心，聆听专家介绍水培营养液的成分及配制过程，影响水培作物生长的营养液条件，以及"植物工厂"现代化智能营养液调节系统。

（一）认识和配制生菜水培营养液

1. 认识生菜水培营养液成分（基础性作业）

农科院提供的常见绿叶菜的栽培营养液配方如下表所示。

常见绿叶菜营养液配方			
成分	用量（单位：mg·L^{-1}）	成分	用量（单位：mg·L^{-1}）
$Ca(NO_3)_2$	1260.00	$FeSO_4$	15.00
KNO_3	250.00	H_3BO_3	2.86
KH_2PO_4	350.00	$MnSO_4$	2.13
$MgSO_4$	537.00	$CuSO_4$	0.05
$(NH_4)_2SO_4$	237.00	$ZnSO_4$	0.22
		EDTA 铁钠盐	20.00—40.00

（1）上述配方中硝酸钙［$Ca(NO_3)_2$］，硝酸钾（KNO_3）、磷酸二氢钾（KH_2PO_4）分别属于哪种肥料_____（填标号）。

A. 氮肥　钾肥　复合肥

B. 氮肥　复合肥　钾肥

C. 复合肥　氮肥　复合肥

D. 氮肥　复合肥　复合肥

（2）生菜属于高氮元素需求的作物，对钾、磷元素需求量也较大，此外还需钙、镁、硫等中量元素，以及铁、锰、硼、锌、铜等微量元素。该配方能否满足生菜生长的营养元素需求？简述理由。

239

【设计说明】

设计意图	通过对营养液配方的讨论，检验化肥的相关知识掌握情况，了解合理使用化肥的重要意义，从定性和定量角度考查对元素的认识，树立元素观。
参考答案	（1）D （2）营养液成分含有氮、磷、钾、钙、镁等元素，且经计算可知，各元素的质量符合大量元素、中量元素、微量元素的需求量。
评价标准	【水平2】答案正确，了解化肥的分类和依据，能从定性和定量角度认识元素组成。 【水平1】答案错误，不了解化肥分类，无法从元素组成角度解释问题。

2. 配制生菜水培母液（实践性作业）

营养液配制步骤：先称量不同固体物质分别配成母液，加水稀释，混合后得到栽培营养液。母液配方如下表所示，请同学们准备好药品和仪器，按照要求配制母液 A、B。（提示：表中母液配方中未涉及表中的若干物质，均为微量元素母液 C 的组成成分，由于配制母液 C 过程需使用精度更高的称量仪器，建议直接网上购买母液 C。）

母液	母液 A		母液 B		
营养液成分	硝酸钙 $Ca(NO_3)_2$	硝酸钾 KNO_3	硫酸铵 $(NH_4)_2SO_4$	硫酸镁 $MgSO_4$	磷酸二氢钾 KH_2PO_4
溶质质量分数	50.8%	10.2%	10.8%	21.6%	15.1%

（1）分别配制 20 mL 的母液 A（密度为 1.19 g·mL^{-1}）、母液 B（密度为 1.16 g·mL^{-1}），请填写下表。

母液配制步骤	操作要点	注意事项
计算	母液 A：硝酸钙的质量为_____g，硝酸钾的质量为_____g，水的体积为_____mL。 母液 B：硫酸铵的质量为_____g，硫酸镁的质量为_____g，磷酸二氢钾的质量为_____g，水的体积为_____mL。	
称量和量取	用_____称量固体，用_____量取水。	称量时注意_____； 量取时注意_____。
_____	将固体倒入_____，再将量取的溶液倒入烧杯，用____不断搅拌。	玻璃棒的作用是_____。
装瓶	将配制好的溶液装入_____，塞好瓶塞并贴上标签。	玻璃棒的作用是_____。

（2）下列操作会导致所配溶液中溶质质量分数偏低的有_____（填标号），请再补充一种不当操作：_____。

A. 使用清洗后的烧杯内有水

B. 固体溶质中含有不溶于水的杂质

C. 量筒取水的体积时采用俯视的方法读数

D. 把配制好的溶液倒入试剂瓶时有部分溅出

（3）下表为母液 B 成分之一——磷酸二氢钾的溶解度。请思考，能否在 0 ℃时配制母液 B？并简述理由。

温度/℃	0	10	20	30	40
溶解度/g	14.8	18.3	22.6	28.0	33.5

【设计说明】

设计意图	通过母液配制的综合性作业，考查溶液配制的方法和实验操作。在教材单一溶质的溶液配制的基础上，提升难度，配制含两种溶质的溶液，促使学生加深对溶液概念的理解，巩固溶液相关计算方面知识和溶液配制的实验操作。
参考答案	（1）12.1　2.4　9.3　2.5　5.0　3.5　12.2　天平　量筒　左物右码　读数时需视线与凹液面最低处保持相平　溶解　烧杯　玻璃棒　加速溶解　试剂瓶　引流 （2）AB　量筒取水的体积时采用仰视读数、试剂瓶中有水等 （3）不能，因为 0 ℃时，磷酸二氢钾饱和溶液质量分数为 12.9%，无法配制磷酸二氢钾质量分数为 15.1%的母液 B。
评价标准	【水平 4】能准确理解溶液、溶解度、溶质质量分数等概念内涵，在母液配制实验过程中，计算正确，能规范使用托盘天平（或电子秤）、量筒、烧杯、玻璃棒、药匙、胶头滴管等基本仪器，会关注基本仪器的使用注意事项，规范完成母液配制的实验操作。 【水平 3】能理解核心概念，但不够全面；较顺利完成母液配制操作，但不够规范。 【水平 2】粗略了解核心概念；根据所学知识和技能尝试配制母液，但未掌握科学配制溶液的技能和方法。 【水平 1】不能准确理解相关概念内涵及其关系，不能规范完成母液配制的实验操作。

3. 配制生菜水培栽培营养液（实践性作业）

配制栽培营养液的方法：母液 A、B 分别加水稀释后再混合。请同学们按照要求配制栽培营养液。

（1）已知栽培营养液中硝酸钙的质量分数为 0.1206%，硫酸镁的质量分数为 0.05%。应将母液 A、B 与水均按 1∶_____的体积比混合得到栽培营养液。（栽培营养液、水的密度均约为 1.00 g·mL^{-1}）

（2）已知常温下，$Ca_3(PO_4)_2$ 难溶于水、$CaSO_4$ 微溶于水。

①若将母液 A 与 B 直接混合，将出现的现象是_____；

写出其中硝酸钙和硫酸镁反应的化学方程式：_____。

241

②请解释实际生产中，分开配制多种母液的原因是_____。
③母液 A、B 稀释后混合，未观察到沉淀的原因是_____。
（3）结合表1栽培营养液配方，从定量角度分析：实际生产中不直接配制栽培营养液，采取先配制母液再稀释的方法，原因是_____；此操作的优点还有_____（写一点）。

【设计说明】

设计意图	通过真实情境任务——稀释母液，设置递进式的系列问题，让学生思考在真实的生产过程中，营养液配制的若干问题。初步运用工程思维、化学知识解决问题，明白化学源于生活，服务于生活，认识化学学科的价值。其中第 3（3）题属于开放性问题，旨在发展学生对真实生产过程的理解力、想象力和求知欲，给学生以创意表达的空间。
参考答案	（1）500 （2）①溶液变浑浊（或产生白色沉淀） $Ca(NO_3)_2 + MgSO_4 == Mg(NO_3)_2 + CaSO_4\downarrow$ ②母液 A、B 中的物质间会发生复分解反应，生成硫酸钙等沉淀，降低肥效，因此不能直接混合母液 A 和母液 B ③常温时硫酸钙是微溶于水的物质，当它的量较多时，则会沉淀析出，而当 A、B 溶液稀释后，产生硫酸钙的量少，形成的是硫酸钙的不饱和溶液，不会析出沉淀 （3）微量元素肥料用量很少，直接配制营养液，普通天平无法准确称量溶质质量；操作方便，不需要每次配制时都称量固体（或配制母液可以保证各物质成分的准确性及配制时的快速移取，而且还便于储存，可多次利用；大大降低生产、运输、储存成本等合理答案）
评价标准	【水平 4】正确使用烧杯、量筒、胶头滴管等基本仪器，进行规范母液稀释实验操作；能从跨学科视角合理解释真实生产过程中营养液配制的若干问题。 【水平 3】较顺利完成母液稀释操作，但不够规范；仅能从化学视角解释营养液配制的问题。 【水平 2】根据所学知识和技能尝试稀释母液，但未掌握科学配制溶液的技能和方法；仅能解释部分问题。 【水平 1】不能规范完成母液配制的实验操作；不能合理解释问题。

（二）探究营养液条件对生菜生长的影响

1．（实践性作业）影响水培作物生长的营养液条件有营养液的浓度（以 EC 值表征）、pH、溶解氧和温度。请你选择影响生菜生长的营养液条件之一，提出探究问题_____。

2．（实践性作业）设计科学探究方案，购买生菜苗、种植棉、种植篮等水培实验用品，进行为期 20 天的种植探究实验，并撰写实验报告。（提示：水培时，须留有约 1/3 的根悬浮水面上方,并每三天换一次营养液。)

种植示例:

生长记录表格示例:

日期	营养液 pH	生菜生长情况记录		
		叶片颜色	叶片数量	根部情况

【设计说明】

设计意图	本题为实验设计类作业,考查学生运用控制变量法设计对比实验的能力。通过劳动实践,进行劳动教育,充分发挥课程的育人价值,培育学生积极的劳动精神,全面提高学生的劳动素养。
参考答案	1. 营养液的浓度(pH、溶解氧、温度)对生菜生长的影响 2. 见评价标准
评价标准	【水平4】能自主完成探究过程,实验报告完整正确详实。具体包含能提出有探究价值的问题;针对问题有理有据地提出猜想与假设;能针对所提出的假设制订实验方案;严谨规范完成实验操作,实验记录完整准确;能对实验现象进行合理分析,得出结论;能对实验"异常"进行质疑,积极查阅资料解决问题,对结论进行反思,逻辑严谨、条理清晰表达观点。 【水平3】在老师和同学的帮助下,合作完成探究过程,但实验报告较简略;实验操作不够规范,种植过程记录不够完整,仅能发现实验"异常",不能解决问题。 【水平2】参与部分实验探究过程,实验报告不完整。 【水平1】未参与探究过程,无实验报告。

(三)水培营养液调节系统的设计制作

1.(基础性作业)以下重点研究营养液条件中的 pH 和电导率。实验小组测定了生菜水培营养液 8 天内 pH 和 EC 值的变化。分析数据可知,因为植物靠渗透作用吸收无机盐,导致盐浓度不断_____(填"增强"或"减弱",下同),作物根系对营养液中的各种离子进行吸收,营养液中不同盐类酸碱性反应的表现不一样,导致 pH 变化,生菜的水培营养液酸性不断_____,需加入_____(填"烧碱"或"盐酸")溶液对 pH 进行调节。

日期	3月1日	3月2日	3月3日	3月4日	3月5日	3月6日	3月7日	3月8日
电导率(ms/cm)	1.932	1.911	1.856	1.815	1.767	1.714	1.754	1.618
pH	6.17	6.13	6.08	6.01	5.95	5.91	5.85	5.80

2.（STEM实践性作业）营养液浓度、pH均会影响作物生长，请你设计制作一款水培营养液浓度、pH调节系统。

模型示例：基于arduino的营养液浓度和pH自动调节装置与编程

装置可通过pH传感器和电导率传感器实现对营养液的双重监视，传感器测定后，模块输出信号至arduino单片机，单片机采用mixly图形化编程写入程序，执行"当pH<6，或电导率<1.0 ms/cm，继电器开启，带动水泵运行；当pH和电导率大于设定的数值，继电器关闭，水泵停止运行"。以实现自动控制营养液，使植物始终在适宜的浓度和pH环境下生长。

（备注：此示例供有单片机操作和编程基础同学参考完成）

学生创新作品：请同学们将你的小制作与老师和同学们分享！

【设计说明】

设计意图	引导学生站在工程师的视角，跨学科解决真实情境问题，指向STEM素养培育。将多学科、跨学科的知识综合应用于劳动，领会劳动创新的重要性，开发劳动智慧，提升创造性劳动能力。
参考答案	1. 减弱　增强　烧碱　2. 见评价标准
评价标准	【水平4】有正确、完整且富有创意的设计思路，能正确选择pH或浓度调节液，选用乐高ev3、arduino控制器、自动控制执行器等设备，独立制作出实现一定pH或浓度的自动或半自动调节的作品；不断反思设计方案和作品存在的主要问题，并尝试解决问题。 【水平3】在老师的指导下，参照示例，利用简单的控制设备，制作出实现自动或半自动调节功能的作品；能通过其他同伴的反馈，意识到设计方案和作品存在的主要问题，并与同伴合作进行改进。 【水平2】无设计思路，但在老师和同学的帮助下，积极参与合作，进行作品的创制；能理解同伴描述设计方案和作品存在的主要问题，但不能进行改进。 【水平1】不能进行作品的设计制作。

三、作业点评

该作业设计依据课程标准学业质量水平界定，将核心素养与"教、学、评一致性"相结合，研发了从基础性作业、实践性作业到探究性作业等学习评价水平设计，让教师在实践研究中提升设计与决策、监控与评价等课程能力，引领新时代教学评价改革。具体有2

个突出优点：

第一，具有时代性。选择与加工跨学科学习资源，创设跨学科实践活动的真实情境，提出基于核心素养的作业设计目标。结合跨学科元素，围绕"土壤改良、植物栽培"这个跨学科实践活动主题，设计"认识和配制生菜水培营养液""探究营养液条件对生菜生长的影响""水培营养液调节系统的设计制作"3个大任务，在每个大任务后对应跨学科作业，作业不仅承载了义教阶段化学学科重点内容，如一定溶质质量分数溶液的配制，常见酸、碱化学性质等学生必做实验，以及复分解反应、化学肥料及科学探究等知识与能力的考查，同时融合生物、数学、工程、技术等多学科知识。

第二，具有可操作性。以跨学科大概念为统领，通过完成书面和实践性作业，在作业中设置螺旋上升的驱动性问题，分别以"认识营养液""营养液的配制""营养液条件对生菜生长的影响""营养液的调节和使用"为情境，探讨跨学科实践活动与科学知识、关键能力的高度融合。学生完成作业的同时，亲历生菜水培营养液的配制、水培生菜种植、创制自动调节设备等劳动过程，建立化学教育与劳动教育的桥梁，逐步培养学生的劳动技能，养成良好的劳动习惯和品质，发展创造性的劳动精神。

（点评人：福建省普通教育教学研究室　黄丹青）

鸭蛋变形记

林丰　施秀美/福建省福州则徐中学

石剑/福州市晋安区教师进修学校

一、作业设计思路

《义务教育化学课程标准（2022年版）》提出学生要能认识化学与生活的相互关系，通过化学反应创造物质，知道物质具有独特的物理性质和化学性质，有广泛的应用价值，物质的性质决定用途。基于项目式学习的化学跨学科作业可以将化学知识应用于真实的生活场景，能综合运用化学、技术及跨学科知识，设计、评估解决实际问题的方案，制作项目作品，从辩证的角度，分析和评价物质的实际应用，并进行改进和优化。

鸭蛋的花式吃法可追溯至一千多年前，《齐民要术》提及腌制咸鸭蛋的方法："取杭木皮，净洗细莝，锉，煮取汁。率二斗，及热下盐一升和之。汁极冷，内瓮中，浸鸭子。"宋诩所编的《竹屿山房杂部》里第一次记录了皮蛋的制作方法。吃货美食家们不仅利用"杭木皮""燃炭灰""石灰"和"盐水"等创造出美食，还因地制宜总结出了富有地域特色的皮蛋和咸蛋配方。可见，世事洞明皆学问，经验提炼成科学。

初三学生具备化学知识和实验操作技能，但综合运用化学及相关学科知识解决问题的能力较弱。"鸭蛋变形记"的化学跨学科作业通过蛋的变化进一步认识酸碱盐，建立从类别角度认识物质思路和形成"酸—碱—盐"反应与转化的思维模型，提升综合运用化学及相关学科知识解决问题的能力及科学探究和实践能力，增强评价交流与反思改进意识，感受化学在解决实际问题中的价值。

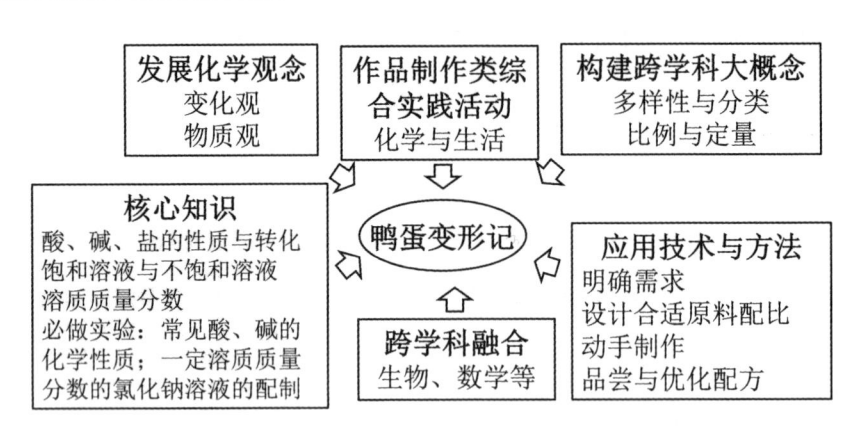

"鸭蛋变形记"项目的育人价值

本作业以鸭蛋的变化作为作业主线，通过"皮蛋和咸蛋的制作和食用"这一真实生活情境，让学生经历项目式学习的全过程。下图为基于项目式学习的化学跨学科实践活动作业设计框架。

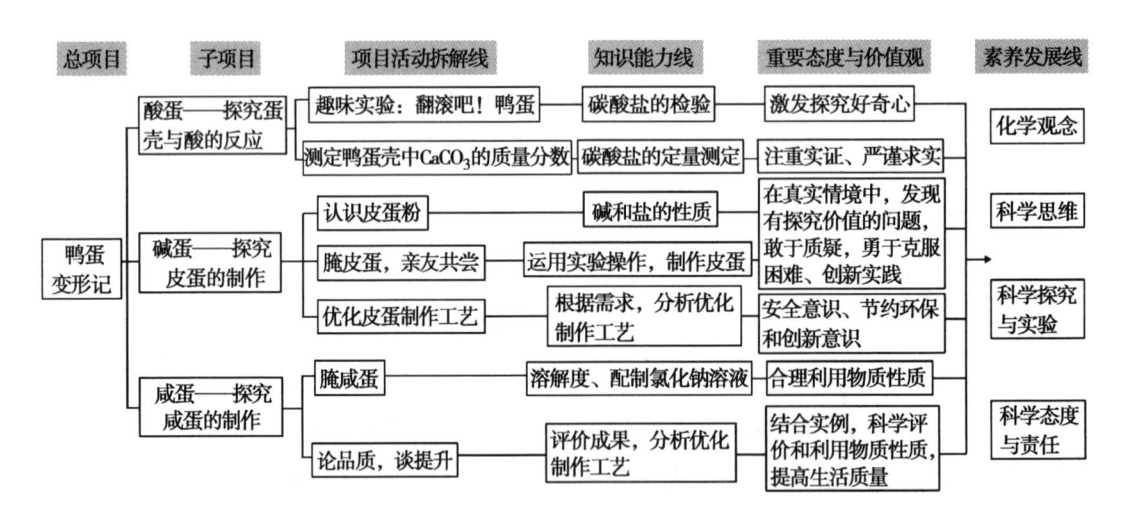

跨学科实践活动作业设计框架

本作业设计流程遵循建模视角下的化学跨学科实践活动作业设计流程，如下图。

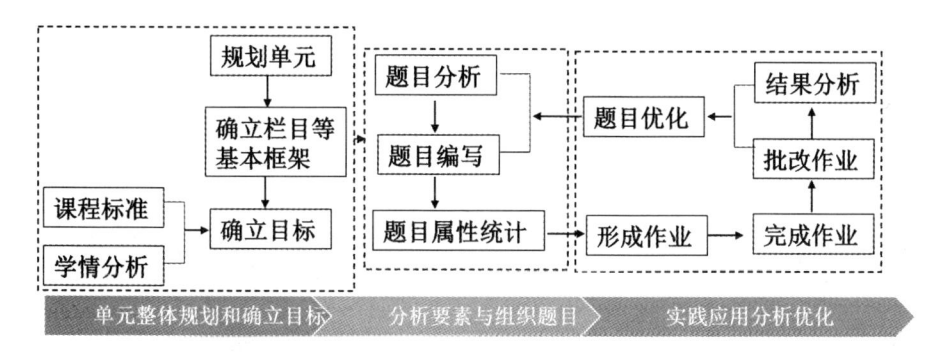

跨学科实践活动作业设计实施流程

本作业设计从跨学科融合、实践和核心素养培育等角度设计目标,如下表。

跨学科融合 多门学科知识和技能	化学:常见的酸、碱和盐性质转化与用途。通过氯化钠溶液配制实验认识饱和溶液和溶解度、溶质质量分数的含义。	生物:皮蛋、咸蛋制作过程中蛋白质等变化。	数学:通过计算寻找合适的皮蛋原料的配比。	劳动:体会劳动的乐趣,增强劳动技能和安全意识,增进亲子关系。
跨学科实践 应用方法解决实际问题	1. 从应用技术方法解决问题(如满足不同人需求的要素、如何合理决策这些要素、还要考虑哪些特殊因素等),从原料配比、时间等角度设计方案,体现美味、安全等,体会产品设计与形成的思路,提升跨学科学习能力。 2. 制作产品并邀请亲友共同品尝,从方便性、经济性、可操作性等方面优化,通过不断询问,科学地指导实践过程,创新实践成果的交流与评价方式,建构问题解决的图式,体会生活与化学、化学与技术工程、跨学科与实际应用的紧密关系,培养学生的审辩思维、创新素养、沟通与合作、社会参与等能力。			
核心素养培育 促进跨学科理解,提升核心素养	1. 基于"皮蛋和咸蛋的制作和食用"的真实生活情境,在项目推进中解决实际问题,建构酸、碱、盐知识系统框架,形成转化观,发展分类、分析、归纳、综合的科学思维,提高用已学核心知识解决诸多变化的陌生复杂问题的能力。 2. 通过皮蛋粉调浆、过滤后的滤液成分探究,依据物质性质设计实验方案,能分析、解释有关实验现象,获取证据,分析推理并得出结论,提升科学探究和实践能力素养。 3. 通过在家制作美味皮蛋和咸蛋,寻找生活中其他有关酸、碱、盐化学性质的应用实例等实践类作业,认识化学在生活中的重要价值,发展学生的工程技术与设计制作、科学态度和责任担当素养。			

二、作业设计

(一)酸蛋——碳酸盐的检验和定量测定

任务1:趣味实验——翻滚吧,鸭蛋!

实验用品：烧杯、稀盐酸和鸭蛋。

实验步骤：将一个生鸭蛋放入烧杯中，加入稀盐酸溶液。

实验现象：观察到鸭蛋与酸接触的位置产生大量气泡，并浮到液面上，不断"翻滚"。静置一日后，鸭蛋壳坚硬的部分消失，变成有弹性的"软蛋"。

查阅资料：蛋壳主要成分是碳酸钙（80%以上），还有蛋白质及多种微量元素。

问题1：结合蛋壳遇盐酸产生气泡的化学方程式，简要说明鸭蛋"上浮"并"翻滚"的原因。

问题2：存放鲜鸭蛋时，细菌会透过微孔侵入内部导致腐败，人们用石灰水浸泡鸭蛋，可与鸭蛋呼吸作用释放的气体反应，堵住微孔，请结合化学方程式说明其中原理。

【评价标准】

水平3：能综合运用化学和物理知识完整解释鸭蛋表面产生"气泡"并"翻滚"的实验现象，实验操作规范；能结合化学与生物学科知识，解释鸭蛋腐败的原因及用石灰水能保鲜鸭蛋的原理。

水平2：能完成实验，并利用化学方程式解释气泡产生这一实验现象，但无法综合化学、物理和生物学科知识设计实验步骤检验生成的气体及其他实验现象。

水平1：实验操作不规范，现象不明显，无法利用碳酸盐性质解释实验现象。

【设计说明】

题目来源	原创	难易程度	★★★	类型	基础巩固性作业
检测知识	碳酸钙的性质。					
方法能力	基础实验操作、记录现象、证据推理、分析原因和形成结论。					
设计意图	通过鸭蛋在酸中"翻滚"认识碳酸钙的性质，"上浮"和"石灰水泡鸭蛋"考查学生综合运用化学、物理、生物学科知识解释实验现象的能力。					
参考答案	问题1：$CaCO_3+2HCl=\!=\!=CaCl_2+H_2O+CO_2\uparrow$，生成的二氧化碳气体附着在鸭蛋表面，增大排开水的体积，鸭蛋所受浮力增大，故而上浮。 问题2：石灰水与呼吸作用产生的 CO_2 反应，化学方程式 $Ca(OH)_2+CO_2=\!=\!=CaCO_3\downarrow+H_2O$，生成难溶物碳酸钙堵住微孔。					

任务2：利用下列实验装置测定鸭蛋壳中 $CaCO_3$ 的质量分数，完成实验报告。

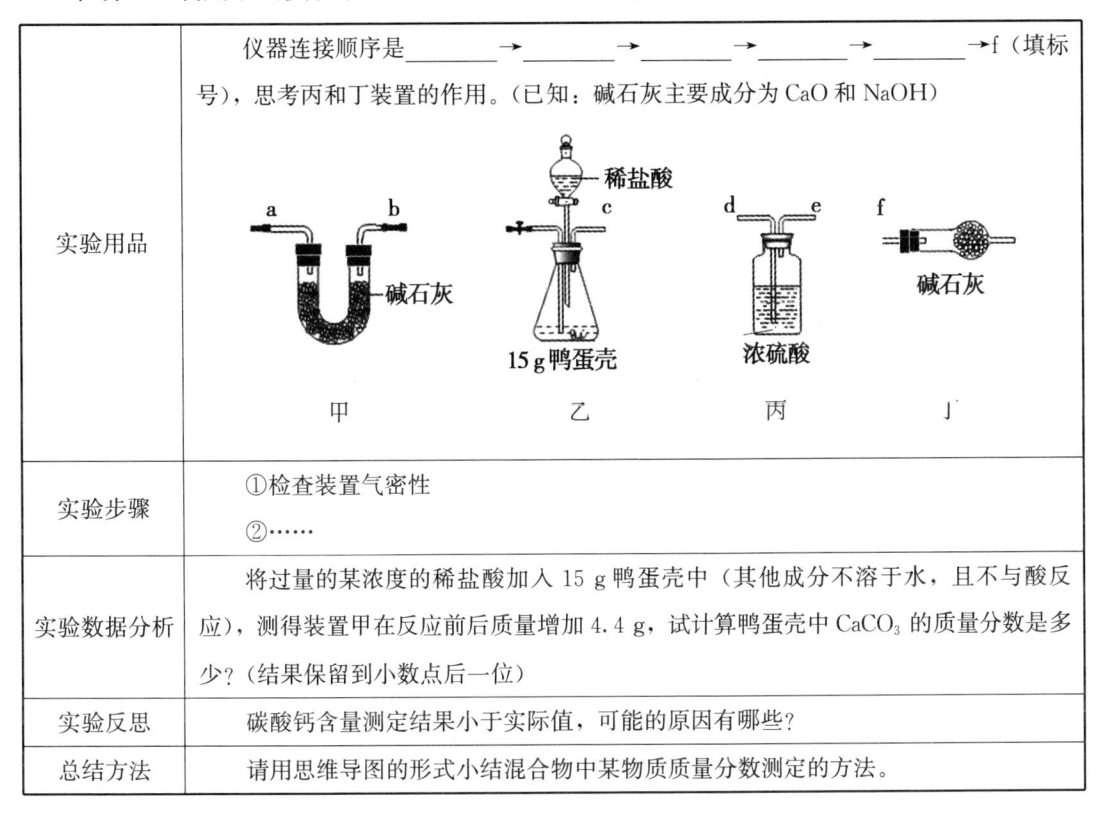

实验用品	仪器连接顺序是_____→_____→_____→_____→_____→f（填标号），思考丙和丁装置的作用。（已知：碱石灰主要成分为 CaO 和 NaOH） （图示：甲——U形管装碱石灰，两端为a、b；乙——分液漏斗装稀盐酸，锥形瓶内装15 g鸭蛋壳，管口为c；丙——洗气瓶装浓硫酸，两端为d、e；丁——球形管装碱石灰，管口为f）
实验步骤	①检查装置气密性 ②……
实验数据分析	将过量的某浓度的稀盐酸加入15 g鸭蛋壳中（其他成分不溶于水，且不与酸反应），测得装置甲在反应前后质量增加4.4 g，试计算鸭蛋壳中 $CaCO_3$ 的质量分数是多少？（结果保留到小数点后一位）
实验反思	碳酸钙含量测定结果小于实际值，可能的原因有哪些？
总结方法	请用思维导图的形式小结混合物中某物质质量分数测定的方法。

【评价标准】

水平4：能经历科学探究的一般过程，依据目标设计实施实验方案，严谨规范完成实验操作，实验记录完整准确，分析推理并优化方案，最终形成混合物中某成分含量测定的思路方法。

水平3：能充分考虑到如何通过实验装置与步骤的优化更加精确测定 CO_2 的质量，准确表达实验步骤及现象，但无法提炼出可迁移的思路方法。

水平2：能利用碳酸盐与酸反应，通过测定 CO_2 的质量计算蛋壳中碳酸钙的质量分数，能正确选择实验装置，但缺乏对数据误差分析及改进实验的能力。

水平1：无法利用碳酸盐性质设计实验方案。

【设计说明】

题目来源	原创	难易程度	★★★★	类型	运用迁移类作业
检测知识	混合物中碳酸盐的定量测定。					
方法能力	培养根据实验目的，选择合适装置、进行实验操作、记录现象与数据分析、证据推理、反思与改进的实验探究能力。					
设计意图	注重知识运用，方法迁移和思维发展。通过创设实验情境，引导学生从定量的视角认识蛋壳中碳酸钙的含量的测定与计算，最终提炼出物质组成探究的方法。					

参考答案	【实验用品】c→d→e→a（或b）→b（或a）→f 丙装置的作用是吸收水蒸气，丁装置的作用是防止空气中的水蒸气和二氧化碳进入装置，影响测定结果。 【实验步骤】②连接乙、丙装置，并通入氮气；③测定装置甲的质量，并连接在丙装置后；④停止通入氮气，打开分液漏斗活塞，向锥形瓶内加入稀盐酸至固体表面不再产生气泡；⑤向装置中通入氮气一会儿，测定装置甲的质量。 【实验数据分析】设 $CaCO_3$ 的质量为 x。 $CaCO_3+2HCl=\!=\!=CaCl_2+H_2O+CO_2\uparrow$ 　　100　　　　　　　　　　　　44 　　x　　　　　　　　　　　　4.4 g $\dfrac{100}{x}=\dfrac{44}{4.4\text{ g}}$ $x=10\text{ g}$ $CaCO_3$ 的质量分数 $=\dfrac{10\text{ g}}{15\text{ g}}\times 100\%=66.7\%$ 答：$CaCO_3$ 的质量分数为 66.7%。 【实验结果反思】误差原因：实验结束后，没有向装置中通入氮气；稀盐酸用量不足或蛋壳未完全反应完（合理即可）。 【总结方法】（合理即可）。 研究固体混合物的组成 → 寻找组分的性质差异： 　物理性质（利用溶解性、沸点等）→ 直接进行性质检验确定各组分的成分 　化学性质（生成气体、固体等）→ 从混合气体中消耗或除去某种组分，检验剩余组分的成分 → 测定生成气体或固体的质量 → 计算消耗成分的质量，求算组分质量

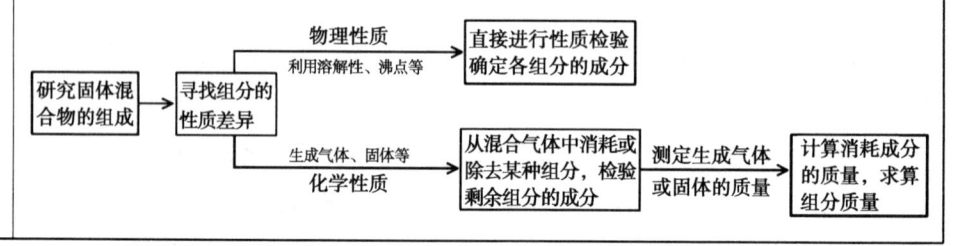

（二）碱蛋——碱和盐的性质及应用

皮蛋，由于其凝固的褐色蛋清上会有松针状的结晶花纹又名松花蛋，是我国传统风味食品，请你跟随老师一起来制作吧！

任务1：认识皮蛋粉。

问题1：请小组成员分工查阅不同品牌皮蛋粉的配料表，认识各成分物质的作用。

配料表	主要成分及其化学式	在腌制皮蛋过程中所起的作用

问题2：对皮蛋加水后的混合物成分进行探究，完成实验报告。

实验步骤	实验过程	实验现象	推理解释
取皮蛋粉加水，搅拌后形成棕黄色_____（填"溶液""悬浊液"或"乳浊液"），用手触碰试管外壁。		略感温热。	皮蛋粉中生石灰与水反应放热，化学方程式为_____，形成沉淀可能是黄土及生成的_____。
充分溶解后过滤，如何测定滤液的pH？（写出实验操作）_____。		pH数值为13。	滤液呈_____性。
将足量稀盐酸分别加入滤渣和滤液中，连接带导管的橡皮塞将产生的气体通入澄清石灰水。		滤液中无明显现象，滤渣中产生气泡，该气体使澄清石灰水变浑浊。	说明皮蛋粉溶解时Na_2CO_3发生的化学反应方程式为_____，滤液中的溶质一定有_____。

【评价标准】

水平3：能综合运用化学和生物知识完整解释皮蛋成熟过程中的化学变化，基于碱和碳酸盐的性质设计鉴别实验方案，利用化学方程式解释现象，得出结论。

水平2：能查阅资料认识皮蛋粉的主要成分，能初步结合物质性质，根据实验步骤探究皮蛋粉浸出液的组成。

水平1：只能收集杂乱、零散的信息，无法梳理表达出皮蛋粉各成分用途，不能根据物质性质设计鉴别实验方案。

【设计说明】

题目来源	原创	难易程度	★★★	类型	调查类、实验探究类作业
检测知识	生石灰、氢氧化钙和碳酸钠的性质。				
方法能力	信息检索能力和自主学习能力；科学探究的能力。				
设计意图	从物质的视角初步认识皮蛋粉的各组成物质，从化学变化的视角认识皮蛋粉溶于水后的反应，并进行滤液与滤渣的探究。				

续表

参考答案	问题1:

问题1:

成分	用途
草木灰（或纯碱）、生石灰	1. 反应生成强碱（NaOH、KOH）经蛋壳渗入蛋清和蛋黄中，致使其中的蛋白质分解、凝固并放出少量的 H_2S，H_2S 与蛋清和蛋黄中的矿物质作用生成各种硫化物使蛋清和蛋黄的颜色发生变化。2. 强碱还会与蛋白质分解出的氨基酸进一步发生中和反应，生成盐的晶体沉积在凝胶状的皮蛋蛋清中，便出现白色的"松花"。3. 碱性物质杀灭鲜蛋中可能引起蛋白质腐败的细菌，延长皮蛋储存时间。
食盐	使皮蛋收缩离壳、增加风味和防腐等。
铅丹（PbO）	能使皮蛋离壳，促进灰料成分加速进入蛋白，使皮蛋更快成熟；还堵住蛋壳上的洞孔，防止已凝固的蛋白再液化。
黄土	1. 黄土含有丰富的矿物质和微量元素，能够帮助去除蛋白中的异味。2. 作为硬化剂之一，可以促进蛋壳透气性降低，实现皮蛋的硬化效果。3. 吸收蛋白液中过多的水分。
茶叶	其中的单宁和芳香油，可使蛋白质凝固着色和增加皮蛋的风味。

问题2:【实验步骤】悬浊液　用玻璃棒蘸取滤液滴在 pH 试纸上，与标准比色卡对比，读出 pH

【推理解释】$CaO + H_2O \!=\!=\! Ca(OH)_2$　$Ca(OH)_2$ 和 $CaCO_3$　碱　$Ca(OH)_2 + Na_2CO_3 \!=\!=\! CaCO_3\downarrow + 2NaOH$　NaOH、NaCl

任务2：腌皮蛋，亲友共尝。

实验用品：无铅皮蛋粉、鸭蛋若干个（洗净晾干）、塑料碗和一次性手套（注意：不可用手直接接触皮蛋粉）

实验步骤：

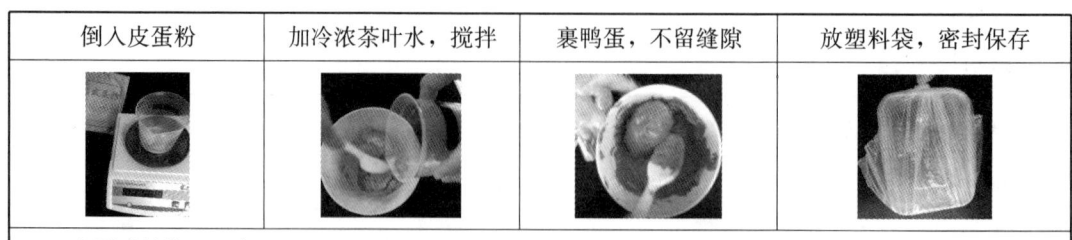

倒入皮蛋粉	加冷浓茶叶水，搅拌	裹鸭蛋，不留缝隙	放塑料袋，密封保存

皮蛋成熟期：温度 30 ℃以上只要 3—6 天，20—30 ℃ 7—10 天，10—20 ℃ 12—15 天，就能制作完成。

问题1：皮蛋制作　制皮蛋过程中不宜使用铝合金容器，是由于铝能与氢氧化钠水溶液发生反应，生成偏铝酸钠（NaAlO$_2$）和氢气，请结合化学方程式说明原因。

问题2：观皮蛋　蛋中松花是由于镁离子和蛋白质在碱性条件下产生的纤维状氢氧化镁水合晶体，请观察自己制作的皮蛋中是否形成松花？如果并未形成松花，请查阅资料并分析原因。洗净后的皮蛋闻起来依然有刺激性气味，试从反应原理的角度解释，皮蛋制作完成后需放置1—2天后再食用的原因。

问题3：皮蛋烹饪（食用）方法　请为家人做一道经典凉菜——醋熘皮蛋，说说醋是"灵魂酱汁"的原因，并与大家分享酱汁配方。

【评价标准】

水平3：能综合运用化学和生物知识解释腌制过程中的原理，对出现的问题（如气味、松花等）进行合理的解释，并能调整酱汁配方获得适合不同人口味的高品质皮蛋凉菜。在实践过程中能不断优化皮蛋粉中各成分的比例，进行多次尝试，缩短腌制时间等获得更好品质的皮蛋。

水平2：能根据皮蛋粉说明书完成皮蛋的制作，能发现"异常"的皮蛋（如味道苦涩、蛋白无法凝固等），但无法结合化学原理合理调整配方（生石灰、纯碱、盐与茶水的比例等）。

水平1：只能根据说明书完成皮蛋的腌制步骤，不理解腌制原理。

【设计说明】

题目来源	原创	难易程度	★★★	类型	综合实践类作业
检测知识	碱的化学性质，蛋白质的变性等。					
方法能力	查阅资料进行原因分析，基于真实情境解决问题，动手实践能力等。					
设计意图	将情境主动转化为有价值的化学问题，使知识情境化，情境问题化。通过认识反应中的定量关系，感受物质转化造福人类的价值。学生可以通过调控皮蛋粉、食盐和茶水的用量等做出适合不同需求或不同口味的皮蛋。					
参考答案	问题1：2Al+2NaOH+2H$_2$O══2NaAlO$_2$+3H$_2$↑，碱会腐蚀铝制品。 问题2：未形成松花原因可能为腌制温度过高；配方控制不良；腌制时间过长等（合理即可）。皮蛋的"异味"源自蛋白质在强碱作用下产生氨气等物质。 问题3：松花蛋400克，辅料：木耳（干）25克、荸荠15克和小麦面粉25克。调料：植物油500克、酱油8克、醋10克、白砂糖10克、大葱10克、姜10克、胡椒粉5克、味精5克和淀粉（豌豆）50克等（可根据个人口味调节）。由于皮蛋呈碱性，食醋呈酸性，加入醋能中和过多碱，提升口感。					

任务 3：优化皮蛋制作工艺。

明《竹屿山房杂部》	改良配方：加入铅丹（主要成分氧化铅）	清初《物理小识》	2015年《食品安全国家标准》
混沌子：取燃炭灰(草木灰)一斗，石灰一升，盐水调入，锅烹一沸，俟温，甃于卵上，五七日，黄白混为一处。	堵住蛋壳上的洞孔，防止已凝固的蛋白再液化。	"池州出变蛋，以五种树灰盐之，大约以荞麦谷灰则黄白杂糅；加炉炭石灰，则绿而坚韧。"	使用"无铅工艺"，是利用烧碱、氯化锌或硫酸铜浸泡。

图 皮蛋配方的发展

问题1：现代"无铅皮蛋"制作中常用硫酸铜代替铅盐，有何优势？

问题2：工厂用烧碱代替生石灰、纯碱配制料液加工皮蛋，为保证皮蛋质量，料液中NaOH含量需控制在4.5%—6%之间，如何测定循环使用的料液中氢氧化钠的质量分数是否在正常范围？制作皮蛋后的废液（渣）有一定腐蚀性，该如何处理？

问题3：清代《物理小识》中提及，使用不同的炭灰，蛋内会产生不同的化学变化，形成两种不同的产品，你认为影响皮蛋品质的因素有哪些，写出还想继续探究的问题。

问题4：创新设计一份皮蛋粉配料表，并动手制作好后试试腌制皮蛋的效果。

自制皮蛋粉配料表	自制皮蛋粉腌制皮蛋的效果自评			
	腌制时间	□一星期	□两星期	□三星期
	蛋壳颜色	□青灰色	□有少量黑斑和裂纹	□有发霉症状
	蛋白颜色	□黄色	□浅棕色	□褐色
	蛋黄颜色	□黄色	□浅棕色	□褐色
	松花	□有	□无	
	溏心	□有	□无	
	气味	□刺鼻	□较刺鼻	□无气味
	摇晃是否颤动	□有	□无	
	口感	□有涩味	□少量涩味	□几乎无涩味

【评价标准】

水平4：从原料配比、产量、安全、环保、生产时间、生产成本、产品质量和品种等多种角度出发，提出问题，并根据不同的需求设计不同的皮蛋粉配方表，能运用控制变量的实验方法进行实验，完成评价分析。

水平3：结合配方，从原料配比、安全、时效、操作等角度调控腌制皮蛋的过程，基于真实情境提出合理的待研究的问题，设计简单实验方案，进行实验与评价。

水平2：能根据信息认识到原料的选择对腌制效果有影响，提出1—2个影响皮蛋品质因素的问题；缺乏多角度认识物质和变化的视角。

水平1：了解"无铅皮蛋"的工艺改进，无法进一步优化配方。

【设计说明】

题目来源	原创	难易程度	★★★★★	类型	运用迁移类作业
检测知识	中和反应，调控化学反应的方法。					
方法能力	数据分析观念、运算能力、食品安全意识与创新意识。					
设计意图	通过认识反应中的定量关系，感受调控反应实现物质转化造福人类的价值，通过查阅资料，结合所学知识了解皮蛋废水处理和回收，理解化学与食品生产、生态保护、营养健康的关系。					
参考答案	问题1：铅为重金属元素，大量食用含铅皮蛋后可能出现急性铅中毒，症状包括恶心、呕吐、腹泻、腹绞痛等，长期食用含铅皮蛋可能会引起慢性铅中毒，出现头晕、头痛、腹痛、贫血等症状。硫酸铜中的铜离子与铅离子的功能相似，毒性减小，故有优势。问题2：取待测氢氧化钠溶液样品1g，滴入1—2滴酚酞，用0.365%的盐酸滴加至恰好溶液从红色变为无色，记录消耗的盐酸质量，通过化学方程式计算判断待测样品中氢氧化钠的质量分数是否在正常范围。若溶质质量分数在4.5%—6%之间，则无须调整原料投入量。制作皮蛋后的废液可循环利用（如图所示）或加适量酸后排放等（合理即可）。问题3：①如何制作溏心或硬心皮蛋；②生石灰用量对料液碱度和皮蛋加工的影响；③用皮蛋粉腌制鸡蛋、鹌鹑蛋、鹅蛋等不同种类蛋的效果对比；④通过调节温度，如何快速制作无铅皮蛋；⑤皮蛋粉与蛋的配比是否影响皮蛋品质等。问题4：根据产品情况自评和互评。					

（三）咸蛋——溶解度、溶质质量分数计算及溶液配制

咸鸭蛋是常见食品，咸鸭蛋黄还是制作粽子、点心等食品的材料。咸鸭蛋中富含锌、钙，对儿童身体及骨骼的生长有帮助，并能在一定程度上预防贫血。你知道咸蛋是怎么制作的吗？请随老师一起来学习吧！

任务1：配制饱和食盐水，腌咸蛋。

用品	鸭蛋、加碘盐、凉开水等。
实验原理	食盐中的氯离子和钠离子通过蛋壳及蛋壳膜不断向蛋内渗透，虽然没有改变蛋白质及脂肪的成分，但却改变了蛋白中蛋白质的特性及蛋黄中脂质含量。

续表

实验步骤	①计算：水的体积为 1000 mL，20 ℃室温下配制氯化钠饱和溶液，加碘盐的质量为 _____ g。 ②称量：用电子天平称量盐的质量。 ③溶解：写出加快盐溶解操作_____。 ④腌制：待盐水冷却，将洗净晾干的鸡蛋放入盐水中，密封，25 天左右即可取出煮食。
实验过程展示	

问题1：厨房中的琳琅满目的塑料碗、陶瓷碗、不锈钢碗和玻璃碗中哪个不适合用于腌制咸蛋？请说明理由。

问题2：下表为氯化钠在不同温度下的溶解度。

温度/℃	10	20	30	40	50	60	70
溶解度/g	35.8	36.0	36.3	36.6	37.0	37.3	37.8

20 ℃时，将 500 g 氯化钠加入到 1000 g 水中，充分搅拌后，能否完全溶解？将鸭蛋放入氯化钠溶液中，几日后观察到鸭蛋表面有白色固体，请结合溶解度解释实验中的问题。

问题3：在室温（20 ℃）下，如何将 100 g 饱和食盐水稀释为用于清洁的生理盐水（溶质质量分数为 0.9%）。

【评价标准】

水平3：掌握饱和溶液概念及溶质质量分数的计算，综合运用化学和生物知识解释腌制过程中的原理，对实验中出现的问题进行合理的解释，并调整食盐水和蛋的配比获得适合不同人口味的高品质咸蛋。在配制饱和溶液及稀释浓溶液的实验中，能规范使用托盘天平（或电子秤）、量筒、烧杯、玻璃棒、药匙、胶头滴管等基本仪器进行规范实验操作。

水平2：会判断饱和溶液与不饱和溶液，能快速完成氯化钠溶液配制，完成腌制。但在处理溶液稀释的问题中，不能提取表格中信息进行计算以完成稀释实验操作。

水平1：无法根据溶解性表提取解题所需的信息，不理解腌制原理，操作有错误。

【设计说明】

题目来源	原创	难易程度	★★★	类型	基础巩固性作业
检测知识	溶解度，溶质质量分数和结晶等核心概念，配制一定溶质质量分数的氯化钠溶液。					
方法能力	数据分析和计算能力、动手实践能力。				
设计意图	学会配制一定质量分数溶液，通过规范操作感受定量研究的意义。加深对溶解度、溶质质量分数和结晶等概念的理解，并应用概念解决实际问题。				
参考答案	实验步骤　①360　③用玻璃棒搅拌 问题1：不锈钢碗的主要成分为铁，长期盛放食盐水会加速铁锈蚀。 问题2：20 ℃时氯化钠的溶解度为36.0 g，1000 g水中最多溶解360 g固体，故而500 g氯化钠不能完全溶解。在腌制过程中，气温降低，氯化钠的溶解度减小，可能析出固体。若容器密封不好，水蒸发后也可能导致饱和氯化钠溶液中的固体析出。 问题3：计算可知，向100 g饱和食盐水加入2841 g水，即可配成溶质质量分数为0.9%的生理盐水。先用天平称量100 g饱和食盐水，再用量筒量取2841 mL水，将二者倒入容器中搅拌均匀。				

任务2：论品质谈提升。

问题1：请从某实验室测得数据中，找出对咸蛋品质的影响因素，并分析原因［蛋黄指数＝蛋黄的高度（mm）/直径（mm），蛋黄指数越高，品质越好］。

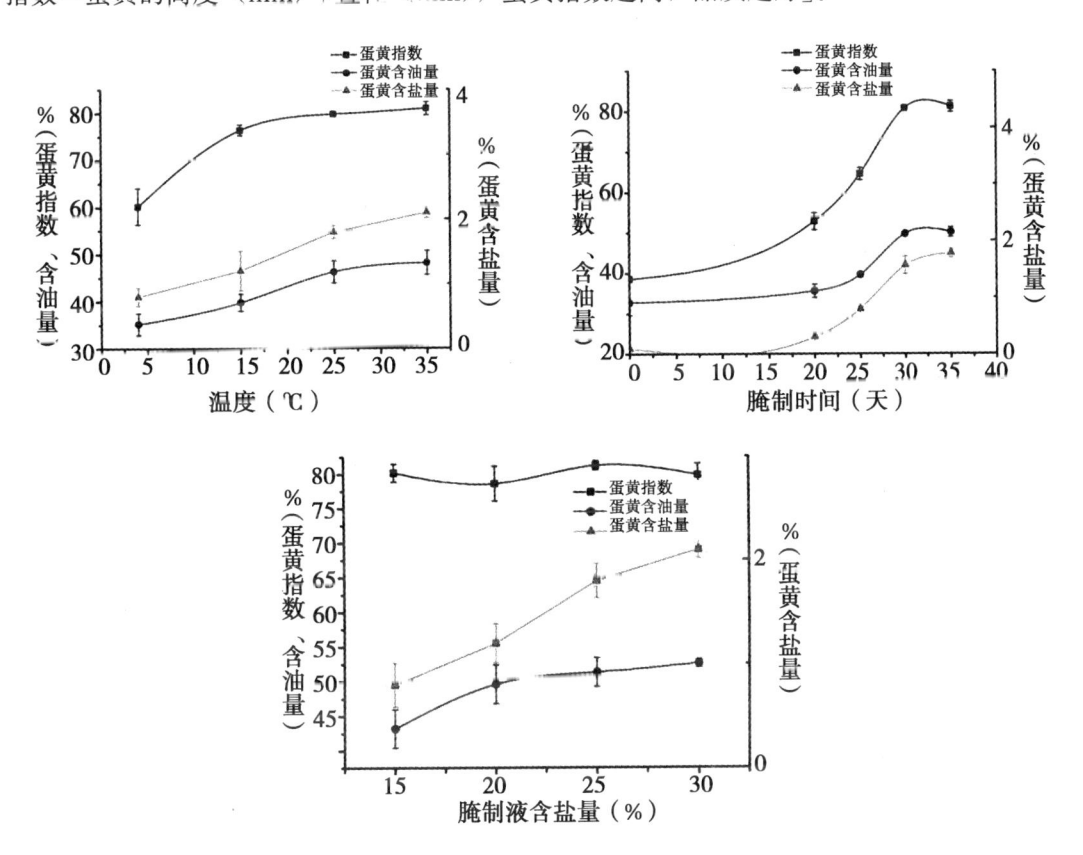

影响因素	变化趋势	原因
温度	随着温度的升高，蛋黄指数、蛋黄含油量及蛋黄含盐量升高。	在0~25 ℃时，随着温度升高，离子运动速率快，渗透入蛋黄的速度有明显增加。但温度继续增至35 ℃时，盐浓度过高造成蛋黄脱水，影响蛋黄的油水乳化体系，导致了油量增多。

问题2：请设计实验方案验证以上影响因素，并结合相关指标进行评价，请继续查阅资料寻找影响咸蛋品质的其他因素，并撰写实验报告。

实验目的1：验证温度对咸蛋品质的影响

组别	温度	因素1_____	因素2_____	因素3_____	得分
1					
2					
3					

评价指标	标准	满分	得分
蛋黄色泽	橙红或淡红，有油色8—10分；橙黄但油色不足6—8分；黄色有油色4—6分；蛋黄无油色2—4分；浅白色2分以下。	10	
气味及含盐量	香味浓郁，咸蛋黄的咸味适中20—30分；有较浓鲜味15—20分；有较淡鲜香味10—15分；有淡淡的咸蛋气味，滋味欠佳5—10分；没有咸蛋应有气味，有异味5分以下。	30	
硬化率起沙感	松软沙性足，蛋黄均匀有蛋黄油流出30—40分；蛋黄较结实稍有沙感，含油20—30分；软硬适中均匀10—20分；蛋黄较硬，内外不均匀含油5—10分；蛋黄坚硬，内外不均匀5分以下。	40	
蛋黄含油量	蛋黄油自由流出，有明显油滴15—20分；有油流出，能挤出油滴10—15分；有少许游离的油5—10分；出油不明显5分以下。	20	
得分			

【评价标准】

水平3：能综合运用化学和生物知识解释腌制过程中的原理，结合该过程提出影响咸蛋品质的因素并分析原因。再运用控制变量的方法设计实验方案，完成实验，结合评价表对实验结果进行分析。

水平2：能结合评价标准，并在与同学的沟通中找出制作咸蛋品质差异的原因。能设计实验方案验证白酒对蛋壳进行预处理、腌制时间和温度对咸蛋品质的影响，但缺乏控制变量的思想。

水平1：无法运用知识解释腌制过程中的原理。能根据评价指标进行评价，但无法设计实验方案验证咸蛋品质的影响因素。

【设计说明】

题目来源	原创	难易程度	★★★★	类型	运用迁移类作业
检测知识	生物学蛋白质变性等。					
方法能力	查阅资料、提取信息、运用控制变量方法设计实验方案和动手实践能力。					
设计意图	将问题置于真实场景中，培养学生发现问题、查阅资料进而设计方案解决问题的能力。劳动的过程培养学生的动手能力、沟通能力、表达能力和创新意识。					
参考答案	问题1： 	影响因素	变化趋势	原因
---	---	---
腌制时间	蛋黄指数等起初增加缓慢，20天后明显升高，30天后趋于平稳。	随着时间增加，Na^+和Cl^-逐渐向蛋黄中渗透，30天后已基本达到动态平衡，蛋黄指数逐渐趋于稳定，蛋黄腌制逐渐成熟
腌制液含盐量	腌制液含盐量增加时，蛋黄含盐量也增加，而蛋黄指数的变化并不明显。	随着含盐量增加，更多Na^+和Cl^-向蛋黄中渗透，蛋黄含盐量显著增加。离子渗透使蛋黄内部稳定的乳化体系遭到了破坏，油脂不断溶出，直至平衡后蛋黄含油量不再增加。	 问题2：可根据以上因素，运用控制变量法设计实验方案。 实验目的2：验证氯化钠浓度对咸蛋品质的影响 	组别	温度（℃）	盐水质量分数（%）	腌制时间（天）	得分
---	---	---	---	---
1	20	10	25	
2	20	15	25	
3	20	20	25		 实验目的3：验证腌制时间对咸蛋品质的影响 	组别	温度（℃）	盐水质量分数（%）	腌制时间（天）	得分
---	---	---	---	---
1	20	20	15	
2	20	20	20	
3	20	20	30		 实验目的4：验证白酒对蛋壳进行预处理对咸蛋品质的影响 	组别	温度（℃）	盐水质量分数（%）	腌制时间（天）	是否加入白酒	得分
1	20	20	25	是	
2	20	20	25	否							

（四）成果展示

你的鸭蛋变身成功了吗？皮蛋和咸蛋的味道如何？与老师和同学们分享制作过程中的图片、视频和感受吧！

（五）跨学科实践活动评价

通过跨学科实践活动的整体设计，加强过程性评价，实现"教—学—评"一体化。不仅帮助学生记录实验现象，还记载了实验成功的经验与失败的教训，留下了些许困惑与进一步探究的愿望。改进终结性评价方式，探索核心素养立意的命题，科学设计评价工具，加强考查学生的价值立场、思维能力、创新意识、动手能力及问题解决能力。不仅提高学生自我评价、自我反思的能力，更能引导教师合理运用评价结果改进教学，实现以评促教，以评促学，以评育人。

项目式单元作业评价表

维度		等级			自我评价	小组评价
		合格	良好	优秀		
实验	操作	实验操作规范，勤于观察。	实验准备充分，操作规范，实验现象明显。	积极全程参与实验，善于合作，实验现象明显。		
	原理	记录实验现象，尝试用相关知识进行解释。	原理描述清晰，方程式书写正确，并尝试寻找规律。	善于与他人讨论、探索规律得出结论。		
	反思与改进	实验失败时，能解释原因。	能根据实验现象，调整实验安排或实验方案步骤。	能对实验设计、操作等方面进行整体评价，对实验设计和操作方面提出优化方案。		
满足需求		能根据实验步骤完成皮蛋、咸蛋制作。	能根据实验步骤成功完成皮蛋、咸蛋制作，且制作的皮蛋、咸蛋口感良好，获得大多数人好评。	能根据不同人的需求，调整配方或实验时间等获得低盐咸蛋，或缩短实验时间获得更好品质的皮蛋。		
协同合作		在遇到困难时能寻求同学或老师的帮助。	在项目过程中体现合作，有简单的分工。	积极协同合作完成各项任务，根据项目情况灵活调整分工。		

三、作业点评

本作业融合了多门学科元素，如化学知识：常见的酸、碱和盐性质、转化与用途，通过氯化钠溶液配制实验认识饱和溶液和溶解度、溶质质量分数的含义；生物知识：皮蛋、咸蛋制作过程中蛋白质等变化；数学知识：通过计算寻找合适的皮蛋原料的配比；劳动教育：体会劳动的乐趣，增强劳动技能和安全意识，增进亲子关系。

作业测评通过不断设计任务，科学地指导实践过程，创新实践成果的交流与评价方式。学生应用方法解决实际问题，如从应用技术方法解决问题（如满足不同人对食品需求的各种要素），从原料配比、时间等角度设计方案，体现美味、安全等，体会产品设计的思路，提升跨学科学习能力。从方便性、经济性、可操作性等方面优化，建构问题解决的图式，体会生活与化学、化学与技术工程、跨学科与实际应用的紧密关系，培养学生的审辩思维、创新素养、沟通与合作、社会参与等。

促进跨学科理解，赋予作业教育价值，不断提升学生的能力和素养。基于"皮蛋和咸蛋的制作和食用"的真实生活情境，在项目推进中解决实际问题，建构酸、碱、盐知识系统框架，形成物质转化观；发展分类、分析、归纳、综合的科学思维，提高用已学核心知识解决诸多变化的陌生复杂问题的能力；通过皮蛋粉调浆、过滤后的滤液成分探究，依据物质性质设计实验方案，能分析、解释有关实验现象，获取证据，分析推理并得出结论，提升科学探究和实践能力素养；通过在家制作美味皮蛋和咸蛋，寻找生活中其他有关酸、碱、盐化学性质的应用实例等实践类作业，体会化学在生活中的重要价值，发展学生的工程技术与设计制作、科学态度和责任担当等素养。

（点评人：福建省普通教育教学研究室　黄丹青）

生物学

人体健康的守护者——肾脏

魏晓雪/厦门市第三中学

一、作业设计思路

《人体健康的守护者——肾脏》主题作业，以生活中与尿液相关的问题创设情境，设置必做和选做两种类型、两个模块、五道题目，引导学生从肾脏的结构、尿液的形成、尿量的影响因素等方面进行探究实践。通过模型制作、海报设计、调查报告撰写等多种跨学科实践活动，引导学生结合所学知识作出理性解释和判断，培养学生解决生活中实际问题的能力，关注各种因素对健康的影响，形成健康生活的态度。通过作业任务对社会实践进行模拟，进而帮助学生理解生物学、数学、科学、技术、工程学、语文等学科的相互关系，并尝试运用多学科的知识和方法，解决生产生活中的实际问题，形成正确价值观、必备品格和关键能力。

生物学课程高度关注学生学习过程中的实践经历，强调学生的学习过程是主动参与的过程。通过跨学科实践活动，使学生加深对生物学概念的理解，提升应用知识的能力，激发探究生命奥秘的兴趣，进而能用科学的观点、知识、思路和方法探讨或解决现实生活中的某些问题，从而引领教与学方式的变革。课程标准中与《人体健康的守护者——肾脏》相关的内容要求如下：

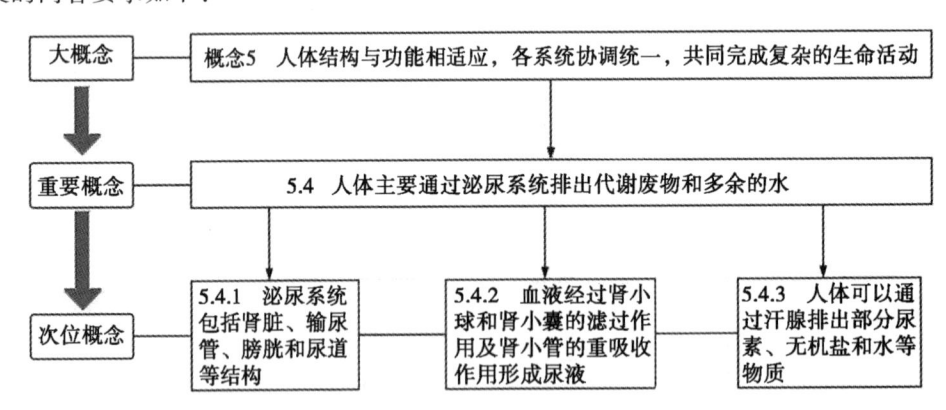

大概念	概念5　人体结构与功能相适应，各系统协调统一，共同完成复杂的生命活动
重要概念	5.4　人体主要通过泌尿系统排出代谢废物和多余的水
次位概念	5.4.1　泌尿系统包括肾脏、输尿管、膀胱和尿道等结构 5.4.2　血液经过肾小球和肾小囊的滤过作用及肾小管的重吸收作用形成尿液 5.4.3　人体可以通过汗腺排出部分尿素、无机盐和水等物质

《人体健康的守护者——肾脏》主题作业设计遵循以下原则：一是坚持目标导向，将肾脏健康知识有机融入课程作业，增强作业的思想性；二是坚持问题导向，将生活中与尿液形成密切相关的问题融合在作业中，让学生在情境中用不同学科经验建构知识体系，提倡"做中学""用中学""创中学"，增强作业的实践性和可操作性；三是坚持创新导向，设计探究实践性作业，凸显学生的主体地位，坚持与时俱进，培养学生的创新意识；四是

注重群体协作，跨学科主题作业往往需要通过学生之间、学生与教师、学生与家长及其他人员之间的群体协作，共同完成任务；五是注重评价的多元化，肾小球模型制作、海报设计等作业鼓励学生从多个维度进行自我评价、相互评价、小组评价，帮助学生学会自主学习和终身学习；六是优先整合工程学、数学、技术等学科，形成新的跨学科逻辑。具体设计思路如下：

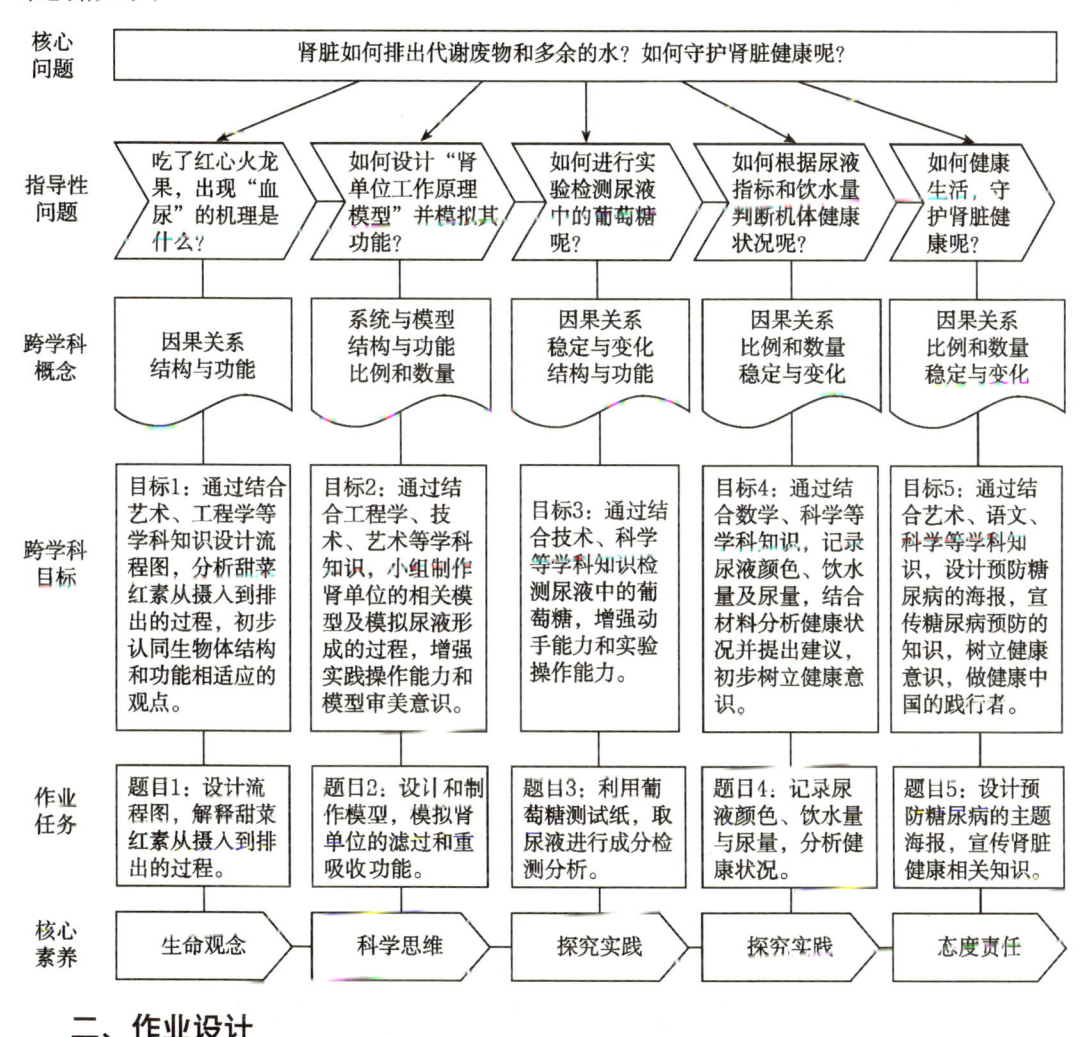

核心问题	肾脏如何排出代谢废物和多余的水？如何守护肾脏健康呢？				
指导性问题	吃了红心火龙果，出现"血尿"的机理是什么？	如何设计"肾单位工作原理模型"并模拟其功能？	如何进行实验检测尿液中的葡萄糖呢？	如何根据尿液指标和饮水量判断机体健康状况呢？	如何健康生活，守护肾脏健康呢？
跨学科概念	因果关系 结构与功能	系统与模型 结构与功能 比例和数量	因果关系 稳定与变化 结构与功能	因果关系 比例和数量 稳定与变化	因果关系 比例和数量 稳定与变化
跨学科目标	目标1：通过结合艺术、工程学等学科知识设计流程图，分析甜菜红素从摄入到排出的过程，初步认同生物体结构和功能相适应的观点。	目标2：通过结合工程学、技术、艺术等学科知识，小组制作肾单位的相关模型及模拟尿液形成的过程，增强实践操作能力和模型审美意识。	目标3：通过结合技术、科学等学科知识检测尿液中的葡萄糖，增强动手能力和实验操作能力。	目标4：通过结合数学、科学等学科知识，记录尿液颜色、饮水量及尿量，结合材料分析健康状况并提出建议，初步树立健康意识。	目标5：通过结合艺术、语文、科学等学科知识，设计预防糖尿病的海报，宣传糖尿病预防的知识，树立健康意识，做健康中国的践行者。
作业任务	题目1：设计流程图，解释甜菜红素从摄入到排出的过程。	题目2：设计和制作模型，模拟肾单位的滤过和重吸收功能。	题目3：利用葡萄糖测试纸，取尿液进行成分检测分析。	题目4：记录尿液颜色、饮水量与尿量，分析健康状况。	题目5：设计预防糖尿病的主题海报，宣传肾脏健康相关知识。
核心素养	生命观念	科学思维	探究实践	探究实践	态度责任

二、作业设计

模块一 肾脏——人体的净化器

【知识演练场】吃了红心火龙果，出现"血尿"

【题目】

1. 阅读以下资料，回答问题。

有一天，小王突然发现自己的尿液是红色的，赶紧到医院就医。医生给小王做了检查，没有发现异常。

小王仔细回顾最近的生活，没有剧烈运动，没有受伤，没有吃药，吃的也都是平常的食物。前一天买了几个红心火龙果，很甜，所以多吃了些。

医生解释说，红心火龙果含有甜菜红素，该色素在消化道中不易被分解，会随大小便排出体外，从而形成假性尿血、便血。

（1）甜菜红素到达肾脏后，可以通过路径"_____→肾小囊→_____→输尿管→膀胱→尿道"，随_____排出体外，形成假性尿血。

（2）请结合所学的人体结构和功能的知识，向小王解释甜菜红素从摄入到排出的过程。请补充绘制流程图，说明你的思路。

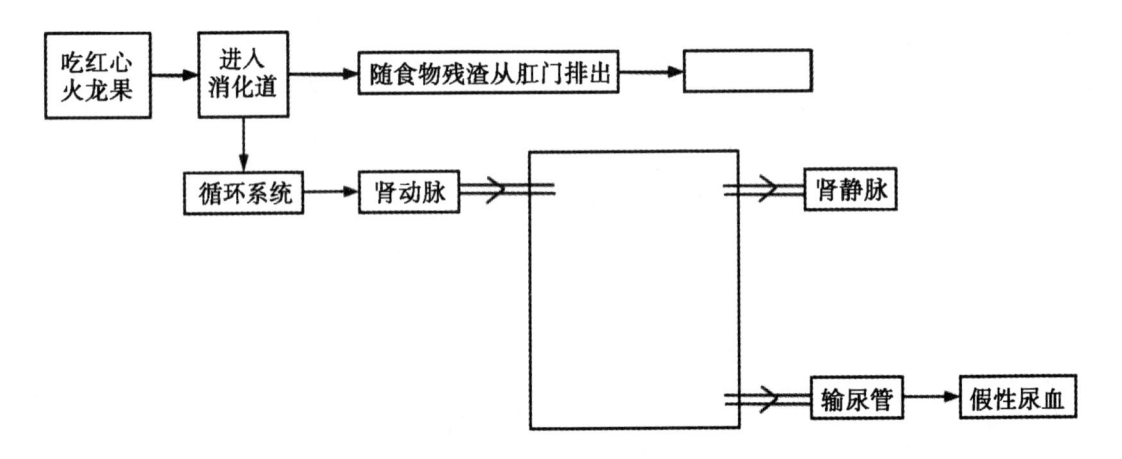

【参考答案】

（1）肾小球　肾小管　尿液

（2）本题具有一定开放性，答案供参考。

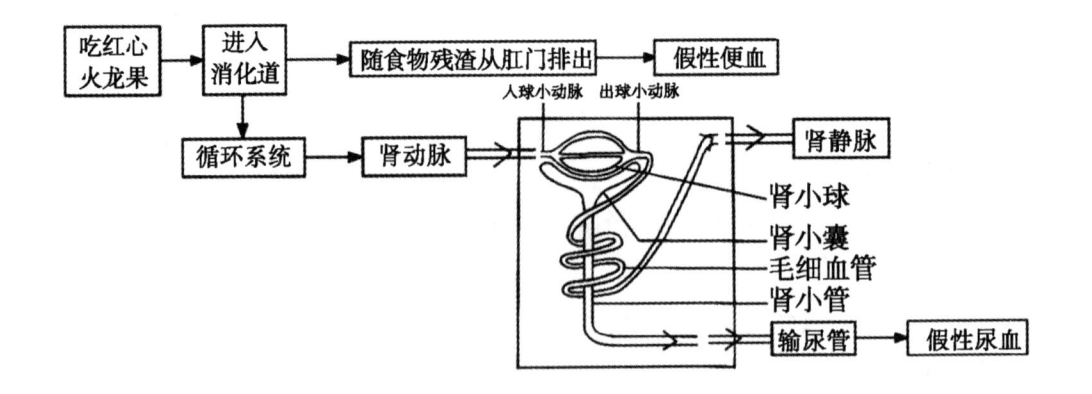

【评价标准】

评价指标	评价等级			
	优秀（Ⅰ）	良好（Ⅱ）	合格（Ⅲ）	不合格（Ⅳ）
科学性（65%）	☐正确运用全部相关概念和原理。 ☐正确表达全部相关生物学术语。	☐正确运用大部分相关概念和原理。 ☐正确表达大部分相关生物学术语。	☐正确运用部分相关概念和原理。 ☐正确表达部分相关生物学术语。	☐未正确运用相关概念和原理。 ☐未正确表达相关生物学术语。
逻辑性（25%）	☐严密，无漏洞或错误。	☐严密，无明显漏洞或错误。	☐大部分合乎逻辑，有少量漏洞。	☐不严密，有较多漏洞或错误。
艺术性（10%）	☐流程图美观、清晰。	☐流程图清晰，但美感度一般。	☐流程图清晰度和美感度一般。	☐流程图不清晰且无美感。

【设计说明】

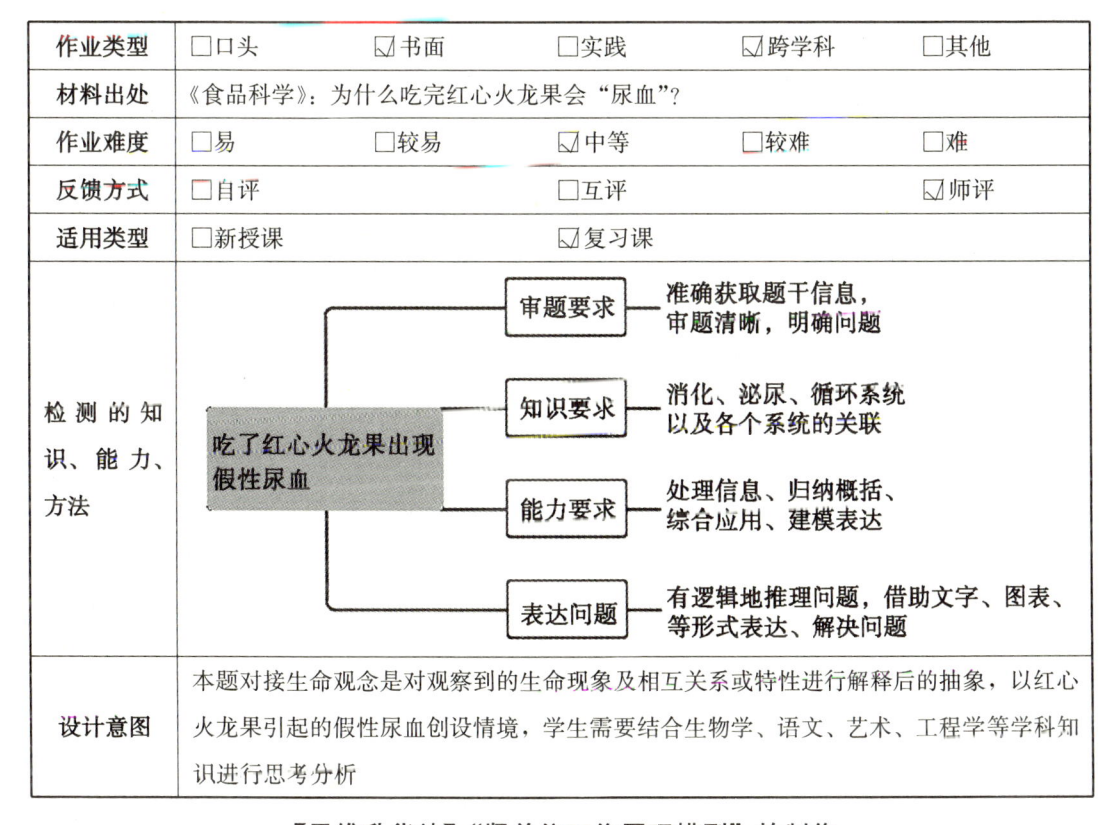

作业类型	☐口头	☑书面	☐实践	☑跨学科	☐其他
材料出处	《食品科学》：为什么吃完红心火龙果会"尿血"？				
作业难度	☐易	☐较易	☑中等	☐较难	☐难
反馈方式	☐自评		☐互评		☑师评
适用类型	☐新授课		☑复习课		
检测的知识、能力、方法	吃了红心火龙果出现假性尿血 — 审题要求：准确获取题干信息，审题清晰，明确问题 — 知识要求：消化、泌尿、循环系统以及各个系统的关联 — 能力要求：处理信息、归纳概括、综合应用、建模表达 — 表达问题：有逻辑地推理问题，借助文字、图表等形式表达、解决问题				
设计意图	本题对接生命观念是对观察到的生命现象及相互关系或特性进行解释后的抽象，以红心火龙果引起的假性尿血创设情境，学生需要结合生物学、语文、艺术、工程学等学科知识进行思考分析				

【思维升华站】"肾单位工作原理模型"的制作

【题目】

2. 以四人小组为单位，选择日常生活中的常用物品制作肾单位模型，模拟肾单位的结构和功能。可把模型带来班级展示，也可以提交录像，介绍模型的选材和构造。

附：材料参考——套餐1：纸板、彩色橡皮泥；

套餐2：KT板、毛细软管、输液管、红墨水、活性炭等。

（可由小组讨论方案，选材不限）

录像说明——介绍材料、用具和构造，要求介绍血液成分及肾小球、肾小囊和肾小管等结构，并模拟演示/简介肾单位的滤过和重吸收功能。

【参考答案】

本题开放性较强，合理即可。

【评价标准】

评价指标		评价等级		
		巧匠（0.9~1）	工匠（0.7~0.8）	学徒（0~0.6）
模型制作过程	环保性（5%）	□所选材料环保且在生活中易得。	□所选材料相对易得。	□所选材料不易得，且对环境有污染。
	科学性（35%）	□各部位比例合理，结构完整，并能够完美组装。	□各部位结构完整，并能够正确组装。	□结构不完整，不能组装或组装错误。
	艺术性（10%）	□做工精细、美观。 □模型灵活度、匹配度高。	□做工一般，美感度不够。 □模型灵活度、匹配度一般。	□做工粗糙，无美感。 □模型灵活度、匹配度低。
	协作性（10%）	□小组分工明确，组员态度认真。	□小组分工较为明确，组员态度较为认真。	□小组分工不明确，且组员态度消极。
	意志品质（10%）	□发现制作过程中的问题并能够解决。 □制作时不断质疑，反复修改。	□发现制作过程中的问题并能解决部分问题。 □制作时对作品进行部分修改。	□逃避或绕开制作过程中的问题。 □制作时没有质疑和修改。
	创新性（5%）	□作品中有两处及以上与众不同的创新性表现形式。	□作品中有一处与众不同的创新性表现形式。	□作品中无创新性表现形式。
展示与交流	表达科学性（15%）	□现场展示或录像内容能正确表达全部相关生物学术语。	□现场展示或录像内容能正确表达大部分相关生物学术语。	□现场展示或录像内容未正确表达相关生物学术语。
	反思优化（10%）	□展示结束后能够进行反思并结合他人的建议进行优化。	□展示结束后能够反思自己模型存在的问题。	□展示结束后不能够进行反思。

【设计说明】

作业类型	☑口头	☑书面	☑实践	☑跨学科	☐其他
材料出处	《中学生物教学》:"肾单位工作原理模型"的制作与使用					
难易程度	☐易	☑较易	☐中等	☐较难	☐难
反馈方式	☑自评		☑互评		☑师评
适用类型	☑新授课				☑复习课	
检测的知识、能力、方法	"肾单位工作原理模型"的制作 — 选材要求：可参考套餐1、2，也可以选择生活中常见的材料 — 制作要求：肾小球、肾小囊和肾小管等结构完整，比例合理 — 能力要求：模型能够模拟肾单位的滤过和重吸收功能 — 展示要求：录像或现场展示，介绍材料、用具和构造，模拟演示/简介肾单位的滤过和重吸收功能				
设计意图	本题对接科学思维基于证据和逻辑，运用分析、建模等方法，多角度、辩证地分析问题，结合技术、工程学、艺术等学科知识，通过设计和制作，解决现实问题或生产特定的生物学产品，逐步形成团队合作意识				

模块二　尿液——人体的显示器

【技能实验室】尿液中葡萄糖的检测

【题目】

3. 健康人的尿液中，一般不含葡萄糖。但当血液中的葡萄糖浓度过高，部分葡萄糖会随尿液排出。你可以从药店购买葡萄糖检测试纸，对自己和亲人的尿液进行检测比对，并将检测数据填写到表格中。

尿液样品	试纸的颜色	是否含有葡萄糖
未知样品1		
未知样品2		
未知样品3		
未知样品4		
未知样品5		
未知样品6		

【参考答案】

本题为开放性题目。

【评价标准】

评价指标	评价等级		
	优秀（0.9～1）	良好（0.7～0.8）	待改进（0～0.6）
规范性（30%）	□能正确使用葡萄糖检测试纸，操作规范。	□能正确使用葡萄糖检测试纸，但操作不够规范。	□不能正确使用葡萄糖检测试纸，操作不规范。
科学性（70%）	□能认真观察试纸颜色并记录。 □能准确判断尿液中是否含有葡萄糖。	□能认真观察试纸颜色。 □能正确判断尿液中是否含有葡萄糖。	□不能观察试纸颜色。 □对尿液中是否含有葡萄糖判断有误。

【设计说明】

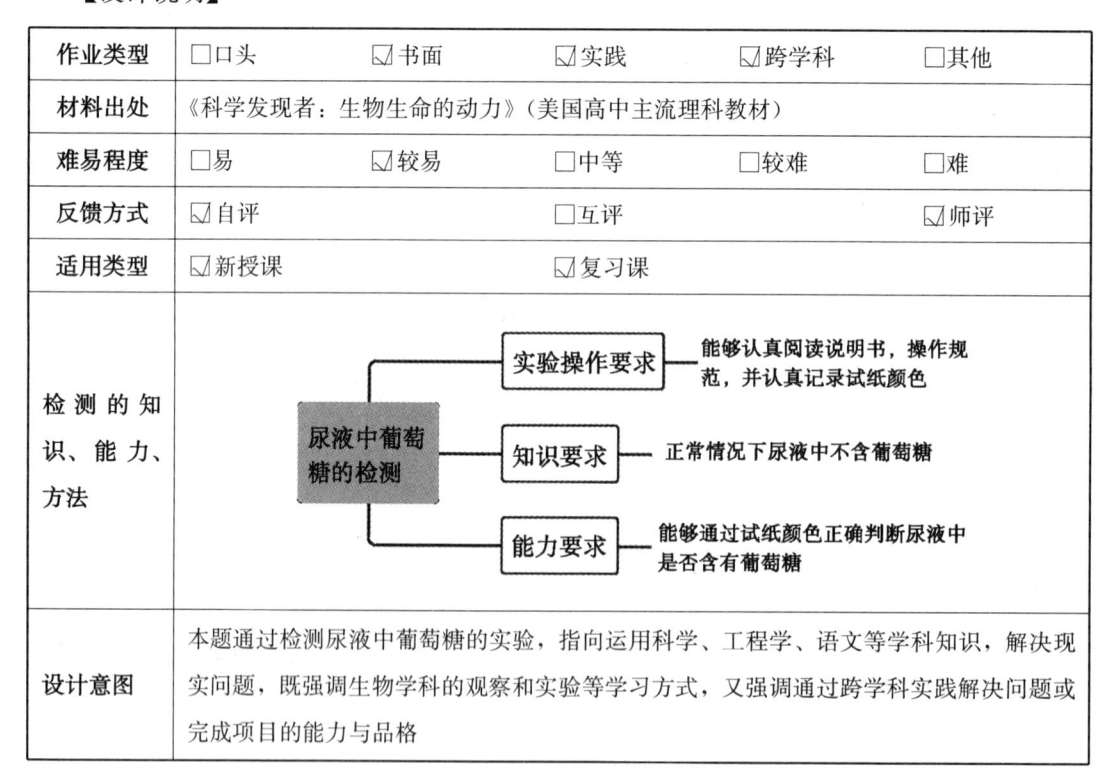

作业类型	□口头　　☑书面　　☑实践　　☑跨学科　　□其他
材料出处	《科学发现者：生物生命的动力》（美国高中主流理科教材）
难易程度	□易　　☑较易　　□中等　　□较难　　□难
反馈方式	☑自评　　　　　□互评　　　　　☑师评
适用类型	☑新授课　　　　☑复习课
检测的知识、能力、方法	尿液中葡萄糖的检测： — 实验操作要求 — 能够认真阅读说明书，操作规范，并认真记录试纸颜色 — 知识要求 — 正常情况下尿液中不含葡萄糖 — 能力要求 — 能够通过试纸颜色正确判断尿液中是否含有葡萄糖
设计意图	本题通过检测尿液中葡萄糖的实验，指向运用科学、工程学、语文等学科知识，解决现实问题，既强调生物学科的观察和实验等学习方式，又强调通过跨学科实践解决问题或完成项目的能力与品格

【实践训练营】记录饮水量和尿量

【题目】

4. 请根据材料，完成相应的作业任务。

24 小时内排出体外的尿液总量称为尿量。尿量的多少与饮水量有一定关系。另外，尿量还与年龄、活动量、气温、湿度及精神因素有关。

作业任务一：请记录自己每天不同时间段尿液的颜色以及每天的饮水量与尿量，并将数据记录在以下表格中。

表1 每天不同时间段尿液颜色记录表

早上	中午	晚上

注：1（深黄色）；2（黄色）；3（淡黄色）；4（接近无色）

表2 每天饮水量与尿量观察记录表

日期：_____ 气温：_____ 活动强度：_____

项目	第1次	第2次	第3次	第4次	第5次	第6次	第7次	第8次	第9次
饮水量（mL）									
尿量（mL）									

作业任务二：请阅读资料，回答下列问题。

资料：人体内固体废物需要溶解在水中排出。

正常成人每天排出固体废物约60 g，其中无机盐约25 g，尿素约30 g，还有其他废物如尿酸、肌酐等。

溶解这些固体废物大概需要1.5~2 L的水，废物随水排出体外。

（1）结合任务 中的记录表进行分析：当运动强度较大时，人体产生的尿素等废物可以通过_____排出体外。

（2）请以小组为单位，对任务一中每天不同时间段尿液的颜色以及每天的饮水量与尿量进行交流讨论，分析组员的健康状况并尝试提出建议。

【参考答案】

作业任务一：开放性题目，合理即可。

作业任务二：

（1）泌尿系统形成尿液和皮肤汗腺

（2）开放性题目，合理即可。

【评价标准】

作业任务一：

评价指标	评价等级		
	优秀（0.9~1）	良好（0.7~0.8）	待改进（0~0.6）
科学性（70%）	□能认真观察每天不同时间段尿液颜色并记录。 □能正确记录每天饮水量和尿量。	□能观察每天不同时间段尿液颜色，但记录不完整。 □能大致记录每天饮水量和尿量，但有遗漏。	□不能认真观察每天不同时间段尿液颜色，数据记录错误。 □每天饮水量和尿量记录有误。
意志品质（30%）	□能坚持并实事求是地记录数据。	□能实事求是地记录数据。	□态度不端正，数据不准确或编造数据。

作业任务二：

评价指标	评价等级			
	优秀（Ⅰ）	良好（Ⅱ）	合格（Ⅲ）	不合格（Ⅳ）
观点明确（25%）	□能根据尿液颜色对健康状况作出正确判断并说明。	□能根据尿液颜色对健康状况作出正确判断。	□能根据尿液颜色对健康状况作出初步判断。	□不能根据尿液颜色对健康状况作出正确判断。
获取信息（25%）	□能结合资料详细分析尿量与饮水量的关系。	□能结合资料正确分析尿量与饮水量的关系。	□能结合资料简单分析尿量与饮水量的关系。	□不能结合资料分析尿量与饮水量的关系。
运用生物学概念和原理（25%）	□正确运用全部相关概念和原理。	□正确运用大部分相关概念和原理。	□正确运用部分相关概念和原理。	□未正确运用相关概念和原理。
表达科学性（25%）	□严密，无漏洞或错误。 □正确表达全部相关生物学术语。	□严密，无明显漏洞或错误。 □正确表达大部分相关生物学术语。	□大部分合乎逻辑，有少量漏洞。 □正确表达部分相关生物学术语。	□不严密，有较多漏洞或错误。 □未正确表达相关生物学术语。

【设计说明】

作业类型	☐口头	☑书面	☑实践	☑跨学科	☐其他
材料出处	课例《人体健康的守护者——肾脏》(广州市黄埔区华实初级中学)				
难易程度	☐易	☐较易	☑中等	☐较难	☐难
反馈方式	☑自评		☐互评		☑师评
适用类型	☑新授课				☑复习课
检测的知识、能力、方法	记录饮水量和尿量 — 数据记录要求:尿液颜色、饮水量和尿量数据真实、准确;能力要求:结合资料分析数据,判断组员健康状况并提出合理建议;素养要求:认同合理的饮水量及尿量对健康的意义,并初步形成健康意识				
设计意图	本题对接态度责任关注身体内外各种因素对健康的影响,形成健康生活的态度和行为习惯,指向运用数学、科学、语文等学科知识,强调通过跨学科实践解决问题或完成项目的能力与品格				

【素养展示台】"健康守护者——肾脏"海报设计与宣讲

【题目】

5. 请结合所学知识和所附资料,设计一份预防糖尿病的主题海报并进行展示交流,向家人和朋友宣讲相关知识。

资料一:《中国居民膳食指南》提出的"控糖"建议是每天摄入不超过 50 g,最好控制在 25 g 以下。

资料二:不同年龄段推荐水摄入量。

年龄	4~8岁	9~13岁	14~18岁	成年男性	成年女性	孕期女性	哺乳期女性
推荐水摄入量(mL)(含从食物获取的水分)	1200	1700	2100	3000	2100	2300	3000

根据《中国居民膳食指南》推荐,成年人每天饮水量应为 1500~1700 mL。

资料三：不同水摄入量下尿液的分析。

项目	低水摄入量（<中位数）		高水摄入量（>中位数）	
	第1至4天	第8至11天	第1至4天	第8至11天
肌酐（moL/L）	13	12.9	10.7	9.1
尿量（mL）	1208	1719	2337	2865
饮水量（mL）	1418	2007	2387	3347
水摄入总量（mL）	2003	2634	3138	3999

【参考答案】

本题为开放性题目，合理即可。

【评价标准】

评价指标	评价等级		
	优秀（0.9~1）	良好（0.7~0.8）	待改进（0~0.6）
字体排版（20%）	□字体多样、排版美观。	□字体较规范，排版一般。	□字体不清晰，排版不规范。
科学性（60%）	□材料来源清晰明确。 □能清晰表达糖尿病的成因和预防方式。 □知识呈现形式多样，能做到内容与形式的统一。	□材料来源不准确。 □能正确表达糖尿病的成因和预防方式。 □知识呈现形式较为多样，基本能做到内容与形式的统一。	□无科学材料。 □没有解释糖尿病的成因和预防方式。 □知识呈现形式单一，不能做到内容与形式的统一。
展示交流（10%）	□能积极展示交流，讲解清晰准确。 □能认真倾听他人分享，并提出建议。	□能展示交流，讲解较为具体。 □能认真倾听他人分享。	□展示交流较少或不交流。 □不能认真倾听他人分享。
创新突破（10%）	□作品中有两处及以上创新性表现形式。	□作品中有一处创新性表现形式。	□作品中无创新性表现形式。

【设计说明】

作业类型	□口头	☑书面	☑实践	☑跨学科	□其他
材料出处	课例《人体健康的守护者——肾脏》（广州市黄埔区华实初级中学）				
难易程度	□易	□较易	□中等	☑较难	□难
反馈方式	☑自评		☑互评		☑师评
适用类型	☑新授课		☑复习课		

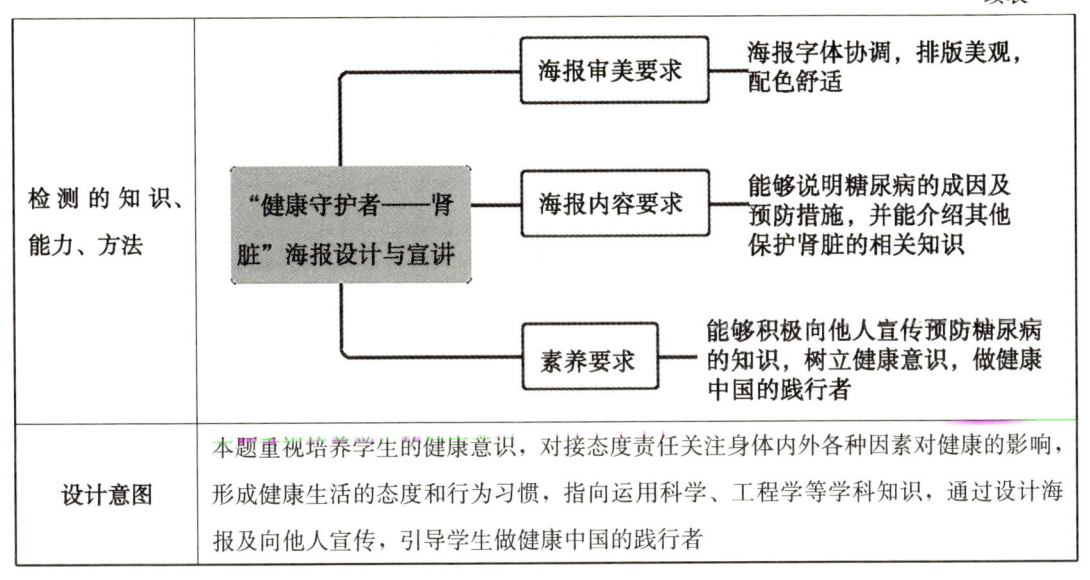

检测的知识、能力、方法	"健康守护者——肾脏"海报设计与宣讲 — 海报审美要求 —— 海报字体协调，排版美观，配色舒适 — 海报内容要求 —— 能够说明糖尿病的成因及预防措施，并能介绍其他保护肾脏的相关知识 — 素养要求 —— 能够积极向他人宣传预防糖尿病的知识，树立健康意识，做健康中国的践行者
设计意图	本题重视培养学生的健康意识，对接态度责任关注身体内外各种因素对健康的影响，形成健康生活的态度和行为习惯，指向运用科学、工程学等学科知识，通过设计海报及向他人宣传，引导学生做健康中国的践行者

三、作业点评

将人体器官——肾脏的健康知识融入课程作业中，以生活中与泌尿系统功能相关的问题进行情境创设，从泌尿系统的构成、肾脏的结构、尿液的形成和排出、尿液形成的影响因素等方面入手进行作业设计。其中既有涉及理论知识的纸笔测试作业，也有进行模型制作、调查研究等实践型作业。本作业也是一个完整的跨学科项目式学习任务，以肾脏如何排出代谢废物和多余的水以维持身体健康为核心问题，以尿血的形成机理、糖尿的检测、肾单位工作原理、饮水量和尿量对健康的指征等指导性问题为载体，既有机理分析、文献查阅，也有模型制作，将学生独立思考与合作探究相结合，充分发挥了作业的育人价值。学生通过任务驱动，提高了在真实情境中解决问题的能力，不仅能够结合所学的生物学知识作出科学的判断，也能进行跨学科融合，借助数学、技术、工程学等学科知识解决实际问题，发展核心素养，形成健康生活的态度。

本作业设计有多方面的亮点值得借鉴，如：作业中的任务表述清晰具体，给学生一个具体的规范和可操作的框架，要求学生结合所学的人体结构和功能的知识，解释甜菜红素从摄入到排出的过程。题目具有一定的开放性，在给出参考答案的同时设置了具体评分量表，从科学性、逻辑性和艺术性三个方面给出了具体的四个层级水平的评价标准。另外，作业的类型也非常丰富，有"肾单位工作原理模型"的制作、尿液中葡萄糖的检测、每日饮水量和尿量的记录、"健康守护者——肾脏"的海报设计与宣讲等实践型作业，不仅能够充分激发学生的学习兴趣，也能够从真实情境的问题解决中充分体现和发展学生的素养。

（点评人：福建省普通教育教学研究室　余鸿婷）

急救利器 AED 进校园

叶玉华/厦门外国语学校湖里分校

一、作业设计思路

作业的功能不应局限于巩固和反馈课堂知识的结构化程度。教师有责任通过延展课堂的宽度，加强生物学与社会生活的紧密联系，利用真实、富有挑战性的作业引导学生开展深度学习。基于生物学科本位并融合多学科素养，使作业中真实问题的有效解决不拘泥于单一学科，将有助于学生从多角度审视问题，从而促进问题解决效率和质量的进一步提升。

素养导向下的生物跨学科作业设计应紧扣课标要求，立足教材统整、学情分析，积极寻找跨学科融合点，以制订跨学科作业目标。目标引领下的作业题组设计，应从构建真实问题情境出发，提炼主要任务并分解为若干个驱动性小任务，引导学生综合运用生物学科本位素养，融合跨学科素养，突破任务群，实现核心问题的有效解决。同时教师根据学生的实践反馈，进一步优化作业题组设计。素养导向下的生物跨学科作业设计模型如下图所示。

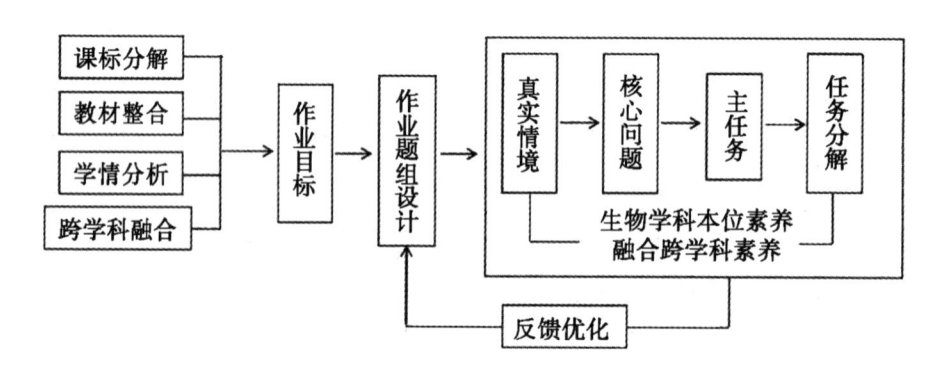

八年级学生已系统学习过人体各系统的结构与功能，认同各系统协调统一是保持健康的基础，但对于脏器功能紊乱引发的健康危机，缺乏必要的急救技能和方法，无法有效实施自救和他救。统计报告显示，每年我国心源性猝死（心脏骤停导致的死亡）总人数超过50万，抢救成功率仅为1%。黄金四分钟抢救时间内正确使用AED（自动体外除颤器）和实施CPR（心肺复苏术），能极大地提高院前急救效果，有效防止猝死。

本作业设计基于以上学情和社会背景，以"急救利器AED进校园"为主线，引导学生在解决问题的过程中复习并应用人体呼吸系统、循环系统知识，学习急救操作，指导校园决策，以促进学科知识的构建和多学科能力的迁移，实现从"做好自己"到"服务他人"的境界升华，进一步提升思维水平，落实核心素养。基于问题解决的生物跨学科作业结构图如下图所示。

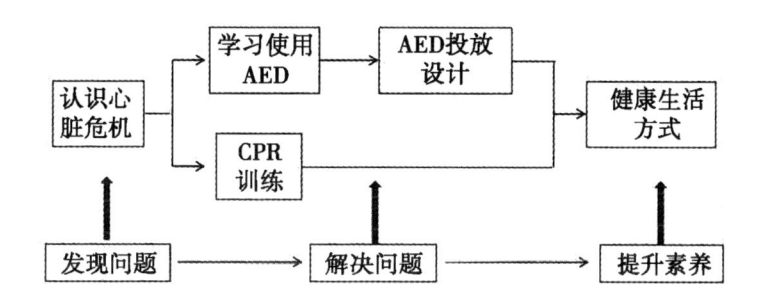

```
认识心脏危机 → 学习使用AED → AED投放设计 → 健康生活方式
           → CPR训练 ↗
    ↑              ↑              ↑
发现问题 ——————→ 解决问题 ——————→ 提升素养
```

本作业设计的目标是通过对急救利器 AED 的逐步深入认识，使学生真正沉浸于诸如"AED 位置投放决策""心肺复苏术实操训练"等体验活动。在解决真实问题的过程中，进行跨学科的思考和实践，进一步建构生物体结构与功能观，提升分析、推理、归纳、辩证、创造等科学思维和探究实践能力。同时以此为契机引导学生主动关注社会真实需求，增强主人翁意识，学会运用科学知识参与社会决策，树立服务他人的责任意识和关爱健康的积极态度。

二、作业设计

> 今天的解密之旅即将开启，每解锁一项技能，你将为自己的小心脏蓄力1~3次不等，加油！

（一）警惕！不得不防的心脏危机♡♡♡

【题目】

1. 心脏是循环系统的动力器官，能通过收缩、舒张实现血液循环。

（1）一名学生在自主复习中绘制了下列血液循环示意图，请你结合评价量表展开客观评价，并针对不足之处作出改进。

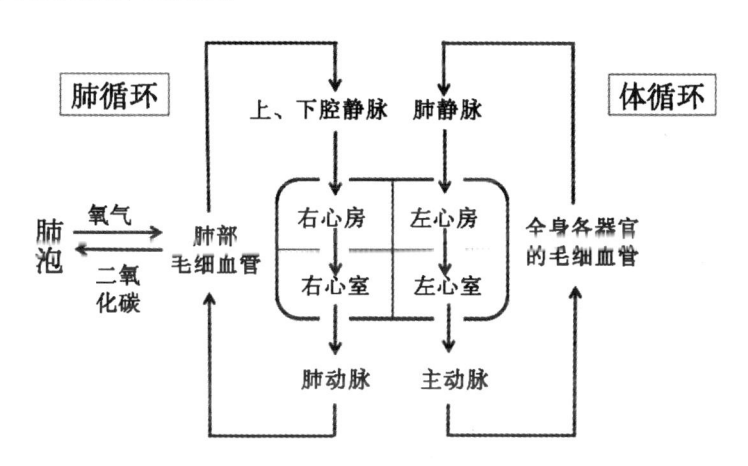

```
      肺循环                              体循环
         上、下腔静脉    肺静脉
              ↓           ↓
  氧气  →           ┌────┬────┐
肺泡    肺部毛细血管 │右心房│左心房│  全身各器官
  二氧化碳 ←         ├────┼────┤  的毛细血管
                    │右心室│左心室│
                    └──┬──┴──┬─┘
                       ↓     ↓
                     肺动脉  主动脉
```

275

序号	评价标准	评价结果（"√"或"×"）
1	能准确标出心脏四个腔和相连的血管名称	
2	（1）能用线准确连接体循环和肺循环的起点、终点	
	（2）能用箭头标出血流方向	
3	（1）能正确标注出体循环发生的物质交换过程	
	（2）能正确标注出肺循环发生的物质交换过程	
4	能体现血液循环过程中的动脉血和静脉血的转变	
5	图示清晰、整洁；凸显协调美和对称美	

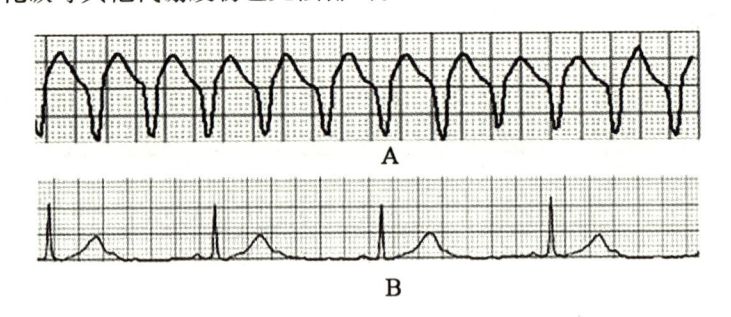

（2）当心室肌出现快速而微弱的收缩或不协调的快速乱颤，即发生室颤，极易引发心脏骤停。下图表示室颤的心电图是_____。此时心脏不能正常泵血，全身各器官与血液之间的_____功能受到影响，组织细胞无法获得生命活动所需要的_____，二氧化碳等其他代谢废物也无法排出。

A

B

【参考答案】

（1）根据评价量表进行客观评价，针对不足之处可将概念图改进如下：

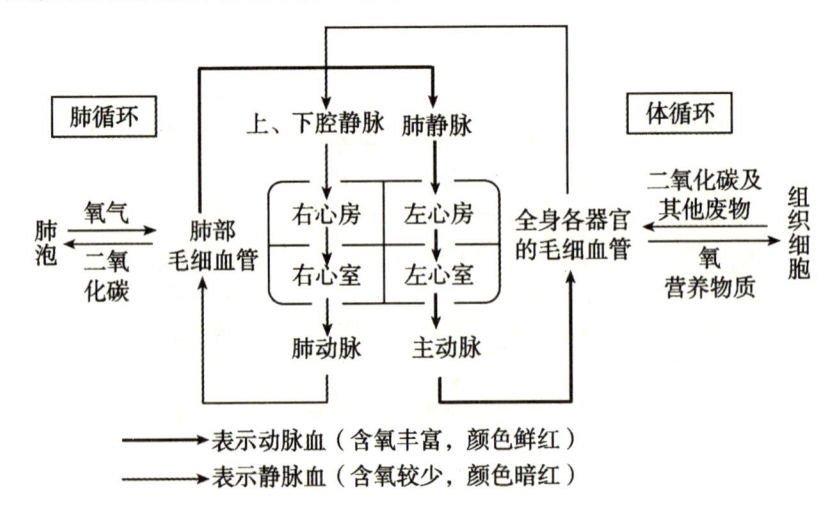

（2）A　物质交换　营养物质和氧

【设计说明】

完成时间	10 分钟				
作业类型	□口头	☑书面	☑实践	☑跨学科	□其他
材料出处	☑原创［第（1）小题］ ☑深度改编（网络文章《心律失常的节拍之谜》和室颤心电图）				
难易程度	□易	☑较易	☑中等	□较难	□难
反馈方式	☑自评	□互评	☑师评		
适用类型	☑新授课	☑复习课			
检测的知识、能力、方法	跨学科融合点 — 生物学科本位：运用"血液循环过程及功能"的相关知识评价并改进血液循环图的科学性和准确性 语文·文本阅读：基于文本阅读和分析，识别室颤的心电图表现 美术·系统与构图：评价血液循环图的构图，感受协调美和对称美，提升审美意识				
设计意图	作为题组的第一道题目，聚焦心脏在正常状态下的血液循环过程，为因室颤而导致的心脏骤停等健康危机搭建支架，提升迁移应用能力，增强心脏保健意识。通过评价、改进所示血液循环图，在立足科学性的同时，渗透美术的构图思维，凸显协调美和对称美，进一步培养批判性思维				

(二) AED——心脏的救命神器♡♡♡

【题目】

2. 当前 AED 仍然不够普及，除了存在"没得用"的配置短缺问题，还存在广大群众"不会用、不敢用"的顾虑。其实 AED 的使用方法很简单，具体操作如下图所示。

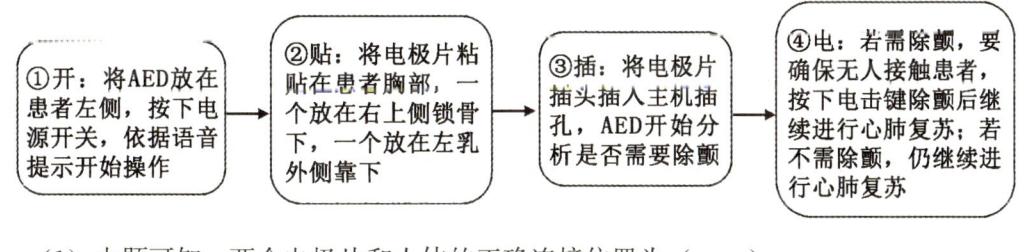

①开：将AED放在患者左侧，按下电源开关，依据语音提示开始操作 → ②贴：将电极片粘贴在患者胸部，一个放在右上侧锁骨下，一个放在左乳外侧靠下 → ③插：将电极片插头插入主机插孔，AED开始分析是否需要除颤 → ④电：若需除颤，要确保无人接触患者，按下电击键除颤后继续进行心肺复苏；若不需除颤，仍继续进行心肺复苏

(1) 由题可知，两个电极片和人体的正确连接位置为（　　）。

A. ①③

B. ①④

C. ②③

D. ②④

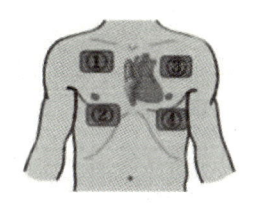

(2) AED 放电时电压可高达 3000 伏，而人体的安全电压不高于 36 伏，在按下除颤

键放电时必须确保无人与患者接触，原因是＿＿＿＿＿＿＿＿＿＿＿＿＿＿＿＿＿＿。

（3）为普及 AED 的认识和使用，请立足科学性、逻辑性、趣味性和美观性等维度设计并制作一份关于 AED 的宣传海报。

【参考答案】

（1）B

（2）会导致接触者被除颤电流击中发生触电，使接触者组织、器官受到伤害，严重的甚至会发生心脏骤停

（3）宣传海报的形式可以是手绘海报或电子海报。

【评价标准】

评价维度	评价等级		
	科普公益达人	科普公益新秀	科普公益小兵
科学性	□没有科学性错误。 □能准确使用生物学术语。	□有1~2处科学性错误。 □大部分生物学术语使用准确。	□有严重科学性错误。 □生物学术语使用错误较多。
内容表达	□内容紧密围绕主题。 □条理清晰、逻辑性强。	□大部分内容围绕主题。 □条理、逻辑性一般。	□内容脱离主题。 □条理不清、逻辑混乱。
趣味性	□图文并茂，呈现形式丰富，能引起读者兴趣。 □科普效果佳。	□呈现形式多样，能引起读者兴趣。 □科普效果一般。	□内容呈现形式单一，不能引起读者兴趣。 □科普效果差。
美观性	□布局简洁，主次分明。 □色彩搭配协调，视觉效果好。	□布局稍显繁杂，主次不够分明。 □色彩搭配较差，视觉效果一般。	□布局混乱，主次不明。 □色彩搭配混乱，视觉冲突过大。

【设计说明】

完成时间	25 分钟			
作业类型	□口头　☑书面　☑实践　☑跨学科　□其他			
材料出处	☑原创［第（3）小题］ ☑深度改编（论文《项目式学习：基于实际问题解决的教学设计》、课件《除颤仪的原理及使用》）			
难易程度	□易	☑较易	☑中等	□较难	□难
反馈方式	☑自评　☑互评　☑师评			
适用类型	☑新授课　☑复习课			

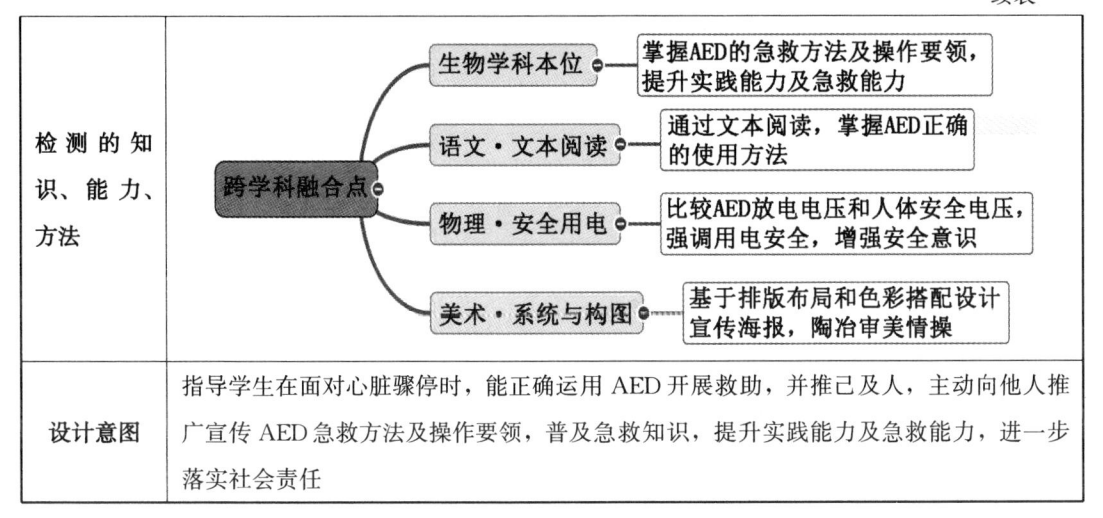

检测的知识、能力、方法	跨学科融合点 — 生物学科本位 → 掌握AED的急救方法及操作要领，提升实践能力及急救能力 语文·文本阅读 → 通过文本阅读，掌握AED正确的使用方法 物理·安全用电 → 比较AED放电电压和人体安全电压，强调用电安全，增强安全意识 美术·系统与构图 → 基于排版布局和色彩搭配设计宣传海报，陶冶审美情操
设计意图	指导学生在面对心脏骤停时，能正确运用 AED 开展救助，并推己及人，主动向他人推广宣传 AED 急救方法及操作要领，普及急救知识，提升实践能力及急救能力，进一步落实社会责任

(三) AED 的黄金搭档，CPR 不能停♡♡♡

【题目】

3. 当患者出现心脏骤停时，除了要正确使用 AED 进行除颤外，还要配合开展 CPR（心肺复苏术），才能大幅提高急救成功率。

(1) 胸外心脏按压相当于手动建立心脏的血液循环，其动力主要来自胸腔内压力的变化。当按压胸部时，使血液向前流动的机制是_____（选填"A"或"B"），正是这个压力差使富含氧的_____（填血液的类型）流经颈动脉，流向头部，让大脑保持活力。

A. 胸腔内压＜颈动脉压＜头动脉压＜颈静脉压

B. 胸腔内压＞颈动脉压＞头动脉压＞颈静脉压

(2) 人工呼吸时，施救者通过向患者进行口对口吹气，促进肺扩张，增加肺内 [ ]（选填"a"或"b"）_____含量，有利于 [ ]（选填"甲""乙"或"丙"）肺泡与血液间的_____，帮助患者实现自主呼吸。

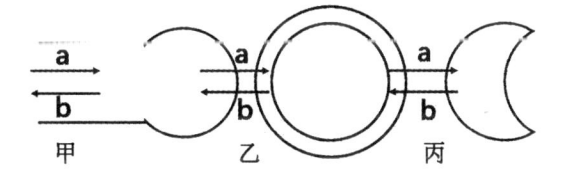

人体内的气体交换示意图

(3) 请结合视频指导，两人为一组，利用人体模型开展心肺复苏的自主训练，并基于观察记录表进行互评。

【参考答案】

(1) B　动脉血

(2) a　氧气（或氧）　乙　气体交换

（3）被考核者按要求操作，观察员如实观察、记录并客观评价。

【评价标准】

<table>
<tr><td colspan="3" align="center">心肺复苏训练观察记录表</td></tr>
<tr><td>项目</td><td>操作要领</td><td>他评（"√"或"×"）</td></tr>
<tr><td>检查启动</td><td>1. 检查有无意识反应、有无自主呼吸、有无心跳脉搏</td><td></td></tr>
<tr><td rowspan="4">胸外心脏按压</td><td>2. 手掌根部放在两乳头连线中点、胸骨下半部</td><td></td></tr>
<tr><td>3. （15～18 s）进行30次按压</td><td></td></tr>
<tr><td>4. 按压深度5～6 cm</td><td></td></tr>
<tr><td>5. 每次按压后胸廓完全回弹</td><td></td></tr>
<tr><td rowspan="3">人工呼吸</td><td>6. 压额抬颏开放气道</td><td></td></tr>
<tr><td>7. 进行2次人工呼吸，每次持续1 s以上</td><td></td></tr>
<tr><td>8. 每次人工呼吸时可见胸廓隆起</td><td></td></tr>
</table>

评价等级	评价标准（操作要领达成数量/个）
优秀	8
良好	4～7
有待改进	<4

【设计说明】

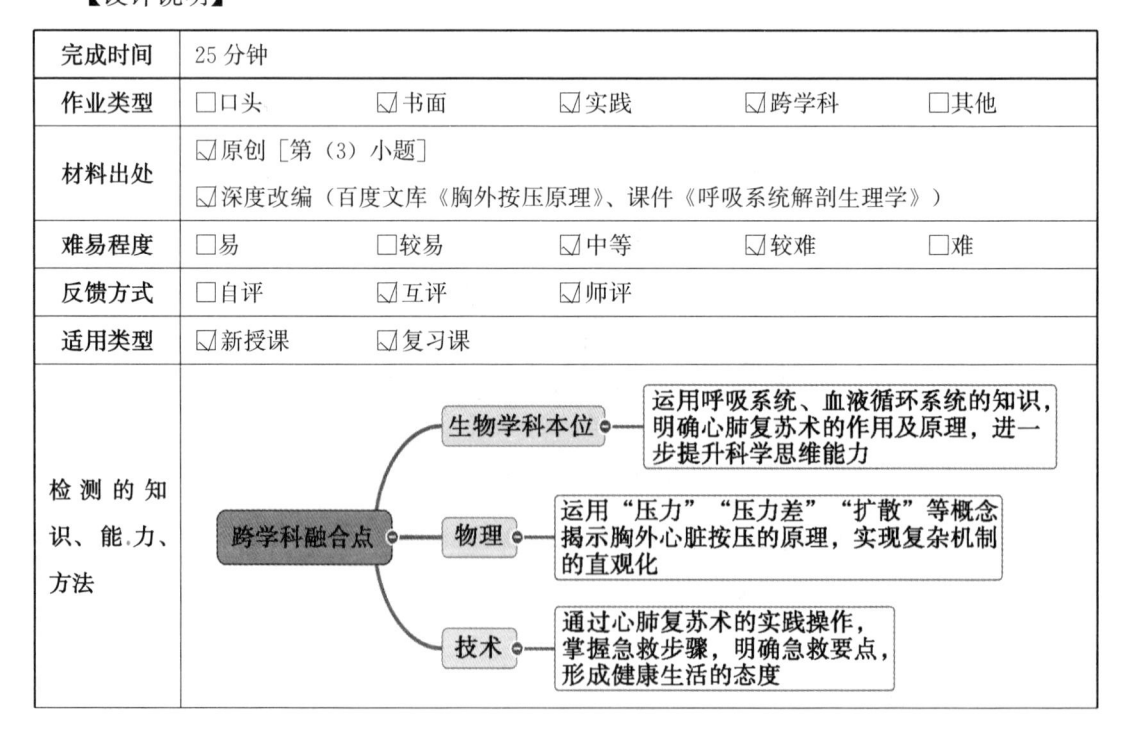

完成时间	25分钟
作业类型	□口头　☑书面　☑实践　☑跨学科　□其他
材料出处	☑原创［第（3）小题］ ☑深度改编（百度文库《胸外按压原理》、课件《呼吸系统解剖生理学》）
难易程度	□易　□较易　☑中等　☑较难　□难
反馈方式	□自评　☑互评　☑师评
适用类型	☑新授课　☑复习课
检测的知识、能力、方法	生物学科本位：运用呼吸系统、血液循环系统的知识，明确心肺复苏术的作用及原理，进一步提升科学思维能力 跨学科融合点—物理：运用"压力""压力差""扩散"等概念揭示胸外心脏按压的原理，实现复杂机制的直观化 技术：通过心肺复苏术的实践操作，掌握急救步骤，明确急救要点，形成健康生活的态度

设计意图	心肺复苏术是AED除颤的急救搭档，学生通过心肺复苏术的实践操作，掌握急救步骤，明确急救要点，形成健康生活的态度。学生需要综合运用呼吸系统、循环系统以及物理学"压力""扩散"等概念，明确心肺复苏术的作用及原理，实现"知其然知其所以然"，提高分析、解释等科学思维能力。同时将有效评价贯穿实践过程，促进深度学习的发生

（四）AED投放，"救"在身边♡♡♡

【题目】

4.《中国AED布局与投放专家共识》建议，每10万人应配置100～200台AED，并且在公共区域投放AED时应根据人口密度、人口流动量、分布距离等影响因素以及按照第一目击者能够在3～5分钟内获取AED并赶到患者身边为原则。

（1）我校师生共有1500人左右，建议最多可放置_____台AED。

（2）请结合专家意见在下列校园平面图（教学楼共计6层，每层分布相近）中选择适合的位置放置以上AED（用☆作标志），并说明理由。（如有需要可开展小组合作）

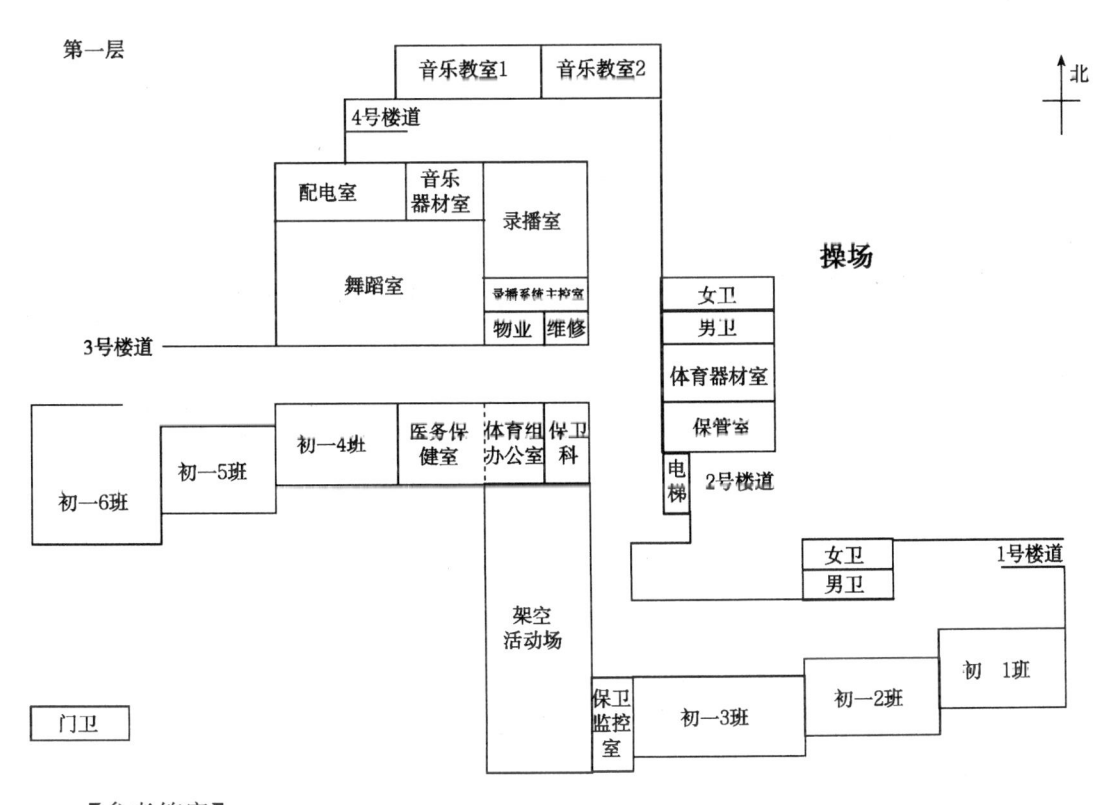

【参考答案】

（1）3

（2）紧扣投放原则放置，言之有理即可。例如可将一台AED放置于体育器材室附近。

【评价标准】

评价等级	评价维度			
	位置标识准确	遵循投放原则	证据充分详实	表达条理清晰
优秀	√	√	√	√
良好	仅达成 2~3 点			
有待改进	只达成 1 点或完全不符合标准			

【设计说明】

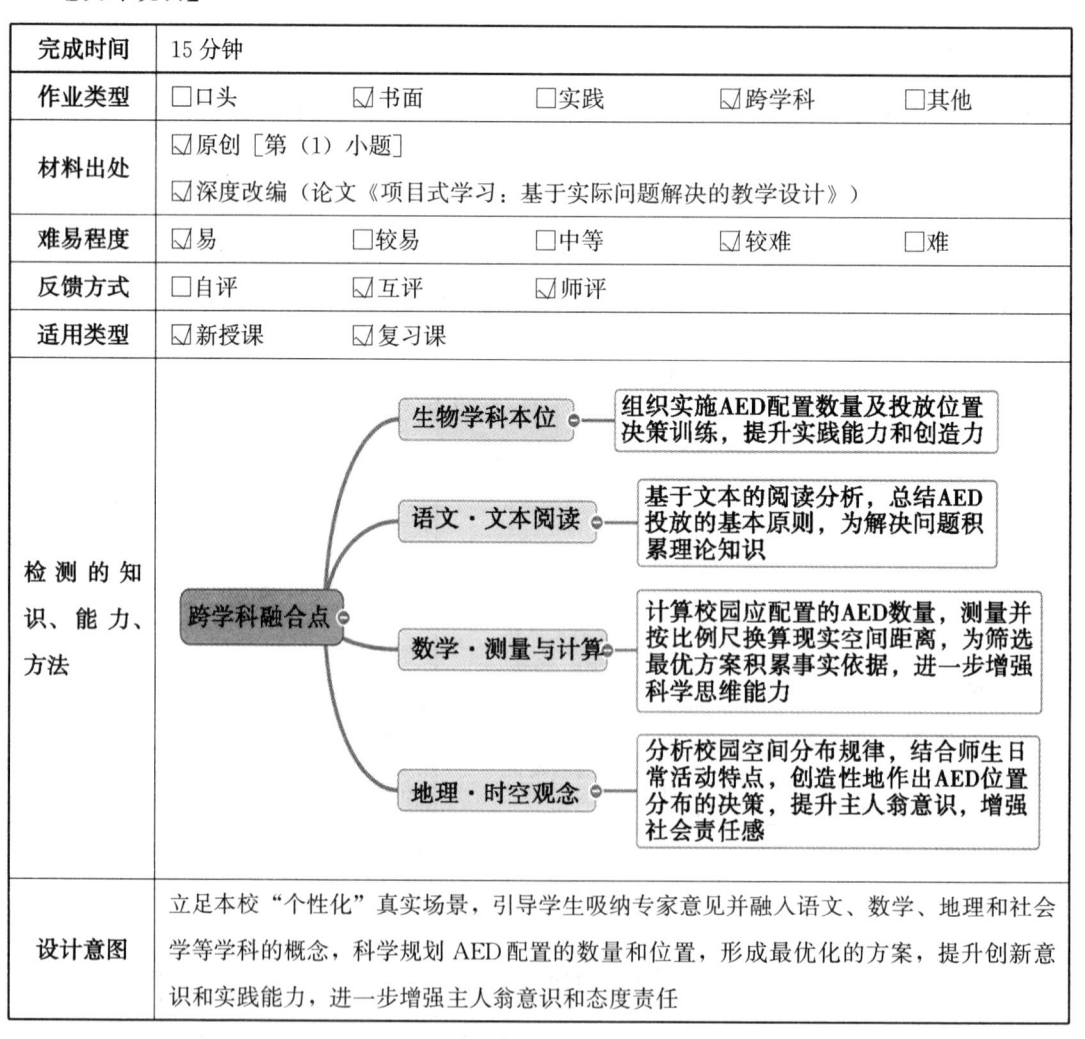

完成时间	15 分钟				
作业类型	☐口头	☑书面	☐实践	☑跨学科	☐其他
材料出处	☑原创〔第（1）小题〕 ☑深度改编（论文《项目式学习：基于实际问题解决的教学设计》）				
难易程度	☑易	☐较易	☐中等	☑较难	☐难
反馈方式	☐自评	☑互评	☑师评		
适用类型	☑新授课	☑复习课			
检测的知识、能力、方法	跨学科融合点： 生物学科本位——组织实施AED配置数量及投放位置决策训练，提升实践能力和创造力 语文·文本阅读——基于文本的阅读分析，总结AED投放的基本原则，为解决问题积累理论知识 数学·测量与计算——计算校园应配置的AED数量，测量并按比例尺换算现实空间距离，为筛选最优方案积累事实依据，进一步增强科学思维能力 地理·时空观念——分析校园空间分布规律，结合师生日常活动特点，创造性地作出AED位置分布的决策，提升主人翁意识，增强社会责任感				
设计意图	立足本校"个性化"真实场景，引导学生吸纳专家意见并融入语文、数学、地理和社会学等学科的概念，科学规划AED配置的数量和位置，形成最优化的方案，提升创新意识和实践能力，进一步增强主人翁意识和态度责任				

（五）不让 AED 成为生命的第一道防线♡♡♡

【题目】

5. 跑步是一种经济、简单易行、锻炼价值高的运动，能有效提高心肺功能（心率和血压降低，血氧升高）。那么快跑与慢跑相比较，哪一种形式对心肺功能的提升更有益呢？请设计并开展实验加以探究。（如有需要可开展小组合作）

温馨提醒：

①遵循探究实验的基本原则；

②可借助智能运动手环监测血压、心率、血氧；

③注意数据的收集和记录，并以适当方式呈现实验结论。

【参考答案】

（1）随机选取心率、血压和血氧三项指标数据相近的30位健康同学，均分成2组。

（2）两组同学每次运动50分钟，其中热身和放松活动各10分钟，其余30分钟，一组同学进行快跑，另一组同学则进行慢跑。

（3）每周3次（实验对象在实验期间不从事其他运动项目），6周后同时对两组同学进行相应指标的测量。

（4）绘制曲线图等展示实验结果，对比训练前后各项数据指标，分析心肺功能的改善情况，并得出结论。

【评价标准】

步骤	操作内容	评价要点
（1）	随机选取心率、血压和血氧三项指标数据相近的30位健康同学，均分成2组	重复原则、单一变量原则
（2）	两组同学每次运动50分钟，其中热身和放松活动各10分钟，其余30分钟，一组同学进行快跑，另一组同学则进行慢跑	对照原则
（3）	每周3次（实验对象在实验期间不从事其他运动项目），6周后同时对两组同学进行相应指标的测量	实施实验
（4）	绘制曲线图等展示实验结果，对比训练前后各项数据指标，分析心肺功能的改善情况，并得出结论	分析结果，得出结论

【设计说明】

完成时间	30分钟				
作业类型	□口头	□书面	☑实践	☑跨学科	□其他
材料出处	☑原创	□深度改编			
难易程度	□易	□较易	□中等	☑较难	□难
反馈方式	□自评	☑互评	☑师评		
适用类型	☑新授课	☑复习课			

续表

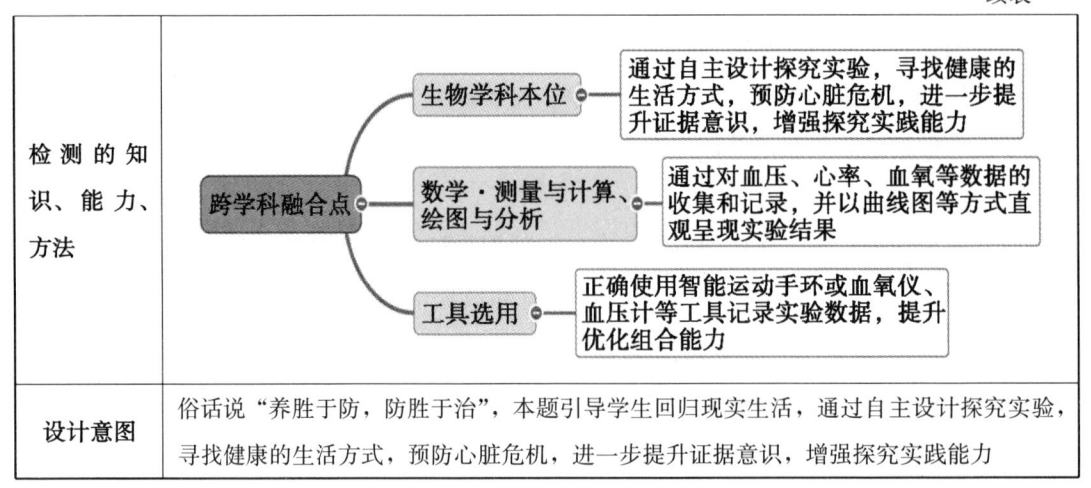

检测的知识、能力、方法	跨学科融合点	生物学科本位：通过自主设计探究实验，寻找健康的生活方式，预防心脏危机，进一步提升证据意识，增强探究实践能力 数学·测量与计算、绘图与分析：通过对血压、心率、血氧等数据的收集和记录，并以曲线图等方式直观呈现实验结果 工具选用：正确使用智能运动手环或血氧仪、血压计等工具记录实验数据，提升优化组合能力
设计意图	俗话说"养胜于防，防胜于治"，本题引导学生回归现实生活，通过自主设计探究实验，寻找健康的生活方式，预防心脏危机，进一步提升证据意识，增强探究实践能力	

恭喜你闯关结束，今天你点亮了几颗♡？是否已经拥有一颗强心脏？

三、作业点评

本作业从真实的问题情境出发，以"急救利器 AED 进校园"为主线，以"血液循环示意图的绘制""室颤心电图表现的识别""心脏的救命神器 AED 的使用方法""心肺复苏术的作用、原理和实践操作""校园 AED 投放数量和位置的规划"等若干个驱动性小任务为线索，综合运用生物学科本位素养，融合跨学科素养，突破任务群，实现核心问题的有效解决。

本作业设计基于学生学情，在学生已学习了人体呼吸系统、循环系统等知识以及人工呼吸、心肺复苏术等急救方法的基础上，引导学生在真实情境的问题解决过程中进行复习并实现知识的迁移应用。在解决真实问题的过程中，进行跨学科的思考和实践，如对急救利器 AED 的逐步深入认识以及心肺复苏术的作用、原理和实践操作，都是在物理学知识如安全用电以及胸外心脏按压原理的基础上不断深化认识。"AED 位置投放决策"则融合了跨学科概念"尺度、比例和数量"、数学的测量与计算及地理学的空间分布，充分体现了学生的科学思维能力。另外还开展了对心肺功能的提升更有益的跑步方式的探究实验，进一步提高学生的证据意识，提升分析、推理等科学思维能力和探究实践能力。

该作业通过引导学生沉浸于"急救利器 AED 进校园"的真实情境，引导学生主动关注社会真实需求，增强主人翁意识，运用所掌握的科学知识参与校园决策，树立健康意识和社会责任感。

（点评人：福建省普通教育教学研究室　余鸿婷）

制作拉萨旅游手册

陈芳芳/福建省泉州第一中学

一、作业设计思路

跨学科单元作业设计是教学中的创新实践，旨在打破学科之间的界限，促使学生更全面、深刻地理解世界。本次作业设计，注重遵循"双减"原则，切实减轻学生学习负担，打破学科分隔。教师引导学生通过动手操作对引发高原反应的原因进行了深入探究，最后启发学生综合应用多学科知识完成"拉萨旅游手册"这一作业，在解决问题的过程中不仅培养了学生的跨学科思维，还培养了团队协作和创意表达能力。

围绕高原反应这一真实情境设计如下驱动性任务，任务之间层层递进，引导学生综合运用数学、物理、地理的知识和方法分析导致高原反应的外因与内因，阐述高原反应的防治，最终创作"拉萨旅游手册"，发展学生的核心素养。作业总体设计思路如下图所示。

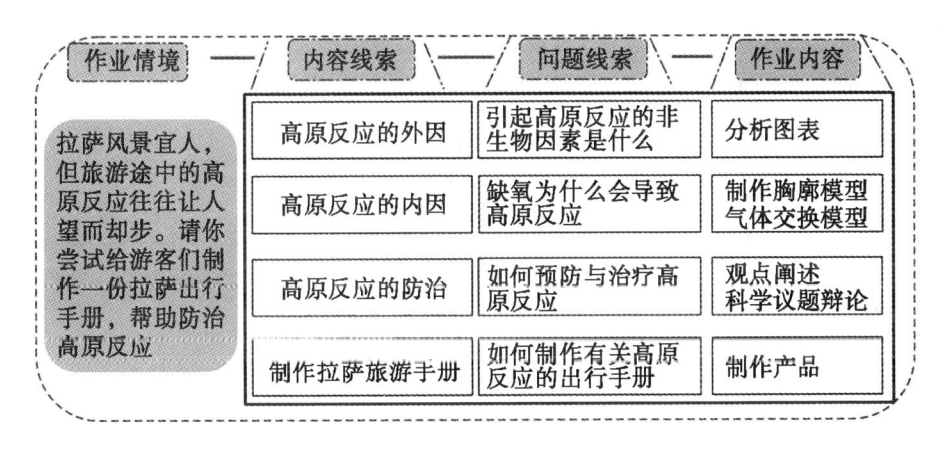

作业情境	内容线索	问题线索	作业内容
拉萨风景宜人，但旅游途中的高原反应往往让人望而却步。请你尝试给游客们制作一份拉萨出行手册，帮助防治高原反应	高原反应的外因	引起高原反应的非生物因素是什么	分析图表
	高原反应的内因	缺氧为什么会导致高原反应	制作胸廓模型 气体交换模型
	高原反应的防治	如何预防与治疗高原反应	观点阐述 科学议题辩论
	制作拉萨旅游手册	如何制作有关高原反应的出行手册	制作产品

二、作业设计

拉萨精美的手工艺品、独特风味的酥油茶、别具一格的民居建筑都让游客们心向往之，但旅游途中出现的高原反应又让人望而却步。请在完成下列作业后，帮游客们制作一份拉萨旅游手册。

> 作业一：高原反应的外因——引起高原反应的非生物因素是什么？

【题目】

一、根据拉萨主要的地形特点与气候特征，分析引起高原反应的外因。

1. 分析、归纳拉萨主要的地形特点与气候特征：_____。

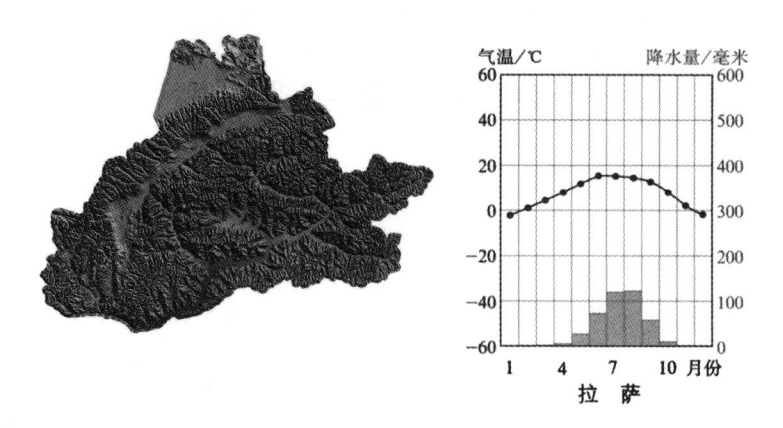

2. 完成填空，构建内环境变化综合模型。

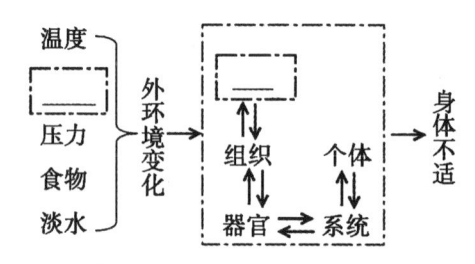

二、思考拉萨"雪域精灵"——藏羚羊的下列特征与哪些非生物因素有关。

藏羚羊结构特征	非生物因素
绒毛厚实	
血液中红细胞含量高，运氧能力强	
羊毛可在白天温度高时隔热，夜间温度低时挡风寒	

【参考答案】

一、1. 拉萨日照时间长；海拔高，空气稀薄；全年低温，降水较少

2. 含氧量　细胞

二、高寒　氧气稀薄　昼夜温差大

【设计说明】

作业类型	□口头	☑书面	□实践	☑跨学科	□其他
材料出处	☑原创				
难易程度	□易	□较易	☑中等	□较难	□难
反馈方式	□自评	□互评	☑师评		
适用类型	☑新授课	☑复习课			
检测知识	地理：能依据地形、气温降水图分析高原的环境特点 生物学：生物能够适应与影响环境				
考查能力	获取信息的能力				
设计意图	提升学生获取和解读地理信息的能力及调用所学知识分析判断的能力，并引发学生思考高原反应的外因				

[过渡] 为什么旅客在氧气稀薄的拉萨会出现头晕、头痛、胸闷、气喘等现象呢？

作业二：高原反应的内因——缺氧为什么会导致高原反应？

【题目】

一、分析人体细胞获得氧气的过程

1. 推拉注射器，阐明气体压强与体积的关系。

（1）体验气压差：利用去掉针头的注射器，先将活塞拉出一半以上，再用手指堵住注射器的小孔，并用力向里推注射器活塞，感受到所需力度_____。这是因为当活塞向内推时，注射器内的空气体积减小，此时气体压强会增大。

（2）解释为什么一旦松开手，活塞就会往回弹：_____。

[过渡] 氧气是如何从外界进入肺泡的？

2. 制作呼吸运动模型，解释肺通气。

（1）自主学习：通过扫描右侧二维码复习呼吸系统的组成。观察人体模型，了解胸廓、胸腔以及膈的位置关系。

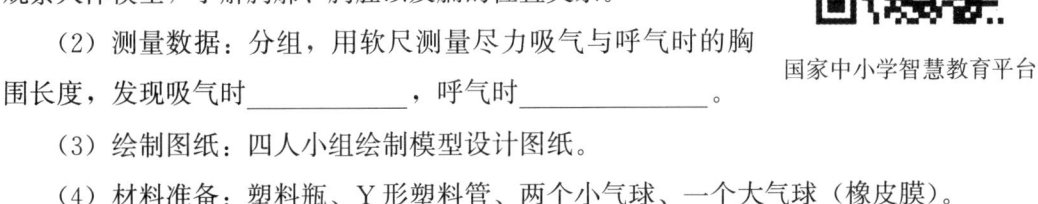

（2）测量数据：分组，用软尺测量尽力吸气与呼气时的胸围长度，发现吸气时_____，呼气时_____。

国家中小学智慧教育平台

（3）绘制图纸：四人小组绘制模型设计图纸。

（4）材料准备：塑料瓶、Y形塑料管、两个小气球、一个大气球（橡皮膜）。

（5）实验过程：拉薄膜，内部两个小气球_____，肺内容积_____，气压_____，外界气压_____肺内气压，气体从外界流向肺内，表现为吸气。

（6）作品展示，表达交流。（展示模型设计图、作品）

（7）小组合作填写，表示氧气从外界进入肺泡的过程：_____
_____。

[过渡] 氧气到达肺泡后如何进入组织细胞的？

3. 领悟气体扩散原理，解释肺换气。

（1）自由扩散：

向水中滴入红墨水，可以观察到红墨水由颜色_____向颜色_____的地方运动，说明物质会由浓度_____向浓度_____的地方运动。

（2）气体自由扩散：

解释氧气在肺泡与血液、血液与组织细胞之间的气体交换：_____
_____。

[过渡] 氧气减少为什么会引起人体不适？

二、结合人体呼吸全过程，阐明高原反应的内因

287

1. 利用右图所示的卡纸等材料构建人体呼吸全过程模型，并表达交流。

2. 阐明缺氧为什么会引起人体不适。

(1) 文字说明：_____。

(2) 模型解释：结合人体呼吸全过程模型解释缺氧为什么会引起人体不适。

【参考答案】

一、1.（1）越来越大

（2）活塞向内推时，里面气体的体积减小，压强增大，使内部气压大于外界气压，所以一旦松手活塞会向外移动

2.（2）胸围大　胸围小

（5）膨胀　增大　减小　大于

（6）

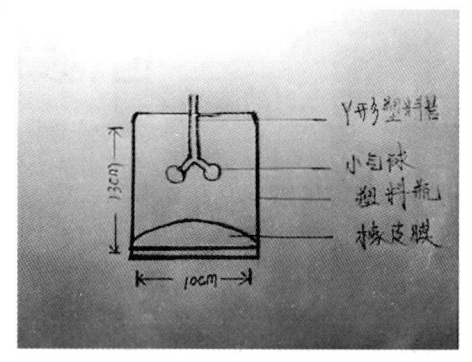

（7）膈肌、肋间肌收缩→胸腔容积扩大→肺扩张→肺内气压减小→外界气压大于肺内气压→吸气

3.（1）深　浅　高　低

（2）肺泡中的氧浓度高于血液中的氧浓度，所以氧气从肺泡扩散至血液；血液中的氧浓度高于组织细胞中的氧浓度，所以氧气从血液扩散至组织细胞

二、2.（1）高原地区的海拔高，空气稀薄，导致血液中溶解氧减少，氧合血红蛋白含量减少，血液运输的氧气减少，呼吸作用降低，人体能量供应不足从而导致身体不适

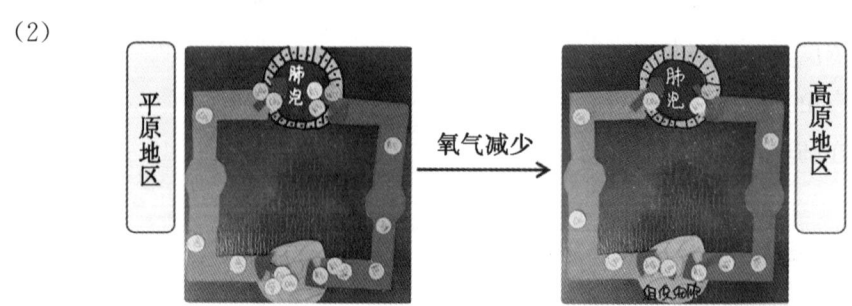

（2）

【设计说明】

作业类型	☐口头	☑书面	☑实践	☑跨学科	☐其他
材料出处	☑原创				
难易程度	☐易	☐较易	☐中等	☑较难	☐难
反馈方式	☐自评	☑互评	☑师评		
适用类型	☑新授课	☑复习课			
检测知识	物理：气压与容积的关系 生物学：人体通过呼吸系统与外界进行气体交换				
考查能力	实践操作能力、图示表达能力、语言表达能力				
设计意图	通过这一设计，引导学生深入了解高原地区气压等物理特征，理解人体在高原环境中的适应机制，培养学生对高原反应的科学认识和实际应用能力				

【评价标准】

评价维度	评价等级		
	优秀（Ⅰ）	良好（Ⅱ）	合格（Ⅲ）
材料准备	能按任务要求准备全部材料且绿色环保。	能按照任务要求准备全部材料。	能按照任务要求准备部分材料。
模型设计	能提出清晰的设计方案，画出模型设计图，并解释其合理性。	能提出设计方案，并解释其合理性。	能提出简单的设计方案。
制作过程	能够熟练使用工具并成功制作模型。	能够使用工具制作模型。	能使用工具制作简单模型。
结果展示	展示模型时能有效解释全部原理。	展示模型时能解释部分原理。	能展示模型，但不能解释原理。
团队合作	积极参与团队讨论，共同完成任务。	参与团队讨论，共同完成任务。	共同完成任务。
创意创新	展现3个创新点。	展现2个创新点。	展现1个创新点。

［过渡］了解引起高原反应内外原因后，我们在旅游时应如何防治高原反应呢？

作业三：高原反应的防治——如何预防与治疗高原反应？

【题目】

1. 到拉萨前，为了应对高原反应可以准备哪些物品？
2. 高原反应的典型症状类似于感冒，如头晕、发烧、咳嗽等，可以随意使用抗生素进行治疗吗？如何科学使用抗生素？

3. 分析资料，寻找证据，阐明观点。

资料1：健康成年人每次的呼吸量约为500毫升空气，在一个标准大气压下约合140毫克氧气。

资料2：高氧水是通过加压将更多的氧气压进水里，一般每升水中的含氧量高于35毫克。

有商家宣称"高氧水饮用后，经胃和小肠的吸收使氧气直接通过血液输送到全身"。你认为这句话有科学依据吗？请阐明你的观点。

4. 查阅资料，思考当人体出现高原反应时该如何治疗。

【参考答案】

1. 羽绒服、登山鞋、氧气袋、防晒用品、太阳镜等。

2. 高原反应不是细菌性感冒，不可随意使用抗生素，要遵循医嘱服药。日常生活中若滥用抗生素会导致抗药性细菌的比例增加并产生严重的不良反应。

3. 没有科学依据。因为空气中的氧气含量比高氧水中的氧气含量高得多。在常规环境中打开瓶装富氧水的瓶盖时，额外溶解在水里的氧气就会释放出来。并且把氧气喝进胃，它不可能进入肺内和血液交换，达不到补氧的功效。

4. 首先，本身有心脏病、血液病、脑血管病的游客尽量不要去高原地区。到达高原前一个星期减少剧烈运动，到达高原后要多喝水少运动。进入高原后若出现疲乏无力、困倦、嗜睡、食欲亢进、下肢浮肿等症状，应注意劳逸结合，可遵循医嘱服用高原安、诺迪康胶囊等药物。如出现休克现象，要及时送医。

【设计说明】

作业类型	☐口头	☑书面	☑实践	☑跨学科	☐其他
材料出处	☑原创				
难易程度	☐易	☐较易	☐中等	☑较难	☐难
反馈方式	☐自评	☑互评	☑师评		
适用类型	☑新授课	☑复习课			
检测知识	生物学：抗生素、合理用药、健康生活				
考查能力	多学科整合能力、批判性思维、信息评估能力				
设计意图	在理解高原反应的内因和外因后，能综合应用多学科知识预防与治疗高原反应				

【评价标准】

评价题目	评价等级		
	优秀（Ⅰ）	良好（Ⅱ）	合格（Ⅲ）
1	能列举不同类别的物品，解释不同情境下对物品的使用。	能列举3到4种物品。	能列举1到2种物品。
2	能结合具体情境解释为什么不宜随意使用抗生素治疗高原反应，基于理论和实际需求进行分析。	能解释高原反应，并详述如何科学使用抗生素。	能辨别高原反应与感冒症状相似但不能随意使用抗生素。
3	能深入分析资料，并在不同情境下阐述观点。	能详细分析资料，清晰阐明观点。	能简单分析资料，初步阐明观点。
4	能综合考虑不同情境下治疗高原反应的需求，提出全面且合理的治疗建议。	能详细列举3种以上治疗高原反应的方法，说明具体步骤。	能简单列举1到2种治疗高原反应的方法。

作业四：生物学与艺术的融合——制作拉萨出行手册

【题目】

（扩展与应用）设计一份拉萨出行手册。该手册应结构完整，必须包含与高原反应相关的内容，形式不限，字数不限。作品完成后通过作品展示、表达交流，并评选出最佳手册。期待你们共同协作后的创意作品！

【参考答案】

部分学生手册展示：

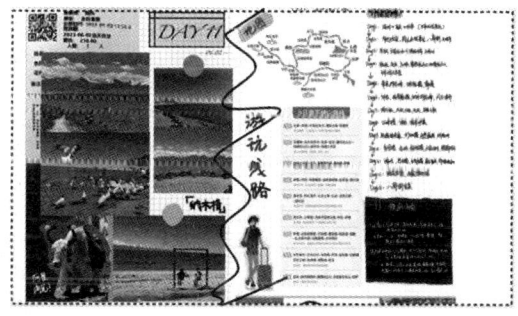

【设计说明】

作业类型	☐口头	☐书面	☑实践	☑跨学科	☐其他
材料出处	☑原创				
难易程度	☐易	☐较易	☐中等	☐较难	☑难
反馈方式	☑自评	☑互评	☑师评		
适用类型	☐新授课	☑复习课			

续表

检测知识	模型制作类跨学科实践活动
考查能力	综合运用知识能力、团队协作能力、创意表达能力
设计意图	促使学生综合运用所学知识完成作品，培养团队协作与创意表达能力，作品的形式不限，鼓励学生创意发挥，全面考查学生的综合素养

【评价标准】

评价维度	评价等级		
	优秀（Ⅰ）	良好（Ⅱ）	合格（Ⅲ）
收集信息	收集到详细、准确的拉萨旅游信息。	收集到适量准确的拉萨旅游信息。	收集到少量准确的拉萨旅游信息。
设计手册	手册设计清晰，包括5个信息和亮点。	手册设计清晰，包括3个信息和亮点。	手册设计清晰，包括1个信息和亮点。
文字编辑	手册文本准确，美观，语言表达得当。	手册文本准确，语言表达得当。	手册文本准确。
插图设计	插图设计美观，与手册内容相符。	插图设计清晰，与手册内容相符。	插图与手册内容相符。
创新创意	展现3个创新点。	展现2个创新点。	展现1个创新点。

附：作业质量效果评估

本跨学科作业设计，以"高原反应"为主线，通过引导学生完成不同类型的表现性任务（如图所示）评价和发展学生的核心素养。

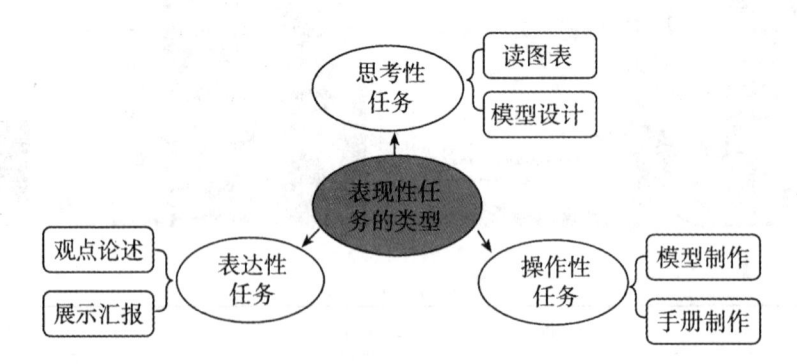

评价作业质量：抽取2022级100名学生作业进行评价反馈，数据统计如下。

作业内容	学生作业评价		
	优秀率	良好率	待提升率
作业一	65%	25%	10%
作业二	30%	45%	25%
作业三	33%	31%	36%
作业四	15%	34%	51%

以上数据说明该跨学科作业总体较难。在日常教学中，教师应注重在真实情境下，通过论述题、问题解决、实验设计和操作等表现性任务提升学生解决问题、合作探究的能力。

三、作业点评

该跨学科作业围绕高原反应这一真实情境，打破学科之间的界限，从高原反应的外因、高原反应的内因、高原反应的防治到制作拉萨出行手册四个方面进行任务驱动。首先从外因即拉萨主要的地形特点与气候特征方面进行归纳与概括，分析非生物因素对生物进化与适应的影响。然后通过制作呼吸运动模型，展示呼吸全过程模型，演示人体在高原环境中的适应机制，来阐明引起高原反应的内因。接着通过分析资料与学习基本知识原理，寻找证据，讨论高原反应的预防与治疗措施，阐明观点，落实生命观念，感悟态度责任。最后制作拉萨出行手册，即通过展示与高原反应相关的知识内容，形成物化成果。

该跨学科作业设计了四个方面的主要任务，任务之间层层递进，引导学生综合运用地理、物理、数学的知识和方法，揭示高原反应背后所涉及的相关知识与解决方法并予以推广宣传。

值得借鉴的是本作业设计了不同类型的表现性任务，既有模型制作、信息调查与汇报、海报设计与宣传，也有相应的表达与陈述。通过一系列表现性任务充分评价学生解决问题的能力与合作探究的能力。

（点评人：福建省普通教育教学研究室　余鸿婷）

信息科技

广泛应用的物联网

魏丽琼/莆田第三中学
陈丽群/莆田第十二中学

一、作业设计思路

为进一步弘扬尊老敬老的优良传统，学校举办"关爱夕阳红，我们在行动"活动。学生走进社区、敬老院等场所，发现空巢老人除了生活孤寂，还频出安全事故，如因意外跌倒、煤气泄漏、火灾等救助不及时而发生的悲剧。本次跨学科作业聚焦物联网主题，多学科知识统整，体现情境化、项目式、科技味、真情感的融合，解决空巢老人居家安全隐患的真问题。通过问题驱动引领，以拆解任务的形式将作业分解到每个阶段；利用学习单和 UMU 互动学习平台做载体和支架，让学生的每一个任务都有据可依，最终形成完整的项目化作品，凸显信息科技核心素养立意，是一次充满创意和创新的尝试。

本作业设计以发现安全隐患，感知安全隐患，解决安全隐患为主线，将本课的知识点贯穿其中，同时注重学习过程和生成性学习，学生在为空巢老人设计居家安全管理系统的同时巩固知识，学以致用，提升素养。

二、作业设计

1. 归纳总结常见传感器

各组学生收集整理空巢老人居家环境中的安全隐患，列出各传感器的适用范围并填入表格。

根据收集结果选用合适的设备感知危险信息，小组代表展示讲解。

【设计意图】

通过 UMU 平台发布任务和要求培养学生主动运用信息技术手段获取信息，提高数字化合作与探究的能力；学生在小组协作活动中，收集、整理、分析数据，了解传感器的种类及功能等相关知识，展示交流。

【参考答案】

传感器名称	功能	适用范围
温度传感器	测量温度变化	常用于医疗、汽车、家电和食品加工等

续表

传感器名称	功能	适用范围
声音传感器	获取声音信息	常用于军事、医疗、工业、领海和日常生活等，如侦察监视系统、门户的入口控制等
光敏传感器	测量光强度、颜色和位置	常用于照明控制、电子显示和图像处理
加速度传感器	测量物体的加速度和振动	常用于汽车、电子设备和运动追踪等应用
红外线传感器	利用红外线的物理性质来进行测量	常用于无接触温度测量、距离测量、气体成分分析等

2. 系统功能分析及设计（基础性作业）

老年人晚上起夜次数较多，用老式开关控制灯源给老年人带来诸多不便，通过系统功能分析及设计使用人体感应灯解决该问题。根据设计思路把正确序号填入以下流程图中：

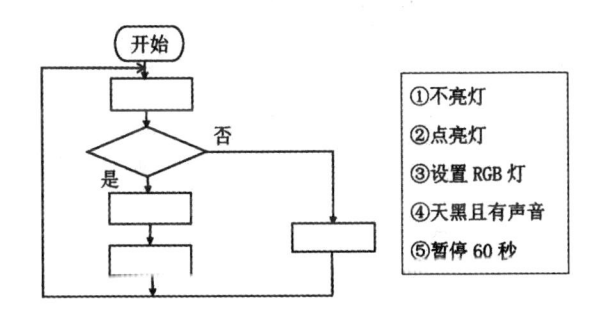

①不亮灯
②点亮灯
③设置 RGB 灯
④天黑且有声音
⑤暂停 60 秒

【设计意图】

通过完善图表，引导学生理解物联网连接方式和对图表信息的敏感度。

【评价标准】

水平 3：能够准确、完整地填写流程图，理解并合理安排各个环节的先后顺序，深度理解设计的流程。

水平 2：基本能够将设计思路填入流程图，内容相对完整，但理解不够深入。

水平 1：不能将设计思路转化为流程图中的步骤，序号填写存在错误。

【参考答案】

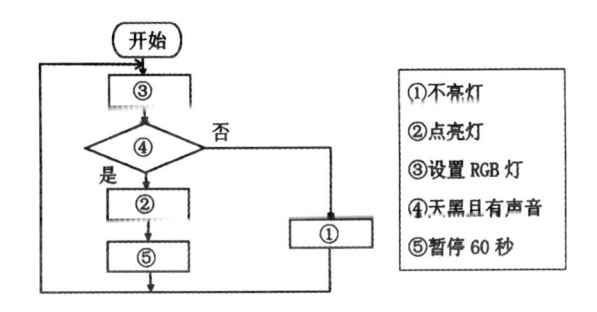

流程图顺序：③ → ④（判断：是→②→⑤；否→①）

①不亮灯
②点亮灯
③设置 RGB 灯
④天黑且有声音
⑤暂停 60 秒

3. 反思改进，迭代优化（实践拓展性作业）

当天黑且有声音时，如果有点亮光，那么设置 RGB 灯发出中等亮度的白色灯光；否则，设置 RGB 灯发出最大亮度的白色灯光，暂停 60 秒。请在原有的流程图上进行补充并完善程序。

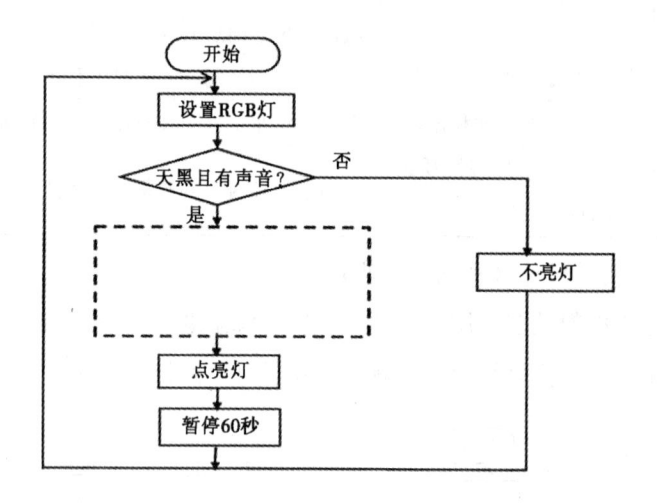

【设计意图】

根据流程图，在 Mind+环境下完成程序的编写，实现运用信息科技知识帮助空巢老人解决实际问题。

【评价标准】

水平 4：能够准确地将迭代优化后的方案填入流程图，使程序的设计更完善，对程序的反思改进有深度的理解。

水平 3：基本能够将迭代优化后的方案填入流程图，实现了流程图中的主要功能，代码结构相对清晰。

水平 2：能够补充填写部分流程图，实现流程图中的部分功能。

水平 1：对流程图实现功能较为模糊，没有参与流程图填写与程序设计。

【参考答案】

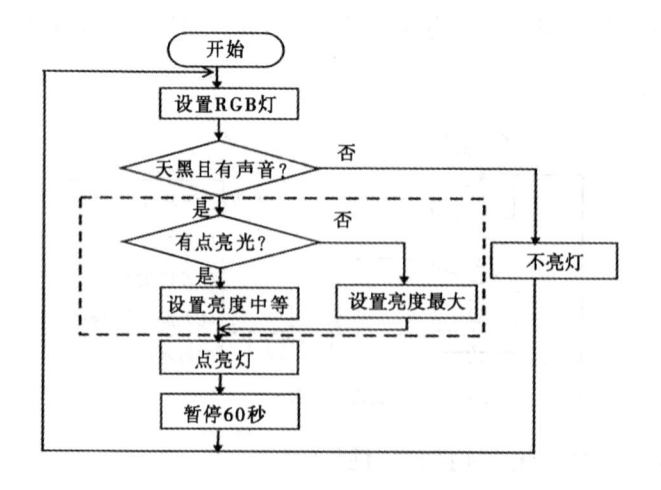

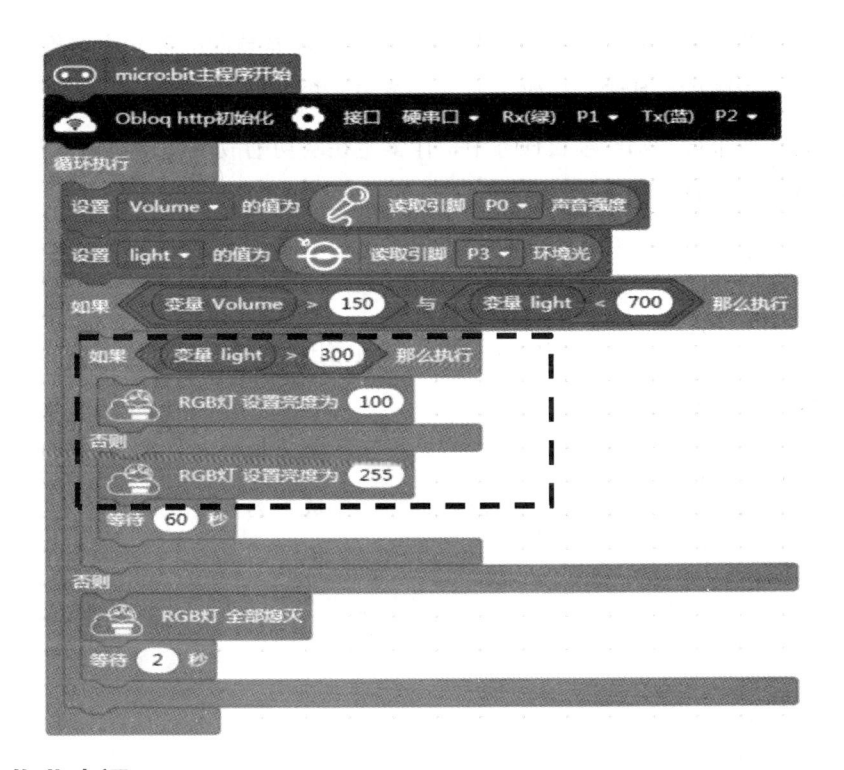

三、作业点评

本作业设计以物联网为主题，融合了多学科知识，让学生在解决真实问题的过程中，综合应用不同学科的知识和技能，体现了情境化、项目式、科技味和真情感的完美结合。通过项目式学习方式，让学生在实践中发现问题、解决问题，以问题驱动和任务拆解的方式，引导学生逐步深入，形成完整的项目化作品。本次作业设计的另一大亮点是创意和创新，不仅体现了教师对于跨学科整合、情境化学习等先进教育理念的探索和尝试，也展现了教师对学生全面发展、能力培养的关注和重视。

本作业能够及时采用定量和定性相结合的方式，为学生提供全面而充分的反馈，帮助他们及时了解自己的学习状况、促进自我反思和进步，并激发他们的学习积极性和主动性、满足他们的不同需求。这有助于培养学生的综合思维能力、实践能力和创新精神，让他们在实际操作中加深对物联网技术的理解和应用，发展学生的综合素养。

（点评人：莆田市教师进修学院　林建兰）

云端国博功勋馆

顿卜双　李晶　黄德钦　谢芳雯　钱景隆/厦门市海沧区北附学校

一、作业设计思路

新课标提出"反映新时代正确的育人方向，构建逻辑关联的课程结构，遴选科学原理与实践应用并重的课程内容，倡导真实性学习，强化素养导向的多元化评价"课程理念。本作业设计将闽教版信息技术八年级上册第一单元《我是平面设计师》知识浸入到"应招云端国博功勋馆海报设计师"项目任务中，让学生在晓功勋故事，创功勋海报，布功勋展馆过程中，感知、诠释、传承民族精神。

依托项目式学科，跨学科作业设计思路如下：

1. 育人为本，培养家国情怀

引导学生走近大国功勋，感知民族精神，厚植家国情怀。

2. 学科融合，落地核心素养

以信息科技学科为主，融入语文、道德与法治、美术等学科知识，为学生提供综合运用跨学科知识的机会，落实核心素养要求，助力学生成长为"全人"。

3. 选择多样，实现个性分层

作业包括基础任务和挑战任务，基础任务只需学生掌握所学知识，挑战任务在技巧、创意等方面为学有余力学生指明方向。

4. 层次递进，形成系统结构

系统设计作业，包括：讲故事、拟主题、下素材、美素材、构图设计、海报创作，导览词录制等形式。各作业之间相互联系，层层递进，分步落实作业目标。

5. 以学评学，促教学评一致

操作类知识多采用表现性作业，教师教学的过程即学生学习的过程，又是评价的过程，也是学生完成作业的过程。以学评学，保证教、学、评一致性的达成。

二、作业设计

1. 感知民族精神.

材料1：共和国勋章，是中华人民共和国最高荣誉勋章，授予在中国特色社会主义建设和保卫国家中做出巨大贡献、建立卓越功勋的杰出人士。

——百度百科《共和国勋章》

材料2：为弘扬民族精神，促进社会主义精神文明建设，"云端国博"准备开办功勋主题展。现招募中学生设计师。

——云端国博

浏览功勋人物故事文档，选择喜爱的人物，将他的2～3个事迹讲给全班同学听，并总结他所具有的民族精神。

【设计意图】

新课标指出课程要发挥培根铸魂、启智增慧的作用。少年有信仰，民族有希望，国家有未来。让学生走近大国功勋，了解功勋人物故事，感知民族精神。培养学生爱国爱家情怀，提升精神文化自信。

【评价标准】

功勋人物展馆主题评价表

评价维度	评价要素	评价方式		
		自评 (1~5颗★)	互评 (1~5颗★)	师评 (1~5颗★)
原创性	无抄袭，原创性高			
文学性	结构工整，前后对称，有文采			
准确性	准确概括人物事迹和民族精神			

【样例参考】

(1) 袁隆平：禾下乘凉梦，一稻一人生。
(2) 屠呦呦：青蒿济世，科研报国。
(3) 孙家栋：耄耋之年未伏枥，犹向苍穹寄深情。
(4) 于敏：隐姓埋名二十载，一去青丝换白头。
(5) 黄旭华：以身许国，誓干惊天动地事；潜心科研，甘做隐姓埋名人。
(6) 张富清：党需要我去哪里，我就去哪里。
(7) 申纪兰：当人大代表，就要代表人民的利益，代表人民说话，代表人民办事。
(8) 李延年：能文能武，战神名归。
(9) 钟南山：生命至上，勇于担当。

2. 功勋展馆系列设计

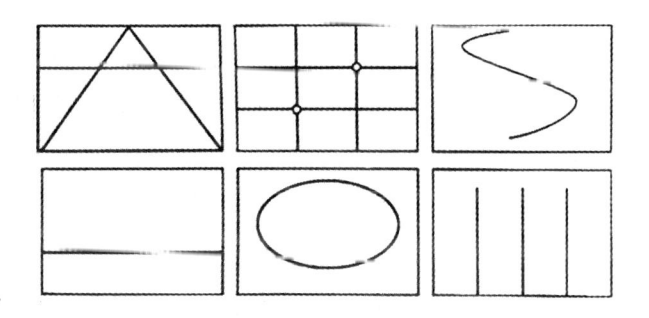

构图是指美术创作时在平面的物质空间上，安排和处理形象的位置和关系把个别或局部的形象组织成整体的艺术作品，以表现构思中预想的形象与审美效果。每一幅作品都是由点线面的合理布局组成的画面，如上图所示。

云端国博功勋馆包括"展馆封面""个人简介""典型事迹"系列海报，结合美术中

"点—线—面"构图知识，小组讨论完成系列功勋海报构图设计。

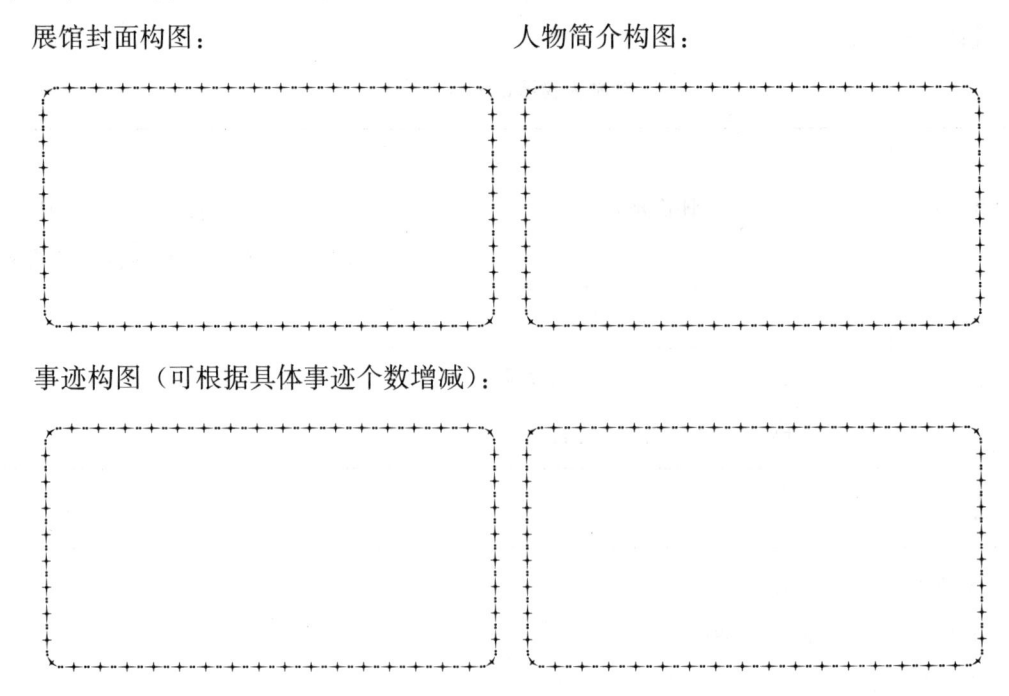

展馆封面构图：　　　　　　　　　人物简介构图：

事迹构图（可根据具体事迹个数增减）：

【设计意图】

建立学科知识之间联系，引导学生综合运用多学科内容设计海报构图，为创作海报提前策划。

【评价标准】

水平3：能利用美术知识完成构图，构图均匀合理，标题突出。

水平2：能利用美术知识完成构图，构图均匀合理。

水平1：能初步完成构图，构图考虑到文字和图片。

3. 功勋馆系列海报制作

为厚植家国情怀，弘扬民族精神，云端国博打算开辟9位"共和国勋章"获得者人物展馆，现面向中学生招募海报设计师，请学生创作"人物简介""典型事迹""展馆封面"系列海报，布置云端国博功勋馆。

（1）任务一：云端国博功勋馆"人物简介"海报制作。

云端国博功勋馆"人物简介"海报可以让参观者详细了解功勋人物，感知民族精神。请基于图片素材，利用选取工具和文字工具创作"人物简介"海报。

（2）任务二：云端国博功勋馆"典型事迹"海报制作。

云端国博功勋馆"典型事迹"海报可以让参观者详细了解功勋人物典型事迹，感受平凡的人与伟大的事之间的联系，诠释民族精神。请基于图片素材利用图层蒙版设计创作"典型事迹"海报。

（3）任务三：云端国博功勋馆"展馆封面"海报制作。

云端国博功勋馆"展馆封面"海报可以让参观者从宏观上迅速了解功勋人物，吸引参观者深入参观。请基于图片素材利用剪贴蒙版设计创作"展馆封面"海报。

（图片素材略）

【设计意图】

以功勋人物海报为例，学生小组合作掌握利用数字化工具处理图片，奠定个性化创作的基础。学生根据能力水平完成相应类型的作业，创作"展馆封面""人物简介""典型事迹"海报。

4. 功勋馆云端导游模拟

模拟云端国博功勋馆的导游，撰写功勋馆导览词，将录制好的音频链接到海报的相应页面。

【设计意图】

学生撰写展馆导览词，感悟功勋人物事迹，引发学生对未来的思考，培养学生家国情怀。

【评价标准】

水平 2：能撰写介绍人物典型事迹和精神的功勋馆导览词，导览词表达清晰准确，具有一定文采，录制音频后插入海报中，朗读音频抑扬顿挫。

水平 1：能撰写介绍人物典型事迹和精神的功勋馆导览词，录制音频后插入海报中。

三、作业点评

本作业立足于信息科技《我是平面设计师》单元的知识内容，围绕"布置云端国博功勋馆"的情境任务，设计"功勋馆"系列海报。学生通过梳理提炼人物材料和撰写导览词，了解"共和国勋章"获得者的故事，总结典型事迹，感受民族精神；通过素材加工、版面创作等实践活动，运用数字化工具解决问题，发展了计算思维，形成数字化学习与探究的学习习惯。该项作业以平面设计为任务核心，巧妙地将信息科技与美术、道德与法治、语文等其他学科相融合，提供了全新的学习视角，为学生提供综合运用跨学科知识的机会，注重培养学生的跨学科整合能力。作业主题具有开放性，文本内容丰富，有助于学生发挥想象力和创造力，并提出新颖的观点和解决方案，培养学生的创新性思维。

本次作业根据学情设计，要求明确具体，构建了基于核心素养的评价体系；作业题型丰富、层次分明，包含开放简答题和实践操作等多种类型，注重跨学科融合和实践导向，具有一定的适应性和灵活性，可以根据不同学生的学习水平和兴趣进行调整和拓展，满足学生的个性化需求，促进学生的全面发展。

（点评人：厦门市教育科学研究院　王敏）

综合实践活动

福州软木画的传承与创新发展
——基于项目学习的综合实践活动跨学科主题作业设计

吴曙霞/福州市晋安区教师进修学校

一、作业设计思路

本作业根据《中小学综合实践活动课程指导纲要》中考察探究、设计制作方式对于第7~9学段的有关要求，采用项目式的设计思路，进行有关跨学科作业的设计。本作业包含"追溯软木画的前世今生""揭秘软木画的制作材料及工艺工具""寻找软木画的传承人""体验软木画的制作过程"等具体环节，并结合语文、信息科技、音乐、劳动、美术等学科的有关内容开展设计。具体而言，作业1及作业2，主要与语文相结合；作业3主要与信息科技、音乐相结合；作业4主要与劳动、美术相结合。

二、作业设计

1. 作业1：追溯软木画的前世今生

软木画是福州特有的国家级非物质文化遗产代表性项目，又是"榕城三绝"之一。20世纪70到80年代，软木画曾一度成为福州外贸出口的支柱产业，如今，这项传统手工技艺却濒临失传。请通过各种可能的途径与方式，了解福州软木画的传承现状、历史文化价值及发展历史等，并结合语文学科所学知识，撰写一份不少于300字的调查研究报告。

完成时间：两天。

【评价标准】

水平3：能通过网络、书籍、问卷、访谈等多种渠道获取有关软木画的传承现状、历史文化价值及发展历史等信息，并对所有获得的信息进行详细整理、分析、提取、归纳、概括等，形成一份全面、详细的调查研究报告来呈现学习成果。

水平2：能通过网络、书籍、问卷等多种渠道获取有关软木画的传承现状、历史文化价值及发展历史等信息，并对所有获得的信息进行简单整理、分析、归纳、概括等，形成一份简单的调查研究报告来呈现学习成果。

水平1：仅通过网络渠道获取有关软木画的传承现状、历史文化价值及发展历史等信息。未能针对所获得的信息进行整理、分析、归纳等，无法形成一份调查研究报告来呈现学习成果。

【设计说明】

本作业适用于八或九年级学生，在教师指导下以小组合作学习形式完成。要求学生调用语文学科的语言运用和思维能力这两个核心素养,融合应用语文中有关基本文体知识和写作技巧知识撰写调查研究报告。目的在于通过迁移语文学科中学生已具备的概括、分析能力和写作能力,提升综合实践活动课程的问题解决能力。

2. 作业2:揭秘软木画的制作材料及工艺工具

制作材料和工艺,决定了软木画作品的质量、艺术价值和独特性。选择合适的材料和掌握精湛的工艺技巧是创作出优秀软木画作品的重要因素。请通过各种可能的途径与方法,探究软木画的制作材料、工艺流程以及制作过程中使用的刀具及其特点等,并结合语文学科所学知识,制作一个图文并茂的图表来呈现探究成果,在班会课上向全班同学展示。

完成时间:两天。

【评价标准】

水平3:能在校内、校外开展有关软木画制作材料及工艺工具的探究活动,针对探究过程中获得的有关信息进行提取、归纳、概括等,并形成一份全面、详细的图文并茂的图表来呈现学习成果。

水平2:能在校内开展有关软木画制作材料及工艺工具的探究活动,针对探究过程中获得的有关信息进行简单提取、归纳、概括等,并形成一份简单的图表来呈现学习成果。

水平1:未能在校内、校外开展有关软木画制作材料及工艺工具的探究活动,无法形成一份全面、详细的图文并茂的图表来呈现学习成果。

【设计说明】

本作业适用于八或九年级学生,在教师指导下以小组合作学习形式完成。要求学生调用语文学科的语言运用和思维能力这两个核心素养,应用语文中有关语言运用的知识制作一个图文并茂的图表。目的在于通过迁移语文学科中学生已具备的概括、分析能力,提升综合实践活动课程的问题解决能力。

3. 作业3:寻找软木画的传承人

非物质文化遗产的传承,离不开传承人的坚守。他们是传统技艺和智慧的守护者,确保了这些宝贵的文化遗产得以延续和传承。请通过各种可能的途径来探寻软木画手工艺人的生活足迹,并结合信息科技学科和音乐学科所学知识,制作一个关于软木画传承人的微视频,在班会课上给全班同学展示,并向大家介绍这些传承人的故事,以及从他们身上学到了什么。

完成时间:两天。

【评价标准】

水平3:能根据学习需要,有意识地选用信息技术工具处理有关图片、视频等,与同组伙伴协同创作软木画传承人的微视频,视频质量较高,音乐与画面搭配合理。在活动完成过程中，能树立正确的劳动观念，懂得尊重软木画传承人，自觉学习他们身上严谨细致、执着的优秀品质，形成初步的职业生涯规划意识。

水平2：能根据学习需要，选用信息技术工具处理软木画传承人的有关图片，与同组伙伴协同创作简单的软木画传承人微视频，视频质量一般，音乐与画面搭配不够合理。在活动完成过程中，基本能树立正确的劳动观念，懂得尊重软木画传承人。

水平1：未对软木画传承人的有关图片进行处理，未能创作软木画传承人的微视频。在活动完成过程中，无法树立正确的劳动观念，未能形成初步的职业生涯规划意识。

【设计说明】

本作业适用于八或九年级学生，在教师指导下以小组合作学习形式完成。要求学生调用信息科技学科的信息意识和数字化学习与创新这两个核心素养，以及音乐学科的审美感知与文化理解这两个核心素养，融合应用信息科技中有关音视频的采集、处理与格式转换的知识和音乐中有关节奏、旋律、音色特点和感受音乐情绪的知识制作一个关于软木画传承人的微视频。目的在于通过迁移信息科技学科中学生已具备的多媒体工具软件应用能力和音乐学科中学生已具备的音乐审美、感知能力，提升综合实践活动课程的问题解决能力。

4. 作业4：体验软木画的制作过程

软木画作为一种传统工艺，承载着丰富的历史和文化内涵。通过学习和制作软木画，可以传承和保护这一文化遗产。请通过各种可能的途径，在老师傅（老师）的指导下，自主选择合适的工具和材料，根据本组的想法创作一幅软木画作品，在班会课上进行展示、交流。

完成时间：两天。

【评价标准】

水平3：能按照安全规范要求，选择恰当的材料和工艺、工具等，创作出软木画作品，作品质量较高，具备一定的新颖性。在劳动过程中，能遵守劳动规范，能持之以恒、精益求精。在活动完成过程中，能树立正确的劳动观念，懂得尊重软木画传承人，自觉学习他们身上严谨细致、执着的优秀品质。

水平2：能选择恰当的材料和工艺、工具等，创作出软木画作品，作品质量一般。在劳动过程中，基本能遵守劳动规范、做到持之以恒。在活动完成过程中，基本能树立正确的劳动观念，懂得尊重软木画传承人。

水平1：无法选择恰当的材料和工艺、工具等，未创作出软木画作品。在劳动过程中，无法做到持之以恒。在活动完成过程中，无法树立正确的劳动观念。

【设计说明】

本作业适用于八或九年级学生，在教师指导下以小组合作学习形式完成。要求学生调用劳动学科的劳动观念、劳动能力、劳动习惯和品质、劳动精神这四个核心素养以及美术学科的创意实践核心素养，应用劳动中有关纸工、木版画的工艺知识和美术中有关剪纸、刻纸的知识创作一幅软木画作品。目的在于通过迁移劳动学科中学生已掌握的剪、刻工艺能力和美术学科中学生已掌握的构图、立意表达、审美能力，提升综合实践活动课程的创意物化能力。

三、作业点评

本作业以福州软木画的传承与创新发展作为项目学习内容，根据《中小学综合实践活动课程指导纲要》中考察探究、设计制作方式对八或九年级的有关要求，进行跨学科作业设计。包含"追溯软木画的前世今生""揭秘软木画的制作材料及工艺工具""寻找软木画的传承人""体验软木画的制作过程"等具体环节，并结合语文、信息科技、音乐、劳动、美术等学科的有关内容开展设计。通过了解福州软木画的传承现状、历史文化价值及发展历史等，加深学生对福州本土特色传统文化的理解与热爱之情。培养学生的合作探究能力及严谨的科学态度，掌握科学探究的方法。并将德育有机渗透学习过程，让学生学习传承人身上认真执着、耐心细致、精益求精的良好品质，达到立德树人的教育目的。

作业要求学生调用语文学科的语言运用和思维能力等核心素养，应用基本文体知识和写作技巧撰写调查研究报告；调用信息科技学科的信息意识和数字化学习与创新，音乐学科的审美感知与文化理解等核心素养，进行音视频的采集、处理与格式转换，以及运用有关节奏、旋律、音色特点和音乐情绪等知识，制作软木画传承人的微视频；同时要求学生调用劳动学科的劳动观念、劳动能力、劳动习惯和品质、劳动精神这四个核心素养，以及美术学科的创意实践核心素养，并结合运用有关纸工、木版画的工艺知识和美术中有关剪纸、刻纸的知识。通过书面文字、视频、图画、软木画作品等呈现形式，提升综合实践活动课程的问题解决能力和创意物化能力。

（点评人：龙岩市教育科学研究院　游爱娇）

非遗文化莆仙戏的传承
——初中综合实践活动课程跨学科作业设计

唐碧花/莆田第九中学

一、作业设计思路

本作业根据《中小学综合实践活动课程指导纲要》中考察探究、设计制作、职业体验等活动方式对于第四学段八年级的有关要求，采用问题解决的设计思路，进行有关跨学科作业的设计。本作业以"如何进行非遗文化莆仙戏的传承"为主问题，细分为"寻莆仙戏足迹""赏莆仙戏剧目""绘莆仙戏脸谱""绘莆仙戏服饰""学莆仙戏表演"等具体内容，并结合历史、数学、信息科技、音乐、美术、劳动、体育等学科的有关内容开展设计。具体而言，作业1主要与历史、数学、信息科技相结合；作业2主要与音乐相结合；作业3主要与美术相结合；作业4主要与劳动相结合；作业5主要与体育相结合。

二、作业设计

1. 作业1：寻莆仙戏足迹

莆仙戏源远流长，具有深厚的历史积淀和丰富的文化内涵。

请学生以小组合作的形式，设计一份以"寻莆仙戏足迹"为主题的调查问卷，并以网络形式对莆仙戏的从业人员开展调查，了解莆仙戏的历史渊源、经典故事、艺术内涵、发展传承等内容。

要求：以电子统计图表的形式展示调研结果。

【评价标准】

本作业通过学生自评、同伴互评、教师评价等形式，采用等级评价办法，对学生学习全过程进行评价，评价由高到低分为四个等级：优秀、良好、合格与不合格，具体如下表所示。

作业1评价表

评价项目	评价内容	自评	他评	师评
调查问卷	问卷组成是否完整			
	标题是否简明扼要			
	内容是否全面具体			
	格式是否易读易懂			
	统计结果是否合理			
访谈探究	访谈计划拟定是否详细			
	提问方式是否亲切温和			
	访谈逻辑顺序是否合理			
	问题之间是否有关联性			
	访谈记录是否及时完整			
结果呈现	呈现方式是否丰富多样			
	呈现内容是否完整齐全			
	呈现结果是否一目了然			

续表

评价项目	评价内容	自评	他评	师评
团队合作	组长有无组织协调			
	组员是否积极配合			
	小组合作是否紧密有序			
	小组分工是否明确具体			

【设计说明】

本作业以莆仙戏的历史渊源为载体，融合历史学科的相关内容，提升学生的价值体认和责任担当素养。同时，本作业还以问卷调查为载体，融合数学和信息科技的有关内容，提升学生的问题解决能力。

2. 作业2：赏莆仙戏剧目

莆仙戏的音乐传统深厚，唱腔丰富，它综合莆仙民间歌谣俚曲、十音八乐、佛曲法曲、宋元词曲和大曲歌舞而形成，用方言演唱，是一种具有浓厚地方色彩和风味的声腔。

现在，请学生观看一出莆仙戏经典剧目，重点关注莆仙戏演员的化妆、服饰、唱腔、动作，深刻体会莆仙戏的无限魅力，并填写记录单。

作业2记录单

剧目名称	
化妆特点	
服饰特点	
唱腔特点	
动作特点	
学到的莆仙戏台词	
体验的莆仙戏乐器	
我的感受	

【评价标准】

本作业的评价通过学生自评、同伴互评、教师评价等形式，对学生欣赏剧目过程的积极性、记录剧目信息的完整性、学习剧目台词和乐器的主动性以及呈现方式等方面进行评价，评价由高到低分为四个等级：优秀、良好、合格与不合格，具体如下表所示。

作业 2 评价表

评价项目	评价内容	自评	他评	师评
剧目欣赏	欣赏过程是否细致认真			
	欣赏记录是否及时完整			
	欣赏体验是否愉悦享受			
	是否积极学习声腔演唱			
	是否主动学习乐器演奏			
呈现方式	视频画面是否清晰			
	视频音质是否良好			
	声腔演唱是否标准投入			
	乐器演奏是否规范动听			

【设计说明】

本作业适用于八年级学生，通过学生自主学习完成。本作业融合音乐学科的有关内容，通过让学生在欣赏后学唱莆仙戏台词、学习演奏莆仙戏乐器的方式，迁移音乐学科的演唱和演奏能力，提升学生的问题解决能力。

3. 作业 3：绘莆仙戏脸谱

莆仙戏传统面部化妆，生、旦角色涂脂抹粉，其他角色不抹粉，只涂胭脂。流传下来的莆仙戏脸谱有 300 多种，表情各异，画法独特。请你上网查阅或到实地了解莆仙戏不同角色脸谱的特点和意义，绘制脸谱，并选择自己所擅长的方式进行交流展示。

【评价标准】

本作业通过学生自评、同伴互评、教师评价等形式，对学生所了解到脸谱信息的全面性、绘制脸谱的完整性、呈现方式的多样性等多维评价内容进行评价，评价由高到低分为四个等级：优秀、良好、合格与不合格，具体如下表所示。

作业 3 评价表

评价项目	评价内容	自评	他评	师评
绘制脸谱	观察过程是否细致认真			
	脸谱角色是否了解齐全			
	脸谱意义是否理解透彻			
	脸谱绘制是否形象逼真			
呈现方式	图片内容是否完整			
	图片画面是否清晰			

【设计说明】

本作业适用于八年级学生,通过学生自主学习完成。

本作业以戏曲脸谱为载体,融合美术学科中"造型·表现"学习领域的内容,目的在于通过迁移美术学科选择传统媒介和新媒材,探索不同的创作方法,发展具有个性的表现能力,提升学生的问题解决和创意物化能力。

4. 作业4:绘莆仙戏服饰

莆仙戏的服装称为"戏衫",行头简单,只有四篓担:正篓、副篓、头顶篓、四篓。请你在教师指导下,根据所学,尝试绘制简单的莆仙戏戏服设计图,并填写下表。

作业 4 记录表

戏服角色	
戏服特点	
戏服构成	
我绘制的设计图	
我制作的成品图	

【评价标准】

本作业通过学生自评、同伴互评、教师评价等形式,采用等级评价办法,对学生学习全过程进行评价,评价由高到低分为四个等级:优秀、良好、合格与不合格,具体如下表所示。

作业 5 评价表

评价项目	评价内容	自评	他评	师评
绘制戏服	观察过程是否细致认真			
	特点是否了解全面			
	草图是否规范标准			
	构成是否完整			
	材质是否恰当			
	配色是否合理			
	工艺是否精细			

续表

评价项目	评价内容	自评	他评	师评
呈现方式	图片内容是否完整			
	图片画面是否清晰			

【设计说明】

本作业适用于八年级学生,通过学生自主学习完成。本作业融合劳动技术学科的有关内容,通过让学生亲自体验设计莆仙戏戏服的方式,提升学生的问题解决和创意物化能力。

5. 作业5:学莆仙戏表演

莆仙戏各个行当的经典动作,或倜傥风流,或婀娜窈窕,或粗豪雄浑,或端庄肃穆,或幽默诙谐,风格迥异。请你在教师指导下,学习莆仙戏的简单手势、步法等基本动作。

【评价标准】

本作业通过学生自评、同伴互评、教师评价等形式,采用等级评价办法,对学生学习全过程进行评价,评价由高到低分为四个等级:优秀、良好、合格与不合格,具体如下表所示。

作业6评价表

评价项目	评价内容	自评	他评	师评
剧目表演	学习过程是否细致认真			
	造型是否相像			
	台词是否标准			
	动作是否规范			
	神态是否到位			
	感情是否真挚			
呈现方式	视频内容是否完整			
	视频画面是否清晰			
	视频音质是否良好			

【设计说明】

本作业适用于八年级学生,以学生课外进行职业体验的形式完成。本作业融合体育学科的有关内容,通过让学生学习表演莆仙戏片段的方式,提升学生的问题解决能力。

三、作业点评

本作业根据《中小学综合实践活动课程指导纲要》的有关要求,以莆仙戏的历史渊源、艺术形态、传承发展等内容为载体,应用问题解决的思路,结合历史、数学、信息科技、音乐、美术、劳动、体育等多学科内容进行设计,引导学生深入了解莆仙戏这一具有深厚历史文化底蕴的地方戏曲艺术,感受其独特的艺术魅力。各项作业均强调了学生的亲自参与和体验,形式丰富多样,包括小组合作调查、个人观剧记录、手工绘制以及展示交流等。不同的作业形式适应学生的学习风格和特长,如通过网络调研、剧目欣赏、脸谱绘制与服饰设计等活动,让学生在做中学,激发参与兴趣和积极性,更深刻感受莆仙戏的艺术特色和文化内涵,避免单纯理论学习。作业中提及利用网络调研、教师指导创作等环节,紧密对接现实可获取的资源及学生需掌握的技能,使学生在实践中提升信息收集、整理、分析以及艺术创作等能力。学生能在理解和尊重家乡传统文化的同时,积极参与探究学习,增强传承责任感,提升问题解决、创意物化、责任担当等综合素养,实现德智体美劳全面发展。

(点评人:龙岩市教育科学研究院 游爱娇)

音乐

音乐中的家国情怀
——音乐与历史跨学科作业设计

陈嘉琳/泉州第五中学台商区分校

一、作业设计思路

以《义务教育艺术课程标准（2022年版）》为依据，以《福建省义务教育学科教学指导意见（音乐）》为方向。作业设计立足音乐学科，关注音乐作品中与跨学科之间深层内在的知识应用与迁移，通过有效融合历史学科的知识与观点，充分发挥学科融合的协同育人功能，让学生更好地理解音乐作品的思想感情和内涵意蕴。

作业设计聚焦湘艺版《音乐八年级下册》第四单元《华夏乐章（二）》，感受交响音诗《客家之歌》独特的音乐风格，理解作品蕴含的爱国主义、集体主义，体悟爱国爱家乡的民族精神、时代精神等，增强国家责任感和使命感。通过完成本单元中经典交响音诗《客家之歌》的跨学科综合性作业任务，检测学生的学习情况，引导学生通过欣赏了解音乐作品所涉及的客家迁徙历史背景，进而更好地体会客家音乐的风格特点，感受乐曲蕴含的客家精神，探究音乐符号在历史传承中的记录作用。在完成跨学科综合性作业的过程中，更好地感受音乐，理解作品的文化内涵，激发爱国热情。

二、作业设计

交响诗篇《土楼回响》是一部表现客家人奋斗、生存、发展、性格等综合元素的壮丽史诗篇章。千百年来，客家人吃苦耐劳，开拓进取。乐曲背景聚焦客家人为逃避历代战乱的迁徙运动，表达了客家人民百折不挠，勇往直前的精神面貌。

《土楼回响》共有五个乐章，其中一、二两个乐章不间断演奏，表现历史上客家人为了生存所进行过的斗争；第五乐章为D大调进行曲式，充满了胜利、自信和继往开来的决心。

请学生聆听交响音诗《土楼回响——第五乐章〈客家之歌〉》，阅读相关资料，完成以下作业。

（一）课前作业

客家音乐风格的形成与客家人迁徙的历史密不可分，它是客家文化长河的产物。

客家人居住环境

材料：客家人历经五次迁徙运动，先民从北方迁到南方，从平原地带进入山区丘陵。客家山歌的形成与客家人的生存环境密不可分。他们生存的地理环境比较艰苦，多为山区，深处在大山环抱的盆地之中，介于山谷丘陵地带，村落之间隔着重重山峦，林深道险。这样的地理环境，虽然导致了交通不便，居住困难，却也促进了山歌的产生和流传。

客家山歌与客家人的生活劳作和习俗密不可分，客家人深知要求得生存，必须勤于耕耘，才能求得发展。客家人依仗山间盆地、河谷平地及层层叠叠的梯田日复一日年复一年地"日出而作，日入而息，凿井而饮，耕田而食"，形成刻苦耐劳、勤劳创业，崇尚耕织并重，耕读传家的生活。

任务：请同学们聆听《客家之歌》，并结合材料阅读，思考交响诗《客家之歌》中运用了哪些民歌体裁元素？结合所给材料，谈一谈该作品音乐风格的成因。

【评价标准】

水平3：能够详细地说出《客家之歌》运用了山歌及劳动号子的民歌体裁元素，准确地描述音乐风格形成与客家迁徙历史及山区地理环境密不可分。

水平2：能够简单地说出《客家之歌》运用了山歌及劳动号子的民歌体裁元素，描述音乐风格形成与客家迁徙历史及山区地理环境的关系。

水平1：能够说出《客家之歌》运用了山歌及劳动号子的民歌体裁元素，概括音乐风格形成与客家迁徙历史及山区地理环境的关系。

【设计说明】

材料出处	文献《客家山歌"山野之歌"》（部分）。
设计意图	学生通过聆听音乐结合阅读文献资料，了解客家音乐特点的成因与迁徙历史文化、生活环境之间的关系。
检测知识	音乐和历史的相关知识。
考查能力	听辨能力、欣赏能力、时空观念。
难易程度	容易。
适用类型	书面类与实践类。

（二）课中作业

客家的五次迁徙史是客家人的奋斗史，客家人的迁徙之路并非一帆风顺，为了生存，他们背井离乡，在重建家园的过程中与自然环境、社会矛盾做着长久的斗争。

交响诗《客家之歌》是为客家群体而专门创作的一部交响乐。作品蕴含着客家血脉中的文化呼唤，使听众体验到饱含华夏民族精神与气概的大气磅礴之势，超越了标题中地域与时间的界限。"双主题"旋律相互穿插，听众跟随交响乐队奏出的震撼音效仿佛穿越了时空。

材料一：客家人经历了五次的大迁徙运动，在这个过程中，他们团结一致，形成了很强的向心力。为了适应恶劣的生存环境，客家人建造了碉堡式的"客家土楼"，他们历经坎坷，从遇到困难到直面困难再到解决困难，最终完成的土楼是他们世世代代维系家族支系、群体的生活和抵御外来袭击的重要保障。今天，对于旅居海外的客家人而言，土楼又成为他们寻根问祖的重要象征。

材料二：

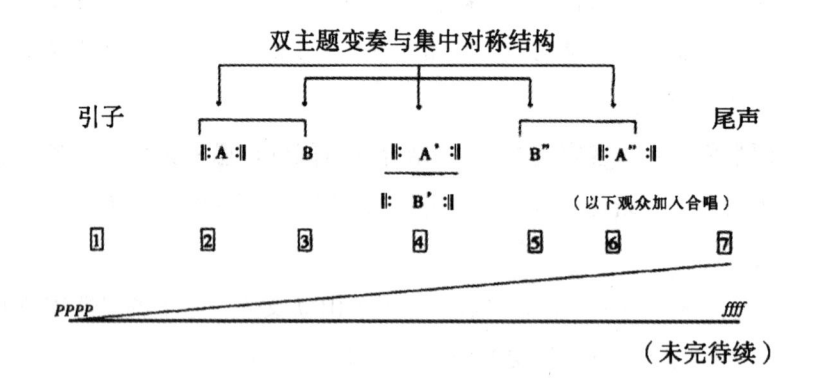

末乐章的曲式结构图式

音乐主题 I

1=A 3/4

1.你有心 来 俚有情（若），唔怕山 高啊 水又深（啊）。
2.山高还 有 人开路（喔），水深还 有哇 造桥人（哪）。

注：此为客家山歌《唔怕山高水远》。俚：我。唔：不。

音乐主题 Ⅱ

1=A 3/4

固定节奏型：由定音鼓、钢琴、低音提琴奏出。

1=C 3/4

任务：请学生结合上述材料，思考客家人的族群精神，谈谈《客家之歌》运用什么演唱形式及演奏形式进行表达的。

【评价标准】

水平3：能够准确地说出《客家之歌》运用客家山歌合唱的演唱形式及交响乐固定节奏型的演奏形式，表现出客家人艰苦奋斗、合力拼搏的精神气质。

水平2：能够简单地概括《客家之歌》运用客家山歌合唱的演唱形式及交响乐固定节奏型的演奏形式，表现出客家人艰苦奋斗、合力拼搏的精神气质。

水平1：能够说出《客家之歌》运用客家山歌合唱的演唱形式及交响乐固定节奏型的演奏形式，表现出客家人艰苦奋斗、合力拼搏的精神气质。

【设计说明】

材料出处	文献《客家武术流派的形成与发展》（部分）、湘教版八年级下册《客家之歌》谱例。
设计意图	可以结合历史及文化背景等，对音乐作品进行简单分析，感悟生活在艺术创作中的重要作用，更好地理解客家音乐风格。
检测知识	音乐和历史、地理的相关知识。
考查能力	听辨能力、阅读能力、视唱能力。
难易程度	中等。
适用类型	实践合作类。

（三）课后作业

客家先民的大迁移满怀着对美好生活的向往，历史的苦难与嬗变并没有改变客家人生

315

命的血脉根基和坚定的信念。

任务：请你体会客家先民的内心情感，用不同的方式演绎《客家之歌》音乐主题 I，并阐述理由。

音乐主题 I
1=A $\frac{3}{4}$

p
$\underline{6}\ \underline{6}\ \ 1\ \underline{6\ 1}\ \ 2\ \ |\ \ 3\ \underline{2\ 3}\ \ 1\ \ \ 6\ \ |\ \ 1\ 1\ \underline{3\ 5}\ \underline{6\ 6}\ \ |\ \ 1\ \underline{6}\ 5\ \ \ 5\ :\|$

1. 你有心　　来　偓 有 情（若），唔 怕 山　高 啊　水 又 深（啊）。
2. 山高还　　有　人 开 路（喔），水 深 还　有 哇　造 桥 人（哪）。

注：此为客家山歌《唔怕山高水远》。偓：我。唔：不。

【评价标准】

水平 3：能够生动形象地运用不同的表演方式表现客家先民迁徙历程中团结一心、合力拼搏的情感。

水平 2：能够熟练地运用不同的表演方式表现客家先民迁徙历程中团结一心、合力拼搏的情感。

水平 1：能够熟练地运用恰当的表演方式表现客家先民迁徙历程中团结一心、合力拼搏的情感。

【设计说明】

材料出处	原创。
设计意图	让学生在创作中，能通过分析、想象、联想等方式进行艺术构思，表达思想和情感。
检测知识	音乐和历史的相关知识。
考查能力	欣赏能力、艺术表现、视唱能力。
难易程度	中等。
适用类型	实践活动类。

三、作业点评

音乐学科如何与其他学科建立关联？这包含了三层关系：一是音乐学科内部的知识综合，也就是教材中课堂练习部分常见的综合与应用；二是艺术门类内部的互通，如音乐与舞蹈、音乐与戏剧等；三是音乐的跨学科主题学习，不仅是学科内部知识的综合，还要主动跨出艺术门类的界。本设计就是以交响诗《客家之歌》为音乐学科本位学习材料，试图从与历史学科进行融合的视角为学生提供一个跨学科学习路径的案例。交响诗是融合声乐与器乐表现文学、绘画、历史故事或民间传说等的标题音乐中的一种主要体裁。音乐的体裁、形式、风格的呈现与历史的演变息息相关。本作业旨在通过史料阅读与分析，以及音乐基础的审美感知能力，进一步构建学生基于历史的时空观念素养（思维）深入理解音乐、表现音乐的能力与素养。在此过程中，学生需要从对历史材料的搜集、历史事件的梳理、分析中提炼、总结时代特征及族群性格（精神）与文化气质，并进一步链接音乐作品，从听觉感知中思考音乐是从哪些表现要素与表现形式上去呈现这些特征、性格（精神）与气质，音乐还可以用哪些更多样化的、个性化的表现要素和表现手法去表达人物内心、时代品格与家国情怀。乐内概念与乐外概念的融合，有助于宽拓学生的音乐思维，获得音乐语汇，进而在新的情境中运用这些知识去观察、思考现实世界，并表达现实世界。

（点评人：福建省普通教育教学研究室　刘晨曦）

音中戏，剧中音
——基于艺术实践的音乐跨学科作业设计

赖景琼/厦门市大同中学

一、作业设计思路

学科实践是新一轮课程改革的重点和亮点，《义务教育艺术课程标准（2022年版）》对艺术实践的概念和内容进行了具体的阐述，艺术实践包括欣赏、表现、创造、融合。2023年12月教育部出台《关于全面实施学校美育浸润行动的通知》，提出了普及艺术实践活动的要求。基于对文件精神和课标的学习、理解，结合教材内容，围绕音乐学科实践活动的形式和特点，融合相关姊妹艺术设计音乐学科作业，培养学生的审美感知、艺术表现、创意实践、文化理解素养。

音乐与戏剧作为姊妹艺术，在人类历史上一直紧密相连，相互影响，并共同塑造了丰富的文化景观。它们之间的相互融合不仅能丰富各自的艺术内涵，也为我们提供了多样化的审美实践体验。从古希腊悲剧中的合唱团到现代音乐剧的流行，音乐一直是增强戏剧氛围、描绘角色心理、推动情节发展的重要手段，它能丰富戏剧的表现力，使观众更加沉浸在剧情之中。而戏剧亦能为音乐提供视觉上的诠释，在歌剧、舞剧等融合了戏剧元素的表演中，演员通过肢体语言和表情动作，为音乐赋予了具体的形象和故事背景，这种视听结合的艺术形态，使得音乐作品得到了更为立体和生动的展现。

因此，将戏剧学科融入音乐学科教学，对于深化学生对音乐作品情感与内涵的理解具有显著作用。通过情节构建、角色扮演与情境模拟等手段，学生得以在更深层次上领会音乐所要传递的情绪与信息。结合戏剧教育的方法，学生能够更为精准地体现音乐作品中的表达意图，从而增强其艺术表现力。将音乐作品放置于模拟的表演环境中，不仅有助于学生对作品主题、情感及表现形式的深入理解，而且易于使之从抽象的符号转化为充满生命力和情感的艺术实体。这种跨学科的实践模式，展现了音乐与姊妹艺术之间的协同效应，使得音乐学习变得更加立体、动态和富有表现力，让学生得以感受到人类情感的复杂性和生活的美好，从而得到精神上的愉悦和启迪，同时有助于学生更好地把握音乐的艺术性，也为他们的个人成长和综合素质的提升打下了坚实的基础。

本音乐跨学科作业设计的主题是在艺术实践中融合音乐与姊妹艺术，通过戏剧中的角色体验、分析、感知音乐作品的情感，并能有感情地表现、演绎音乐。

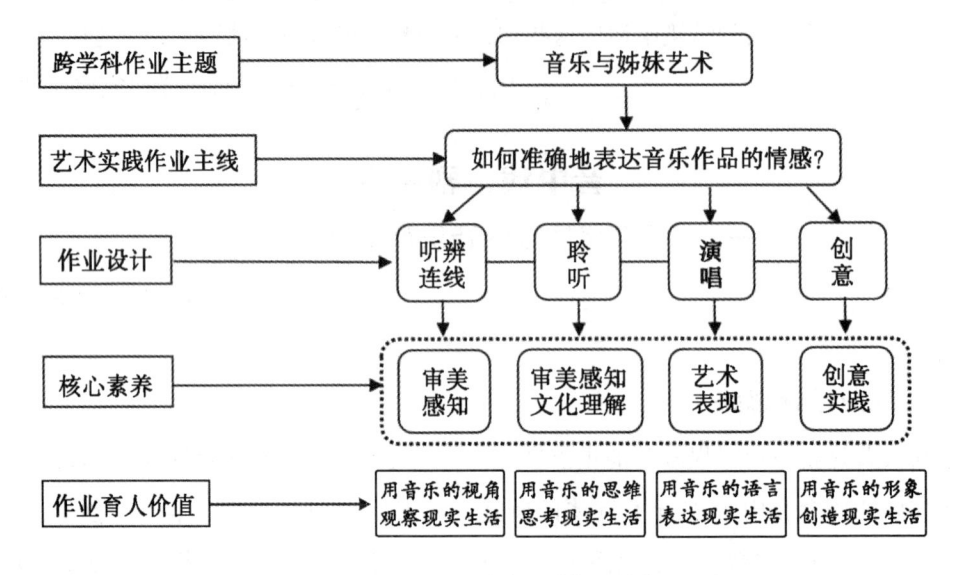

基于艺术实践的音乐跨学科作业结构图

本作业设计的目标是通过听辨与赏析不同角色演唱同一首歌曲，以及同一个角色在不同场景中演唱同一首作品所表达的不同情感，从演唱方法、演唱音色、演唱形式、演唱情感等方面来感知、体验、表现音乐作品所要展现的细腻的内心情绪、情感，并能将其运用于实际情境中，根据自己的理解设计出音乐表现方案，进而培养学生的审美感知能力、艺术表现能力、创意实践能力、团结协作能力、文化理解素养。

二、作业设计

音乐剧《猫》由安德鲁·劳埃德·韦伯根据英国诗人艾略特给儿童写的长诗《擅长装扮的老猫精》改编而成。剧情内容主要讲述了在每年举办的杰里科猫族盛大聚会的这一天，性格迥异的猫齐聚在这里大展身手，都为能够获得重生的机会而努力着。曾经美丽高贵的魅力猫格里泽贝拉，如今却浑身肮脏被大家排挤，她深情演绎了一曲 *Memory*，震撼并感动了在场所有的猫，最后她获得了全新的生命。

1. 听辨连线题

聆听两段 *Memory* 片段，分辨出这两段音乐分别是由哪个角色演唱的，将音频与对应的角色剧照用线连起来，并说说你的理由。

音频1　　　　　　　　　　　　音频2

格里泽贝拉（魅力猫）　　　　　　　杰米玛（可爱猫）

完成时间：课中。

【评价标准】

水平3：能快速辨别歌曲片段是由哪个角色演唱的，并能生动讲解判断依据。

水平2：能辨别歌曲片段是由哪个角色演唱的，并能简单讲解判断依据。

水平1：对于判断结果比较犹豫，无法讲述判断依据。

【设计说明】

音乐剧中的演唱方法、演唱音色与剧中人物角色的性格特征刻画息息相关。音乐剧《猫》中的主角格里泽贝拉与杰米玛年纪相差较大，一位年长，一位年轻，由于生活阅历不同，一位饱经风霜，一位天真无邪，因此对应的演唱特点也不同，一位音色较为浑厚带有沧桑感，一位音色清亮透彻充满希望，通过聆听对比掌握音乐剧演唱的特性。

材料出处	原创。
设计意图	让学生通过听辨不同角色演唱同一个作品，感知相同的音乐作品可以有不同的情感表达方式，知晓歌曲的演绎方式与演唱角色的性格、心境等因素息息相关。
检测知识	音乐和戏剧的相关知识。
考查能力	聆听能力、分辨能力、观察能力、语言表达能力、发现问题能力、应用能力。
难易程度	中等。
适用类型	书写与口头表达类。

2. 聆听赏析题

*Memory*是音乐剧《猫》中最著名的唱段，它贯穿全剧，推动故事发展。其中最为动人的是女主角格里泽贝拉被猫群接纳前与杰米玛的演唱，完整地呈现了*Memory*这首歌的

情绪，将整部剧推向高潮。

（1）结合格里泽贝拉与杰米玛的演唱音色特点，尝试分析音乐剧的演唱对人物性格特征的塑造起了什么作用。

（2）分析这首歌曲的结构特点，说说每个乐段分别表达了角色什么样的情绪、情感和内心活动。

完成时间：课中。

【评价标准】

水平3：能准确回答出作品的双三部结构特点：引子＋A＋B＋A＋间奏＋B′＋A′＋尾奏，能详细讲述音乐在戏剧角色塑造及情感表达中的作用。

水平2：基本能回答出作品的再现三部结构，能简单描述音乐在戏剧表演中的作用。

水平1：只能答对其中的一两个小问题，没法描述音乐在戏剧表演中的作用。

【设计说明】

Memory 这首歌曲表现了女主角格里泽贝拉从内心的孤寂，到冷静、自救、蜕变的过程，最后歌曲的高潮部分，用具有爆发力的声音展现出她希望重获新生的迫切之情。整首歌体现出格里泽贝拉在对现实绝望的呐喊中，找到了幸福的真谛，升华了整部剧的感情，将全剧推向了情感的最高潮。可以说，细腻的音乐情感变化是这首作品的精彩之处。其中格里泽贝拉历经沧桑的音色与杰米玛黄鹂鸟般清脆明亮的音色形成强烈的对比。虽然杰米玛的演唱部分不长，但她与格里泽贝拉的共同演绎却是这首歌的点睛之笔。设计这道作业可以让学生更好地理解音乐在戏剧表演中的重要作用。

材料出处	原创。
设计意图	让学生在了解剧中故事情节、角色内心情绪情感变化的基础上，通过音乐要素的分析，理解、感知作品所要表达的情感变化。对比不同角色的情感表达，从戏剧的角度来分析音乐的特点。
检测知识	音乐和戏剧的相关知识。
考查能力	对比分析能力、音乐赏析能力、语言表达能力、情感共情能力、发现问题的能力。
难易程度	中等。
适用类型	口头表达类。

3. 艺术表现

对比聆听魅力猫格里泽贝拉在第一幕终场及第二幕中演唱的歌曲 Memory，同样的旋律，同样的角色，在不同的时间段、不同的场景中演唱，所表达的情感有何不同？尝试演唱 Memory 或者演奏歌曲的旋律，表现出这两个场景中所要表达的不同情感。

完成时间：课中

【评价标准】

水平3：能详细分析相同角色在不同的戏剧情境中通过演唱表达出的不同情感，并能通过自身的演唱或演奏来表达不同的音乐情感。

水平2：能简单分析角色在不同情境中所表达的不同情感，并能主动参与演唱或演奏活动。

水平1：较难分析出角色所表达的情感，参与演唱或演奏的积极性有待提升。

【设计说明】

音乐作为一种特殊的语言形式，也是情感最完美的表现形式。音乐剧《猫》中，作品 Memory 是音乐情感的灵魂，也是这部剧主题的核心环节，无论是角色塑造音乐还是音乐成就了角色，二者的关系密不可分，在情感的高度中达到了完美的统一。因此，在体验感受作品的情感之后，让学生懂得通过演唱、演奏等艺术表现形式来表达作品的不同情感，将所学知识技能运用到实践中来。

材料出处	原创。
设计意图	让学生通过分析相同的音乐作品因在不同时间段、不同场合中演唱，所呈现出的情绪情感不同，理解情感表达对音乐作品演绎的重要性，并学会在演唱或演奏实践中能准确表达作品的情感。
检测知识	音乐和戏剧的相关知识。
考查能力	艺术表现能力、实践运用能力、语言表达能力、发现问题能力、应用意识、演唱演奏能力。
难易程度	中等。
适用类型	艺术实践类。

4. 创意实践

在音乐剧《狮子王》中有一首歌 Hakuna Matata，是小狮子王辛巴被叔叔刀疤陷害后逃到了遥远的丛林，遇到了猫鼬丁满和疣猪彭彭，他们结成了好朋友，丁满和彭彭为了安慰、鼓励辛巴，和他一起演唱了这首歌曲。假如你是导演，你的团队将如何从演唱方法、演唱音色、演唱情感等方面来设计这首歌曲的演绎？或者用什么造型、标志性动作来表现三个角色的性格特征？

完成时间：课中。

【评价标准】

水平3：能根据三个角色的不同性格特征设计出不同的演唱方式及动作造型，生动有趣。

水平2：能设计出不同的演唱方式及动作造型，比较能呈现角色的特点。

水平1：设计出的演唱方式及动作造型较没有区分度，无法表现出角色的特点。

【设计说明】

这是一道开放性作业，根据所学知识技能，结合戏剧及舞蹈学科的特点，运用演唱方式、演唱方法、歌唱音色、舞蹈动作等，充分发挥学生的想象力及创造力，以检验音乐知识技能的学习运用情况。

材料出处	原创。
设计意图	培养学生的团队合作意识，能将课堂所学习的知识运用于实际问题的解决中，感悟音乐与戏剧、舞蹈等姊妹学科的关联，发展学生的综合素养及创新意识。
检测知识	音乐和戏剧、舞蹈的相关知识。
考查能力	团结协作能力、获取信息能力、语言表达能力、创造能力、艺术实践能力、设计能力、发现问题能力。
难易程度	较难。
适用类型	合作式艺术实践类。

三、作业点评

打破学科壁垒，实施跨学科主题学习，成为当前课程与教学回归育人价值在课程设计和教学方式革新方面的必然要求。本作业设计基于跨学科学习的理念，以充分体现音乐学科实践为目标，协同姊妹艺术戏剧、舞蹈等，将不同学科知识进行融合，在真实情境中解决问题，通过作业练习，帮助学生对跨学科相关内容建立全面、深入的理解，回归育人的本质需求。同时通过跨学科作业评价标准，关注跨学科作业的实施与评价所关乎的学习质量，强调艺术素养导向，注重作业形式的多样化和多元化。

本作业设计围绕人音版《音乐八年级上册》第二单元"多彩音乐剧"中的作品 *Memory* 展开，利用音乐剧的多元化特点以及作品细腻的情感表达，在强调体现音乐学科的情感学习、相关音乐学科基础知识与技能的学习之上，设计开放性创意实践作业，提高学生真实问题的解决能力，满足个性化发展的需求。这一系列聆听、感知、体验、分析、演唱、演奏、设计等音乐实践活动有机地融合在一起，结合戏剧、舞蹈学科的特性，很好地培养了学生的艺术素养和创造能力，在跨学科作业学习中使学生审美能力得到了全面发展。

（点评人：福建省普通教育教学研究室　刘晨曦）

美术

纹样与生活
——共话"传家宝",探究以致用

刘思妤/福州滨海实验学校

一、作业设计思路

《义务教育美术课程标准(2022年版)》的总目标中提出通过艺术课程的学习,学生应达到提升审美感知能力、丰富想象力、发展创新思维、坚定文化自信等目标。本单元以"传家宝"为关键词串联组织教材。传家宝,指世代相传的珍贵物品,它不仅仅是物品,更引申为一种"软文化"。每个家庭都有着独属于自己的传家宝,它在时光的流转中传递着一脉温情。让学生通过探索家族传家宝的秘密,一起倾听岁月"留声机"中的时代印痕,有助于促进学生从"家传"到"校传"的转化。单元教学目标连续、递进设计,通过发现传家宝上的纹样,关注纹样与生活的密切联系,能帮助学生了解具有"家族"传承意义的文化元素,激发学生热爱乡土优秀文化的情感,让学生树立文化自信和品牌推广意识。

人教版八年级下册第二单元《纹样与生活》属"设计·应用"领域,包含两课。第一课《了解纹样》,主要内容是发现生活中的纹样、了解纹样概念、纹样与生活的关系、纹样的作用等,通过一系列欣赏与比较,了解纹样的组织形式、构图及其色彩搭配。第二课《设计纹样》,要求掌握纹样的收集方法和设计原则,结合校园义化创作设计与运用,美化校园、美化生活。

本单元从学生生活入手,发现身边的纹样、探索纹样的组织形式等,并将学生的目光引向由中国举办的国际性奥林匹克赛事——冬奥会,从不同视角重新审视,站在世界大舞台,中国传统纹样是如何融入现代生活的。侧重通过纹样设计方法感受中国纹样的独特浪漫。同时,通过信息技术手段将设计创意拓展外化,在合作中巩固新知。

二、作业设计

1. 聚焦"传家宝",识纹样多元化

学生课前结合任务单,寻找并拍摄家里的"传家宝",并根据学习单填写观察记录,写出"传家宝"的简介、精美之处及纹样的类别。课堂上分享讨论自己"传家宝"的精美得益于哪一方面,并发现归纳纹样的题材类型。

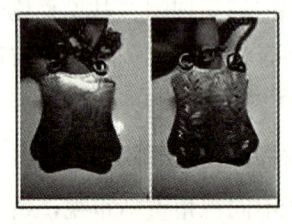

参考模板

学生作业实例

完成时间：课前及课中。

【评价标准】

（1）能找到生活中的纹样，并根据任务单进行填写。

（2）能够积极分享课前拍摄的纹样图片及填写的内容。

（3）能说出对纹样的理解及其对生活的作用。

【设计说明】

通过课前收集、探究活动，结合已有知识经验，初步认识纹样与生活各方面的联系，为纹样设计学习奠定基础。对"传家宝"的探寻是对自己家庭历史的探寻，更是对家族精神的传承。学生在完成作业的过程中，历史辨别能力、文字表达能力都得到了有效提升。这些作业使学生对自己的家史有了更多独特理解，并在感受纹样之美的同时，对家乡也有了更深层次的感悟。

2. 共赏"传家宝"，探纹样规律性

通过观察"传家宝"——人面鱼纹彩陶盆，及同期"传家宝"——三鱼纹彩陶盆，发现其纹样特征并对比异同；以 2022 年冬奥会开幕式"雪花纹"不同的构筑形态为例，在欣赏、分析其组织形式的基础上，理解纹样在生活中的美化作用及文化内涵。

共赏"传家宝"，探纹样规律

班级：

姓名：

	人面鱼纹彩陶盆	三鱼纹彩陶盆	2022 年北京冬奥会开幕式	
我发现了纹样的身影（简要描绘）				
纹样题材				
组织形式（特点）	单独纹样（独立完整）	二方连续纹样（无限延伸）	四方连续纹样（无限扩张）	适合纹样（外形约束）
生活中的应用	T恤 ……	花边 ……	被单、地砖 ……	包包、服装 ……

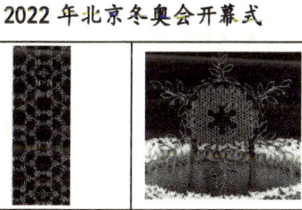

参考模板

	人面鱼纹彩陶盆	三鱼纹彩陶盆	2022年北京冬奥会开幕式	
我发现了纹样的身影（简要描绘）				
纹样题材	人物	动物	雪花	雪花
组织形式（特点）	单独纹样(10分钟)	二方连续(延伸)	四方连续(折纸)	适合纹样(有外部限制)
生活中的应用	挂饰、T恤、毛巾、水杯	窗帘花边、服饰	瓷砖、地毯、窗格	看衣服盘、风筝

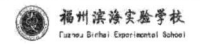

共赏"传家宝"，探纹样规律
班级：八年2班
姓名：林君

学生作业实例

完成时间：课中。

【评价标准】

（1）能够看图片说出纹样的组织形式并说出此类组织形式的优点。

（2）能够说出在生活中不同组织形式纹样的应用。

（3）能够理解纹样所包含的文化内涵。

【设计说明】

本项作业将美术与历史进行学科融合，沿着设计师的足迹观赏"传家宝"及冬奥会，通过分析纹样应用实例，让学生掌握纹样的组织形式，初步感受纹样的设计魅力，体会纹样在生活中的重要作用：纹样不仅能彰显大国文化、突出地域特色，让学生对所学知识形成内化和迁移，而且能帮助学生理解无价的"传家宝"其丰富的纹样宝库寄予的是人民对美好生活的愿望。本项作业内容的观赏对象为历史课上学习过的新石器时代的彩陶盆，学生容易从器物、用途等角度，深入地理解中国自古以来对纹样所寄托的期盼，并将这种发现自觉迁移到冬奥会纹样的呈现上。

3. 学用"传家宝"，融体验数字化

学生以小组为单位进行合作，利用平板软件——Pottery捏制陶器，选择一至两种组织形式的纹样进行装饰，作品完成后，选一名代表上台分享并简要介绍作品所采用的纹样题材及组织形式，同学互评。

完成时间：25分钟。

应用软件及学生作业实例

【评价标准】

（1）是否积极参与小组制作。

（2）能利用本课知识描述同学们设计陶器所采用的纹样。

【设计说明】

为巩固对纹样组织形式的掌握，本项作业将美术与信息技术相融合，借助数字媒体手段感受纹样魅力。运用软件的便捷性与仿真效果，激发学生兴趣，使学生能够在较短时间内化纹样设计的新知，了解纹样外化创意不仅可依靠绘画方式，还可通过摸索软件中的拉坯、绘制纹样、烧制、挑选背景等强大功能，实现高效课堂的转化，同时也增强了绘画功底较弱的学生的学习自信心及其创作欲的表达。

4. 赏析地域美，寻纹样设计法

欣赏福州三宝之一———油纸伞，观察油纸伞面纹样，探索纹样的设计方法，掌握概括、夸张、想象等纹样设计方法，尝试以校园文化相关的海浪为原型进行写生及纹样设计。

完成时间：20分钟。

【评价标准】

（1）能够说出所设计纹样运用的设计方法。

（2）能够运用纹样设计的方法进行创作。

【设计说明】

体验设计师的创作过程，将校园文化中的海浪元素作为原型，进行纹样的设计，并了解、掌握"设计满足实用功能与审美价值"的设计原则。

5. 领略校园美，展纹样创意化

头脑风暴开展小组合作，挖掘能够凸显校园文化的元素，并以此为原型进行纹样设计；观察校园，拍摄需要美化装点的校园一角或一件物品，通过美图秀秀 APP 将所设计的纹样与图片进行合成，利用网络平台展示与分享所设计纹样及合成效果图，以投票形式选出最美校园设计师。

参考模板

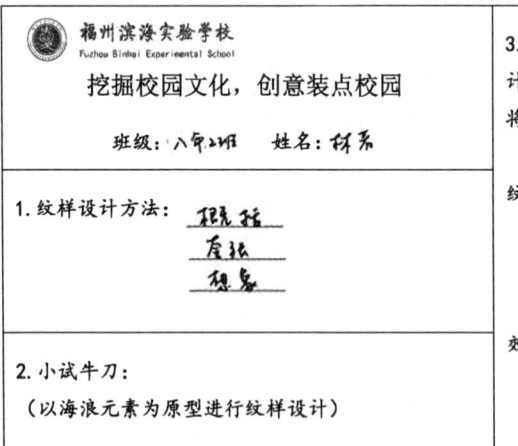

学生作业实例

完成时间：课中 25 分钟及课后。

【评价标准】

（1）能够积极参与小组合作。

（2）能够提炼至少一个与校园文化有关的元素。

（3）找到校园一角或一件校园内的物品进行纹样设计与装饰。

【设计说明】

结合新知，巩固拓展、体验纹样设计及物以致用的魅力与乐趣。八年级学生在信息技术课上已接触过 Photoshop 这类的专业修图软件，拥有一定的操作思维及技能。本项作业选择借助平时电子产品中普适运用较高的美图秀秀软件，调动 Photoshop 的操作思维自行寻找工具进行图片合成，实现学科间的横向知识迁移，为创意实践助力。像设计师一样，"设计灵感从生活中来，设计的呈现方式到生活中去"。要兼顾美观与实用，通过观察校园环境，感受校园文化，为校园设计能够彰显校园文化的"独特"纹样，体味潜藏在心底的浓浓家校情。

三、作业点评

在教学探索的过程中，教师注重指导学生从实践中感受美术与生活的关系，将美术核心素养渗透在单元活动的每个环节，引导学生关注生活、热爱生活，感受、体验、探究民族文化的底蕴，在不断提高学生美术学习兴趣的同时，达成立德树人之目标。本作业设计主要体现了以下特点：

（一）素养为纲，以美润心

以落实核心素养为主线，丰富学生对生活中感受美、欣赏美、表现美、创造美的审美体验，学习和领会中华民族艺术精髓，增强中华民族自信心和自豪感。如通过"探纹样规律"环节带领学生共赏"传家宝"，形成学生关注生活中蕴含"人文情怀"美好事物的体验。利用远古的彩陶盆、冬奥会开幕式中的雪花纹、福州三宝之一的油纸伞等实例，让学生探讨、概括纹样的组织形式及方法，增进学生对乡土文化、时代生活的了解与认知，达到感受和理解我国深厚文化底蕴之目的。

（二）学科融合，以美创生

以美术学科为主体，加强与其他学科的横向联系，充分发挥协同育人功能。教师在遴选作业内容及设计学习任务时有意加强与八年级学生历史、信息技术学科的融合，如在共赏"传家宝"，探纹样规律性；学用"传家宝"，融体验数字化；领略校园美，展纹样创意化等环节，利用学生已有的历史知识、信息技术技能，以美创生，实现学科联动，有效提升学生对纹样设计的理解与运用能力。

（三）创真情境，以美济美

以艺术实践为基础，学习任务群为抓手，有机整合学习内容，构建一体化的内容体系。作业设计中，教师通过创设真实的情境，帮助学生在现实生活中综合利用所学知识、技能等解决问题，使静态的知识在动态的情境下被获取和运用，如"领略校园美，展纹样创意化"的环节，让学生结合课堂新知，依托信息技术手段实现校园的装饰效果图，实现将知识与技能有效转化为核心素养，使其有效落地生根。

（点评人：福建省普通教育教学研究室　黄丽丽）

体育与健康

羽毛球正手击高远球作业（活动）设计

叶晓倩　罗七生　张晗婧/厦门大学附属科技中学

一、作业设计思路

依据《义务教育体育与健康课程标准（2022年版）》的要求，落实立德树人根本任务，突出"五育"融合育人思维，融合跨学科知识，充分发挥羽毛球基本技术的运动特点与本质特征，创设"探究情景下提升羽毛球基本技术"这一单元主题（如下图所示）。本节课归属于"探究情景下提升羽毛球发球及击高远球基本技术"小单元，本节课为第4课

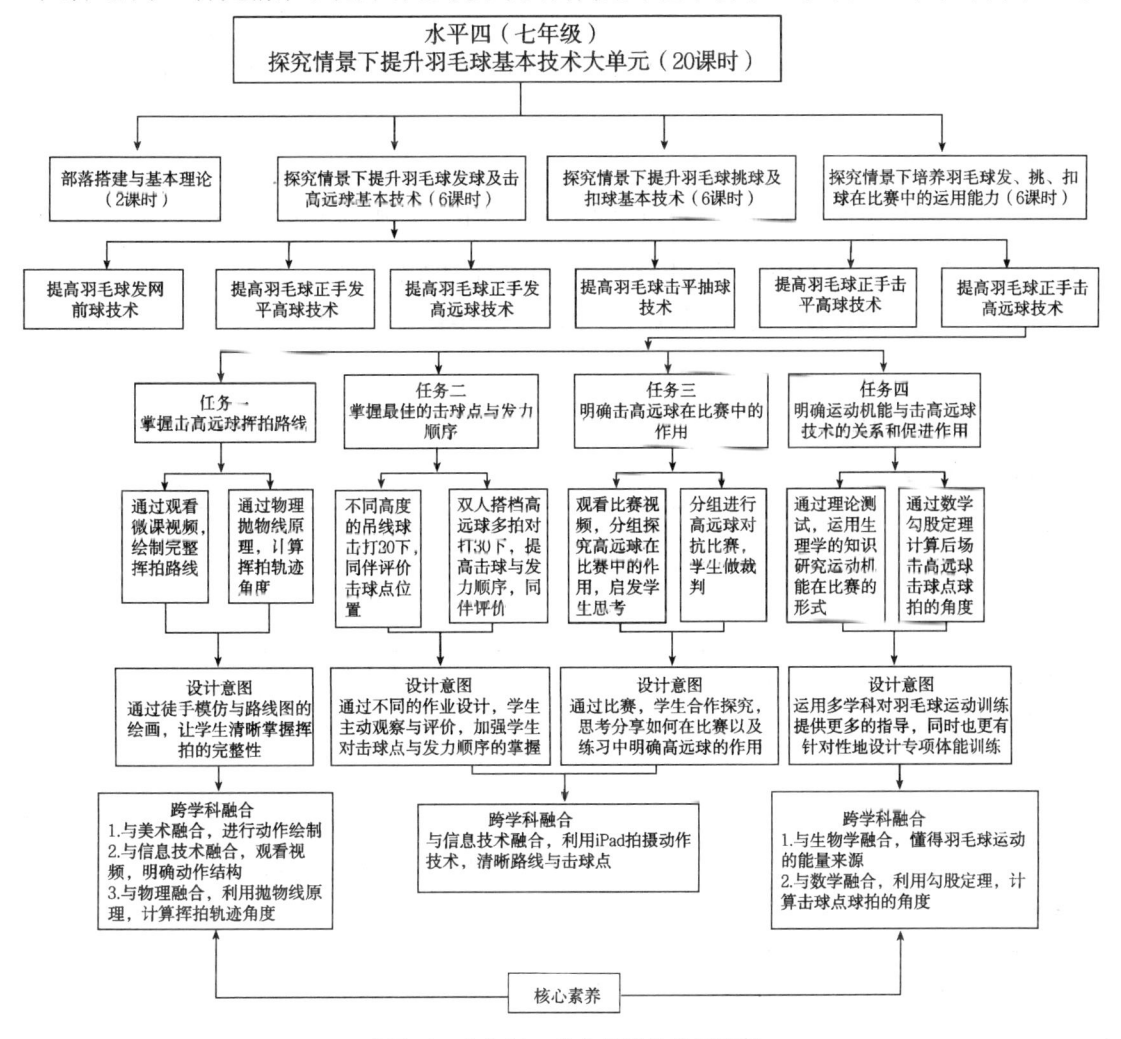

水平四（七年级）作业设计整体思路图

时"提高羽毛球正手击高远球技术",根据学生的实际情况与羽毛球的学习规律明确教学任务,根据任务设计课时作业,通过观看微课与美术融合,来明确击高远球的挥拍路线;通过与物理融合,利用抛物线原理计算挥拍轨迹角度;通过与信息技术融合,细化动作要点明确击球点;从数学角度出发,利用勾股定理建立挥拍路线算式,计算后场高远球击球点球拍的角度;从生物学角度出发,引导学生明确羽毛球运动肌肉收缩与舒张原理,探究跨学科综合,达到跨学科应用,实现羽毛球运动带来的乐趣。

二、作业设计

第4课时 探究情景下提升羽毛球基本技术——提高羽毛球正手击高远球技术

(一)前置作业

班级:_____ 第___部落小组 日期:_____
组长:_____ 成员:_____

画图题:通过观看微课视频以及自主学练,请学生画出正手击高远球的挥拍完整路线图。

【评价标准】

水平3:能找到体育与美术、物理较多有关的知识,能生动形象绘出正手击高远球的挥拍完整路线图,并且利用物理的抛物线原理计算挥拍轨迹角度。

水平2:能找到体育与美术、物理有关的知识,能简单绘出击高远球的挥拍路线图和轨迹角度。

水平1:对体育与美术、物理的相关知识点理解模糊,无法完成作业任务。

【设计说明】

作业类型	□口头	☑书面	☑实践	□其他
作业时间	□理论:3~5分钟	☑实践:5~8分钟		
学习水平	□识记	☑理解	☑应用	☑综合
作业难度	□易(难度0.4以下)	□中(难度0.4~0.7)	☑难(难度0.7以上)	
反馈方式	☑自评	☑互评	☑师评	
跨学科融合	体育与信息技术、美术、物理			
设计意图	通过观看微课,学生主动学练,清晰掌握正手击高远球动作路线及挥拍的完整性,与美术融合,动手绘画出完整的路线图,加强对整个技术动作结构的掌握。			
检测的知识	羽毛球正手击高远球的动作要点			
材料出处	羽毛球运动理论与教材			

续表

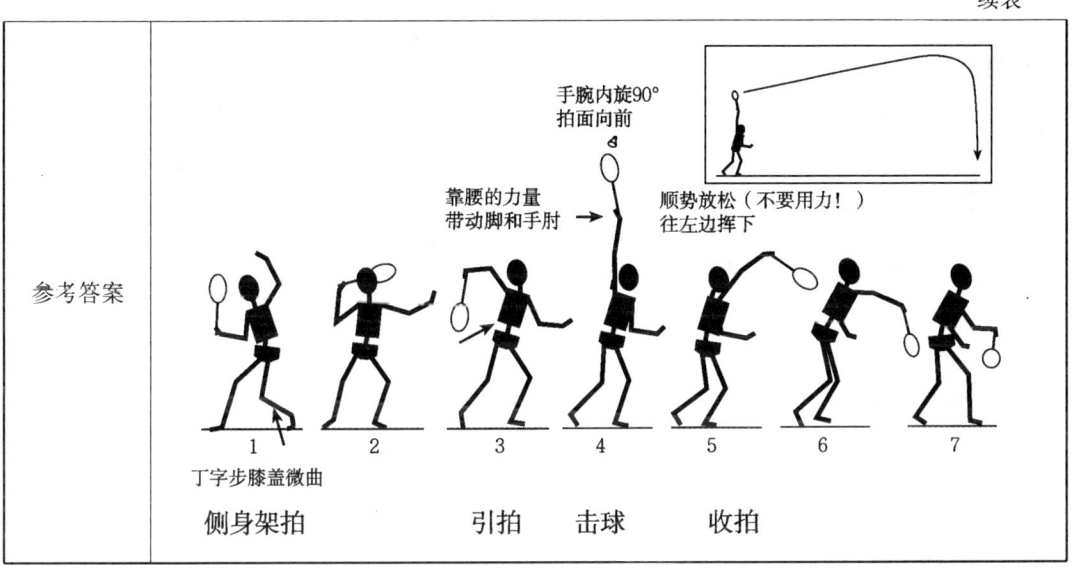

参考答案	（击高远球动作分解示意图：1 侧身架拍—丁字步膝盖微曲；2；3 引拍—靠腰的力量带动脚和手肘；4 击球—手腕内旋90°拍面向前；5 收拍—顺势放松（不要用力！）往左边挥下；6；7）

（二）课后作业

请学生充分热身，例如，慢跑两分钟和动态拉伸，然后运用 iPad，对小组成员击不同高度的吊线球以及对拉高远球动作技术进行评价并打分，做好整理放松活动。

（1）不同高度的吊线球击打 20 下，观察击球点位置并进行评价。

（2）双人合作多拍对拉高远球 30 下，观察发力顺序以及击球点位置并进行评价。

【评价标准】

水平 4：同伴之间能够在后场场地多拍对拉高远球（20 个球以上）且对拉高远球期间无失误；同时对拉高远球的动作协调发力连贯、击球点与拍面正确，做出正确的击高远球动作。

水平 3：同伴之间能够在场地中场多拍对拉高远球（10～19 个）且失误间断不超过 2 次；同时对拉高远球动作较能够协调发力，能掌握较连贯正确的击球点和拍面。

水平 2：同伴之间能够在场地中相互对拉高远球，能够找到击球点。

水平 1：同伴之间不能够完成对拉高远球，只能完成个别技术动作，无法找到击球点。

【设计说明】

作业类型	□口头	□书面	☑实践	□其他
作业时间	□理论：3～5 分钟	☑实践：15～20 分钟		
学习水平	□识记	☑理解	☑应用	☑综合
作业难度	□易（难度 0.4 以下）	☑中（难度 0.4～0.7）	☑难（难度 0.7 以上）	
反馈方式	□自评	☑互评	☑师评	
跨学科融合	体育与信息技术			

续表

设计意图	利用 iPad 拍摄同伴在练习时的技术动作，从不同高度的吊线球、多路径的击球清晰观察在击球时是否有转体、抬肘、倒拍、内旋挥拍并正拍面击球
检测知识	羽毛球正手击高远球的动作方法
材料出处	参照第七章第三节羽毛球技术动作有关内容来安排

第 5 课时　探究情景下提升羽毛球基本技术——提高羽毛球正手击高远球技术

（一）前置作业

1. 多项选择题

羽毛球是一项热门运动，若长期坚持打羽毛球能给身体带来的好处有（　　）。

A. 促进新陈代谢　　B. 保护视力　　C. 提高腿部力量　　D. 提高灵敏性

【评价标准】

水平 3：能找到体育与保健健康较多有关的知识，懂得健康教育理论，学会举一反三，能生动讲解应用。

水平 2：能找到体育与保健健康有关的知识，了解健康教育理论，能简单讲解。

水平 1：对体育与保健健康相关知识点理解模糊，几乎不了解健康教育理论，无法完成作业任务。

【设计说明】

作业类型	□口头	☑书面	□实践	□其他
作业时间	☑理论：5~10 分钟	□实践：10~20 分钟		
学习水平	□识记	☑理解	☑应用	☑综合
作业难度	□易（难度 0.4 以下）	☑中（难度 0.4~0.7）	□难（难度 0.7 以上）	
反馈方式	□自评	□互评	☑师评	
跨学科融合	体育与运动生理学、生物学知识融合			
设计意图	与生物学、生理学相融合，让学生明白羽毛球运动能够带来哪些好处，从而提高学生对运动的认知			
检测知识	羽毛球正手击高远球知识点			
材料出处	参照第七章第一节知识点			
参考答案	答案解析：ABCD。羽毛球运动中，要不停地进行脚步移动、跳跃、转体等，合理运用肢体，从而增大上下肢与腰腹的力量，增强心血管系统的功能。来回灵动的小球运动锻炼眼部关键的睫状肌、晶状体，遏制弱视提高视力，同时有助于提高学生的灵敏性			

2. 分类连线（将生物的运动系统理论基础与相对应的运动训练进行连线）

"美人鱼"拉伸　　　　　　肌肉收缩　　　　正手击高远球

网球挥拍击球　　　　　　　　　　　　　肱二头肌杠铃弯举

肱二头肌拉伸　　　　　　肌肉舒张　　　　小腿拉伸

【评价标准】

水平3：能找到体育与生物较多有关的知识，懂得运动系统，并能生动讲解应用。

水平2：能找到体育与生物有关的知识，了解运动系统，能简单讲解。

水平1：对体育与生物相关知识点理解模糊，几乎不了解运动系统，无法完成作业任务。

【设计说明】

作业类型	□口头	☑书面	□实践	□其他
作业时间	☑理论：5~10分钟	□实践：20~30分钟		
学习水平	□识记	☑理解	☑应用	☑综合
作业难度	□易（难度0.4以下）	☑中（难度0.4~0.7）	□难（难度0.7以上）	
反馈方式	□自评	☑互评	□师评	
跨学科融合	体育与生理学			
设计意图	通过运动生理学，为运动提供更多理论依据，明确多种运动的能量代谢及来源形式，引发学生对运动更多的思考			
检测的知识	多学科融合理论结合			
材料出处	参照第七章第三节羽毛球技术动作有关内容来安排			
参考答案	答案： "美人鱼"拉伸　　　肌肉收缩　　　正手击高远球 网球挥拍击球　　　　　　　　　　　肱二头肌杠铃弯举 肱二头肌拉伸　　　肌肉舒张　　　小腿拉伸 答案解析：一个运动通常是由多块骨骼肌协调完成的。①肌肉收缩：当钙离子浓度足够高时，ATP结合后，钙离子与肌钙蛋白引起原肌球蛋白发生变构，使粗肌丝能够与细肌丝结合，引起肌肉收缩。②肌肉舒张：钙与肌钙蛋白解离，肌钙蛋白恢复到原来的构型，粗、细肌丝退回到原来的位置，肌小节变长，肌肉舒张			

3. 计算应用题

后场高远球是最普通和最常见的一种回球方式。据有关资料统计，采用后场高远球的回球方式击球，能使自己得到场上 32.3% 的主动率，使对方的失误率达到 32.14%，接球一般率达到 66.67%。通过高速摄像机得到的后场高远球击球线路球，经简化后如图所示：

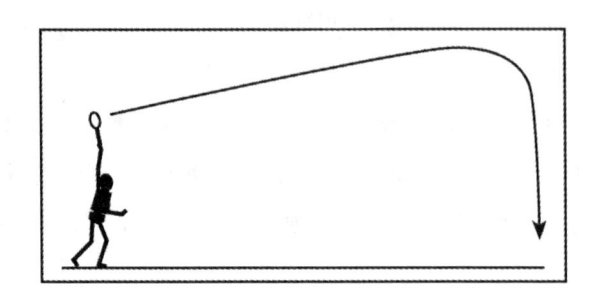

问题：击出 1 个高质量的后场高远球，应该满足以下 2 个条件：（1）要有一定的高度，击球后的最高点距离球网正上方 1 m（羽毛球网高为 1.55 m）；（2）人到球网的距离为 2 m。那么通过数学勾股定理，求出人与击球最高点的距离应为多少？

【评价标准】

水平 4：能用数学勾股定理等有关知识较准确地计算出人与前场羽毛球飞行最高点的距离，同时直观地观察得出后场高远球的定理函数并且能够实践。

水平 3：能找到勾股定理等有关知识，并且算出人与前场羽毛球飞行最高点的距离。

水平 2：能用勾股定理知识点直观观察后场击高远球函数图像。

水平 1：了解击后场高远球方法，利用勾股定理计算人与前场羽毛球最高点的距离。

【设计说明】

作业类型	□口头	☑书面	☑实践	□其他
作业时间	□理论：3～5 分钟	☑实践：5～8 分钟		
学习水平	□识记	☑理解	☑应用	☑综合
作业难度	□易（难度 0.4 以下）	□中（难度 0.4～0.7）	☑难（难度 0.7 以上）	
反馈方式	□自评	☑互评	□师评	
跨学科融合	体育与数学			
设计意图	通过数学勾股定理计算人与羽毛球前场最高点的距离，让学生从数学的角度认识击球路线，为学生的后续学习提供更多的帮助，同时也让学生利用数学的思维来解决问题			
检测的知识	羽毛球正手击高远球，人与前场羽毛球最高点的距离			
材料出处	"数学工作坊"			

续表

参考答案	答案解析：如图，将羽毛球高远球的前场飞行轨迹简化成直角三角形，其中，A、B 分别为人的站位点和前场羽毛球最高点，O 为球网的最高点。 已知人到球网的距离为 OA 为 2 m，前场羽毛球飞行的最高点距离球网上 1 m，即 OB 为 1 m，利用勾股定理公式 $OA^2+OB^2=AB^2$ $$2^2+1^2=AB^2$$ $$AB=\sqrt{5}$$ 所以人与前场羽毛球飞行最高点的距离为 $\sqrt{5}$ m

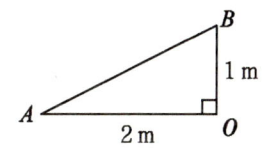

（二）课后作业

1. 实践探究

（1）小组探究，通过查阅资料及运动损伤等相关理论知识，在运动中，出现踝关节扭伤后，应如何进行处理和包扎？

【评价标准】

水平 3：能找到较多有关体育运动损伤的知识，掌握各类关节受伤的正确处理和包扎方法，并能生动讲解应用。

水平 2：能找到有关体育运动损伤的知识，了解关节受伤的处理和包扎方法，能简单讲解。

水平 1：对体育运动损伤的知识点模糊，几乎不了解受伤的处理和包扎方法，无法完成作业任务。

【设计说明】

作业类型	□口头	☑书面	☑实践	□其他
作业时间	□理论：3~5 分钟	☑实践：5~8 分钟		
学习水平	□识记	☑理解	☑应用	☑综合
作业难度	□易（难度 0.4 以下）	☑中（难度 0.4~0.7）	□难（难度 0.7 以上）	
反馈方式	☑自评	☑互评	☑师评	
跨学科融合	体育与保健知识			
设计意图	通过体育运动损伤的保健知识，掌握正确的关节处理和包扎方法，在日常运动中，能够自主或与同伴协作完成正确处理方法			

续表

检测的知识	羽毛球的运动损伤知识及处理方法
材料出处	《体育与健康》
参考答案	1. 踝关节扭伤后，应当立即采用 RICE 方式处理 　　（1）R（rest）：休息，制动受伤的关节，使用拐杖等装置辅助或者应用支具固定。 　　（2）I（ice）：冰敷，伤后 24～72 小时内冰敷，可以起到消肿止痛作用，冰敷每次持续 15～20 分钟，间隔 2～3 小时。 　　（3）C（compression）：加压包扎，可应用弹力绷带加压包扎以减轻肿胀状况，可使用石膏、支具等来保护关节。 　　（4）E（elevation）：将受伤的踝关节抬高，并高于心脏，有助于减轻肿胀状况。 　　自行急性处理后，要及时到附近医院就诊。 2. 踝关节受伤的包扎方法：轻度损伤可以使用弹力绷带采用八字位缠绕法进行包扎；严重损伤需要使用石膏或支具固定

（2）制订羽毛球专项体能训练计划。

根据已学知识和技能，结合小组成员的实际，通过笔记的形式设计出一份体能专项训练计划。条件允许情况下可提供实践图片，小组评价，依据内容合理性和科学性进行打分。

【评价标准】

水平 4：设计思路明确清晰，设计方案完整，主题突出，练习效果强，同时能够拍摄设计的动作并展示动作结构，整体动作结构清晰并附带热身与放松环节。

水平 3：设计方案较完整，主题较突出，练习效果较强，能将动作结构形态展现。

水平 2：设计方案不够完整，没主题，不够突出，练习效果不够明显，并且不能展现与表述体能设计方案。

水平 1：设计方案不完整，主题不突出，没有练习效果。

附加分：画图清晰或提供视频加 5 分，不清晰或没有视频不加分。

【设计说明】

作业类型	□口头	☑书面	☑实践	□其他
作业时间	□理论：5～10 分钟	☑实践：20～30 分钟		
学习水平	□识记	☑理解	☑应用	☑综合
作业难度	□易（难度 0.4 以下）	☑中（难度 0.4～0.7）	□难（难度 0.7 以上）	
反馈方式	□自评	☑互评	☑师评	
跨学科融合	体育与信息技术			

续表

设计意图	通过运动生理学原理,为运动项目提供更多理论依据,明确多种运动的能量代谢及来源形式,引发学生对更多运动的思考
检测的知识	理论与专项体能相结合
材料出处	参照第七章第三节羽毛球技术动作有关内容来安排
参考答案	专项体能与计划评价表 | 部落名＼评价内容	内容合理	图片	总得分
---	---	---	---
冲就对了			
勇夺第一			
……				

三、作业点评

本作业设计通过前置作业布置学生自主观看羽毛球正手击高远球的挥拍路线并绘制,同时利用物理抛物线原理,让学生计算挥拍的轨迹角度。在真实的课堂情境下,学生利用丰富的信息技术,拍摄不同高度的击球点位置进行评价并且同伴之间能够互相帮助;将生理学、生物学等各学科知识点融合,让学生懂得生物运动系统中的肌肉收缩与舒张;利用勾股定理对后场击高远球进行数学分析,借助数据分析人与羽毛球前场飞行最高点的距离,从而得到击球点的运动轨迹,传授学习方法的同时,引导学生自主学练与探究。基于真实情境下的深度学习,将理论在课堂中具体实施。最重要的是让学生了解并确切落实体育与其他学科的融合,能够注意到其他学科领域上的知识点,在跨学科情境中解决问题、分析问题。推翻单一的学科作业设计模式,融合多学科,促进学生对体育及其他学科领域上的知识点的理解与应用;同时也要掌握好本学科的学习内容,学会在日常体育锻炼中,学以致用。

探究跨学科综合,创新应用,注重培养学生的兴趣、创造力和实践能力,同时兼顾物理、数学等学科与体育知识点的联系,使学生能够体会羽毛球运动带来的乐趣,从而提高学生的核心素养。

(点评人:福建省普通教育教学研究室　陈明祥　厦门市教育科学研究院　吴智鹊)

立定跳远作业（活动）设计
——探寻体育跨学科融合

陈保荣　蔡秋玲　柯志良　张贺琪/福建省漳州第一中学
杨艺娜/福建省漳州第三中学

一、作业设计思路

本作业以《义务教育体育与健康课程标准（2022年版）》为依据，以落实"立德树人"为根本任务，坚持"健康第一"的教育理念，结合七年级学生身心发展特点，创设立定跳远这一小单元，本节课为第3课时"蹬地与腾空技术"。根据立定跳远学习规律明确教学任务，注重加强内容的整体设计。依据文件要求的跨学科相关内容，本次体育课后作业结合物理、数学与美术等学科相关知识。通过观看微课视频与美术融合，来明确立定跳远的完整动作轨迹路线；借助物理斜抛运动原理，得出初速度与立定跳远成绩的关系；与数学融合，利用三角函数计算最佳的蹬地起跳角度；从生物学角度，明确运动机能与立定跳远的关系和促进作用。采用跨学科融合的教学策略，促进学科间的互补与融合，有助于培养学生综合能力，让学生在"学、练、评"一体化模式下更好地掌握立定跳远。

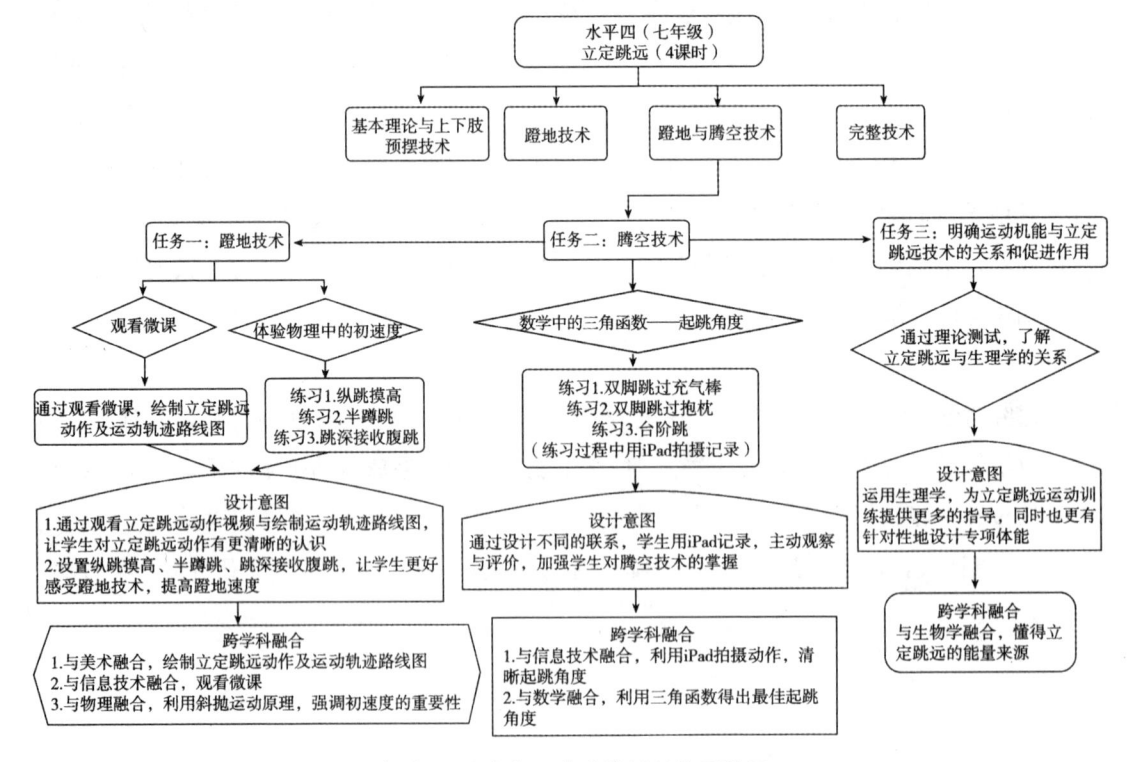

水平四（七年级）作业设计整体思路图

二、作业设计

第 3 课时　立定跳远蹬地与腾空技术

（一）前置作业

班级：_____　　姓名：_____　　日期：_____

1. 画图题

通过观看微课视频及自主学练，请学生绘出立定跳远的完整运动轨迹路线图。

【评价标准】

水平 3：能找到体育与美术、物理、数学较多有关的知识，生动形象绘出立定跳远完整运动路线轨迹图，并且利用物理斜抛运动原理及数学中的三角函数计算起跳角度。

水平 2：能找到体育与美术、物理、数学有关的知识，简单绘出立定跳远运动轨迹路线图。

水平 1：对体育与美术、物理、数学的相关知识点理解模糊，无法完成作业任务。

【设计说明】

作业类型	□口头	☑书面	☑实践	□其他
作业时间	□理论：3～5 分钟	☑实践：5～8 分钟		
学习水平	□识记	☑理解	☑应用	☑综合
作业难度	□易（难度 0.4 以下）	□中（难度 0.4～0.7）	☑难（难度 0.7 以上）	
反馈方式	□自评	☑互评	□师评	
跨学科融合	体育与信息技术、美术、物理、数学			
设计意图	通过观看微课，学生主动学练，清晰掌握立定跳远动作轨迹性，与美术融合，动手绘出完整的运动轨迹路线图，让学生对立定跳远动作有更清晰的认识			
检测知识	立定跳远的动作要点			
材料出处	《体育与健康》（人教版）七年级全一册第四章相关知识点			
参考答案	立定跳远完整动作轨迹路线图 蹬地起跳角度 40°～45° 预摆　　　　起跳腾空　　　　落地缓冲			

2. 多项选择题

立定跳远是评价身体素质的重要测试之一。若坚持练习立定跳远会（　　）。

A. 促进新陈代谢　　　B. 提高爆发力　　　C. 提高腿部力量

【设计说明】

作业类型	☐口头	☑书面	☐实践	☐其他
作业时间	☑理论：5～10分钟	☐实践：10～20分钟		
学习水平	☐识记	☑理解	☑应用	☑综合
作业难度	☐易（难度0.4以下）	☑中（难度0.4～0.7）	☐难（难度0.7以上）	
反馈方式	☐自评	☐互评	☑师评	
跨学科融合	体育与运动生理学、生物学知识			
设计意图	与生物学、生理学相融合，让学生了解立定跳远运动能够带来哪些好处，从而提高学生对运动的认知			
检测知识	立定跳远知识点			
材料出处	《体育与健康》（人教版）七年级全一册第四章知识点			
参考答案	答案解析：ABC。运动机能对立定跳远技术的促进作用可以从生理学的角度来解释。通过有针对性的训练，可以提高运动员的肌肉力量、爆发力、协调性和平衡感，进而提高立定跳远的成绩			

（二）课后作业

1. 体验物理中的初速度

观看立定跳远动作视频，思考与物理中哪种运动有关。要想提高立定跳远成绩，首先要提高初速度。练习前做好开合跳、提踵肩绕环、最伟大拉伸、高抬腿等准备活动。练习中注意安全，练习后放松拉伸。

完成时间：周末2天。

（1）纵跳摸高

【评价标准】

水平3：能做出正确的动作，并且纵跳高度30 cm以上。

水平2：动作较一般，并且纵跳高度20～30 cm。

水平1：不能做出正确动作，并且纵跳高度20 cm以下。

纵跳摸高	跳起后触摸高处标志物,注意落地屈膝缓冲。(10次/3组或6次/2组)
图示	

(2) 半蹲跳

【评价标准】

水平3:能做出正确的动作,起跳时双脚蹬地有力。

水平2:动作较一般,起跳时双脚蹬地较无力。

水平1:不能做出正确动作,起跳时双脚蹬地无力。

半蹲跳	两臂后摆半蹲准备,起跳时手臂积极上摆,双脚用力蹬地,并且有滞空,落地屈膝缓冲成半蹲。(10次/3组或6次/2组)
图示	

(3) 跳深接收腹跳

【评价标准】

水平3:能做出正确的动作,落地后能马上接收腹跳。

水平2:动作较一般,落地后不能马上接收腹跳。

水平1:不能做出正确动作,落地后不能马上接收腹跳。

跳深接收腹跳	站在 50 cm 左右高度，向下跳，落地后马上接收腹跳。(10 次/3 组或 6 次/2 组)
图示	

【设计说明】

作业类型	□口头	□书面	☑实践	□其他
作业时间	□理论：5～10 分钟	☑实践：10～20 分钟		
学习水平	□识记	☑理解	☑应用	☑综合
作业难度	□易（难度 0.4 以下）	☑中（难度 0.4～0.7）	□难（难度 0.7 以上）	
反馈方式	□自评	□互评	☑师评	
跨学科融合	体育与物理、数学			
设计意图	1. 通过观看立定跳远动作视频，让学生对立定跳远动作有更清晰的认识； 2. 设置纵跳摸高、半蹲跳、跳深接收腹跳，让学生更好感受蹬地技术，提高蹬地速度，感受初速度			
检测知识	体育和美术、物理的相关知识			
材料出处	《体育与健康》（人教版）七年级全一册第四章"立定跳远"有关内容			
参考答案	优：思路明确清晰，能做出正确的动作，动作连贯，能连续完成 1 组 良：思路明确清晰，能做出正确的动作，但动作不连贯，不能连续完成 1 组 合格（继续努力）：思路明确清晰，不能做出正确的动作，且动作不能连贯完成			

2. 数学中的三角函数——起跳角度

斜抛运动所产生的位移可以写成 $s = \dfrac{v_0^2 \sin 2\theta}{g}$。从表达式可以看出：想要提高立定跳远成绩，首先要提高初速度，其次是要选择合适的起跳角度。如下左图所示，理论上起跳角度为 45°时，人体的水平速度和垂直高度达到最佳平衡，可以获得最大的跳远距离。但是，在实际应用中，由于空气阻力及蹬伸幅度等因素的影响，最佳起跳角度会有所偏差，应小于 45°，一般在 40°～45°会有最大值。由下右图可知，当起跳角度固定在 40°～45°时，起跳初速度越大,跳的距离越远。练习前做好开合跳、提踵肩绕环、最伟大拉伸、高抬腿等准备活动。练习中注意安全,练习后放松拉伸。

完成时间:周末 2 天。

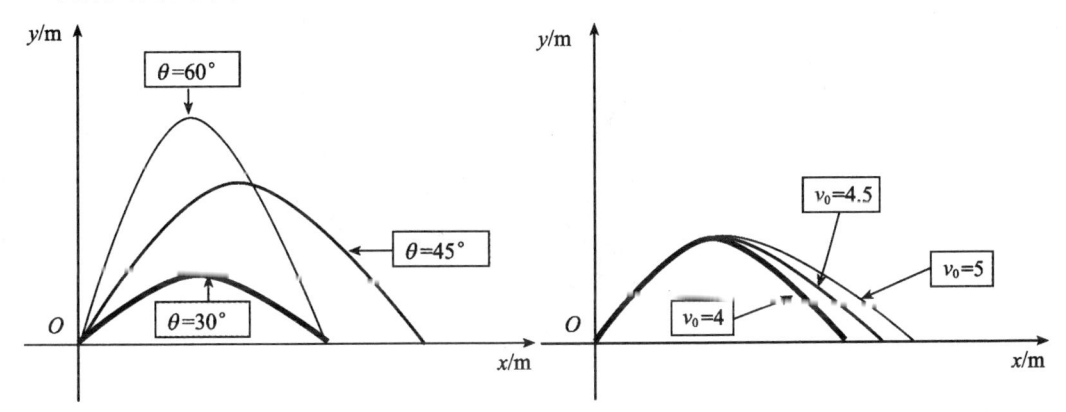

初速度相同情况下,不同起跳角度时,立定跳远水平与垂直距离的关系图

起跳角度为 40°~45°情况下,不同初速度时,立定跳远水平与垂直距离的关系图

(1) 双脚跳过充气棒

【评价标准】

水平 3:能做出正确的动作,蹬地有力,能跳过充气棒,能稳定达到适宜起跳角度。

水平 2:动作较一般,蹬地有力,能跳过充气棒,不能稳定达到适宜起跳角度。

水平 1:不能做出正确动作,蹬地无力,不能稳定达到适宜起跳角度。

双脚跳过充气棒	两人一组,一人持充气棒,距离 50 cm 左右,高度 20 cm。练习者以立定跳远姿势跳过充气棒,重点体会起跳角度。(10 次/3 组或 6 次/2 组)
图示	

(2) 双脚跳过抱枕

【评价标准】

水平 3:能做出正确的动作,蹬地有力,能跳过抱枕,能稳定达到适宜起跳角度。

水平2：动作较一般，蹬地有力，能跳过抱枕，不能稳定达到适宜起跳角度。

水平1：不能做出正确动作，蹬地无力，不能稳定达到适宜起跳角度。

双脚跳过抱枕	距离 50 cm 左右，放置高度 20 cm 左右的抱枕或其他障碍物。练习者以立定跳远姿势跳过抱枕或其他障碍物，重点体会起跳角度。（10 次/3 组或 6 次/2 组）
图示	

（3）台阶跳

【评价标准】

水平3：能做出正确的动作，蹬地有力，能稳定达到适宜起跳角度。

水平2：动作较一般，蹬地有力，不能稳定达到适宜起跳角度。

水平1：不能做出正确动作，蹬地无力，不能稳定达到适宜起跳角度。

台阶跳	双脚自然开立，预摆双手往后，双膝弯曲重心下降；起跳时，双手向前上方上摆，同时双脚发力，向前上方跳起，落地屈膝缓冲。（10 次/3 组或 6 次/2 组）
图示	

【设计说明】

作业类型	□口头	☑书面	☑实践	□其他
作业时间	□理论：5～10分钟	☑实践：10～20分钟		
学习水平	□识记	☑理解	☑应用	☑综合
作业难度	□易（难度0.4以下）	☑中（难度0.4～0.7）	□难（难度0.7以上）	
反馈方式	□自评	□互评	☑师评	
跨学科融合	体育与物理、数学			
设计意图	通过设计不同的练习，让学生用iPad记录，主动观察与评价，加强学生对腾空技术的掌握			
检测知识	体育和数学、物理的相关知识			
材料出处	参照数学三角函数相关知识点进行设计			
参考答案	优：思路明确清晰，能完整画出三角函数及物理斜抛运动轨迹图，能正确运用到实际练习中，动作连贯，能连续完成1组 良：思路明确清晰，能完整画出三角函数及物理斜抛运动轨迹图，能正确运用到实际练习中，但动作不连贯，不能连续完成1组 合格（继续努力）：能完整画出三角函数及物理斜抛运动轨迹图，不能正确运用到实际练习中，动作不连贯，不能连续完成1组			

3. 应用题

立定跳远是评价身体素质的重要测试之一，陈二同学通过iPad录像得到张三同学（男）立定跳远运动的轨迹路线，经简化后如图所示。已知该同学的起跳速度 v_0 为 5 m/s，初速度方向与地面的夹角 $\theta=45°$，$g=10$ m/s^2。

问题：（1）求该学生立定跳远的距离。（2）有同学认为，当初速度和夹角相同的前提下，立定跳远成绩与身高体重无关，这种说法对吗？

完成时间：周末2天。

【评价标准】

水平3：能用物理斜抛运动公式，知道当初速度和夹角相同的前提下，立定跳远成绩与身高体重无关，且准确地计算距离，并且能够实践。

水平2：能用物理斜抛运动公式计算立定跳远距离。

水平1：不了解立定跳远能利用物理斜抛运动公式计算距离。

【设计说明】

作业类型	□口头	☑书面	☑实践	□其他
作业时间	☑理论：3~5分钟	☑实践：10~20分钟		
学习水平	□识记	☑理解	☑应用	☑综合
作业难度	□易（难度0.4以下）	□中（难度0.4~0.7）	☑难（难度0.7以上）	
反馈方式	□自评	☑互评	□师评	
跨学科融合	体育与物理			
设计意图	通过物理斜抛运动公式计算立定跳远距离，让学生从物理的角度认识立定跳远，为学生的后期学习提供更多的帮助，同时也让学生利用物理的思维来解决问题			
检测知识	立定跳远初速度和夹角相同时，成绩与身高体重无关			
材料出处	参照物理斜抛运动相关知识点进行设计			
参考答案	为了方便计算，可以将该运动分为水平和竖直两个方向。水平方向做初速度为 v_{0x} 的匀速直线运动，竖直方向做初速度为 v_{0y} 的竖直上抛运动。 （1）由 $v_{0y}=v_0\sin\theta-gt$ 且立定跳远运动中 $v_{0y}=0$，可求出该学生在上升过程中的时间 $t=\dfrac{v_0\sin\theta}{g}$，再得出学生在空中的总时间为 $t_{总}=2t$，由 $x=v_0 t_{总}\cos\theta$ 可得：$$x=\dfrac{2v_0^2\sin\theta\cos\theta}{g}=\dfrac{2v_0^2\sin 2\theta}{g}$$代入数据可得 $x=2.5$ 米 （2）由步骤1可得：$x=\dfrac{2v_0^2\sin 2\theta}{g}$，可知 x 的大小与身高体重无关，该学生的观点是正确的			

三、作业点评

本次立定跳远课后作业设计旨在打破传统体育训练的局限性，通过与物理、数学、美术的跨学科融合，为学生创造一个多元化、富有创意的学习环境。通过微课视频观看立定跳远完整运动轨迹，让学生从美术出发，绘出运动轨迹图，注重捕捉跳跃瞬间的动态美，培养学生的艺术审美和观察力。结合物理抛物线原理及数学三角函数分析立定跳远起跳角度及起跳初速度过程中的力学原理，通过计算 $x=\dfrac{v_0^2\sin 2\theta}{g}$ 让学生理解跳跃距离与初速度的关系。从三角函数知识可知，当 $\sin 2\theta=\sin 90°$ 时数值最大，但是，在实际应用中，由于受空气阻力及蹬伸幅度等因素的影响，最佳起跳角度会有所偏差，应小于45°，一般在40°~45°时，起跳初速度越大，跳的距离越远。同时借助数据的分析，明确在初速度和夹角相同的前提下，立定跳远跳跃距离与身高、体重无关。课后让学生制订训练计划，在巩固知识的同时也培养他们的科学思维。

本次作业练习参考老师动作示范及文字讲解，使学生有充分自学、自悟的机会，这样的练习是一种自主的、基于理解的深度练习。在跨学科情境中解决问题、分析问题，培养体育结合物理与数学知识的思维方式，严密的逻辑推理，促进学生对物理公式及数学三角函数的深入理解，从表达式可以看出，想要提高立定跳远成绩，首先要提高初速度，其次是要选择合适的起跳角度。

（点评人：漳州市教育科学研究院　王荣章）

武　术
——健身长拳跨学科作业设计

胡晓凤/厦门外国语学校瑞景分校

一、作业设计思路

结合《义务教育体育与健康课程标准（2022年版）》提出的跨学科学习要求，"武术——健身长拳跨学科作业设计"聚焦"双减"政策的社会背景，致力于发展学生核心素养，深入贯彻分层学习、因材施教的效能目标，链接物理、数学、生物、地理、美术等学科内容，通过作业落实武术项目学习的有效性、针对性、梯度性，力求学生能通过作业的完成激发自身尚武崇德的优良品质，加深对中华民族传统文化的探究兴趣，加强学生能力的全面发展与推进体育学科核心素养的形塑过程。

秉持"健康第一"指导思想，赓续立德树人根本任务，积极落实以学生为主体，以任务为导向，引导学生在真实情境中发现问题和解决问题的工作任务。武术是中华民族传统体育中已经走向世界的运动项目，在初中阶段安排武术教学的内容，是搭建学生进行爱国主义和武德教育的重要平台。学生在利用武术健身的同时了解自己民族的文化，为进一步学习民族传统体育项目奠定基础，并为他们将来的终身体育学习奠定基础。运用地形知识了解武术"南拳北腿"技击特性的由来；通过动作图解的绘制，强化动作表象，建构与提升美育能力；通过测算运动负荷提升数学运算能力与健康管理能力；以武术动作为载体，帮助理解相关物理知识同时提升武术动作精气神；利用生物骨骼肌和关节知识帮助学生形塑健康行为。此份作业以健身长拳"弹踢穿顶、掼拳戳脚"动作教学为例，分别设置了选做的前置作业（跨地理学科与美术学科），必做的课中作业（跨数学学科），认真做的课后作业（跨物理学科和生物学科）。

二、作业设计

（一）前置作业

1. 武术中的地理

请学生思考中国南北方地形差异与武术项目"南拳北腿"的关系。结合之前所学攻防技击拳理，思考"弹踢穿顶、掼拳戳脚"技击要领，做好充分热身准备，例如，慢跑 2 分钟和动态拉伸后，冲拳推掌 15 次，弓马步转换 10 次，与家人共同练习 5 次，练习结束后进行肌肉拉伸放松。

完成时间：周末 2 天。

【评价标准】

水平 3：流利口述南北地形并说出其与"南拳北腿"的关系；与家人积极练习攻防动作。

水平 2：简述南北地形；与家人探讨攻防动作。

水平 1：查阅资料后简述南北地形；自己预习武术动作。

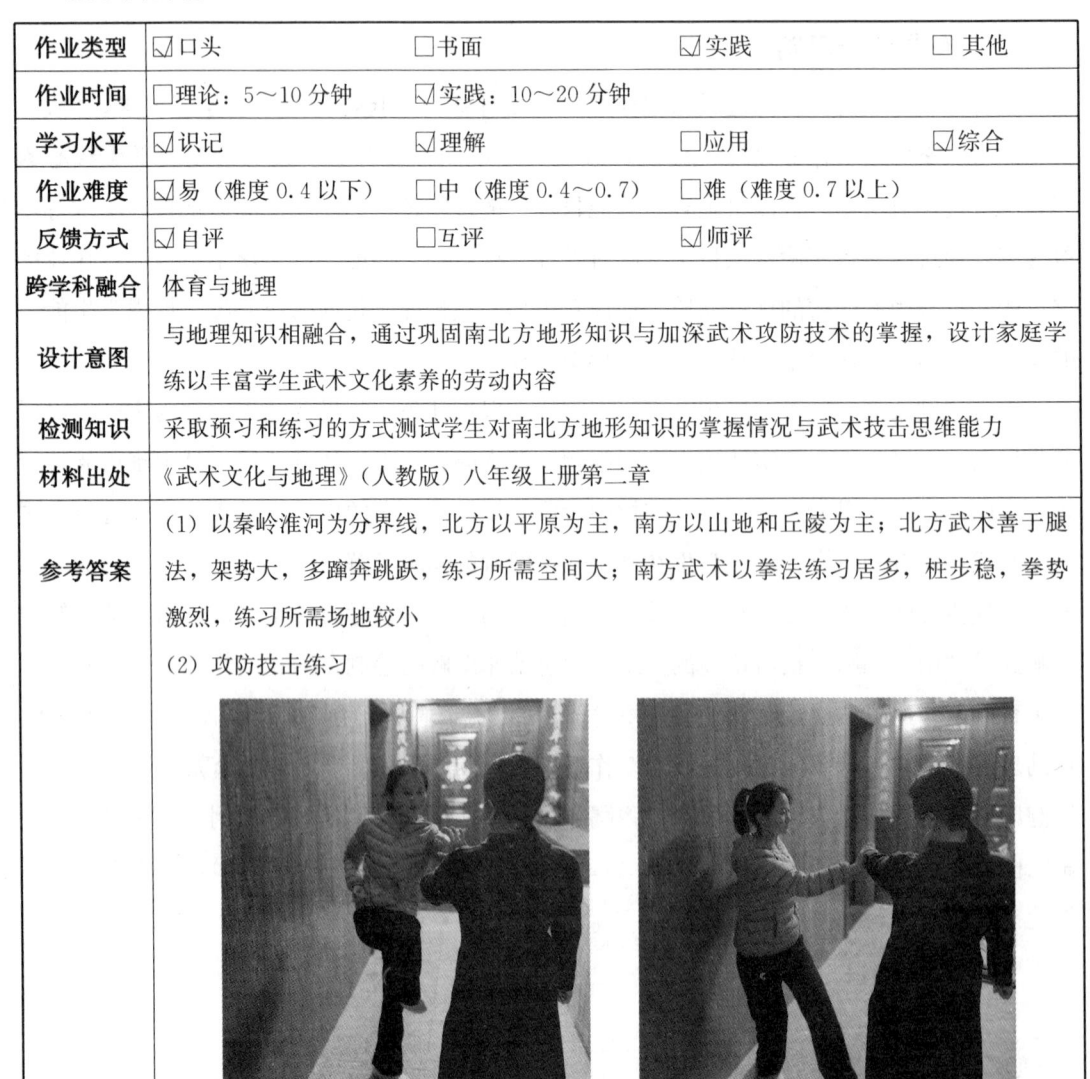

【设计说明】

作业类型	☑口头	☐书面	☑实践	☐其他
作业时间	☐理论：5～10 分钟	☑实践：10～20 分钟		
学习水平	☑识记	☑理解	☐应用	☑综合
作业难度	☑易（难度 0.4 以下）	☐中（难度 0.4～0.7）	☐难（难度 0.7 以上）	
反馈方式	☑自评	☐互评	☑师评	
跨学科融合	体育与地理			
设计意图	与地理知识相融合，通过巩固南北方地形知识与加深武术攻防技术的掌握，设计家庭学练以丰富学生武术文化素养的劳动内容			
检测知识	采取预习和练习的方式测试学生对南北方地形知识的掌握情况与武术技击思维能力			
材料出处	《武术文化与地理》（人教版）八年级上册第二章			
参考答案	(1) 以秦岭淮河为分界线，北方以平原为主，南方以山地和丘陵为主；北方武术善于腿法，架势大，多蹿奔跳跃，练习所需空间大；南方武术以拳法练习居多，桩步稳，拳势激烈，练习所需场地较小 (2) 攻防技击练习			

2. 武术中的美术

本节课即将学习"弹踢穿顶、掼拳戳脚"这两个动作,请学生依据课本插图画出动作图解。

完成时间:周末2天。

【评价标准】

水平3:武术插图动作路线清晰明了,插图有美感。

水平2:武术插图动作简洁,路线正确。

水平1:武术插图动作路线基本正确。

【设计说明】

作业类型	□口头	☑书面	□实践	□其他
作业时间	□理论:5~10分钟	☑实践:10~20分钟		
学习水平	□识记	☑理解	☑应用	☑综合
作业难度	□易(难度0.4以下)	☑中(难度0.4~0.7)	□难(难度0.7以上)	
反馈方式	□自评	☑互评	☑师评	
跨学科融合	体育与美术			
设计意图	通过绘制武术动作图解,帮助学生初步建立动作表象概念,培养学生美育思维与空间想象力			
检测知识	检测美术学科的绘画功底与空间想象力,检查学生看书自学武术动作的能力			
材料出处	《体育与健康》(人教版)七年级第八章与《美术绘画》			
参考答案				

(二)课中作业

武术中的数学

请学生在充分热身后,例如,慢跑2分钟和动态拉伸后,健身长拳动作练习(抱拳礼、开步双劈、按掌前推、搂手勾踢、缠腕斩拳、闪身冲拳、弹踢穿顶、掼拳戳脚、收势)后,测算运动心率,体能练习(波比跳20次/组、俯卧撑20次/组、跳绳1分钟/组,可根据自身体能情况选择练习组数,体能较好练习3组,体能一般练习2组)后,测算运动心率,以此数据初步观测本节课的运动强度大小,测算结束后进行肌肉拉伸放松。

完成时间：课中 10 分钟。

【评价标准】

水平 3：动作完成质量较高，劲力充沛，节奏分明，精气神佳；靶心率计算快且运动强度判定正确。

水平 2：动作完成质量一般，劲力节奏有所体现，精气神表现一般；靶心率计算速度一般且运动强度判定正确。

水平 1：动作完成质量较差，技术动作基本正确，劲力节奏表现不清晰；靶心率计算速度偏慢且运动强度判定正确。

【设计说明】

作业类型	□口头	☑书面	☑实践	□其他
作业时间	☑理论：5~10 分钟	☑实践：10~20 分钟		
学习水平	□识记	□理解	☑应用	☑综合
作业难度	□易（难度 0.4 以下）	□中（难度 0.4~0.7）	☑难（难度 0.7 以上）	
反馈方式	□自评	☑互评	☑师评	
跨学科融合	体育与数学			
设计意图	学生通过武术动作的重复性练习提升运动能力，提高力量、速度、灵敏、柔韧等身体素质，增强学生智育、体育能力			
检测知识	检验数学的基本运算能力；运动心率测量方法的掌握与靶心率的公式运用			
材料出处	《体育与健康》（人教版）九年级第一章与《数学运算》			
参考答案	1. 靶心率＝最大心率×强度百分比；最大心率＝220—年龄 2. 根据公式，年龄 13 岁的七年级年学生最大心率为 207；靶心率＝207×65%~207×80%≈134~165 次/分 3. 锻炼后的运动心率测量：以 134~165 次/分为参照，心率低于此区间说明运动强度还不够可适量增加强度，心率高于此区间说明运动强度过高应减少强度，心率在此区间说明运动强度适中，能有效发展心肺功能，提高身体素质			

（三）课后作业

1. 武术中的物理

请学生充分热身，例如，慢跑 2 分钟和动态拉伸后，冲拳推掌 15 次，弓马步转换 10 次，依据弹踢、顶肘、戳脚时力的大小与动作特点，计算个人在完成动作时所做的功，以小组为单位画出进攻方和防守方受力图并进行分享，完成后要进行肌肉拉伸放松。

完成时间：1 周。

【评价标准】

水平 3：能够独立准确计算出完成武术动作所做的功，学习小组能够清晰掌握弹踢穿顶、掼拳戳脚动作攻防双方力的大小、方向、作用点。

水平2：在提示下计算出所做的功，学习小组成员基本掌握弹踢穿顶、掼拳戳脚动作攻防双方力的大小、方向、作用点。

水平1：在同学帮助下完成功的计算与理解弹踢穿顶、掼拳戳脚动作攻防双方力的大小、方向、作用点。

【设计说明】

作业类型	☐口头	☑书面	☐实践	☐其他
作业时间	☑理论：5～10分钟	☐实践：10～20分钟		
学习水平	☑识记	☑理解	☑应用	☐综合
作业难度	☐易（难度0.4以下）	☐中（难度0.4～0.7）	☑难（难度0.7以上）	
反馈方式	☑自评	☑互评	☑师评	
跨学科融合	体育与物理			
设计意图	学生通过武术动作的做功计算与受力图分析，强化物理知识的实践运用，提升武术动作的力量和精气神表现			
检测知识	检验物理知识的实践应用；武术动作的攻防技击原理的掌握			
材料出处	《体育与健康》（人教版）七年级第八章与《物理》（人教版）八年级第八章"运动和力"、第十一章"功和机械能"			
参考答案	(1) W=F×s (2) 成立学习小组，一人分析弹踢穿顶、掼拳戳脚动作攻防受力情况与计算所做的功；进攻方力的大小、方向、作用点；防守方的受力面积与力的大小，另外两名同学进行动作演示 弹踢　　顶肘　　戳脚			

2. 武术中的生物

请学生描述在这两个动作的练习中有哪些骨骼肌和关节参与运动，针对如何提升动作质量拍摄相关视频并线上提交作业。

完成时间：2周。

【评价标准】

水平3：描述出12个以上参与运动的骨骼肌和关节；视频制作质量高，视频清晰，动作要点清楚标注。

水平2：描述出5~11个参与运动的骨骼肌和关节；视频制作质量一般，视频较清晰，标注出动作名称。

水平1：描述出0~4个参与运动的骨骼肌和关节；视频制作质量较差，视频模糊，未有清晰文字注释。

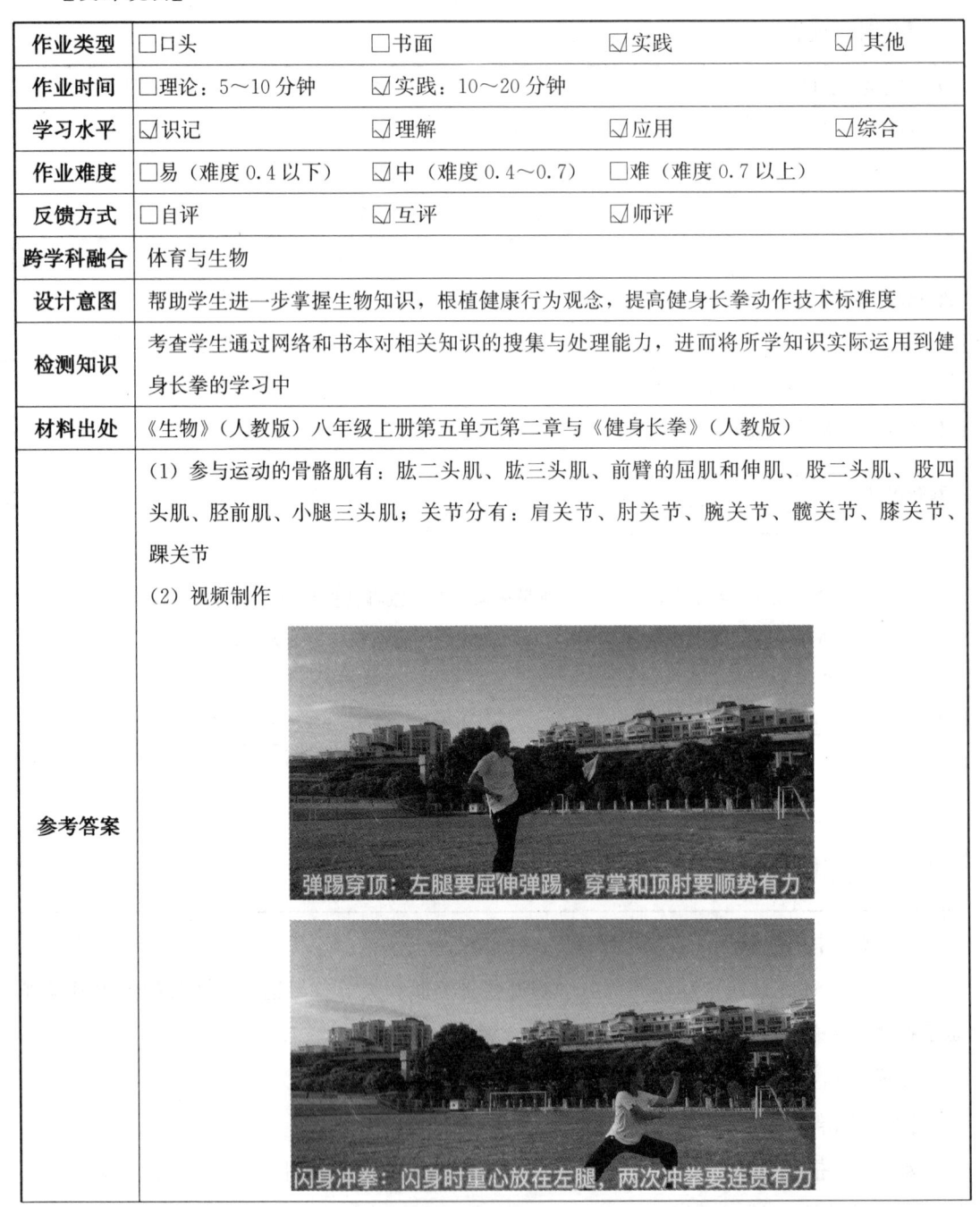

【设计说明】

作业类型	☐口头	☐书面	☑实践	☑其他
作业时间	☐理论：5~10分钟	☑实践：10~20分钟		
学习水平	☑识记	☑理解	☑应用	☑综合
作业难度	☐易（难度0.4以下）	☑中（难度0.4~0.7）	☐难（难度0.7以上）	
反馈方式	☐自评	☑互评	☑师评	
跨学科融合	体育与生物			
设计意图	帮助学生进一步掌握生物知识，根植健康行为观念，提高健身长拳动作技术标准度			
检测知识	考查学生通过网络和书本对相关知识的搜集与处理能力，进而将所学知识实际运用到健身长拳的学习中			
材料出处	《生物》（人教版）八年级上册第五单元第二章与《健身长拳》（人教版）			
参考答案	(1) 参与运动的骨骼肌有：肱二头肌、肱三头肌、前臂的屈肌和伸肌、股二头肌、股四头肌、胫前肌、小腿三头肌；关节分有：肩关节、肘关节、腕关节、髋关节、膝关节、踝关节 (2) 视频制作 弹踢穿顶：左腿要屈伸弹踢，穿掌和顶肘要顺势有力 闪身冲拳：闪身时重心放在左腿，两次冲拳要连贯有力			

	掼拳戳脚：右腿戳踢高不过膝，两臂动作要协调舒展 闪身砍推：闪身要明显，砍、推的手法变换要清晰 收势：左脚向右脚并拢，身体抱拳直立

三、作业点评

如何将武术与其他学科有机融合，为学生创造更具深度与广度的学习体验，本作业设计给出了一个颇具新意的答案，它具有很强的创新性和实用性。

本作业通过地形知识了解武术"南拳北腿"技击特性的由来，无疑加深了学生对地理环境与文化传承关系的理解。通过动作图解的绘制，强化动作表象，建构与提升美育能力，用画笔来表现武术的韵律美、力量美和姿态美，不仅锻炼了学生的审美能力，还激发了他们的创造力。也考虑了通过课外锻炼时的摄影，让形体美与艺术美深度融合。通过测算运动负荷提升数学运算能力与健康管理能力，让课堂教学中的因材施教有了较为科学的量化依据。以武术动作为载体，帮助理解相关物理知识，同时提升武术动作精气神。最后利用生物骨骼肌和关节知识帮助学生形塑健康行为。本作业可以帮助学生巩固课上所学知识，优化跨学科思维能力，同时鼓励学生多去发掘武术项目与健康生活的知识点，体会从生活走向武术，从武术走向生活，培育学生的核心素养。同时本作业设计有层次和梯度，对不同程度的学生有较强的针对性，作业评测要点设计合理，学生的完成度较高。在实施过程中，教师不仅要在课上认真教学并力求把握好每一个教学环节，还应当及时对学生作业进行反馈，既评价学生作业的准确性与认真度，也要关注学生作业完成的实践性与积极性。

本次作业能够引导学生通过展示和分享，提高发现问题与解决问题的能力，不断调动学生学习的积极性，鼓励学生互评，以此相互启发共同提升，教师也通过评价反馈，及时调整教学策略，教学相长。

（点评人：福建省普通教育教学研究室　陈明祥　厦门市教育科学研究院　吴智鹉）

劳动

花 卉 种 植

罗晓英/闽侯县教师进修学校
黄建忠/福州教育研究院

一、作业设计思路

本作业根据《义务教育劳动课程标准（2022年版）》第四学段7~9年级任务群4"农业生产劳动"的有关内容，以大项目为设计思路，以花卉种植为主要载体，进行有关跨学科作业的设计。本作业主要与信息科技、生物学、美术等学科的有关内容相结合。具体而言，"花卉种植"子项目，主要与信息科技相融合；"跟踪花卉成长"子项目，主要与生物学、美术、信息科技相融合；"展示劳动成果"子项目，主要与信息科技、美术相融合。

二、作业设计

人们常利用花卉美化居家环境，请你根据所知所学，完成以下作业。

（一）作业1：花卉种植

任务要求：请结合实际生活环境，通过检索、阅读、讨论相关网络资源，了解所在地区环境与常见盆栽花卉的特性及生长条件，利用绘图工具，为你想种植的盆栽花卉设计种植提示卡，并进行种植。

作业：（1）一张利用绘图工具设计的盆栽花卉种植提示卡。所包含信息要素如下：盆栽植物名称，盆栽植物适宜的环境条件、栽培方式、养护方式等。（2）开展盆栽花卉种植。

【作业评价参考要点】

答案不唯一，具备关键要素且有实际参考价值即可。

【设计说明】

本作业适用于7~9年级学生，学生可自主独立完成，或在教师指导下以小组合作的方式完成。本作业设计目的在于促进学生综合应用多学科知识技能完成花卉种植项目，通过与信息科技、生物学、美术等多学科相关知识的融合，引导学生开展项目探究，完成相关作业。

（二）作业2：跟踪花卉成长

任务要求：请根据你所种植的盆栽花卉成长需要，利用相关软件自主设计一份用于观察记录盆栽花卉成长情况的表格，并用图像、视频等形式辅助记录盆栽花卉的成长过程。

作业：一张自主设计的盆栽花卉成长跟踪记录表，需记录植物名称、种类、光照要求、水肥需求、成长情况、病虫害情况、养护情况等。

【作业评价参考要点】

答案不唯一，具备关键要素且有实际参考价值即可。

【设计说明】

本作业适用于7～9年级学生，学生可自主探究完成。

本作业以设计花卉成长跟踪记录表、记录盆栽花卉成长过程为载体，规划"花卉种植"项目的整体劳动实施方案，与信息科技学科有关内容相结合，采用拍摄图像、视频的方式记录花卉成长过程，并综合应用信息科技学科中所学的知识，设计盆栽花卉成长情况登记表，跟踪记录花卉成长数据，目的在于促进学生深入了解盆栽花卉成长规律与养护技巧，养成持续劳动的好习惯。

（三）作业3：劳动成果展示

任务要求：请根据本次的"花卉种植"项目体验，借助多媒体制作软件，通过小组合作，在课堂上以多媒体形式展示和汇报劳动成果。

【设计说明】

本作业适用于7～9年级学生，学生可在教师指导下以小组合作形式完成。

本作业以设计成果汇报为载体，与信息科技学科、美术学科有关内容相结合，小组合作完成作业任务，使学生能更好地珍惜自己和他人的劳动成果。

【作业评价参考要点】

答案不唯一，具备关键要素且有实际参考价值即可。

三、作业点评

本作业设计基于《义务教育劳动课程标准（2022年版）》第四学段（7～9年级）任务群4"农业生产劳动"的有关要求，以项目式学习为基本思路，融合了生物学、美术、信息科技等多学科的知识方法，作业设计层层递进，衔接有序，能有效培养学生实践能力和持续探究精神。

本作业重视融入探究式学习、自主学习与合作学习，发挥跨学科的协同育人功能，使学生在完成设计花卉种植提示卡、种植花卉、设计花卉成长跟踪记录表、分享劳动成果作品等子项目内容的过程中，综合运用自身在生物学、美术、信息科技等多学科的已具备能力，提高问题解决和合作交流的能力，形成环保意识和社会责任感，进一步促进劳动素养的形成。

（点评人：平潭综合实验区教师进修学校　林榕）

非遗里的"莆田红团制作技艺"

陈梅芳/莆田第十四中学

一、作业设计思路

本作业根据《义务教育劳动课程标准（2022年版）》第四学段（7~9年级）任务群5"传统工艺制作"及任务群9"公益劳动与志愿服务"的有关内容，采用项目式的设计思路，进行跨学科作业的设计。本作业立足于传承莆田红团制作技艺的实践，分别设计"红团调研与志愿服务""红团制作与社区服务""争做红团宣传达人"等三个不同环节，引导学生运用语文、信息科技、美术等学科知识和方法完成作业。

具体而言，作业1主要与语文、信息科技学科进行跨学科融合；作业2主要与语文学科进行跨学科融合；作业3主要与信息科技、美术学科进行跨学科融合。

二、作业设计

莆田红团制作技艺已有千年历史，是福建省第七批省级非物质文化遗产，是家乡的一张活名片。你们了解红团的历史与制作技艺吗？春节将至，请你们以"深度体验莆田红团制作技艺"为主题，开展为期三周的劳动实践。

（一）作业1：红团调研

同学们，你们对莆田红团的历史知道多少？你们知道红团制作需要哪些特殊的器具及食材吗？请你们根据所学，完成有关作业。

作业：通过互联网查阅资料，了解莆田红团的历史、制作所需的器具、食材及制作技艺，提交一份300~500字的调研报告。

（二）作业2：红团制作与社区服务

同学们，请用你们的巧手，学习制作红团，与社区里的老人一起分享你们的劳动成果，并进行报道。

作业：（1）在教师的示范指导下，每人学习制作3~6个红团；（2）以小组为单位，走进所在社区老人活动中心，请老人们品尝自己制作的红团；（3）各小组提交有关照片并撰写一篇500~800字图文并茂的报道稿。

（三）作业3：红团宣传

同学们，相信你们也为我们莆田源远流长的红团文化感到骄傲吧！那么，让我们一起宣传莆田的红团，做这一食品的最美代言人吧！

作业（以下3组作业任选其中一组完成即可）：

（1）一份关于红团的宣传海报（要求统一使用4开尺寸的绘画纸，美术绘制风格不限);(2)一则关于红团的短视频(统一采用 MP4 格式,视频画面的比例为 16:9,时长 3~5 分钟,内容健康,并借助互联网在线平台进行作品传播);(3)一项关于红团的主题文创产品(载体不限,选择自己擅长的物质载体,如纯色的 T 恤、抱枕、布艺包、帆布鞋、纸扇、纸杯等)。

【评价标准】

本作业评价坚持发展性原则与系统性原则,采用过程性评价与结果性评价相结合的方式。作业具体过程性评价标准如下:

作业 1:能综合运用信息科技的基本知识,借助互联网专业工具或平台,查阅有关莆田红团的相关信息,做到全面且精准。能运用语文的基本知识,进行文本撰写。

作业 2:(1)学会掌握红团制作的技艺,独立制作红团,红团成品完整无破损,形状完美,口感良好;(2)在社区老人活动中心的公益劳动与志愿服务活动中,有一定的组织协调能力和活动规划能力,与小组成员之间合作默契,对社区的老人服务热情,能愉快分享劳动成果,愿意倾听老人们的心声,为其解忧;(3)能融合所学的信息科技及语文学科的知识与技能,撰写活动报道。活动报道文从字顺,内容丰富;软件使用熟练。

作业 3:(1)能综合运用美术、信息科技学科的所学知识完成作业,作品贴近主题,符合要求。(2)作品设计新颖美观,有一定创造性,艺术表现力强。

作业结果评价表

核心素养维度	主要表现特征	自我评价	同学互评	教师评价	家长或社区评价	专家评价
劳动观念	1. 期待并乐意参加活动,热爱劳动。 2. 尊重并平等对待各行各业劳动者,增强公共服务意识和社会责任感。					
劳动能力	1. 积极配合小组分工,注重团队协作,进行劳动方案的选择和劳动过程的规划。 2. 选择适当的材料和工艺、工具,综合运用劳动技能学会制作莆田红团。 3. 熟悉公益劳动与志愿服务的组织、实施,提升运用相关劳动知识与技能服务他人和社区的基本能力。					
劳动习惯和品质	1. 具有持续参加劳动的积极性。 2. 在劳动过程中持之以恒,有责任担当,形成认真负责的劳动品质。					

核心素养维度	主要表现特征	自我评价	同学互评	教师评价	家长或社区评价	专家评价
劳动精神	1. 不断追求精益求精。 2. 树立奋斗、创新、奉献的劳动精神。					
总体评价（优秀、良好、合格、不合格）						
备注：评价由高到低分为四个等级：优秀、良好、合格与不合格。						

【设计说明】

本项目作业适用于7~9年级学生，可由学生独立完成，也可通过教师指导下的小组合作学习方式或在家长协助下完成。作业1属于综合应用类作业，作业2属于基础类作业，作业3属于探究拓展类作业。本作业综合信息科技、语文、美术等多学科的有关内容，其中，作业1通过全方位多角度了解莆田红团源远流长的历史文化及其独树一帜的制作技艺，增强对中华传统文化的认同与自信；作业2通过劳动体验，引导学生主动发现劳动价值，以小组合作的方式走进社区老人活动中心，分享劳动成果，开展公益服务；作业3引导学生通过多样的实践方式，宣传莆田优秀传统文化。

本作业设计让学生在完成劳动作业的过程中，通过网络调研、活动报道、宣传视频的制作等任务，融合信息科技学科知识；调研报告、社区志愿服务活动报道等融合了语文学科的书面语言运用能力；宣传海报、文创产品等内容则融合了美术学科知识，提升了学生的创新意识、实践能力与社会责任感。

三、作业点评

本作业设计基于《义务教育劳动课程标准（2022年版）》第四学段（7~9年级）的任务群5"传统工艺制作"及任务群9"公益劳动与志愿服务"的有关内容，充分结合学校所在地区的传统特色工艺，通过项目化设计，引导学生通过具身体验和劳动实践，感受传统工艺中的人文价值和工匠精神，增强对中华传统文化的进一步了解和强烈认同。本作业通过前后联系的多个作业任务，引导学生综合调用语文、信息科技和美术等多学科内容，体现多学科综合育人的目的。同时，教师还注重充分挖掘莆田红团的历史文化内涵和家校社协同，通过多种形式强化家庭和社区在学生劳动教育中的作用，体现劳动教育鲜明的思想性、突出的社会性和显著的实践性。

（点评人：平潭综合实验区教师进修学校　林榕）

不负"食"光 尽"膳"尽美

游彩玉 李贤端 郭小群 黄向阳 林艺红/漳州市华侨中学

一、作业设计思路

本作业基于《义务教育劳动课程标准（2022年版）》第四学段（7~9年级）任务群2"烹饪与营养"的有关内容，采用主题贯穿的设计思路，进行有关跨学科作业的设计。本作业共包含五个子主题，分别是"人间有味是清欢""四方食事 人间烟火""心中有光 慢食三餐""泱泱大中华 美食甲天下"，与地理、美术、生物学、英语等多学科的内容相结合。具体而言，作业1主要与地理学科相融合；作业2主要与美术学科相融合；作业3主要与生物学科相融合；作业4主要与英语学科相融合。

二、作业设计

（一）作业1：人间有味是清欢

漳州是一座拥有丰富历史和文化底蕴的城市，其美食文化源远流长。为了让更多的朋友知道并喜爱漳州，请你进一步了解家乡美食，运用所学地理知识，绘制一幅漳州美食地图。

任务要求：通过网络资源或实地探访等方式，了解漳州美食，并查阅相关资料，准确列出漳州各区县的特色美食，并将其绘制成地图。

作业：一幅漳州（含各区县）的美食地图。

完成时间：周末2天。

【评价标准】

评价内容	个人自评	同伴互评	教师总评
简要介绍漳州美食文化（只需介绍某一方面内容）			
围绕漳州美食内容的完整性			
地图"三要素"的合理性和完整性			
地图绘制的可识别度、实用性、整体美观性			

续表

评价内容	个人自评	同伴互评	教师总评
评价标准： 　　水平3（可获得3颗星）：能清楚地介绍某一漳州美食；围绕漳州美食的内容完整；地图"三要素"完整且合理正确；地图绘制清晰美观，有创意，实用性强。 　　水平2（可获得2颗星）：能相对清楚地介绍某一漳州美食；围绕漳州美食的内容相对完整；地图"三要素"完整；地图绘制较为清晰美观，有一定实用性。 　　水平1（可获得1颗星）：不能清楚介绍某一漳州美食；围绕漳州美食的内容不完整；地图"三要素"欠缺；地图绘制美观性较差，可识别度低。			

【设计说明】

本作业适用于7年级学生，通过学生自主学习完成。

本作业通过结合地理学科的"地理工具与地理实践"相关内容，以绘制漳州美食地图的形式呈现，通过迁移地理学科核心素养中的区域认知和地理实践力来增进对中华饮食文化的了解，切实培养学生的空间思维能力、动手能力和创新技能，夯实学生的劳动观念，提升劳动精神。

（二）作业2：四方食事　人间烟火

请你向教师或家人学习烹饪一道漳州美食，并运用所学，以手抄报形式呈现你烹饪的美食。

完成时间：3天。

【评价标准】

评价内容	个人自评	教师/家长评价
烹饪成果		
劳动工具归纳整理		
手抄报		

评价标准：

　　水平3（可获得3颗星）：烹饪成果色、香、味俱全；劳动工具干净整洁，分类清楚；手抄报内容完整，书写工整，排版合理，美观协调。

　　水平2（可获得2颗星）：烹饪成果较美观，火候得当，无异味；劳动工具摆放整齐；手抄报内容相对完整，排版相对合理、美观。

　　水平1（可获得1颗星）：烹饪成果不美观，火候不当，有异味；劳动工具摆放杂乱；手抄报内容不完整，版面不合理、不美观。

【设计说明】

本作业适用于 7 年级学生，在教师或家长的指导下完成。本作业结合美术学科的有关内容，通过迁移学生已掌握的平面造型、视觉信息传递等美术语言，以手抄报形式呈现自己所制作的美食，使学生进一步珍惜劳动成果，提升劳动能力。

（三）作业 3：心中有光　慢食三餐

请用你的巧手为家人独立烹饪一道美食，并根据家人的身体健康状况和饮食特点，结合你在生物学课上的所学，设计一份健康合理的家庭一日膳食菜单。

完成时间：4 天。

【评价标准】

评价内容	个人自评	教师/家长评价
烹饪成果		
膳食菜单		

评价标准：

水平 3（可获得 3 颗星）：能够独立烹饪一道色、香、味俱全的美食；能够运用生物学科合理营养方面的相关知识，结合家人饮食习惯，设计一份健康合理的膳食菜单。

水平 2（可获得 2 颗星）：基本能够独立烹饪一道美食；无生物学科视角，仅根据家人饮食习惯拟定膳食菜单。

水平 1（可获得 1 颗星）：基本不能独立烹饪一道美食；膳食菜单不完整。

【设计说明】

本作业适用于 7 年级学生，通过学生自主学习完成，也可在教师或家长的指导下完成。

本作业通过结合生物学科合理营养方面的相关知识，为家人的三餐进行合理搭配，以膳食菜单为主要呈现形式，目的在于通过迁移生物学科中学生已形成的科学思维和已掌握的探究实践能力，从而提升劳动教育学科中的劳动能力，培养劳动精神和劳动习惯，使学生理解劳动对于个人生活、家庭幸福的意义，培养学生的家庭责任感并形成健康的生活理念。

（四）作业 4　泱泱大中华　美食甲天下

请根据你在前述作业中所学会的美食，制作一份时长 2~3 分钟的英文短视频，帮助外国友人了解该美食的制作过程。

【评价标准】

水平 3：通过视频制作，树立正确的劳动观念，形成必备的劳动能力，同时，美食英文视频中视频制作演绎生动，富有创意，表达流畅，发音准确，内容丰富，富有情感。

水平 2：形成基本的劳动意识，美食英文视频中视频制作演绎较为生动，表达较为清楚流畅，发音准确，内容丰富。

水平1：形成基本的劳动意识，美食英文视频中视频制作演绎不够生动，表达欠流畅，语言内容比较简单。

【设计说明】

本作业适用于7年级学生，通过教师指导下的小组合作学习形式完成。本作业通过迁移学生在英语学科中已形成的语言能力，进行劳动实践，提高学生的综合素质，发挥跨学科的综合育人功能。

三、作业点评

本作业设计是基于《义务教育劳动课程标准（2022年版）》第四学段（7～9年级）任务群2"烹饪与营养"有关内容，与地理、美术、生物学、英语等多学科的内容相结合，完成作业设计。作业1使学生在调用地理储备知识的同时，加深对家乡饮食文化的认同感；作业2使学生在运用美术学科中的排版、绘图和着色等方法呈现自己的美食作品时，进一步提高劳动素养和艺术素养；作业3使学生在应用生物学相关知识的同时，培养食品安全意识和乐于奉献的劳动精神，树立乐于为家人服务的劳动观念；作业4使学生在运用信息科技有关知识的同时，提升使用英语表达的语言能力和跨文化交流能力。

上述作业衔接有序，逻辑完整，充分发挥了跨学科作业的整体育人功能，并将日常生活劳动与学生个人生活、校园生活、社会生活有机结合，处处渗透劳动习惯和劳动意识的培养，形式多样，评价多元，在强化学生劳动实践体验的同时，激发学生学习的主动性和创造性。

（点评人：平潭综合实验区教师进修学校 林榕）

附录：各学科义务教育课程标准"跨学科"内容的比较分析（初中）

学科	语文	数学	英语
课程理念	突出课程内容的时代性和典范性，加强课程内容整合（注重课程内容与生活、与其他学科的联系）。	2. 设计体现结构化特征的课程内容；注重数学知识与方法的层次性和多样性，适当考虑跨学科主题学习）。	3. 以主题为引领选择和组织课程内容：英语课程内容的选取遵循培根铸魂、启智增慧的原则，紧密联系现实生活，体现时代特征，反映社会新发展、科技新成果，聚焦人与自我、人与社会和人与自然等三大主题范畴。
课程目标	（二）总目标：热爱国家通用语言文字，感受语言文字及作品的独特价值，认识中华文化的丰厚博大，汲取智慧，弘扬社会主义先进文化、革命文化、中华优秀传统文化，建立文化自信。 （三）7～9年级目标：关心学校、本地区和国内外大事，就共同关注的热点问题搜集资料、调查访问、相互讨论，能用文字、图表、图画、照片等展示学习成果。	（二）总目标：体会数学知识之间，数学与其他学科之间，数学与生活之间的联系，运用数学和其他学科的知识与方法分析问题和解决问题。 （三）7～9年级目标：探索在不同的情境中从数学的角度发现和提出问题，综合运用数学和其他学科的知识从不同的角度分析问题和解决问题的方法。	（一）核心素养内涵 2. 文化意识：文化意识指对中外文化的理解和对优秀文化的鉴赏，是学生在新时代表现出的跨文化认知、态度和行为选择。文化意识的培育有助于学生增强家国情怀和人类命运共同体意识，涵养品格，提升文明素养和社会责任感。 （二）总目标 （2）培育文化意识。能够了解不同国家的优秀文明成果，比较中外文化的异同，发展跨文化沟通与交流的能力，形成健康向上的审美情趣和正确的价值观念；加深对中华文化的理解和认同，树立国际视野，坚定文化自信。 （三）7～9年级目标 能理解与感悟中外优秀文化的内涵；领会所学简短语篇蕴含的人文精神，科学精神和劳动价值，感悟中外社会生活中的传统美德；友善等中外社会生活中的传统美德。

续表

课程内容		
	3. 拓展型学习任务群 跨学科学习：围绕学科学习、社会生活中有意义的话题，开展阅读、梳理、探究、交流等活动，在综合运用多学科知识发现问题、分析问题、解决问题的过程中，提高语言文字运用能力。 第四学段（7~9年级） （1）结合数学、物理、化学、生物学等学科学习，或者自己参与的科技活动、学习撰写并分享观察、实验调查报告。 （2）在心理健康、身体素质等方面，师生共同关心的问题，组织小课题组，开展校园调查，学习设计问卷、统计、分析、撰写并发布调查报告。 （3）在环境、安全、人口、资源、公共卫生等方面，选择感兴趣的社会热点问题，查找和阅读相关资料，记录重要内容，列出发言提纲，参加班级讨论。 （4）围绕精忠报国、英勇奋斗、自强不息、明礼守法、仁爱诚信、天下为公、和谐包容、精忠仁爱诚信、艺术精神等，以及科学理性，选择专题，组建小组，开展学习与研究，运用多种形式分享学习与研究成果。	（四）综合与实践 初中阶段综合与实践领域，可采用项目式学习的方式，以问题解决为导向，整合数学与其他学科的知识与思想方法，感受数学与科学、技术、经济、地理、金融、艺术等学科领域的融合，提高发现与提出问题、分析与解决问题的能力，发展应用意识、创新意识与实践能力。 【内容要求】用数学的思维方法，运用数学与其他相关学科的知识，综合地、有逻辑地分析问题，经历分工合作、试验调查、建立模型、计算反思、解决问题的过程，提升思维能力，逐步形成"用数学的思维思考现实世界"的核心素养。 【学业要求】经历项目式学习的全过程，在实际情境中发现问题、思考，并将其转化为合理的数学问题；能独立思考，与他人合作，提出解决问题的思路，设计解决问题的方案。	1. 主题 主题包括人与自我、人与社会、人与自然三大范畴。其中，"人与自我"以"我"为视角，设置"生活与学习"和"做人与做事"等主题群；"人与社会"以"社会"为视角，设置"社会服务与人际沟通""文学、艺术与体育""历史、社会与文化"和"科学与技术"等主题群；"人与自然"以"自然"为视角，设置"自然生态""环境保护"和"宇宙探索""灾害防范"等主题群。 4. 文化知识 文化知识既包括饮食、服饰、建筑、交通以及相关发明与创造等物质文化的知识，也包括哲学、科学、历史、文学、语言、艺术、教育、价值观、道德修养、审美情趣、劳动意识、社会规约和风俗习惯等非物质文化的知识。

续表

课程建议	(一) 教学建议	(一) 教学建议	四、(二) 教学提示
	教师要关注互联网时代日常生活中语言文字运用的新现象和新特点，认识信息技术对学生阅读和表达交流等带来的深刻影响，把握信息技术与语文教学深度融合的趋势，充分发挥信息技术在语文教学变革中的价值和功能。	1. 进一步加强综合与实践 综合与实践领域的教学活动，以跨学科主题学习为主，以解决实际问题为载体，适当采取主题活动或项目式学习的方式呈现，通过综合运用数学和其他学科的知识与方法解决真实问题，着力培养学生的创新意识、实践能力、社会担当等综合品质。 (1) 明确教学目标 主题活动教学是跨学科学生在跨学科背景下用数学内容学习。其目标是引导学生跨学科背景下用数学的眼光观察世界，用数学的语言表达现实世界中事物的概念、关系和规律，帮助学生感悟数学与现实世界的联系，培养学生实践精神。 (2) 设计教学活动 主题活动教学要设计出完整可行的活动方案，可以利用信息技术或制作教具的形式，展示跨学科主题的背景。项目式学习所涉及的问题主要是现实世界中具有开放性的问题，问题解决需将现实问题转化为数学问题。	开展英语综合实践活动，提升学生运用所学语言和跨学科知识创造性解决问题的能力。引导学生结合个人生活经验与社会生活需要，围绕特定主题，由真实的知识或项目任务驱动，综合运用其他相关课程的知识自主开展项目学习，如与化学联合的"调查大气污染"，与道德与法治联合的"探析中华传统节日"，与历史、生物学等联合的"走进博物馆"，与地理联合的"家乡一日游"等。结合教材内容，遵循项目学习的路径，适当运用信息化手段，将语言学习和内容学习有机融合。

续表

	7～9年级学业质量描述：能针对学习和生活中的问题，开展跨学科学习，根据需要策划创意活动，从相关学科材料中搜集资料，整合信息，发现解决问题的线索。	7～9年级学业质量描述：综合运用数学和其他学科知识与方法解决问题，积累数学活动经验，发展核心素养。运用数学的语言与思想方法，综合运用多个领域的知识，提出设计思路，制订解决方案。	7～9年级学业质量描述：能用所学英语，通过口语或书面语篇简单介绍中外主要文化现象（如风景名胜、历史故事、文化传统等，语义基本连贯。3-11 3-12 能讲述具有代表性的中外杰出人物的故事，如科学家等为社会和世界作出贡献的人物，表达基本清楚。
课程评价			
课程案例	例1：将八年级上册第五单元的文艺小品《梦回繁华》，与厦门会展进行的《清明上河图》3D艺术品展览活动有机结合起来，情境设置自然突兀，有效激发学生的学习兴趣。该作业跨数学、英语、历史、地理、美术、物理、化学等学科，有效提升学生高阶整合的思维能力，有效提升学生在生活情境中解决实际问题的能力。例2：语文九年级上册第三单元跨学科作业设计，四个任务（作业题目）既检查语文的"读"与"写"最核心的能力，又涉及音乐、美术、历史、地理、信息科技等跨学科学习，落实了新课标"引导学生在语文实践活动中，联结课堂内外、学校内外，社会生活中有意义的话题，围绕学科学习、折宽语文学和运用领域，开展阅读、梳理、探究、交流等活动，在综合运用多学科知识发现问题、分析问题、解决问题的过程中，提高语言文字运用能力"的要求。	例1：研究体育运动与心率问题，可以作为"函数"主题的项目学习。例如：运动类型、运动时间、性别与心率的关系。以跨学科主题学习为载体，综合运用体育、数学、生物学等知识，发展模型观念，建立表达式；从现实的角度分析变量和变量之间的关系，变化的主要因素及影响程度。例2："绘制公园平面地图"是以平面直角坐标系相关知识应用为核心的跨学科实践活动，学生在复杂的问题情境中，综合运用数学、地理、美术等知识，从不同的视角聚焦主题，提出并研究问题。	例1：本题为书面表达题，要求向外国笔友介绍家乡年夜饭的菜式、寓意和文化习俗。情境属于"人与社会"中"历史"、"社会与文化"这一主题群。本题重点考查学生在传承和感悟中华优秀传统文化的基础上，依托已有知识和经验，运用所学语言描述年夜饭这一文化表达方式及其蕴含的文化意涵，通过书面表达的方式传承和弘扬中国文化，展现跨文化交流的意识与能力。

续表

学科	物理	化学	生物学
课程理念	2. 从生活走向物理，从物理走向社会。遵循初中学生身心发展规律，贴近学生生活，关注学习生长点，以具体事实、鲜活案例、生活经验和基本概念等引导学生进行理性思考。注重时代性，加强生产生活、社会发展及科技进步的联系，凸显我国科技成就，引导学生增强文化自信，树立科技强国的远大理想。 3. 以主题为线索，遵循学生认知规律，构建课程结构。依据物理学习主题，明确核心内涵。主题内分级呈现，层层递进；主题间相互关联，各有侧重。注重"知行合一、学以致用"，体现物理课程基础性、实践性等特点。	4. 重视开展核心素养导向的化学教学，包括设置真实问题情境，倡导"做中学""用中学""创中学"，开展项目式学习，重视跨学科实践活动。	3. 学习主题为框架。设置"生物学与社会·跨学科实践"学习主题，引导学生综合运用生物学、化学、物理、地理、数学学科的相关知识和方法，尝试分析和解决实际问题。 5. 教学过程重实践。通过实验、探究类学习活动或跨学科实践活动，使学生加深对生物学概念的理解，提升应用知识的能力，激发探究生命奥秘的兴趣，进而能用科学的观点、知识、思路和方法探讨或解决现实生活中的某些问题，从而引领教与学方式的变革。
课程目标	(一) 核心素养内涵 4. 科学态度与责任 科学态度与责任是指，在认识科学本质和了解科学、技术、社会、环境之间关系的基础上形成的，探索自然的内在动力，严谨认真、实事求是、持之以恒的品质，热爱自然、保护环境，遵守科学伦理的自觉行为，以及以振兴中华民族伟大复兴为己任的使命担当。科学态度与责任主要包括科学	(一) 核心素养内涵 3. 科学探究与实践 科学探究与实践是指经历化学课程中的实验探究、基于学科和跨学科实践活动形成的学习能力；是综合运用化学等学科的知识和方法，通过一定的技术手段，在解决真实情境问题中完成综合实践活动中展现的能力与品格。 (二) 目标要求 2. 发展科学思维，强化创新意识	(一) 核心素养内涵 3. 探究实践 探究实践活动主要包括科学探究和跨学科实践。科学探究是学习生物学的重要方式，跨学科实践是扩展视野、增强本领的重要途径，探究实践是培养创新型人才的重要标志。 (二) 目标要求 3. 初步具有科学探究和跨学科实践能力，能够分析解决真实情境中的生物学问题

369

续表

课程目标	态度、社会责任等要素。 (二) 目标要求 (4) 初步认识科学本质，体会物理学对人类认识及社会发展的推动作用；亲近自然，崇尚科学，乐于思考与实践，具有探索自然的好奇心和求知欲，有克服困难的信心和决心，能总结成功的经验，分析失败的原因，体验战胜困难、解决问题的喜悦，严谨认真，实事求是，善于跟他人分享与合作，不迷信权威，敢于提出并坚持基于证据的个人见解，勇于放弃或修正不正确的观点；能关注科学技术对自然环境、人类生活和社会发展的影响，遵守科学伦理，有保护环境、节约资源的意识，能在力所能及的范围内为社会的可持续发展作出贡献，具有实现中华民族伟大复兴的责任感与使命感。	能够从跨学科角度初步分析和解决简单的开放性问题，体会系统思维的意义。 3. 经历科学探究，增强实践能力 能从化学视角对常见的生活现象、简单的跨学科问题进行探讨，能运用简单的技术与工程的方法初步解决与化学有关的实际问题，完成社会实践活动。
课程内容	(五) 跨学科实践 一级主题"跨学科实践"包含"物理学与日常生活""物理学与工程实践""物理学与社会发展"三个二级主题。"跨学科实践"主题的内容具有跨学科性和实践性特点，与日常生活、工程实践及社会热点问题密切相关。这部分内容的设计旨在发展学生在跨学科情境中运用知识的能力。	(五) 化学与社会·跨学科实践 【内容要求】 5.1 化学与可持续发展 知道科学和技术有助于了解和解决社会问题，使用科学和技术时要考虑其对社会和环境的影响，理解科学、技术、社会、环境的相互关系；认识化学在解决与资源、能源、材料、环境等问题中的作用。 (七) 生物学与社会·跨学科实践 "生物学与社会·跨学科实践"学习主题约占总课时数的10%。 本学习主题包括模型制作、植物栽培和动物饲养、发酵食品制作三类跨学科实践活动。通过本主题的学习，学生能够认识生物学与社会的关系，能够理解科学、技术、工程学、数学等学科

370

续表

课程内容	解决问题的综合能力，动手操作的实践能力，培养学生积极认真的学习态度和乐于实践、敢于创新的精神。 【内容要求】 5.1 物理学与日常生活 5.1.1 能发现日常生活中与物理学有关的问题，提出解决方案。 5.1.2 能运用所学知识分析日常生活中的安全问题，提出解决方案，践行安全与健康生活。 5.1.3 能运用所学知识指导和规范个人行为，践行低碳生活，具有节能环保意识。 活动建议： （1）通过资料查阅、商店咨询和实物考察，分析自行车中涉及的不同学科知识，选择感兴趣的主题撰写一篇小论文。 （2）通过资料查阅和实物考察，探索家庭用电的安全问题，从跨学科视角撰写简单的调查报告。 （3）通过资料查阅和实物考察，了解机动车的尾气排放情况，撰写关于城市空气污染和汽车尾气排放的调查报告。 5.2 物理学与工程实践	的相互关系，并尝试运用多学科的知识和方法，通过设计和制作，解决真实问题或生产特定的产品，发展核心素养。 境、人类健康等相关的问题解决中的作用，体会化学是推动人类社会可持续发展的重要力量，为全球生态安全作贡献的信念；主动践行节约资源、环境友好的生活方式，树立人与自然和谐共生的科学自然观和绿色发展观。 5.2 化学与资源、能源、材料、环境、健康 结合实例，从物质及其变化的视角，认识科学资源的综合利用与新能源的开发，材料的科学利用与新材料的研发，理解化学与生态环境保护、天然气、有机高分子材料、能源利用和材料使用可能对环境产生影响，树立环保意识。 5.3 化学、技术、工程融合解决跨学科问题的思路与方法 通过实践活动，初步形成应用元素观、变化观等化学观念和科学探究方法解决实际问题的思路；认识在解决实际问题时，需要综合运用各学科知识，采用合适的方法和工具，以及系统规划和实施；体会有效使用科学技术，以及合	综合运用科学、技术、工程学和数学等学科的概念、方法和思想，设计方案并付诸实施，以寻求科学问题的答案或制造相关产品。 概念9 模型制作类跨学科实践活动：针对特定的生物学内容，运用生物学、物理、技术、工程学等学科概念，以及"结构与功能""尺度、比例和数量""系统与模型"等跨学科概念，选择恰当的材料，设计并制作模型，直观地表征相应的结构与功能，提升探究实践能力 在此类跨学科实践活动中，可供选择的项目如下。 （1）制作可调节的眼球成像模型，提出保护眼健康的方法。 （2）制作实验装置，模拟吸烟有害健康。 （3）设计并制作能较长时间维持平衡的生态瓶。 9.2 植物栽培和动物养殖类跨学科实践活

371

课程内容		
	5.2.1 了解我国古代的技术应用案例，体会我国古代科技对人类文明发展的促进作用。	
	5.2.2 调查物理学应用于工程技术发展的案例，体会物理学对工程技术发展的促进作用。	
	5.2.3 了解物理学在信息技术中应用。 活动建议： (1) 制作一台小型风力发电机，从跨学科视角与同学交流制作过程与作品。 (2) 查阅资料，了解物理学对信息技术发展的贡献。 (3) 查阅资料，了解量子计算机相关信息，与同学交流对计算机未来发展的畅想。	动：植物栽培和动物饲养可以综合运用多学科的知识和方法，考虑"结构与功能""物质与能量""因果关系"等跨学科概念，设计恰当的装置，以满足生物生长的需要。 在这类跨学科实践活动中，可供选择的项目如下。 (1) 探究栽培一种植物所需的物理和化学环境条件。 (2) 探究植物无土栽培条件的控制。 (3) 探究影响扦插植物成活的生物和非生物因素。 (4) 饲养家蚕，收集我国养蚕的历史资料。 (5) 制作水族箱，饲养热带鱼。 9.3 发酵食品制作类跨学科实践活动：发酵食品的制作可以运用传统的发酵技术来完成，发酵食品的改良需要对传统的发酵技术的知识和方法的改进，运用多学科的知识，从发酵的条件控制、装置的改进、食材的选择等方面不断尝试。 在这类跨学科实践活动中，可供选择的项目如下。 (1) 收集当地面包酵母菌种，比较发酵效果。
	5.3 物理学与社会发展	
	5.3.1 结合实例，尝试分析能源的开发利用对社会发展的影响。	
	5.3.2 结合实例，了解一些新材料的特点及其应用，了解新材料的研发与应用对社会发展的影响。	
	5.3.3 了解我国科技发展的成就，增强科技强国的责任感和使命感。 活动建议： (1) 查阅资料，了解深海、太空等的开发利用。	作，协同创新解决问题的重要性。 5.4 应对未来不确定性挑战 5.4.1 科学伦理及法律法规 通过实例，认识到应用科学知识解决问题时，应严格遵守科学伦理；知道国家在生态环境保护、化学品、食品、药品安全等方面颁布了法律法规，自我保护及维护社会安全的意识。 5.4.2 社会性科学议题的合理应对 知道现代科学技术的开发和应用可能会引起与生态环境、伦理道德、经济发展等相关的问题；知道人类生存与发展会面临来自生态、能源、资源、健康和公共卫生等方面的危机与不确定性挑战；通过参与社会性科学议题的探讨活动，体会以理性、积极的态度和系统、创新的思维应对挑战的重要性。 5.5 跨学科实践活动 (1) 微型空气质量"检测站"的组装与使用。 (2) 基于特定需求设计和制作简易供氧器。

续表

课程内容

与利用对人类社会发展的意义，撰写一篇小论文。

(2) 查阅资料，了解环境污染治理比较成功的案例，撰写一篇调查报告。

(3) 查阅资料，了解手机改进历程中的典型案例，体会通信技术的进步对社会发展的影响。

(3) 水质检测及自制净水器。
(4) 基于碳中和理念设计低碳行动方案。
(5) 垃圾的分类与回收利用。
(6) 探究土壤酸碱性对植物生长的影响。
(7) 海洋资源的综合利用与制盐。
(8) 制作模型并展示科学家探索物质组成与结构的历程。
(9) 调查家用燃料的变迁与合理使用。
(10) 调查我国航天科技领域中新型材料、新型能源的应用。

注：跨学科实践活动原则上从以上10项中选择，所用课时不少于本学科总课时的10%。

(2) 设计简单装置，制作酸奶。
(3) 制作泡菜，探究影响泡菜亚硝酸盐浓度的因素。

四、课程内容

【教学提示】

(1) 将"生物学与社会·跨学科实践"学习主题与前6个学习主题的重要概念和学习活动有机整合，可以参照本标准提供的内容，或结合当地实际情况和本标准的学习主题灵活进行选题，系统规划跨学科实践的活动顺序和时间安排。

课程建议

四、课程内容

【教学提示】

(3) 设计跨学科实践活动，注重将问题解决线、知识逻辑线、素养发展线紧密结合，拆解复杂任务和设计系列活动，实现问题解决过程与核心知识的获得，能力和素养的发展自然融合；(5) 跨学科实践活动的开展应与"物质的性质与应用""物质的组成与结构""化学变化"等学习主题中的核心知识，学生必

(1) 教学策略建议

跨学科实践要密切结合物理教学内容，体现综合性和实践性，注重激发学生的求知欲和学习热情，促进学生乐学以致用，养成良好学习习惯，提升团队意识和协作能力。

① 选择具有综合性、实践性的课题，结合当地特点，围绕现实生活和社会发展的热点问

六、课程实施

(一) 教学建议

续表

| 课程建议 | ①从多学科角度观察、思考和分析问题，挖掘、选取有教育意义的素材，将其改造成跨学科实践的问题或任务。
②合理制订跨学科实践方案。以问题解决过程为若干驱动性任务，将跨学科实践课题分解为可操作的教学设计和实施方案。
③科学引导，循序渐进实施跨学科实践。引导学生能相互取长补短，共同完成活动。引导学生主动学习、独立思考、大胆设计、敢于创新，在学生遇到困难时给予适当的指导和帮助。
④重视活动成果的呈现和交流。注重活动总结，以设计作品、制作模型、撰写报告等多种形式呈现成果。根据物化形式的特点，组织开展成果展览、报告会、研讨会等多种方式的交流活动。
六、课程实施
（一）教学建议
1. 围绕学生核心素养的发展设计教学目标 | 做实验的教学密切结合，充分发挥跨学科实践活动对课程内容和教学实施的整合功能。
六、课程实施
（一）教学建议
2. 全面理解课程内容体系，合理组织化学教学内容
（2）合理组织重视跨学科内容的选择和组织
教师还应重视化学与物理、生物学、地理等学科的联系。引导学生在更宽广的学科背景下综合运用化学和其他学科的知识分析、解决有关的实际问题。
3. 充分认识化学实验的价值，积极开展科学探究与实践活动
（2）积极开展科学探究与实践活动
教师应应统筹规划教学时间，保证引导学生亲身经历活动课时的有效落实；积极引导学生经历创造性中选取合适的活动主题，解决问题，创造价值的过程设计、动手制作、认真实世界，解决真实问题的能力。……倡导教师结合教学实际，自主研发跨学科实践活动，给学生提供更多的活动机会。 | 4. 加强科学、技术、社会相互关系的教育
教师要重视在教学过程中渗透科学、技术、社会相互关系的教育，积极组织开展跨学科实践活动，着力培养学生社会责任感，创新精神和实践能力。
应整体规划跨学科实践活动，探索项目化实施。
跨学科实践活动可与其他学习主题内容的教学有机结合，也可独立安排，综合运用多学科的知识和方法，通过小组合作，探究和实践等方式实施，形成物化的学习产品科学的成果，提高解决实际问题的能力。
开展跨学科实践活动时应注意以下事项。
（1）对学生开展必要的培训。
（2）明确项目每一环节的评价标准。
（3）加强过程指导和管理。 |

续表

课程建议	"跨学科实践"主题涉及物理学的内容、工程实践和社会发展相关的内容，在教学目标设计中应引导学生运用多学科知识综合分析问题、解决问题，培养学生的正确价值观和社会责任感。 3. 确保物理课程实践活动教学质量 物理实验和跨学科实践是落实物理学育人要求的重要载体，教师要重视发挥课程实践活动的综合育人功能。 （2）准确把握跨学科实践教学定位	
课程评价	四、课程内容 【学业要求】 （1）能在跨学科实践中综合认识所涉及的知识；能利用物理及其他学科知识解释与健康、安全等有关的日常生活问题，探索一些简单的工程与技术问题，分析与能源、环境等有关的社会热点问题，初步具有运用跨学科知识解决简单问题的能力。 （2）能在跨学科实践中尝试找出影响活动成效的主要因素，能运用简单模型解决问题，能利用归纳或其演绎的方法对跨学科问题进行推理、获得结论；能基于证据说明跨学科操作的合理性，能在操作中独立思考，提出自己的见解。	四、课程内容 【学业要求】 5. 在跨学科实践活动中，能综合运用化学、技术、工程及跨学科知识，秉承可持续发展观，设计、评估解决实际问题的方案，制作展示项目作品，并进行改进和优化，体现创新意识。 4. 在跨学科实践活动中，能积极参加与化学有关的社会热点问题的讨论并作出合理的价值判断。 五、学业质量 （二）学业质量描述 3. 在实验探究情境和实践活动中……能	四、课程内容 【学业要求】 （1）根据观察到的生物学现象或与生物学相关的现实需求，尝试提出需要解决的生物学或跨学科实践问题。 六、课程实施 （二）评价建议 1. 教学评价 ④跨学科实践活动评价 教师应重视通过跨学科实践活动评价学生核心素养发展，着力考查学生的工程思维能力、批判性思维能力、创新意识和综合运用多学科的知识与技能解决实际问题的能力。

375

续表

课程评价		
(3) 能在真实、综合的情境中发现问题，提出假设；能设计简单的跨学科实践方案，能通过调查等方式收集信息，提出证据；能体会实验在化学学科发展，实施过程及结果进行解释；能与他人共同实施方案、合作交流，并撰写简单的活动报告。 (4) 为我国古代科技发明感到自豪，能体会物理学对人类生活、工程实践和社会发展的影响；乐于思考与实践，敢于探索，勇于创新，进一步增强安全意识，践行健康生活，具有节能环保、促进可持续发展的责任感。 六、课程实施 (二) 评价建议 1. 过程性评价 (2) 评价实施 ④跨学科实践评价 应注重创设具有综合性、实践性和开放性的跨学科问题情境，收集学生在运用多学科知识和跨学科思维分析、解决问题中的行为表现和活动成果，评价学生提出问题能力、综合解决实际问题能力，以及处理信息能力、综合解决实际问题能力和团队合作能力。 2. 学业水平考试	基于物质及其反应的规律和跨学科知识，运用实验手段、完成简单的作品制作、社会调查等跨学科实践活动；能体会实验在化学学科发展，解决与物质转化及应用相关实际问题中的重要作用、意识到协同创新对解决跨学科复杂问题的重要性。 六、课程实施 (二) 评价建议 1. 日常学习评价 (2) 加强过程性评价，优化阶段性评价 充分发挥单元作业的复习巩固、拓展延伸和素养提升等功能，保证基础性作业，增加实践性作业，弹性作业和跨学科作业。 2. 学业水平考试 对跨学科实践活动，根据学生日常完成的表现进行综合评定。	坚持以过程性评价为主，注重对选题价值、方案设计、动手操作、反思改进等方面进行评价，注重依据项目报告和物化成果综合评价项目完成质量。 2. 学业水平考试 (1) 考试性质和目的 义务教育生物学学业水平考试由纸笔测试、实验操作性考试和跨学科实践活动测评三部分组成。跨学科实践活动测评，应根据学生日常完成跨学科实践活动的表现进行综合评定。 (2) 命题原则 遵循课程标准要求，严格依标命题。全面理解和体现课程标准要求，依据课程标准所规定的课程目标、内容要求，学业要求进行跨学科实践活动命题，认真开展实验探究和跨学科实践活动，保证命题的科学性和规范性。

续表

课程评价	(3) 测试规划 ①内容结构。命题范围应包括"物质""运动和相互作用""能量""实验探究""跨学科实践"五大主题所涉及的相关内容，依据核心素养所涉及的要素和课程内容等规划相应题内容的比例。		
课程案例	附录 1 跨学科实践案例 1. 人体中的杠杆 选择人在活动或劳动中的典型事例引入杠杆概念，让学生体会身体运动中蕴含的物理知识。通过对多种杠杆实例的共同属性的概括，抽象出它们的本质特征，建构杠杆物理模型。学生通过科学探究活动，了解杠杆工作时动力、阻力、动力臂、阻力臂之间的关系，认识生活中的"省力杠杆"和"省距离杠杆"，并据此研究人或动物的关节、骨、骨骼肌，从杠杆的视角分析它们的功能。 2. 节能环保小屋的设计和模型制作 在节能环保小屋的设计中，探讨节能环保小屋利用与守恒的知识转化与守恒的知识途径，结合地理学知识设计风能的利用方案，结合生物学、地理学知识设计太阳能的利用方案，结合数学、美术等知识设计节能环保小屋的外	附录 1 跨学科实践活动案例 案例 1 基于碳中和理念设计低碳行动方案 该项目涉及多个学科的内容：二氧化碳的性质与转化是化学学科"物质的性质与应用"学习主题的核心知识；绿色植物可以通过光合作用将二氧化碳转化为有机物，在维持生物圈中碳氧平衡方面具有重要作用，属于生物学科的重要内容；认识人类活动对环境的影响并造成气候变化，属于地理学科的内容；了解关于节能减排的政策法规，关注与温室效应有关的新闻，理解在环境、经济等问题上各国的依存关系，理解碳中和的意义，和道德与法治课程的内容相关。 案例 2 基于特定需求设计制作简易供氧器 该项目要求学生有意识地应用化学核心知	附录 教学与评价案例 案例 5 观察家蚕的生殖与发育 本活动通过观察家蚕的生殖过程和规律，发育及其与环境的关系，促进学生对昆虫这一类动物的认识。家蚕在我国有悠久的历史，丝绸产业、丝绸之路这些中华文明的见证都与家蚕养殖密切相关，有助于开阔学生的人文视野。 案例 6 自制实验装置，观察香烟烟雾中的焦油对草履虫纤毛的影响 本案例是一个跨学科实践学习活动，需要运用虹吸现象、气压与气体流动的物理学知识制作实验装置，需要利用显微镜观察单细胞生物草履虫的形态结构，以及人体呼吸等生物学基础知识、呼吸运动与气体进出的原理制作香烟烟雾收集器和简易利用简便易得的材料制作香烟烟雾收集器和简易

377

续表

学科	道德与法治	历史	地理
课程案例	形和结构框架，通过一定的工程和科技术操作完成节能环保小屋模型的制作。	识，自主调用物理和数学等多个学科的相关知识，应用技术与工程的方法解决问题，参与多种实践活动，自主反思，不断改进，提升合作解决问题的能力，激发学生的创造力。	空气泵是一项工程学任务，不仅要求有物化的成果，还要求能利用自制的装置，成功地观察到烟雾中的焦油对草履虫的影响。
课程性质	思政课是落实立德树人根本任务的关键课程。课程具有政治性、思想性和综合性、实践性。	义务教育历史课程具有思想性、人文性、综合性、基础性特点，具有鉴古知今、认识历史规律，培养家国情怀，拓宽国际视野的重要作用。	地理学具有综合性特点，对解决社会发展性问题、建设美丽中国具有重要作用。科学、道德与法治等课程内容相衔接，还与初中其他课程部分内容相关联。
课程理念	3. 以社会发展和学生生活为基础，构建综合性课程 内容选择突出中华民族传统美德、革命传统和法治教育，有机整合生命安全与健康教育、劳动教育等相关主题。 4. 坚持教师价值引导和学生主体建构相统一，建立校内与校外相结合的育人机制 通过设置议题，创设多样化的学习情境，引导学生开展自主、合作的实践探究和体验活动。坚持校内外教育相结合，引导学生在社会实践活动中强化社会责任感，提高实践创新能力。	2. 以中外历史进程及其规律为基本线索，突出历史发展的阶段特征 跨学科主题学习板块的设计，旨在加强学生对中外历史进程及其发展特征的总体性把握和比较性认识，并体现历史学习与其他课程学习的有机结合。 4. 树立以学生为主体的教学观念，注重学生自主探究的学习活动，鼓励教学方式的创新 鼓励将现代信息技术与历史教学深度融合，培养学生学会学习，发现和解决问题的能力，为创新型人才成长奠定基础。	3. 活化课程内容，优选与学生生活为中心的地理素材 关注学生发展和社会需求，形成融基础性与时代性、学科性与生活性于一体的课程内容体系。 4. 推进教学改革，倡导以学生为中心的地理教学，积极开展户外地理实践 倡导充分融合现代信息技术与地理教学，积极开展户外地理实践。

续表

	学段目标（7～9年级）	（二）目标要求	（二）目标要求
课程目标	1. 政治认同 • 初步了解党史、新中国史、改革开放史、社会主义发展史，知道党的百年奋斗重大成就和历史经验，领悟传承伟大建党精神的内涵。 • 体会中华文化的源远流长与博大精深；学习和理解社会主义先进文化和革命文化，坚定文化自信。 • 了解中国共产党带领中国人民进行革命、建设、改革的历史性成就，认识中国共产党在国家独立、人民解放、国家富强、民族复兴进程中的领导作用。 2. 道德修养： • 形成健康、文明的生活方式，懂得生命的意义，热爱生活。 • 感知劳动创造的成就感、幸福感，领会劳动对个人和社会的价值，形成诚实劳动、劳动创造美好生活的意识。 3. 健全人格： • 懂得生命的意义和价值，热爱生活，确立正确的人生观。 • 能够自主调控自身的情绪波动，具有良好	1. "唯物史观"目标要求学生能够认识劳动在人类社会发展中的重要作用（如知道物质生产是人类和人类社会发展的基础；知道生产力与生产关系的矛盾问题等），能够将唯物史观运用于历史学习，结合史实进行阐述和说明。 4. "家国情怀"目标要求学生了解并认同社会主义先进文化、革命文化、中华优秀传统文化，认识中华文明的历史价值和现实意义，增强民族自尊心、自信心和自豪感，培育和践行社会主义核心价值观，把握习近平新时代中国特色社会主义思想的核心要义，树立中国特色社会主义道路自信、理论自信、制度自信、文化自信。了解中华文明对世界文明进步作出的突出贡献，体现立足中国、面向世界的视野和胸怀，初步树立构建人类命运共同体的意识。	1. "人地协调观"目标要求学生协调思考人类活动与地理环境的关系，对人口、资源、环境和发展问题，作出初步的分析和评价，并具有遵守相关法律法规的意识，树立人与自然和谐共生的观念。 3. "综合思维"目标要求学生通过观察、比较、分析等方法认识地理事物及现象的相关特征，初步形成从地理综合的视角看待和分析问题的意识和能力。

379

续表

课程目标	的沟通能力，主动建立良好的人际关系。 ·认识青春期的身心特征，建立同学间的友谊，把握与异性交往的尺度。 4.责任意识 ·敬畏自然，具有绿色发展理念，初步形成环保意识和生态文明观，能够在日常生活中自觉践行生态文明的理念。	（四）跨学科主题学习 ①该部分围绕某一研究主题，以地理课程内容为主干，运用并整合其他课程相关内容，开展综合学习；以物化产品为基本学习成果，关注培养学生探究精神，实践能力，创新意识等。 ②提出跨学科主题学习设计环节：制订学习目标，选取学习主题和内容，选择学习形式，选定学习场所，开展学习评价。 ③规划不少于10%的课时进行跨学科主题学习。 ④地理课程标准附录2提供地理课程跨学科主题学习设计参考示例，五个方案包括：探索太空，逐梦航天；二十四节气与我们的生活；应对全球气候变化；区域发展；美化校园。
课程内容	以道德与法治教育为框架，有机融入国家安全教育，生命安全与健康教育，劳动教育，以及信息素养教育，金融素养教育等相关主题，强化中华民族传统美德，革命传统和法治教育。 （四）第四学段（7～9年级） 依据该阶段学生的身心发展特点，设置生命安全与健康教育，法治教育，中华优秀传统文化教育，革命传统教育，国情教育等五个主题，通过与中华优秀文化传统，革命传统，国情教育等多方面的关联，强化学生的道德体验和道德实践。 各学习主题"教学提示"的议题建议： ·青春期的烦恼。 ·生命的意义是什么？ ·建设美丽中国。	历史课程以马克思主义唯物史观的基本观点为指导，按照历史时序，展示中外历史发展的基本过程。板块（七）跨学科主题学习构成历史课程内容的有机结构，如图所示：

[图示：人类社会立足时空，运用史料，认识历史 → 古代统一多民族国家的形成与发展；近代争取民族独立，人民解放的历程；现代社会主义现代化的建设；古代区域文明的多元发展；近代资本主义发展，社会主义运动和民族解放运动；现代战争与革命，和平与发展 → 跨学科主题学习 → 形成唯物史观，涵养家国情怀]

（七）跨学科主题学习
①该板块涉及内容来自前六板块，从特定 |

续表

课程内容	・联合国与人类命运共同体。 ・中华优秀传统文化的魅力何在？ ・见贤思齐，见善则迁。 ・开天辟地大事变。 ・新梦想，新征程（认识"碳达峰""碳中和"是推动高质量发展、提升生态文明建设水平的重要抓手和标志）。	问题意识出发，将分散内容整合，促进学生形成通史意识，发展多角度分析问题解决问题的能力。 ②提出跨学科主题学习活动的设计应秉承的原则（综合性、实践性、多样性、探究性、可操作性）。 ③专门规划10%的课时为跨学科主题学习课时要求。 ④设计10个活动主题，并提出具体的活动知识与方法、任务与方法，活动过程、活动延伸等供教师选用。学习主题包括：中华英雄谱；小钱币，大历史；历史上的中外文化交流；历史上水陆交通的发展；历史上的历史基因；在身边发现历史；探寻红色文化的历史基因；看电影，学历史；历史地图上的世界格局；古代典籍中的中华优秀传统文化。 ⑤从任务与方法、活动过程、活动延伸四方面阐释"历史上水路交通的发展""在身边发现历史"2个跨学科主题学习案例。	⑤根据不同的学习目标和要求，可采取不同的学习内容和路径设计跨学科主题学习活动，以案例1"探访'地球之肾'——湿地"、案例2"我的家在这里"进行示范。 ・案例1包含"核心任务—学习活动方案（学习目标、设计思路）—学习活动实施（确定任务群、推进与实施、子任务、成果展示与交流）—学习活动评价"四个步骤； ・案例2包含"育人价值—学习活动整合、学习（活动内容与学科知识及社会资源的整合、学习活动目标、活动过程设计）—学习活动设计—学习活动评价"三个步骤。

续表

课程建议	六、课程实施 （一）教学建议 4. 丰富学生实践体验，促进知行合一。教学要与社会实践活动相结合，实现隐性课程与显性课程相配合。加强课内课外联结，实现隐性课程与显性课程相配合。 要积极探索议题式、体验式、项目式等多种教学方法。要采取议题分析、热点分析、角色扮演、情境体验、模拟活动等方式，引导学生开展自主探究与合作探究，让学生认识社会。 （四）课程资源开发与利用 2. 调动多元主体，丰富课程资源。挖掘和利用中华优秀传统文化资源和红色资源，如故居遗址遗物等，馆藏文物等；重视信息环境下的资源建设。	六、课程实施 （一）教学建议 5. 采用多种多样的历史教学方式方法 （2）开展以学生为主体的多样的教学活动 教学活动的类型应丰富多样，可开展课堂讨论、组织辩论赛、编演历史剧、举办故事会、诗歌朗诵会、成语比赛、讲座、专题论坛、读书交流会、学习经验交流会等，进行历史方面的社会调查，采访历史见证人，参观博物馆、纪念馆及爱国主义教育基地，考察历史遗址和遗迹，观看并讨论历史题材的影视作品，制作历史文物模型，撰写历史小论文，编写家庭史、社区简史和历史人物小传，举办小型历史专题展览，设计历史园地的网页等。 （3）将现代信息技术与历史教学深度融合	六、课程实施 （一）教学建议 4. 教学活动要强化基于真实体验的地理实践活动 地理实践活动可以与其他课程教师共同开展跨学科主题学习实践活动。为学生提供综合运用多学科知识解决问题的机会。（例如以"不同产地、同一品种的苹果口感是否相同，为什么？"为议题组织实践活动。 （四）课程资源开发与利用 建设专门的地理实践资源，如提供室内地理模拟实验（如水循环）的基本实验材料，配备相关的数字资源（如导航软件、3S 辅助教学软件、遥感影像等）。 五、学业质量 （二）学业质量描述 1. "地球的宇宙环境"和"地球的运动"学生在不同的情境中，运用地理信息技术，
课程评价	五、学业质量 （二）学业质量描述（7～9 年级） 能够结合史实阐明伟大建党精神是中国共产党的精神之源，是我们党领导人民向实现百年奋斗目标进军的强大动力（政治认同、道	五、学业质量 （二）学业质量描述 2. 了解历史发展过程中的各种联系 （3）不同领域的横向联系。如以唐太宗和"贞观之治"为例，能够对一定时空条件下的	

续表

| 课程评价 | 德修养）；能够尝试化解青春期烦恼，采取正确方法面对成长过程中的顺境和逆境，自我管理，具有亲社会行为，敬畏生命，热爱生活（道德修养，健全人格，责任意识；能够举例说明社会主义先进文化、革命文化和中华优秀传统文化的主要特征，坚定文化自信（道德修养，政治认同）。
六、课程实施
（二）教学评价
1. 评价内容
要着重评价学生在真实情境与任务中运用所学知识分析问题、解决问题时所表现出的核心素养发展综合水平。
2. 学业水平考试
（2）命题原则
坚持正确的政治方向和价值导向。积极培育和践行社会主义核心价值观，弘扬社会主义先进文化、革命文化和中华优秀传统文化。 | 政治、经济、文化等之间的相互关系与相互影响作出合理的解释。
3. 认识历史发展的基本规律和大趋势能够认同社会主义核心价值观，理论自信、坚定中国特色社会主义道路自信，理论自信、制度自信和文化自信。
了解世界历史的形成过程，初步理解和平与发展的时代主题，形成构建人类命运共同体的意识，初步具有国际视野和全球意识，初步理解和平与发展的时代主题。
六、课程实施
（二）评价建议
1. 评价评价
（3）评价方法
跨学科主题学习评价需要历史教师与相关课程教师合作，对学生进行评价。评价的主要内容：一是对学生的参与跨学科学习活动的表现，以历史学科为本位，兼从多学科的角度进行评价；二是对学生在语文、道德与法治、地理、艺术等课程的学习过程中表现出来的历史学科素养进行评价，如历史观念、史料实证、历史解释；三是对学生表现出来的各学科共通特征、共通素养进行评价，如唯物史观、家国情怀。 | 图像、模型、模拟实验、影视片段等工具和手段，能够秉持求真实事求是的科学态度，简要描述地球与宇宙的关系，说明太空探索的意义和价值（综合思维）。
六、课程实施
（二）评价建议
1. 过程性评价
（2）评价方法的选择和使用人地协调观、综合思维、区域认知和地理实践力等核心素养的侧重点各有不同，在评价过程中要灵活使用不同的评价方法，发挥不同评价方法的优势，规避其不足。较为常用的评价方法有纸笔测验、档案袋评价、表现性评价等。
2. 学业水平考试
（2）命题原则
创新试题形式，积极探索与素养立意相匹配的题型。增强试题的开放性和探究性，使学生从多个角度发现问题、解决问题，考查学生批判性思维、创新性思维等的发展状况。题型应支持和引导地理教学改革的方向，有利于以综合性、实践性为特点的地理课程教学的落实。 |

383

续表

课程案例	四、课程内容	四、课程内容
样题1：下图是我国航天事业中一些工程的名称，有网友感慨，中国航天太会起名了！

(1) 请解析这些命名中蕴含了中华优秀传统文化中的哪些元素。
(2) 我们国家的运载火箭被命名为"长征"，请简析其中的寓意。
(3) 如果请你为新一代运载火箭命名，你想起什么名字？说说理由。

该案题以我国航天优秀传统文化、革命文化和社会主义先进文化知识的运用能力，独立思考能力，要求学生综合运用道德与法治和知识及语文、历史等学科知识分析问题、探究问题，展现学生的文化自信。 | 示例1：历史上水陆交通的发展

该案例以"水陆交通"为主要问题引领，组织学生形成小组对国内外不同时期的水路交通建设进行探究学习，其内容涉及其他板块的中国历史与世界历史。小组跨学科整合地理、科学等课程内容展开分析，并在班级举行相关专题论坛活动，通过综合探究历史上水路交通发展的问题，推动学生沟通表达、创新等共通性素养的养成。

示例2：在身边发现历史

该案例从学生身边的生活出发，提出"从我们成长的家庭、社会生活中可以找到哪些反映人民生活水平变化的物证？"为主要问题，融合地理、语文、美术等课程内容，组织学生以小组为单位分工合作，完成搜集相关物证、拍照整理、完善校对、装帧设计与印序编排、形成初稿，举办《寻找身边的历史》图集发布会等活动，体会中国文明的伟力，认同中国特色社会主义道路，树立"四个自信"。 | 案例1 探访"地球之肾"——湿地

该案例引导学生围绕"人类为什么要保护湿地"为主要问题进行"头脑风暴"，形成问题链，学生小组跨学科融合信息科技、生物学、数学等，完成制作湿地公园电子地图并探究湿地功能，以模型、推介信、模拟政协提案等形式提出湿地保护建议的任务群，在平台交流中进行提问，反思与多元评价，推动核心素养的发展。

案例2 我的家乡在这里

该案例以社会调查实践为主要活动形式，组织学生围绕"家乡的历史变迁""家乡的建设和发展"三方面完成前期和中期的阶段调查任务，在追寻家乡的变迁中综合呈现家乡的地理、历史、文化等知识，以调研报告、访谈记录等形式在后期展示成果，采用多种评价工具使过程性评价与终结性评价相结合，全面评价学生跨学科主题学习的成长与变化。 |

384

续表

学科	音乐	美术	体育与健康
课程理念	以各艺术学科为主体，加强与其他艺术学科的联系，充分发挥协同育人功能；注重艺术与自然、社会、生活、科技的关联，汲取三重丰富的审美教育元素，促进学生身心健康全面发展。	突出课程综合：以各艺术学科为主体，加强其他艺术学科的融合；重视艺术与其他学科的融合；充分发挥协同育人功能；注重艺术与自然、社会、生活、科技的关联，汲取三重丰富的审美教育元素，传递人与自然和谐共生理念，促进学生身心健康全面发展。	关注体育与健康教育内容、体能与技能、学练与比赛，体育与其他相关学科等方面的有机融合，提高学生举一反三、融会贯通的能力；强调引导学生将体育与健康知识、技能和方法运用到体育学习、体育锻炼、运动竞赛和日常生活中，增强学生的理解能力和实践能力。
课程目标	(二)总目标：感知、发现、体验和欣赏艺术美、自然美、生活美、社会美，提升审美感知能力。感受和理解我国深厚的文化底蕴和党的百年奋斗重大成就，传承和弘扬中华优秀传统文化、革命文化、社会主义先进文化，坚定文化自信，铸牢中华民族共同体意识。了解不同地区、民族和国家命运共同体，学会尊重、理解文化与构建人类命运共同体的关系，理解和包容。 第三学段(6~7年级)目标：理解中国音乐文化中的中华美育精神和民族审美特质，增强文化自信；进一步了解、尊重世界多元音乐文化。能从文化的角度理解音乐与姊妹艺术、其他学科，以及个人、自然、生活、社会、科技的广泛联系，对社会生活和文化中的音乐现象有自己的想法。	(二)总目标：感知、发现、体验和欣赏艺术美、自然美、生活美、社会美，提升审美感知和能力。感受和理解我国深厚的文化底蕴和党的百年奋斗重大成就，传承和弘扬中华优秀传统文化、革命文化、社会主义先进文化，坚定文化自信，铸牢中华民族共同体意识。	总目标：形成积极的体育态度，提高分析问题和解决问题的能力，掌握个人卫生保健、营养膳食、青春期生长发育、常见疾病和运动伤病预防、安全避险等知识与方法，并运用在学习和生活中。能将体育运动中养成的良好体育品德迁移到日常学习和生活中。 水平二目标：了解个人卫生保健、营养膳食、青春期生长发育、运动伤病、安全避险等健康知识和方法，并将其运用于日常生活中。 水平三目标：将健康与安全知识与技能运用于日常生活中。 水平四目标：能运用知识与技能分析和解决体育展示或比赛中遇到的问题。

385

续表

课程目标	第四学段（8～9年级）目标：认识不同艺术的主要表现形式、表现手段和审美特征，理解音乐与其他学科、以及人类生活、社会发展等方面的紧密联系和相互作用。	
课程内容	通过"综合·探索"，学生将所掌握的美术知识、技能和思维方式，与自然、社会、科技、人文相结合，进行综合探索与学习迁移，提升核心素养。 第三学段（6～7年级）学习任务5：创编校园微电影。组织学生以个人或者小组合作的方式，结合校园生活，探究各种问题，通过创编校园微电影，表演稍复杂的音乐故事，增强综合探索与学习迁移能力。 第四学段（8～9年级）学习任务5：理解美术的贡献。组织学生以个人或者小组合作的方式，探究美术在过去、现在、未来对推动社会发展所起的作用，理解美术的独特作用，进一步会进步及人类命运共同体对个人发展，提升综合探索与学习迁移能力。	设置有助于实现体育与德育、智育、美育、劳动教育和国防教育相结合的多学科交叉融合的学习主题，如钢铁战士、劳动最光荣、破解运动的"密码"，人与自然和谐共生等。 1. 体育运动与国防教育具有许多共通之处，主要体现在对学生的爱国主义和集体主义精神，合理运用战略战术和发展体能，强调纪律意识，勇radiant顽强、不畏艰难、责任担当等。体育与健康课程和国防教育的跨学科学习，可以结合英雄事迹、历史战役、国家国防事业发展等内容，组织学生观看阅兵典礼、军事训练等视频资料，模拟战场战斗、救援救护等情境演练，恰当运用《孙子兵法》的战术思维分析体育比赛中"敌我双方"的特点等。帮助学生在主题学习过程中发展体能，提高战术思维和应变环境，运用和巩固适应能力，培养学生不怕困难、顽强拼搏，敢于担当的高尚品格。 2. 体育与健康课程和劳动课程的跨学科融

学习任务5：小型歌舞剧表演

（1）即兴演唱、演奏、律动或舞蹈。
（2）即兴编唱生活短诗词短句。
（3）即兴编创较丰富的节奏、旋律、和弦、歌（乐）曲、舞蹈配乐或伴奏。
（4）创作体现个人想法和新意的不同类型短小旋律，用乐谱、应用软件或其他方式记录，编创音乐、用乐谱、应用软件或其他方式记录，进行综合性艺术编创和表演。
（5）根据特定的情境主题和要求，进行综合艺术编创和表演。

第三学段（6～7年级）：
（1）即兴演唱、演奏、声势、律动或舞蹈。
（2）即兴编创简单节奏、固定音型、简易和弦，为朗诵、歌（乐）曲、舞蹈配乐或伴奏。
（3）根据情境主题，选择合适的材料及不同表现形式，编创、表演稍复杂的音乐故事、音乐剧、情景剧、音乐游戏等。

第四学段（8～9年级）：
（1）即兴演唱、演奏、律动或舞蹈。
（2）即兴编唱生活短诗词短句。
（3）即兴编创较丰富的节奏、旋律、和弦、歌（乐）曲、舞蹈配乐或伴奏。

续表

| 课程内容 | 融音乐、舞蹈、动作、美术、文学等于一体，表现情境或故事，表达思想感情的综合性艺术活动。有助于加强音乐与其他艺术的联系，提高学生的跨学科实践能力和综合表演能力。
第三学段（6～7年级）：
（1）欣赏中外优秀综合性表演艺术作品，感受其艺术表现形式和特征，体验其艺术风格。
（2）学习舞蹈的基本动作或动作组合，进行歌舞、戏剧或戏曲片段及其他综合性艺术表演。
（3）探究音乐在综合性艺术表演中的作用。
第四学段（8～9年级）：
（1）欣赏中外优秀综合性表演艺术作品，感知、了解其表演形式和艺术风格等方面的特点。
（2）进行歌舞、戏剧（含戏曲）、曲艺等综合性艺术表演。
（3）探究数字媒体艺术、曲艺等艺术中的表现作用，比较听觉艺术与视觉艺术、舞台表演艺术在表现材料、表现手段及艺术特点等方面的异同。
学习任务6：探索生活中的音乐 | 合主要体现在身体活动、能量消耗、意志锻炼、责任担当和健康生活等方面。体育与健康课程教学可以运用在劳动课程中习得的日常生活自理、个人卫生、生产劳动和职业体验等知识，通过具体的劳动实践促进学生体育与健康知识和技能的学习。体育与健康课程和劳动课程的跨学科学习，可以增强学生的移动性、非移动性和操控性基本运动技能，发展学生的协调性、肌肉力量和肌肉耐力等体能，培养学生的劳动意识和吃苦耐劳、坚忍不拔等优良品质。
3．体育与健康课程与学生的生活实际具有密切联系，不同水平的体育与健康学习也深刻影响着学生身心的成长。为了帮助学生认识和把握自己的成长过程，可以结合道德与法治、劳动、科学、信息科技、生物学等内容，通过阅读、演说、绘画、生活观察、知识探究等活动，引导学生了解身体的结构和功能、不同成长阶段心理和情绪的变化、健康饮食的益处、运动对健康的影响、生活中的疾病防控、保护视力的重要性，以及紧急情况下的自救和互救等基础知识，提升学生的自我认知能力和情绪调控能力，帮助学生养成健康的生活方式，实现身心健康发展。 |

续表

	4. 体育与健康是一门基于身体活动的综合性非常强的课程，无论是基本运动技能和体能的学练，还是专项运动技能的学练，在控制身体和运动器械的过程中都涉及多学科知识与技能。为了帮助学生破解运动的"密码"，理解体育的真谛，可以通过观察、演讲、分析、绘图等活动，引导学生了解不同学科知识与方法对运动价值和练和运用所蕴含的科学分析问题、解决问题的文化内涵，培养学生分析问题、解决问题的能力。 5. 体育运动是展现人体之美的最佳载体。人体在运动中所体现出的蓬勃活力和生命律动更是兼具锻炼身心和感悟自然的双重价值。在培养学生正确的身体观和审美观、定向越野、水上运动、冰雪运动等在自然环境中进行的体育运动认知、体能练习、运动技能学习等活动中，可以运用绘画、音乐、形体表演等艺术形式，及文重心、地理环境、抛物线、动植物知识等，引导学生观察并描述大自然中的各种现象，感受人与自然的和谐之美，增进对自然的认识，感受人与自然的和谐之美，增进对体育活动的趣味性，加深对运动美的理解，体验热爱自然和保护环境的意识。
课程内容	第三学段（6～7年级）： （1）探究自然界和日常生活中各种声音的特点和规律，用动作、人声、乐器或其他声音材料表现生活中的特定场景或意境。 （2）利用身边的材料自制打击乐器或简易音高乐器。 （3）观察生活中的音乐现象，参与生活中的音乐活动，了解社会中的音乐文化，探索音乐在生活中的多种用途，学习和了解更多搜集、欣赏与表现音乐的方法和技术。 第四学段（8～9年级）： （1）探索各种乐器的声音特点、演奏方法及其原理。 （2）通过多种方式或媒介搜集、欣赏、编辑、传播音乐及其相关信息，参加各种社会音乐活动，积累音乐实践经验。 （3）探究音乐的教育、认识、娱乐、实用等功能，以及音乐与生活、社会、历史、文化等的联系。	

388

续表

| 课程建议 | 其他学段（3~9年级）教学建议：关注音乐与生活及其他学科的联系，引导学生将生活经验或其他学科知识运用到音乐欣赏之中，增进对音乐的理解。同时，引导学生将音乐中的重复、对比、变化等体现的辩证迁移法到生活中，帮助学生更好地看待世界和社会，认识自我和他人。合理利用现代教育技术，激发学生对音乐的情感共鸣与联想。同时，将音乐与历史、地理、人文、社会生活、文化习俗、地方方言等结合起来，让学生在特定的文化语境中更好地理解音乐的文化内涵与音乐蕴意。在听赏具有鲜明民族风格和特色的音乐作品时，可以指导学生学习相关的民族舞蹈或戏曲表演，以更好地体验音乐的风格特点。在教学中，教师要善于挖掘歌由所体现的社会主义先进文化、革命文化、中华优秀传统文化的深刻内涵，以及歌曲表达的爱党、爱国、爱社会主义、爱人民的思想感情，创设与歌曲表现内容相适应的教学情境，激发学生有感情地演唱。可以在演唱中适当融入信动、舞蹈、歌表演、游戏、乐器伴奏等，丰富演唱表现形式，激发学生演唱兴趣。在学生学会歌曲的基础上，可根据歌曲内容进行音乐剧、歌舞剧的创编 | 第三学段"创编校园微电影"的教学建议：引导6~7年级学生以美术的视觉发现校园中的各种题材，提炼主题；在微电影脚本创作中，指导学生学习文字描述和手绘草图中表现图面感和空间感的方法；在微电影拍摄中，指导学生布置场景，运用长镜头、特写镜头等表现手法进行拍摄；在微电影后期制作中指导学生运用蒙太奇手法进行画面、对白、声音等的剪辑，师生共同策划校园微电影作品发布与传播方案，进行校内展示与交流，引导学生理解"现代媒体艺术是丰富人们认识世界和表现世界的方式"。

第四学段"理解美术的贡献"的教学建议：引导学生以美术课程为主体，整合不同学科的知识进行单元教学，帮助学生进行深入探究；引导学生利用多种工具、材料和媒介，以及综合性技能和表现方式，表达对美术所做贡献的感悟和理解，引导学生理解"美术对推动人类文明和发展做出重要贡献"，进一步提升综合探索与学习迁移的能力。 | 各校在编制各类教学计划时，应根据不同水平学生的实际，制订明确的体育与健康课程学习目标，整体设计基本运动技能、体能、健康教育、专项运动技能和跨学科主题学习的教学内容。

运用信息化教育手段和方法。在教学中，根据小学生感性认知发展的特点，初中生感性认知与理性认知快速发展的特点，积极开发与利用多种现代信息技术，开展微课、慕课、翻转课堂等教学，帮助学生通过线上线下相结合的方式，打破学习时的空壁垒，拓宽体育与健康课程的学习视野。 |

续表

课程建议	和表演等。在编创与展示的学习任务中，可以与欣赏、表现及其他艺术实践活动结合，并融入演唱、演奏、听赏、探索等任务。有条件的地区和学校可借助信息网络、现代信息技术和人工智能技术等开展教学，指导学生运用相关软件在计算机、移动终端、电子乐器等设备上进行音乐编创与展示。选择贴近学生生活的素材，如利用学生喜爱的音乐或故事、生活短语、诗词短句等即兴编创。可将小型歌舞剧表演的任务融入欣赏、表现、创造等艺术实践活动中。教学中，还可以指导学生利用其他学科的知识、技能，促进音乐与姊妹艺术、其他学科、以及与自然、生活、社会、科技的联系和综合。将音乐学习与其他学科学习结合起来，帮助学生更好地理解它们之间的关联及各自的规律，并运用其他学科知识阐释音乐和音乐现象。
课程评价	学业质量描述： 第三学段（6~7年级）学业质量描述： 初步了解舞蹈、戏剧（含戏曲）的艺术特点，领会音乐在其中的表现作用，能做出恰当的反应或阐释。能根据主题选用合适的表现形式，创演小型歌舞剧，音乐编配与剧情有关联度，表演生动、自然，能较好地表现剧情、表达情	学业质量描述： 第三学段（6~7年级）：能运用跨学科的方法、多角度、辩证地分析问题，具有一定的综合探索与学习迁移能力。 第四学段（8~9年级）：能用口头或书面的方式阐述对"美术对个人发展、社会进步及	运用所学体育与健康知识、技能和方法解决跨学科实际问题的能力。

390

续表

		构建人类命运共同体的独特作用"的理解。
课程评价	感。运用有代表性的地区或民族的舞蹈语汇和技能进行创编和表演，做到动作协调，灵活，表情生动。能较好地运用肢体语言表达情意。表演动作符合该类舞蹈的基本特点，并体现一定的独创性。在戏剧（含戏曲）等综合性表演艺术中，具备认识、理解所表现对象的基本能力，表演符合题材要求，演唱和动作等符合塑造的角色形象，具有一定的表现力。对社会生活中的音乐现象和音乐文化能作出一定的合理分析与评价，在运用信息技术或其他方式选择和运用音乐方面有初步经验，能表明并解释个人兴趣、知识、背景以及其他因素对音乐选择产生的影响。 第四学段（8~9年级）学业质量描述：对舞蹈、戏剧（含戏曲）的表现内容、形式、特征及音乐作用的理解、判断和分析基本正确，能提供支持性的证据。选择适宜的题材创演小型歌舞剧，做到三题明确，结构清晰，形式多样，情节完整，音乐与剧情关联度高，表演生动、形象，有较强的表现力。能联系自然、生活、社会、科技、文化、历史等分析音乐和音乐表现象。在运用信息技术或其他媒介聆听音乐，搜集和编辑音乐，筛选相关信息等方面比较熟练。	

续表

学科	劳动	信息科技	综合实践活动
课程理念	3. 加强与学生生活和社会实际的联系 课程内容选择应坚持因地制宜、宜工则工、宜农则农。注重培养学生自理、自立能力，选择日常生活劳动内容；注重从时令特点和区域产业特色出发，选择工农业生产劳动内容；注重培养学生社会责任感，选择学生力所能及的公益劳动和现代服务业劳动内容；注重体现中华优秀传统文化和工匠精神的手工劳动内容，适当引入体现新形态、新技术、新工艺等的现代劳动内容。	反映数字时代正确育人方向；构建逻辑关联的课程结构；遴选科学原理和实践应用并重的课程内容；倡导真实性学习；强化素养导向的多元评价。	基本理念： 1. 课程目标以培养学生综合素质为导向 2. 课程开发面向学生的个体生活和社会生活 3. 课程实施注重学生主动实践和开放生成 4. 课程评价主张多元评价和综合考察
课程目标	（二）总目标 2. 发展初步的筹划思维，形成必备的劳动能力 能从目标和任务出发，系统分析可利用的劳动资源和约束条件，制订具体的劳动方案，发展初步的筹划思维，发展实践的设计能力；能使用常用工具与基本设备，采用一定的技术、工艺与方法，完成劳动任务，形成基本的动手能力；能综合运用多学科知识和多方面经验解决劳动中出现的问题，发展创造性劳动的能力；在劳动过程中学会自我管理，团队合作。	总目标：树立正确价值观，形成信息意识；初步具备解决问题的能力，发展计算思维，提高数字化合作与探究的能力，发扬创新精神；遵守信息社会法律法规，践行信息社会责任。 学段目标： 信息意识学段目标：观察、探究、理解互联网对社会各领域的影响。体验互联网交互方式，感受互联网和物联网给人们的学习、生活和工作方式带来的改变。了解人工智能对信息社会发展的作用，具有自主动手解决问题、主动学习互联网知识，掌握核心技术的意识。	（二）学段目标 2. 初中阶段具体目标 (4) 创意物化：运用一定的操作技能解决生活中的问题，将一定的想法或创意付诸实践，制作或装配等。发展实践创新意识和审美意识，提高创意实现能力。通过实践不断改进制作的制品或用品，提高创意实现能力。通过实践对信息技术进行分析和解决问题的能力以及数字化产品的设计与制作能力。

续表

课程目标	4. 第四学段（7~9年级）目标 （4）定期参加校园包干区域的保洁和美化，以及助残、敬老、扶弱等公益劳动，体验以自己劳动形成对学校、服务社区的自豪感和幸福感，初步形成对学校、社区负责任的态度。体验融合一定智能技术的现代服务业劳动，提升现代服务技能，充分认识现代服务业的公共服务特征与价值，进一步增强公共服务意识，提升独特的社会价值。进而创造美好生活以自己的劳动创造美好生活的社会责任感。	强数据安全意识，进行安全防护。 计算思维学段目标：在实践应用中，熟悉网络平台中的技术工具，软件系统的功能与应用。能根据需求，设计和搭建简单的物联系统原型，体验其中数据处理和应用的方法与过程。知道网络中信息编码、传输和呈现的原理。能通过软件与硬件结合的项目活动采集，分析和呈现数据。通过案例分析，理解人工智能。根据使用生活需要，合理选用人工智能，比较使用人工智能和不使用人工智能处理同类问题效果的异同。
课程内容	（四）第四学段（7~9年级） 任务群9：公益劳动与志愿服务 活动建议：选择或设计具有一定综合性的公益劳动与志愿服务项目，可持续性及社会影响性，突出服务性综合性，项目化、主题化。 公益劳动与志愿服务主题和学生的职业发现教育专题教育结合起来，引导学生主动发现学校、社区环境中存在的实际问题，如生态系统维护，公共卫生等问题；引导学生主动帮助需要帮助的群体，如在特殊教育学校做课堂教学助理，学习伙伴等。	跨学科主题 第四学段（7~9年级） 互联智能设计：未来智能场景畅想，人工智能预测出行，在线数字气象站，无人机互联表演，向世界介绍我的学校。	三、课程内容与活动方式 （一）内容选择与组织原则 3. 开放性 综合实践活动内容具有开放性。教师要基于学生的整个生活世界，具体活动内容和兴趣专长，打破学科界限，跨学科领域，选择综合性活动内容，鼓励留出余地。要引导学生把自己成长的环境作为学习场所，在与家庭、学校、社区持续互动中，不断拓展活动时空和活动内容，使自己的个性特长，实践能力，服务精神和社会责任感不断获得发展。

续表

	3. 项目开发注意事项	1. 围绕核心素养确定教学目标	
课程建议	(1)强化劳动与教育的有机统一 项目开发既要关注劳动价值的引领、劳动精神的培育，更要关注劳动知识和劳动技能的学习。要结合不同学段学生身心发展特点，考虑项目的劳动强度和实施方式的适宜性。要引导学生从现实生活中的劳动需求出发，筹划设计劳动方案，综合运用所学知识和技能解决问题、完成实践，综合的实践过程，激发学生的主动性和创造性。要将劳动内容与当地的传统文化相联系，让劳动教育成为激发学生爱中华优秀传统文化、树立民族自豪感的重要渠道。 (2)注重项目与其他课程的紧密结合 在具体项目实施过程中灵活运用其他课程所学的知识进行劳动实践，提高学生的综合素质，发挥劳动育人功能。例如：在开发农业生产项目时，可与科学、地理、生物学、化学等课程中相关知识的学习有机整合；在开发传统工艺制作项目时，可与艺术的造型知识、物理、化学的材料知识相联系。	教学目标的确立要充分考虑核心素养在信息科技教学中的达成。每一个特定核心素养内容都具有培养相关核心素养的作用，要注重建立具体内容与核心素养体现在教学要求中。 制订教学目标，要注重学生与数字生活经验，现实社会信息科技应用场景的关联。引导学生认识信息科技的价值和作用；要注重学习要求的全面性，体现科学原理与实践应用的统一；要注重反映技术更新和迭代迅速的特点，特别要注重体现我国最新的信息科技成果，引导学生认识自主创新的重要性。 2. 推进以学生为主体的学习方式创新 要注重把握数字化学习的特点，合理利用数字化平台、工具和资源，引导学生自主学习、合作学习；注重发挥数字化学习跨时间跨地域、随时随地等优势，适应个性化培养需要，指导帮助学生结合自身实际合理规划、管理学习，学会学习。	在活动准备阶段，教师要充分结合学生经验，为学生提供活动主题选择以及提出问题的机会，引导学生构思选题，鼓励学生提出感兴趣的问题，并及时捕捉活动中学生动态生成的问题。组织学生就问题展开讨论，确立活动目标与内容。要让学生积极参与活动方案的制订过程，合理的时间安排、责任分工、实施方法和路径选择，对活动可利用的资源及活动的可行性进行评估，增强活动的计划性，提高学生的活动规划能力。同时，引导学生对活动方案进行组内及组间讨论，吸纳合理化建议，不断优化完善方案。 在活动实施阶段，教师要创设真实的情境，为学生提供亲身经历现场体验的机会。让学生经历多样化的活动方式，促进学生积极参与活动过程，在现场考察、设计制作、实验探究、社会服务活动中发现和解决问题，体验和感受学习与生活之间的联系。要加强对学生活动方式与方法的指导，帮助学生找到适合自己的学习方式与实践方式，注重指导重在激励、启迪、点拨，引导，不能以指导的活动包办代替。还要指导学生做好活动过程的记录和活动资料的整理。

续表

| 课程建议 | (三) 劳动周设置建议
(2) 内容设计
劳动周的内容安排，围绕劳动主题任务，促进学生在完成任务和解决问题的过程中发展核心素养。一是要注重劳动任务序列化。强调项目和任务循序渐进、相互关联、互为支撑。既可按照劳动实施的自然顺序，也可按照劳动主题，确定劳动内容，分解劳动任务。二是要注重劳动任务综合化。劳动任务的确定，既要把劳动实践与其他课程学习有机结合起来，也要注重覆盖多个任务群，引导学生综合运用所学知识和技能解决实际问题。三是要注重劳动任务科学化。劳动周的任务设计，要体现与学段相适应的劳动强度和难度，考虑时间安排的合理性。四是要注意劳动任务形态的多样化，尽可能地丰富劳动周的活动形式，如劳动项目实践、主题演讲或辩论、成果展示、赛、劳模大讲堂、主题演讲或辩论、成果展示、职业体验等。 | |

附 录

395

续表

（五）课程评价建议 劳动课程评价是劳动课程体系建设的重要组成部分，对促进劳动课程的目标实现、保障劳动教育的实施效果等具有重要意义。劳动课程评价要遵循基本的原则，注重平时表现评价和阶段综合评价。 1. 评价的基本原则 第一，导向性原则。以核心素养为导向，关注核心素养四个方面的发展状况，以及在劳动过程中的体现。通过评价的积极引导作用，促进劳动育人价值的实现。 第二，发展性原则。发挥评价的反馈改进功能，促进学生认真参与劳动实践，改进教师教学安排。教师要着眼于学生劳动过程的动态发展，充分肯定学生在劳动中的进步，正确对待劳动中出现的问题，鼓励学生不断改进提高。 第三，系统性原则。应整体、系统地进行评价，并贯穿学习始终。发挥教师、家长和学生等多元主体评价作用。依据学生年龄特征和学习特点，制订循序渐进的评价目标。注重过程性评价与结果性评价相结合，兼顾家庭劳动	要树立正确的评价观念，坚持以评促学、以评促学、体现"教一学一评"一致性。要引导教学落实立德树人根本任务，践行社会主义核心价值观；引导教学顺应时代发展、技术创新和社会变革，推进教与学方式改革，着力发展学生核心素养。 要加强过程评价，完善终结性评价。过程性评价侧重反映日常教学过程中学生表现出来的学习进步情况，任务分工及完成情况等，反映学习进步情况。终结性评价侧重反映学生阶段性学习目标达成度。过程性评价应遵循以下原则。 评价情境应体现真实性。评价情境的设计要基于评价目标，贴近学生学习和生活，反映真实问题。要注重建立情境与问题或任务之间的关联。 评价主体应体现多元化。要尊重学生在学习过程中的主体地位，营造开放、宽松的评价氛围，鼓励学生、教师、家长共同参与评价，要积极创造条件，让学生参与评价结果的判断和解释过程。要注重校内评价和校外评价相结合，引导家庭、社区、校外实践基地等多方共同参与。	综合实践活动情况是学生综合素质评价的重要内容。各学校和教师要以促进学生实施综合实践活动评价发展为目的设计与实施综合实践活动评价。坚持评价的方向性、指导性、客观性、公正性原则。 做好写实记录。教师指导学生客观记录参与活动的具体情况，包括活动主题、持续时间、所扮演的角色、任务分工及完成情况等，及时填写活动记录单，并收集相关事实材料，如活动现场照片、作品、研究报告、实践单证明等。活动记录、事实材料要真实、有据可查，为综合实践活动评价提供必要基础。 建立档案袋。在活动过程中，教师要指导学生分类整理，遴选具有代表性的重要活动记录、典型事实材料以及其他有关资料，汇总、归档，形成每一个学生的综合实践活动档案袋，并纳入学生综合档案。 开展科学评价。原则上每学期末，教师要依据课程目标和档案袋，结合平时对学生活动情况的观察，对学生综合素质发展水平进行科学分析，写出有关综合实践活动情况的评语，引导学生扬长避短，明确努力方向。

续表

课程评价	实践评价与社会劳动实表评价，采用多样化评价方式，如项目实践、交流对话、技能测试等，持续地反馈信息。 2. 平时表现评价 劳动课过程中表现评价旨在通过了解学生在劳动过程中的表现，判断学生的劳动效果，调整教学实施，更好地实现课程教学目标。 （1）评价内容 评价内容要扣紧课程内容要求和劳动素养要求，客观准确地反映学生在真实情境下劳动素养的表现水平。 不同类型的劳动内容，不同任务举，评价的侧重点有所不同。日常生活劳动侧重卫生习惯、生活能力和自理、自立、自强意识的评价。生产劳动侧重于工具使用和技能掌握的评价，劳动质量意识、劳动精神等的评价。服务性劳动则侧重于服务意识、社会责任感等的评价。 （2）评价方法 评价方法的选择与使用要有利于学之诊断和促进发展。劳动课程可以采用劳动任务单、劳动清单、劳	评价方式应体现多样性。要综合运用观察、实验、模拟、仿真等方法，采用纸笔考试、二机实践、作品创作等方式，借助电子档案袋、学习系统等平台记录学生过程性学习数据，注重收集和记录学生在其他课程中运用信息科支对相关表现，全面客观地评估学生的学习过程和学习态度。 评价内容应体现全面性。要从考查知识和技能具体掌握情况入手，注重分析学生能力和表现、思维过程、情感态度等发展状况，全面评价学生信息意识、计算思维、数字化学习与创新、信息社会责任，把握核心素养整体发展情况。 评价反馈应体现指导性。评价结果反馈应尊重学生，根据学生的差异灵活采用口头或书面、个别或全体等方式，鼓励或引导、引导学生树立信心，积极反思，改进学习方法，发挥评价的促学功能。 评价主要应包括课堂评价、作业评价、单元与期末评价。 课堂评价。要根据课堂教学的目标要求和进展情况，使用观察、提问、记录等方式，对

续表

课程评价	动档案袋等工具。 利用劳动任务单记录某项劳动任务的方案设计、劳动过程、劳动成果、劳动体会等情况。劳动任务单可作为评价学生劳动学习与实践效果、劳动目标达成情况的依据。 针对具体的劳动学习与实践活动的内容，可采取相应的方法进行评价。例如：日常生活劳动可以劳动清单、家校合作共同评价；生产劳动可以劳动任务单为主要依据，结合劳动任务的完成过程和劳动成果情况进行综合评价；服务性劳动对象的评价情况和多方面的材料进行综合评价。 针对不同学段，可灵活使用多种方法进行评价。例如：7~9年级可以采用劳动测试、评语评价、展示评价和劳动档案袋等方式进行。 3. 阶段综合评价 劳动课程阶段综合评价是学期、学年或学段结束时进行的综合评价，反映学生阶段性课程学习目标的水平和核心素养的阶段性达成情况。劳动课程阶段综合评价应采用过程性评价与结果性评价相结合的方式。过程性评价可结	学生的价值观念、学习态度、活动行为、交流合作、技能掌握等状况作出评判。充分发挥信息科技的优势，实时反馈学生学习目标的达成情况，调整教学进度，优化教学流程，提高教学活动的有效性。 作业评价。重视作业的评价功能，作业设计强调技术原理的理解和在实际生活中的应用，体现综合性、探究性和创新性。针对不同学习内容要求，设计形式多样的作业类型。既包括任务实践类作业，如电子作品创作、仿真实验，系统搭建等，也包括信息科技原理认知类作业，如数据分析、现象解释、实验报告等。针对不同学生的特点，布置不同层次的作业，供学生选择。 单元与期末评价。单元与期末评价是对学生阶段学习情况的总体评价，结合课堂表现、平时作业，将过程性评价与终结性评价相结合，全面考查学生核心素养的阶段性发展水平。

续表

课程评价	合档案袋进行；结果性评价可采用测评形式，通过考查学生在完成测评任务过程中的表现来进行。劳动课程阶段综合评价要根据学生年龄特征和培养目标，差异化设置评价内容。例如：7~9年级侧重评价劳动能力的提升，劳动品质的形成和劳动精神的培养，以及设计能力、团队合作能力的形成等。